Joan Lewis und Lynette Chiles

501 Patchwork-Blöcke

Die schönsten traditionellen Muster
und zauberhafte neue Kreationen
für Patchwork und Applikation

Verlag Th. Schäfer, Hannover

501 PATCHWORK-BLÖCKE

Originalausgabe
Autoren und Designer: Joan Lewis und Lynette Chiles, Flower Mound, Texas
Lektorat: Sylvia Miller
Art Director: Jerry J. Rank
Zeichnungen: Chris Neubauer
Foto-Stilistin: Jill Mead
Fotos: Perry Struse
Grafik-Koordination: Paula Forest
Herstellung: Douglas Johnston

Titel der amerikanischen Originalausgabe:
»501 Quilt Blocks«

Deutsche Ausgabe
Übersetzung: Bernadette Mayr
Lektorat: Joachim F. Baumhauer

ISBN 3-87870-686-3
Best.-Nr. 9304

Printed in China

4. Auflage 2003

Über Quilts

Vorwort

Wir haben dieses Buch geschrieben, weil wir drei Dinge gemeinsam haben.

Erstens sammeln wir beide (Lynette mit noch mehr Engagement als ich). Beim Sammeln haben wir unsere Regeln: Ein Teil ist – eben eins. Zwei Teile sind ein Paar, und bei drei fängt das Sammeln erst richtig an, ab hier kann man schwer wieder aufhören (mit einer Ausnahme: Wir sind uns einig, daß eine Sammlung von drei Kindern komplett ist). Als wir Freundinnen wurden, und später Geschäftspartnerinnen, stellten wir fest, daß viele unserer Entwürfe Sampler waren – aber besondere Sampler: Sie hatten Themen. Themen sind ähnlich wie Sammlungen; kein Wunder, daß unsere Sampler Sammlungen waren, von Bäumen oder Häusern oder Körbchen zum Beispiel.

Zweitens nähen wir begeistert kleine Dinge. Sie sind schnell fertig und dabei eine echte Herausforderung. Herauszufinden, wie man einen Quilt kleiner macht, bedeutet oft mehr Aufwand als einfach nur kleinere Schablonen anzufertigen. Anfangs nähten wir wie fast alle Patchworkerinnen Sampler mit großen Blöcken, die mehr oder weniger phantasievoll zusammengesetzt waren. Doch uns beiden war klar, daß es noch mehr geben mußte, und wir fingen an, kleinere Blöcke zu arbeiten.

Irgendwann wurde es langweilig, immer nur dasselbe zu nähen. Jeden Block sechzigmal – oje!

Von da an haben wir drei Dinge, die wir als Quilterinnen-Duo am meisten lieben, miteinander verknüpft: Themensammlungen, kleine Dinge und die Freude an der Abwechslung.

Die Blöcke in diesem Buch messen 4 Inch (10 cm) im Quadrat. Wir wollen nicht behaupten, daß wir den 4-in-Block erfunden hätten, aber wir haben seine wunderbaren Möglichkeiten entdeckt. In 501 Mustern haben wir seine Variationsmöglichkeiten erkundet und für Sie katalogisiert. Die Muster sind nach Themen (Sammlungen!) geordnet und wir bieten Ihnen insgesamt vierzig Ideen, sie in kleineren oder größeren Quilts unterzubringen: Kleidung, Heimschmuck, jahreszeitliche Dekorationen und persönliche Accessoirs.

Einige der Blöcke sind komplizierter als die anderen. Wenn Sie noch nie mit kleinen Blöcken gearbeitet haben, beginnen Sie mit solchen, die wenig Einzelteile haben. Später können Sie Ihre Fertigkeiten an anspruchsvolleren Blöcken erproben.

Wichtig ist vor allem, daß Sie sich nicht durch kleine Teile abschrecken lassen. Bedenken Sie, daß die Nahtzugabe von 1/4 Inch (6,5 mm) rund um jedes Stoffstück die Teile, mit denen Sie letztlich arbeiten, etwas größer macht, als sie in den Vorlagen aussehen.

Beim Durchstöbern dieses Buches sollten Sie immer wieder anhalten und den einen oder anderen Block ausprobieren. Wir möchten, daß Sie den gleichen Spaß daran haben, wie wir ihn hatten. Und wir widmen dieses Buch allen, die keine Lust haben, immer und immer wieder denselben Block zu nähen.

DER WEG DURCH DAS BUCH

Dieses Buch beginnt mit dem *Warum.* Wir möchten Ihnen verdeutlichen, warum es sich lohnt, 4 Inch (10 cm) große Blöcke zu nähen, und warum jeder Block anders aussehen soll.

Im ersten Teil (Seiten 6–51) zeigen wir Ihnen Patchwork-Arbeiten, die wir nach den Vorlagen in diesem Buch gearbeitet haben. Sie finden viele Möglichkeiten: Arbeiten mit einem Block, mit zwei Blöcken oder auch zweihundert. Nur in einem Teil haben wir denselben Block wiederholt (finden Sie ihn!). Natürlich können Sie mit Ihren Blöcken machen was Sie wollen. Doch wenn Sie Anregungen brauchen, so finden Sie sie hier, zusammen mit allen nötigen Anleitungen, wie man sie zusammenstellt.

Ab Seite 52 finden Sie die Vorlagen für die Blöcke, insgesamt 501. Sie sind in Originalgröße. Legen Sie einfach eine Schablonenplastik darüber und pausen Sie sie durch.

Das *Wie* steht bei jedem Block dabei. Sicher, unsere Anleitungen sind nicht die einzig möglichen, aber wir haben verglichen und festgestellt, welche Methode die einfachste ist. Die Tips und Techniken (sie beginnen auf Seite 305) frischen Ihr Gedächtnis auf, für den Fall, daß Sie eine bestimmte Technik lange nicht benutzt haben oder noch gar nicht kennen. Auch hier möchten wir unsere Erfahrungen, die wir beim Nähen jedes Blocks gemacht haben, mit Ihnen teilen.

Unser Ziel ist es, Ihnen das Warum und Wie beim Nähen von Patchworkblöcken zu vermitteln. Wir sind sicher, daß der Spaß von selbst kommt.

Lynette Chiles und Joan Lewis

Baltimore-Album-Quilt

Dieser kleine Quilt ist ein Musterstück für Applikationstechniken.
Ein idealer Schaukasten für marmorierte und handgefärbte Stoffe aus Ihrem Vorrat!

Größe
20 x 25 in (50 x 64 cm)

Blöcke
12 applizierte Baltimore-Album-Blöcke (B57–B68 von Seite 124–129)

Stoffbedarf
1 yd (94 cm) für Hintergrund und Zwischenstreifen
1/8 yd (12 cm) für die Bogenkante
kleine Stücke handgefärbte, marmorierte oder einfarbige Stoffe für die Applikationen

Nähanleitung
Hinweis: Um alle Maße und Schablonen 1/4 in (6,5 mm) Nahtzugabe zugeben!
Zwischenstreifen und Randstreifen ausschneiden:
8 Teile 4 x 1 in (10 x 2,5 cm)
2 Teile 21 x 1 in (53 x 2,5 cm)
2 Teile 20 x 2 in (50 x 5 cm)
5 Teile 14 x 1 in (35,5 x 2,5 cm)
2 Teile 21 x 2 in (53 x 5 cm)

3 Blöcke mit 4 x 1 in Streifen zu Reihen nähen (4x). Die Reihen mit 14 x 1 in breiten Streifen zusammensetzen, auch oben und unten einen Streifen ansetzen. Dann die 21 x 1 in breiten Streifen rechts und links und die 20 x 2 in breiten Streifen oben und unten annähen. Mit der nebenstehenden Originalvorlage die Bogen und Blüten ausschneiden und applizieren. Rückseite anbringen, quilten und einfassen, wie auf Seite 312 beschrieben.

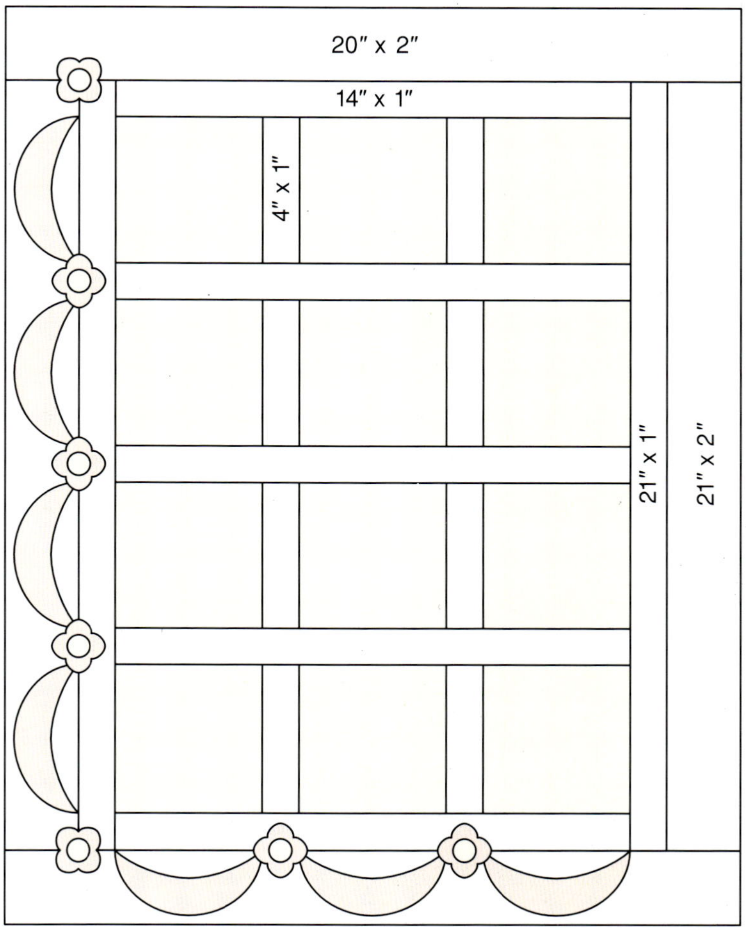

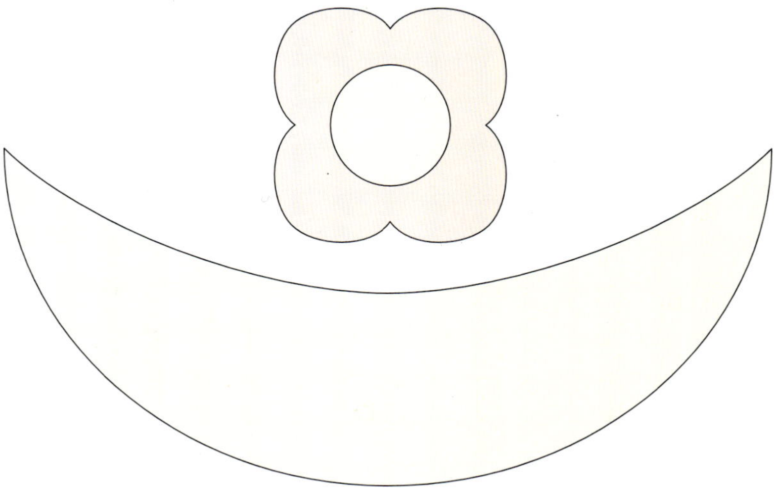

Katzen im Dachfenster

Quilterinnen und Katzen ziehen einander an.
Zwölf Kätzchen-Blöcke ergeben einen hübschen Wandbehang, vier ein Kissen.

Größe
24 x 30 in (61 x 76 cm)

Blöcke
12 Katzen-Blöcke (G13 – G24, Seiten 281–286)

Stoffbedarf
je 1/4 yd (25 cm) von 2 Stoffen für die Zwischenstreifen
je 1/4 yd (25 cm) von 2 Stoffen für den Rand
1/3 yd (30 cm) für die Einfassung
1 yd (ca. 1 m) für die Rückseite

Nähanleitung
Hinweis: Um alle Maße und Schablonen 1/4 in (6,5 mm) Nahtzugabe zugeben!

12 Fensterstreifen (Schablone A) der einen Farbe und 12r mit umgedrehter Schablone der anderen Farbe schneiden.

Zwischenstreifen wie abgebildet an die Blöcke nähen. Wo sich die beiden schrägen Kanten treffen, nicht über die Nahtzugabe nähen. Schräge Kanten von außen nach innen nähen (mehr darüber auf Seite 309).

Nähen Sie die eingefaßten Blöcke zu Reihen, dann die Reihen zusammen und fügen Sie die Randbordüre an. Rückseite anbringen, quilten und einfassen, wie auf Seite 312 beschrieben.

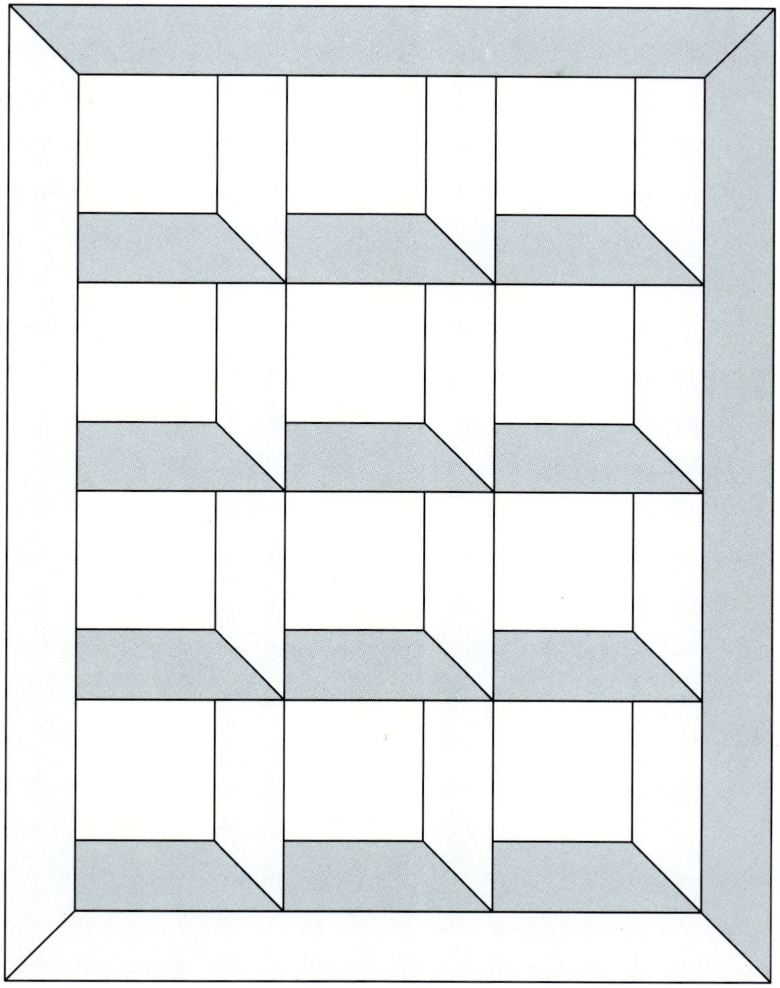

Für dieses lustige Kissen verwendeten wir 2 Attic-Window-Blöcke (A56, Seite 81), den Katze-und-Maus-Block (F42, Seite 273) und unseren Hund-und-Knochen-Block (F45, Seite 274). Die kleinen Katzen in den Attic Windows sind Keramikknöpfe in Katzenform. Bringen Sie das Kissen mit Zwischenstreifen auf die gewünschte Größe.

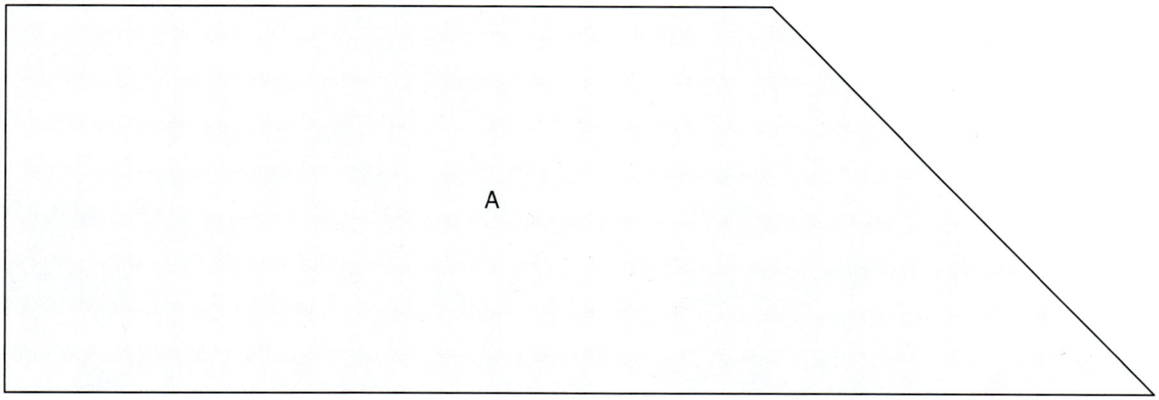

Zeitlose Schätze

Dieser Quilt ist eine Sammlung. 224 Blöcke, 4 Inch (10 cm) groß, zeigen handwerkliches Können und sehen auf einem Doppelbett hinreißend aus. Mit dieser Art des Zusammensetzens können Sie Ihre Sammlung präsentieren.

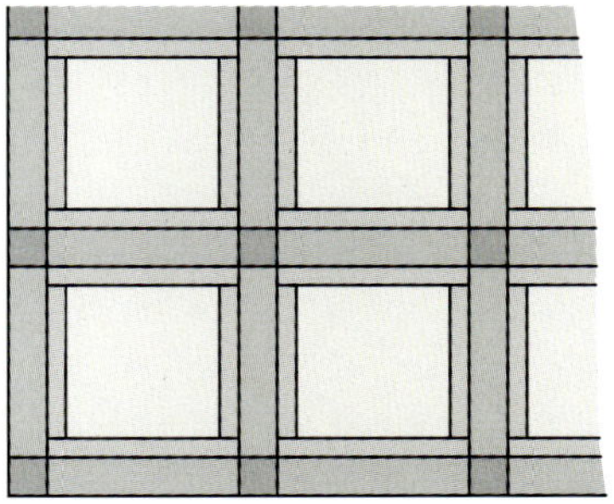

Größe
85 x 97 in (215 x 250 cm) ohne äußeren Rand

Blöcke
224 Blöcke Ihrer Wahl.
Hinweis: Dieser Quilt wurde aus 14 Blöcken quer und 16 längs genäht. Diese Art der Anordnung erlaubt auch jede andere Größe

Stoffbedarf
3 1/4 yd (ca. 3 m) für die 1/2 in (1,3 cm) breiten Ränder um jeden Block
1/2 yd (50 cm) für die 1 in (2,5 cm) großen Quadrate
2 1/4 yd (2,75 cm) für die 1 x 5 in (2,5 x 12,5 cm) breiten Streifen
Dazu Stoff für die Randbordüre, Einfassung und Rückseite nach Bedarf

Nähanleitung
Hinweis: Um alle Maße und Schablonen 1/4 in (6,5 mm) Nahtzugabe zugeben!
Für den Doppelbettquilt:
224 Streifen 1/2 x 4 in (1,25 x 10 cm)
224 Streifen 1/2 x 5 in (1,25 x 12,5 cm)
225 Quadrate 1 x 1 in (2,5 x 2,5 cm)
478 Streifen 1 x 5 in (2,5 x 12,5 cm)

Umrahmen Sie jeden Block mit 1/2 in (1,25 cm) breiten Streifen.

Bilden Sie Querreihen aus gerahmten Blöcken mit 1 x 5 in (2,5 x 12,5 cm) breiten Streifen dazwischen und an jedem Ende der Reihe.

Aus den 1 x 5 Inch (2,5 x 12,5 cm) breiten Streifen und den 1 in (2,5 cm) großen Quadraten ebenfalls Querreihen nähen, ein Quadrat an jedem Ende der Reihe.

Setzen Sie die Reihen zusammen, beginnen und enden Sie mit einer Streifenreihe.

Nach Wunsch die Randbordüren ansetzen.

Rückseite anbringen, quilten und einfassen, wie auf Seite 312 beschrieben.

Crazy Quilt-Sampler

Anleitung auf Seite 17

Anleitung auf Seite 17

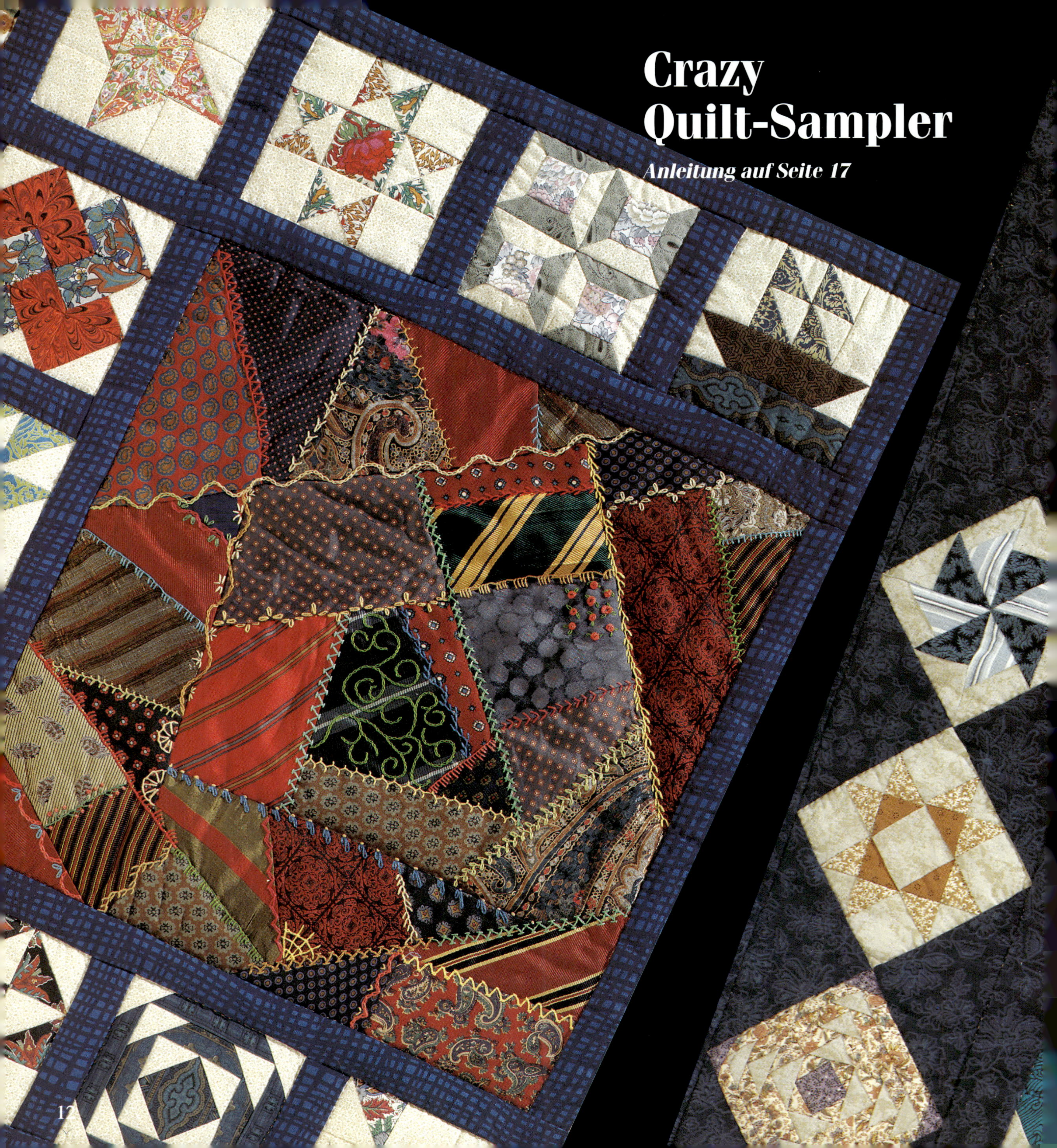

Fliegender Teppich

Anleitung auf Seite 14

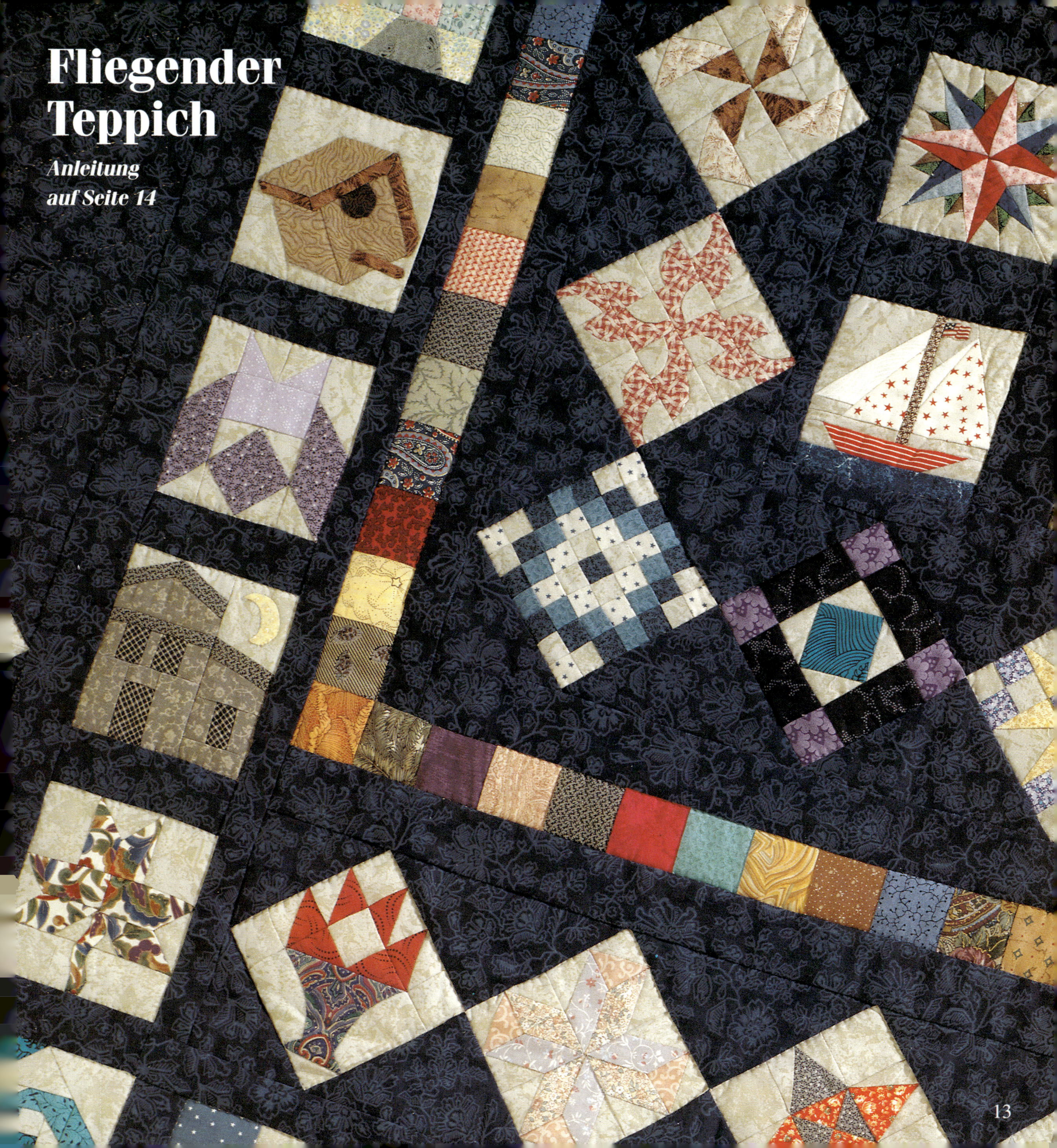

Fliegender Teppich

Der dunkelblau bedruckte Hintergrund verleiht den 144 Blöcken einen „magischen" Eindruck. Die mosaikartige Anordnung, bei der manche Blöcke gerade und manche auf der Spitze stehen, betont jeden einzelnen Block.

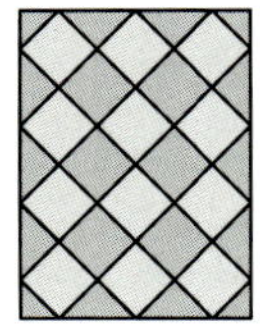

1. Schritt

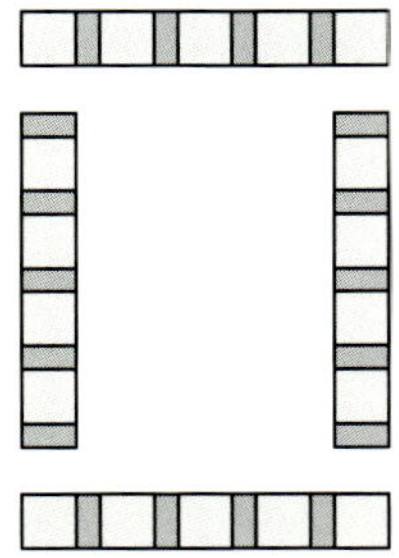

2. Schritt

3. Schritt

Größe
73 x 93 $^{3}/_{4}$ in (185 x 238 cm)

Blöcke
144 Blöcke Ihrer Wahl.
Hinweis: Dieser Quilt wurde in einzelnen Schritten genäht, die in der Mitte beginnen.
Sie können diese Anordnung übernehmen oder nach Belieben Randbordüren anfügen oder weglassen.

Stoffbedarf
4 yds (ca. 4 m) für Zwischenstreifen und Ränder
6 yds (ca. 6 m) für die Rückseite
1 yd (ca. 1 m) für die Einfassung.
Hinweis: Um alle Maße und Schablonen $^{1}/_{4}$ in (6,5 mm) Nahtzugabe zugeben!

Nähanleitung: 1. Schritt
Das Zentrum enthält 12 Blöcke Ihrer Wahl. Für die Blöcke brauchen Sie:
4 in (10 cm) große Quadrate, 6 x
10 x Schablone A
10 x Schablone B
Hinweis: Schablone A mit der langen Kante des Dreiecks (Hypotenuse) im geraden Fadenlauf (Pfeilrichtung) auflegen.
Reihen diagonal zusammensetzen und einen Rand von 1 in (2,5 cm) Breite an die Seiten (22 $^{1}/_{4}$ in/55 cm lang) und 19 in (48 cm) lang an Ober- und Unterkante nähen.

Nähanleitung: 2. Schritt
Sie benötigen 18 Blöcke Ihrer Wahl.
Aus Hintergrundstoff schneiden Sie: 18 Rechtecke 1 $^{3}/_{4}$ x 4 in (4,5 x 10 cm) für 2 Randstreifen. Vier $^{1}/_{2}$ in (1,25 cm) breite Randstreifen: Zwei 32 $^{3}/_{4}$ in (83 cm) lang und 2 Streifen 28 in (71 cm) lang. Zweimal 4 Blöcke mit den blauen Zwischenteilen zusammensetzen, je einen davon oben und unten und die Seiten des Mittelteils setzen. Zweimal 5 Blöcke mit Zwischenteilen zusammensetzen und jeweils oben und unten an das Mittelteil annähen. Die beiden 32 $^{3}/_{4}$ in (83 cm) langen Streifen an die Seiten und die 28 in (71 cm) langen Streifen an Ober- und Unterkante nähen.

Nähanleitung: 3. Schritt
Dafür benötigen Sie 26 Blöcke Ihrer Wahl.
Aus dem blauen Hintergrundstoff schneiden Sie:
48 Teile A
8 Teile B
124 Teile C in unterschiedlichen Stoffen
2 Streifen 1 in (2,5 cm) breit und 45 in (114 cm) lang,
2 Streifen 1 $^{1}/_{4}$ in (3,8 cm) breit und 45 in (114 cm) lang,
2 Streifen 1 $^{1}/_{4}$ in (3,8 cm) breit und 41 $^{3}/_{8}$ in (105 cm) lang.
Nähen Sie, wie in der Abbildung abgebildet, und setzen Sie die Bordüren an das Mittelteil. Danach die beiden 45 in (114 cm) langen Streifen an die Seiten und die 41 $^{3}/_{8}$ in (105 cm) langen Streifen an Ober-

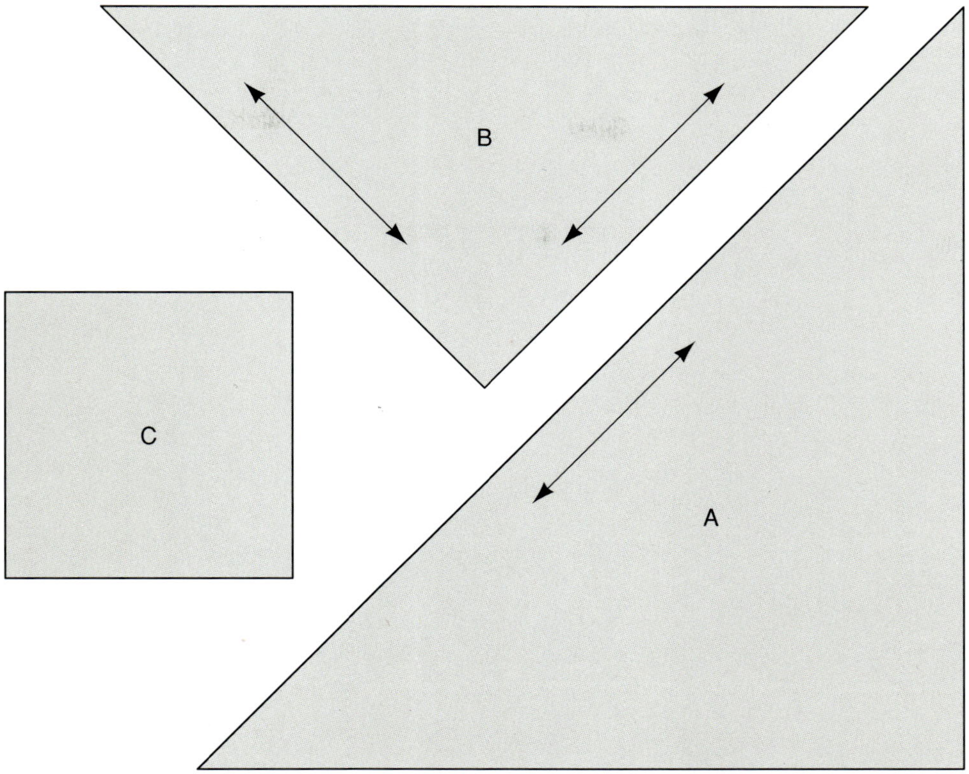

4. Schritt

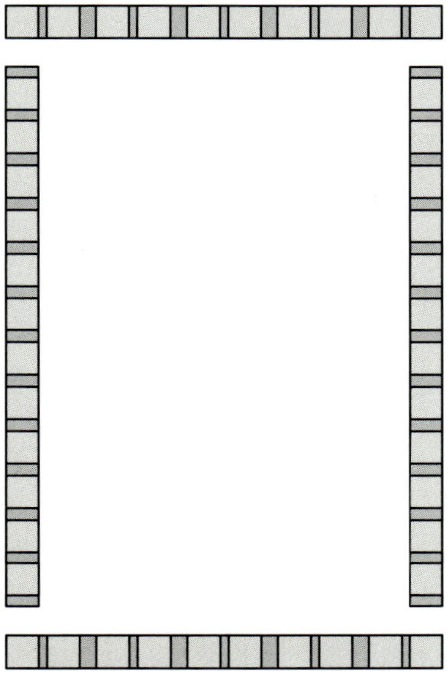

5. Schritt

6. Schritt

und Unterkante nähen. Nähen Sie aus je 32 C-Teilen 2 Streifen mit abwechselnden Farben und setzen Sie sie an die Seiten des Mittelteils.
2 bunte Streifen aus je 30 C-Teilen an Ober- und Unterkante nähen. Die beiden $1\frac{1}{2}$ x 45 in (3,8 x 114 cm langen Streifen nur an Ober- und Unterkante ansetzen.

Nähanleitung: 4. Schritt
Mit je 16 Blöcken Ihrer Wahl. Aus dem Hintergrundstoff schneiden Sie:
28 Teile A
8 Teile B
2 Streifen $\frac{7}{8}$ in (2,2 cm) breit und $65\frac{1}{4}$ in (60 cm) lang
und 2 Streifen $1\frac{1}{2}$ in (3,8 cm) breit und $46\frac{3}{4}$ in (119 cm) lang.
2 Bordüren wie abgebildet zusammensetzen und oben und unten an das Mittelteil anfügen. Die $\frac{7}{8}$ x $65\frac{1}{4}$ in (2,2 x 166 cm) großen Streifen an die Seite und die $1\frac{1}{2}$ x $46\frac{3}{4}$ in (6,4 x 199 cm) großen Streifen an Ober- und Unterkante setzen.

Nähanleitung: 5. Schritt
44 Blöcke Ihrer Wahl.
Hintergrundstoff zuschneiden:
36 Teile $1\frac{1}{4}$ x 4 in (3,2 x 10 cm)
8 Teile 2 x 4 in (5 x 10 cm)
Je zwei $1\frac{1}{2}$ in (3,8 cm) breite Streifen, einmal $75\frac{1}{2}$ in (192 cm) und einmal $57\frac{5}{8}$ in (146 cm) lang.

Nach Abbildung zu Schritt 5 nähen Sie die $1\frac{1}{4}$ in großen Teile zwischen jeden Block und an beide Enden, dann dies Ganze an die Seiten des Mittelteils. An den Bordüren für oben und unten wechseln Sie breite und schmale Zwischenstücke ab, wie in der Abbildung gezeigt. Annähen. Die $1\frac{1}{2}$ in breiten Streifen anfügen, $75\frac{1}{2}$ in (192 cm) an den Seiten und $57\frac{5}{8}$ in (146 cm) oben und unten.

Nähanleitung: 6. Schritt
28 Blöcke Ihrer Wahl. Hintergrundstoff:
44 Teile A
24 Teile B
2 Streifen $5\frac{5}{8}$ x $44\frac{3}{4}$ in (15,3 x 41 cm)
2 Streifen $5\frac{5}{8}$ x $23\frac{7}{8}$ in (15,3 x 60,3 cm)
2 Streifen 2 x $89\frac{3}{4}$ in (5 x 228 cm)
2 Streifen 2 x 73 in (5 x 185,5 cm)

Setzen Sie die Teile nach Abbildung 6 zusammen und fügen Sie sie mit 2 in breiten Streifen an allen 4 Seiten an. Rückseite anbringen, quilten und einfassen, wie auf Seite 312 beschrieben.

Sampler

Stellen Sie sich vor, das Medaillon und die 40 kleinen Blöcke sind eine Leinwand, die nur darauf gewartet hat, Ihre Ideen zu präsentieren. Bei gleicher Anordnung haben wir bei dem einen Sampler Quilt-Krawatten als viktorianisches Crazy gearbeitet und am anderen (ganz modern) unsere „Op Art"-Knopfsammlung untergebracht.

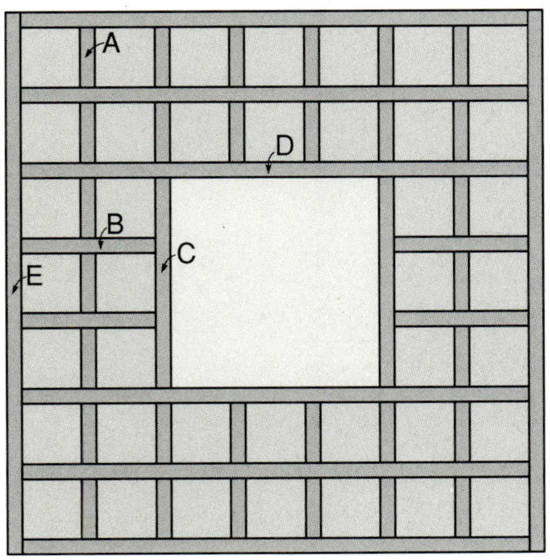

Crazy Quilt-Sampler

Foto links und auf Seite 12

Größe
36 x 36 in (91,5 x 91,5 cm)

Blöcke
40 Blöcke Ihrer Wahl

Stoffbedarf
1 1/4 yd (1,20 m) für Rand und Zwischenstreifen
1 1/8 yd (1,05 m) für die Rückseite
1/2 yd (0,5 m) für die Einfassung
14 in (36 cm) großes Quadrat für die Mitte.

Nähanleitung
Hinweis: Um alle Maße und Schablonen 1/4 in (6,5 mm) Nahtzugabe zugeben!

Auf das 14-in-Quadrat haben wir Crazy aus Seidenkrawatten genäht und mit Zierstichen ausgeschmückt. An dieses Quadrat muß extra viel Nahtzugabe zugegeben werden – das ist bei der Crazy-Technik besonders nötig (nicht umsonst heißt es „Crazy"). Achten Sie auf die Abbildung und schneiden Sie folgende 1 in (2,5 cm) breite Streifen:
30 A-Streifen, 4 in (10 cm) lang
4 B-Streifen, 9 in (23 cm) lang
2 C-Streifen, 14 in (35,6 cm) lang
6 D-Streifen, 34 in (86,4 cm) lang
3 E-Streifen, 36 in (91,5 cm) lang.

Nähen Sie die Blöcke mit A-Streifen zu Querreihen (siehe Abbildung). Die Reihen mit B- bzw. D-Streifen aneinandersetzen, die C-Streifen rechts und links an den Mittelblock nähen. Das Mittelteil an die kurzen Reihen setzen. Alle Reihen wie abgebildet zusammennähen und die E-Streifen an die Seiten. Rückseite anbringen, quilten und einfassen, wie auf Seite 312 beschrieben.

Op Art-Sampler

Der Sampler auf der Seite gegenüber wurde um einen ausgesuchten Stoff gearbeitet – dabei war die Knopfsammlung bereits eingeplant. Er ist genauso wie der Crazy-Sampler aufgebaut, hat aber eine zusätzliche Randbordüre.

Größe
45 x 45 in (114 x 114 cm)

Stoffbedarf
1 1/4 yd (1,20 m) für die Zwischenstreifen
1 1/4 yd (1,20 m) für den inneren Rand
1 3/8 yd (1,10 m) für den äußeren Rand
1/2 yd (0,5 m) für die Einfassung
2 3/4 yd (2,6 m) für die Rückseite

Nähanleitung
Folgen Sie der Anleitung für den Crazy-Sampler und fügen Sie noch einen 1 in (2,5 cm) breiten und zusätzlich einen 3 1/2 in (9 cm) breiten Streifen um den ganzen Quilt.

Jederzeit Teezeit

Anleitungen auf Seite 22

Ein sehr viktorianischer Quilt

Anleitung auf Seite 20

Größe
52 x 35 in (130 x 88 cm)
Blöcke
6 Spool-Blöcke (D29, Seite 192) oder
6 andere Blöcke Ihrer Wahl
Stoffbedarf
3/4 yd (71 cm) für die Balken
1/8 yd (12 cm) für die Weinblätter
1 1/4 yd für den inneren Rand und die Einfassung
1 3/4 yd (1,70 m) für den äußeren Rand und die Zwischenstreifen*
1/4 yd (25 cm) für die applizierte Schleife
1 1/2 yd (1,40 m) für die Rückseite (quer)
10 Knöpfe für jedes Traubenbündel
** Wir haben gestreiften Stoff verwendet, dabei sollten die Streifen nicht breiter als 2 1/2 in (6.5 cm) Schneidebreite sein.*

Nähanleitung
Hinweis: Um alle Maße und Schablonen 1/4 in (6,5 mm) Nahtzugabe zugeben!
6 Teile A 4 x 24 in (10 x 61 cm) schwarz
6 Teile B 2 x 24 in (5 x 61 cm)
8 Weinblätter nach Schablone zugeschnitten

Traubenbündel
Markieren Sie die 2 schwarzen Streifen in 6 in (15 cm)-Intervallen. Diese Intervalle unterteilen in einen 2 In (5 cm) großen oberen Teil und einen 4 in (10 cm) großen unteren Teil. Das Weinblatt zentriert in den oberen Teil applizieren; die Knöpfe in Traubenform auf den unteren Teil nähen. (Wir haben hier 1/2–5/8 in (10-15 cm) große Knöpfe in 4 Reihen zu 4, 3, 2 und 1 in Traubenform arrangiert).

Nähanleitung
Streifen wie abgebildet aneinandernähen:
A/B/A/B/A/B/Spool-Blöcke/B/A/B/A/B/A.

Sehr viktorianisch

Das Motto der viktorianischen Zeit war: „Zu viel ist fast genug“. Dies hatten wir beim Entwurf dieses Wandbehangs im Kopf, und wir versuchten, alles zu zeigen: Knöpfe, Spitzen, Occhi-Spitze, Taschentücher und Gürtelschnallen, zusammen mit Liberty-Stoffen in 4 in (10 cm) großen Spool-Blöcken.

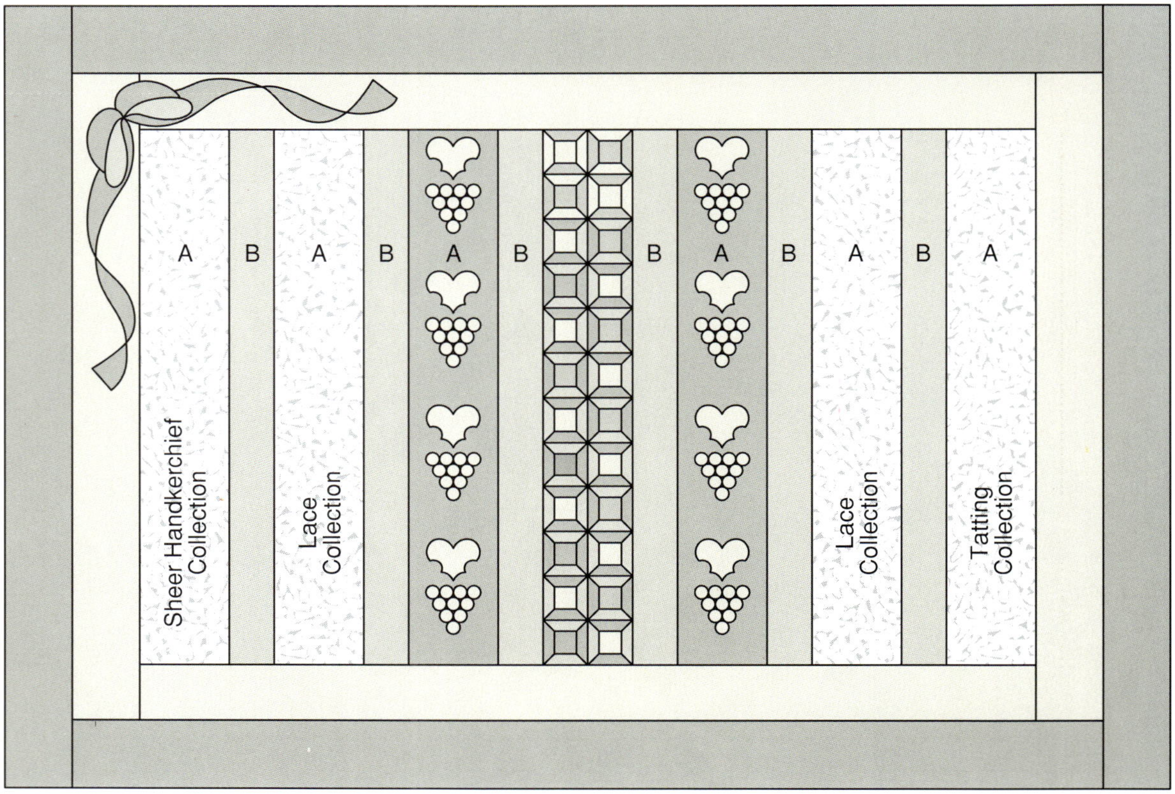

Ränder
Innere Randbordüre: 2 Streifen 2 1/4 x 40 in (6,25 x 100 cm) schneiden und oben und unten an das Mittelteil nähen. 2 Streifen 3 x 29 in (7,6 x 74 cm) an die Seiten nähen.
Das Schleifenmotiv in die linke obere Ecke applizieren, oder in die diagonal gegenüberliegende Ecke.
Äußere Randbordüre anfügen: 2 Streifen 3 x 46 in (7,6 x 117 cm) oben und unten, sowie 2 Streifen 3 x 35 in (7,6–89 cm) an die Seiten nähen. Rückseite anbringen, quilten und einfassen, wie auf Seite 312 beschrieben.

Sheer Handkerchief = zarte Taschentücher
Lace = Spitzen
Tating = Occhi-Spitzen
Grape Leaf = Weinblatt

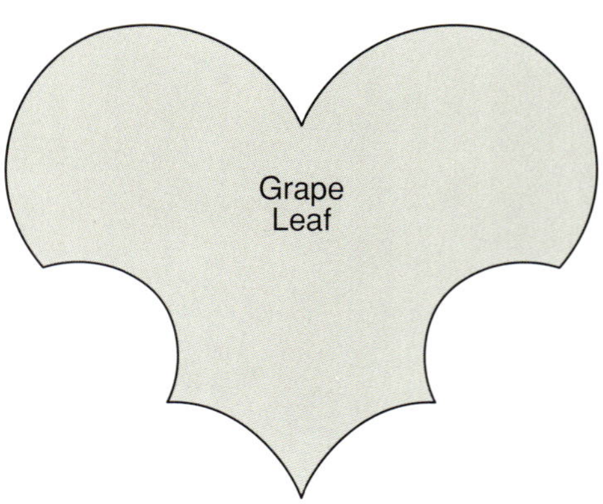

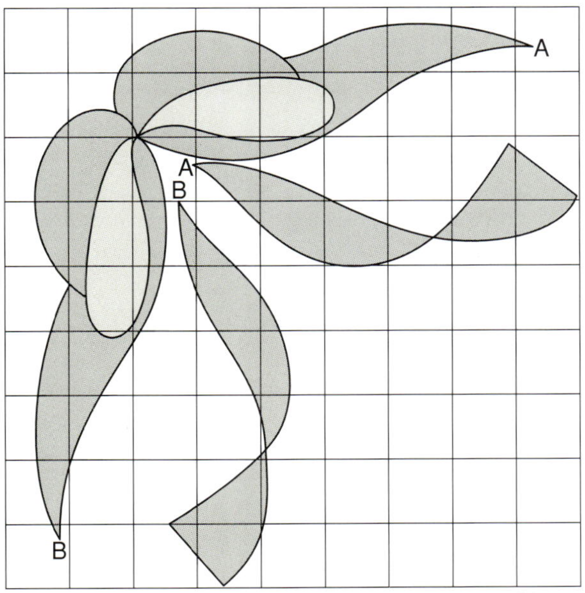

1 Quadrat entspricht 1 Inch = 2,5 cm

Diese applizierte Schleife ist der perfekte Zusatz für Ihre viktorianische Kollektion. Vergrößern Sie die Teile wie angegeben (1 Quadrat entspricht 1 Inch = 2,5 cm). Die Schleifenbänder bei Punkt A und B ansetzen.

Wir haben eine Sammlung von Gürtelschließen als Verzierung auf die Wendestellen der Schleifenbänder genäht.

Jederzeit Teezeit

Wir haben zuerst einen kleinen Wandbehang entworfen, und danach fielen uns die weißen Handschuhe ein. Es war kein Problem, zu diesem Zweck noch einen breiten Rand anzusetzen (siehe Foto auf Seite 18). Vielleicht besitzen Sie Leinenservietten oder andere Schätze, die Sie hier zeigen können.

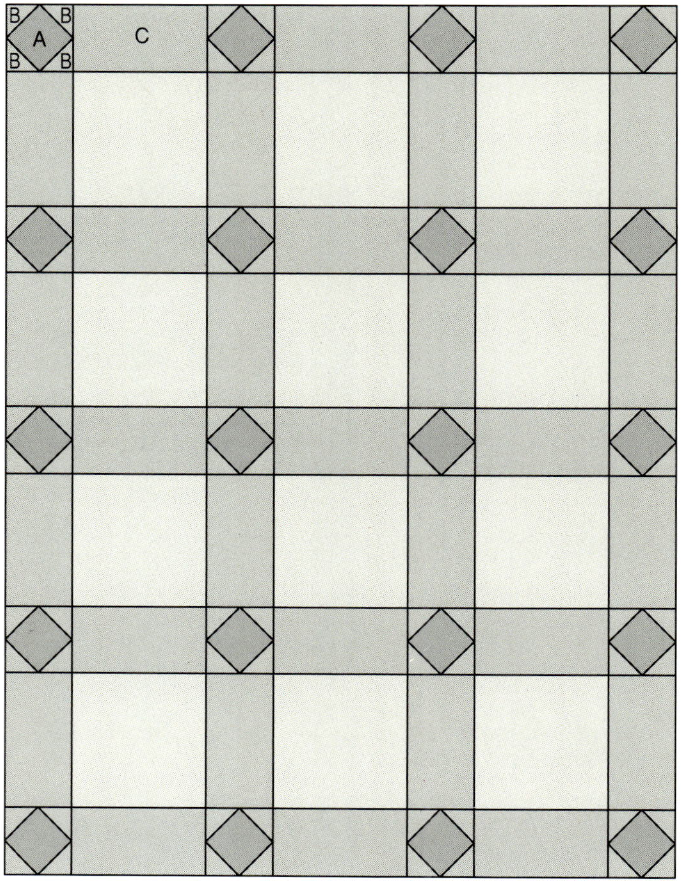

Größe
20 x 26 in (51 x 66 cm) ohne zusätzlichen Rand
oder 34 x 47 in (86 x 119 cm) mit Rand.

Blöcke
12 Teezeit-Blöcke (G1-G2, Seiten 275-280).

Stoffbedarf
1/4 yd (25 cm) dunkel, für die Zwischenstreifen
1/2 yd (50 cm) hell, für die Zwischenstreifen
1 yd (1 m) für den Hintergrund
Für die größere Version benötigen Sie 1 3/8 yd (1,40 m) für den Hintergrund plus die Randstreifen I, II und III.

Nähanleitung
Hinweis: Um alle Maße und Schablonen 1/4 in (6,5 mm) Nahtzugabe zugeben!

Aus dem dunklen Stoff 20 Teile A schneiden (wir haben einen Teekannenstoff und das Motiv jeweils in einem Quadrat zentriert). Aus dem hellen Stoff 31 Teile C und 80 Teile B schneiden.

Für die Zwischenstreifen die B-Teile an 2 gegenüberliegenden Seiten von A nähen, danach 2 B-Teile an die beiden anderen Seiten.

Diese AB-Einheiten an die C-Teile setzen und Reihen bilden, wie auf der Abbildung ersichtlich.

Die 4 Inch (10 cm) großen Blöcke mit C-Teilen zu Reihen nähen und die Reihen zur Patchworkoberseite zusammenfügen. Für den größeren Quilt nähen Sie folgende Randbordüren an:

Rand I
5 x 26 in (12,7 x 66 cm) große Streifen an den Seiten
und 5 x 30 in (12,7 x 76 cm) große Streifen oben und unten.

Rand II
7 x 30 in (18 x 76 cm) große Streifen nur oben und unten.

Rand III
2 x 30 in (5 x 76 cm) oben und unten und 2 x 47 in (5 x 119 cm) an den Seiten.
Rückseite anbringen, quilten und einfassen, wie auf Seite 312 beschrieben.

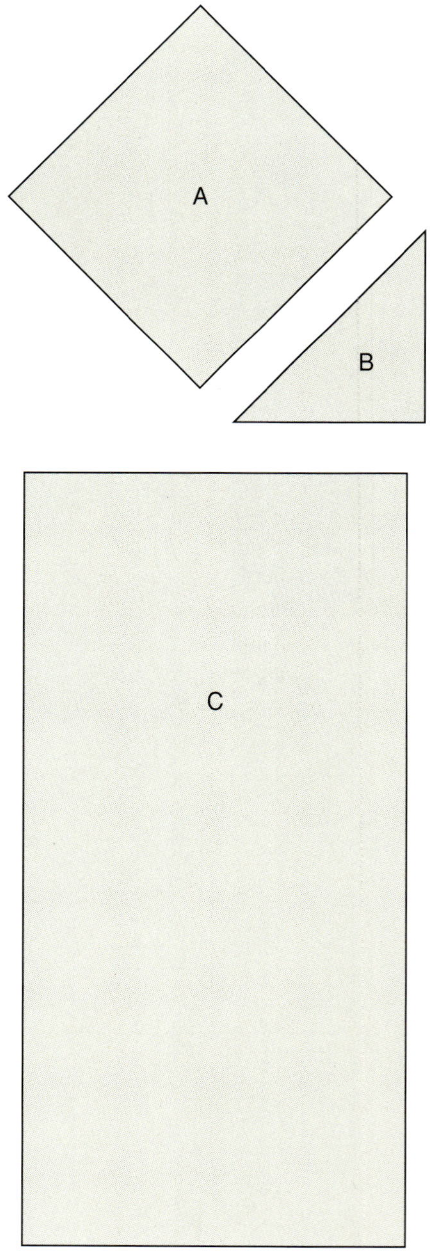

Frühlingsgruß

Nur ein paar Blöcke, und Sie haben richtige Frühlingsstimmung im Haus. Für die Zierborte über dem Regal haben wir den 4 in (10 cm) großen Körbchen-Block auf 12 in (30,5 cm) vergrößert und Ostereier aufgenäht. Überlegen Sie, was es noch für andere Motive als Verzierung gibt!

Schon ein einziger Block, mit einer biegsamen Ranke umflochten, ist ein ansprechender jahreszeitlicher Schmuck für Ihr Heim. Wir haben einen Häschen-Block (C56, Seite 163) mit Rückseite versehen und in die Mitte eines Rankenkranzes gesetzt. Knöpfe, Blumen und Schleifen dienen der Dekoration.

Regalbordüre:

Diese Bordüre wurde aus einem vergrößerten Block genäht. Wir wählten D109 (Seite 232). Sie können aber auch einen anderen nehmen.

Vergrößern Sie den Block auf 12 in (30,5 cm). Nähen Sie jeden Block nach Anweisung, jedoch ohne die Hintergrundteile im unteren Körbchenteil.

Körbe an den Seiten wie abgebildet aneinandernähen.

Tiefe des Regalbretts oder des Bordes ausmessen und einen Stoffstreifen zuschneiden.

Maß von Kante zu Kante: Regalbreite plus die Länge der Körbchenreihe plus $^1/_2$ in (1,25 cm) Nahtzugabe. Diesen Stoff oben an die Körbchenreihe nähen, Naht zu den Körbchen hin bügeln.

Körbchen rechts auf rechts auf den Rückseitenstoff und sehr dünne Wattierung nähen, dabei ca. 6 in (15 cm) Wendeöffnung lassen. Ecken abschneiden, Nahtzugaben einschneiden, wenden und die Öffnung schließen.

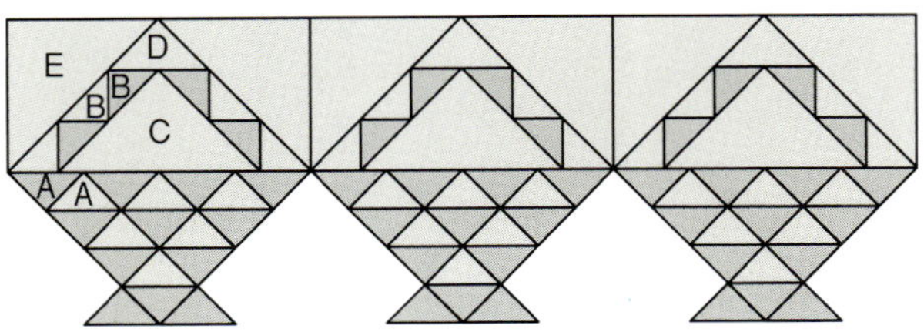

Von Hand oder mit Maschine in der Naht entlang oberhalb der Körbchen absteppen, damit das Ganze schön glatt hängt.

Süsse Träume

Mit Blockbordüren läßt sich Bettwäsche (links) hübsch dekorieren. Hier haben wir ein Band aus neun applizierten Blumen-Blöcken auf ein Laken sowie auf den Kissenbezug einen einzelnen Block genäht. Die Vorlagen dazu finden Sie ab Seite 96.

Spulen für jede Jahreszeit

Auf diesem Kalender-Quilt besitzt jeder Monat ein eigenes Muster. Dies ist ein Beispiel, wie man Block-Variationen zu einem Thema zusammenbringen kann. Hier stehen immer 4 Blöcke für einen Monat, von Segelbooten und Fächern für Juli und August bis zu Herzen und Windrädern für Februar und März. Die 48 Blöcke sind in „Spulen" angeordnet.

Ländlicher Charme

Ein Westernhemd ohne Patchwork ist wie ein Freundschaftsamulett ohne Inschrift. 4 Inch (10 cm) große Blöcke, Jo-Jos und Keramikknöpfe sorgen hier für Pfiff. Ein aufknöpfbarer Latz bietet noch mehr Abwechslung ***(links).*** *Wenn Sie Ihr Patchwork bisher noch nicht angezogen haben – es wird allmählich Zeit!*

Sonnenverwöhnt

Blickfang ist schon eine Sonnenblume auf einem Trikotshirt, oder Sie nähen ein leuchtend buntes New Mexico-Hemd. Auf dem Hemd ***(rechts)*** *haben wir Stoffe in den charakteristischen Farben der amerikanischen Wüstenregion und 12 typische Blöcke verwendet (G37–G48, ab Seite 293). Die Blöcke sind mit schwarzen Zwischenstreifen verbunden und sitzen auf Rückenpasse und Front.*

Landhausstil

Davon kann man nie genug bekommen! Hier haben wir in Tiermotiven geschwelgt, die wir auf eine Bluse aus Bauernhofstoff genäht haben. Außerdem haben wir leuchtende, geometrischen Blöcke über einen blauen Blouson verteilt. Um eine solche Bluse zu tragen, müssen Sie nicht unbedingt aus Texas stammen!

Sternenbanner

Die vollständige Anleitung dafür finden Sie ab Seite 32.

Unterschriften

Besondere Gelegenheiten werden durch einen Freundschafts-Quilt gekrönt. Manche Blöcke eignen sich besonders gut für Unterschriften von Freunden, Verwandten, Arbeitskollegen oder Familienmitgliedern (ab Seite 178). Diese 12 Album-Blöcke können ganz verschieden angeordnet werden und ergeben ein Wandbild voller Erinnerungen.

Sternenbanner

Die Schwingen des amerikanischen Adlers breiten sich schützend über Fahne und Sternenfeld. Für Amerikaner ist dies ein Quilt für einen Helden, eine patriotische Botschaft, die Büro oder Hausflur schmückt.

Größe
50 x 50 in (127 x 127 cm)

Blöcke
12 Sternen-Blöcke (D89–100, Seiten 222–227).

Stoffbedarf
2 yd (2 m) für den Hintergrund
1 yd (1 m) von einer Sorte Marineblau für Fahne, Zwischenstreifen, Randsterne, Schild und Einfassung
1/2 yd (50 cm) anderes Marineblau für die Randsterne
1 1/2 yd (1,40 m) von einer Sorte Rot für Fahne, Adler und Ränder
1/8 yd (15 cm) anderes Rot für die roten Streifen
3/4 yd (70 cm) Dunkelbraun für die Fahnenstangen
1/4 yd (25 cm) Hellbraun für den Adler
1/4 yd (25 cm) Mittelbraun für den Adler
1/4 yd (25 cm) dunkleres Mittelbraun für den Adler
1/4 yd (25 cm) Dunkelbraun für den Adler
1/8 yd (12 cm) Grün für die Olivenzweige
1/4 yd (25 cm) rot-weiß-rot-gestreiften Stoff für die Buchstaben U S A
3 yds (ca. 3 m) Stoff für die Rückseite.

Nähanleitung
Hinweis: Um alle Maße und Schablonen 1/4 in (6,5 mm) Nahtzugabe zugeben, wenn nicht ausdrücklich anders angegeben.

Der Quilt ist in 4 Teilen aufgebaut: der applizierte Adler, die Fahne, der Schild und die Sternen-Blöcke sowie der „Stars and Stripes"-Rand.

Adler- und Fahnenteile
Schneiden Sie zuerst die roten und weißen Randstreifen sowie den Hintergrundstoff. Abbildung 1 zeigt Ihnen die großen Stoffteile, die Sie zuschneiden müssen.

Für die Fahnenteile schneiden Sie (Schablonen auf Seite 36):
A: 8 weiß und 12 rot
Ar: 8 weiß und 12 rot (revers)
B: 8 Hintergrundstoff
Br: 8 Hintergrundstoff (revers)

Zuerst den oberen Bereich mit den großen, blauen Dreiecken nähen; danach das Fahnenteil (Abbildung). Denken Sie daran, daß Sie für die Revers-Teile von A und B = Ar und Br die Schablonen umdrehen.

Setzen Sie das Fahnenteil in horizontalen Reihen zusammen, wie in der Abbildung ersichtlich.

Sind die Teile zusammengesetzt, applizieren Sie die Fahnenstangen. 2 dunkelbraune Schrägstreifen von 34 x 1 1/4 in (86 x 3,2 cm) Länge sind dafür ausreichend. Jeden Streifen der Länge nach falten und links auf links mit einer 1/4 in (6,5 mm) breiten Naht zusammennähen. Streifen flachbügeln, die Naht läuft genau in der Mitte. Stangen so applizieren, daß sie sich im mittleren Block kreuzen. Die unteren Enden ragen 3 in (7,6 cm) von den Ecken entfernt über die Kante (beachten Sie Abbildung 1).

Nun kommen Sie zum Applizieren des Adlers. Die Schablonen sind in 3 Teilen aufgezeichnet (Seiten 34 und 35) und so sind sie auch am zweckmäßigsten zu applizieren. Sind die 3 Teile genäht, so applizieren Sie diese in den oberen Bereich des Quilts. Danach die Buchstaben „USA" und die Blätter um die Fahnenstangen aufnähen.

Wappenschild mit Sternen-Blöcken
Für das Schild-Teil (Abbildung 2) benötigen Sie die Schnittvorlage von Seite 36 (Nahtzugaben zugeben):
C: 21 rote
D: 32 marineblaue.

Alle C- und D-Teile wie abgebildet zwischen die 12 Sterne setzen. Dann die seitlichen Rechtecke aus Hintergrundstoff, mit jeweils einem blauen Dreieck oben innen, anfügen. Das marineblaue Schild-Teil (Vorlage auf Seite 35) auf ein 5 x 39 in (13 x 99 cm) großes Stück Hintergrundstoff applizieren und dieses an das Sternen-Teil ansetzen.

Anleitung für die Randbordüre siehe Seite 36

Abbildung 1

Abbildung 2

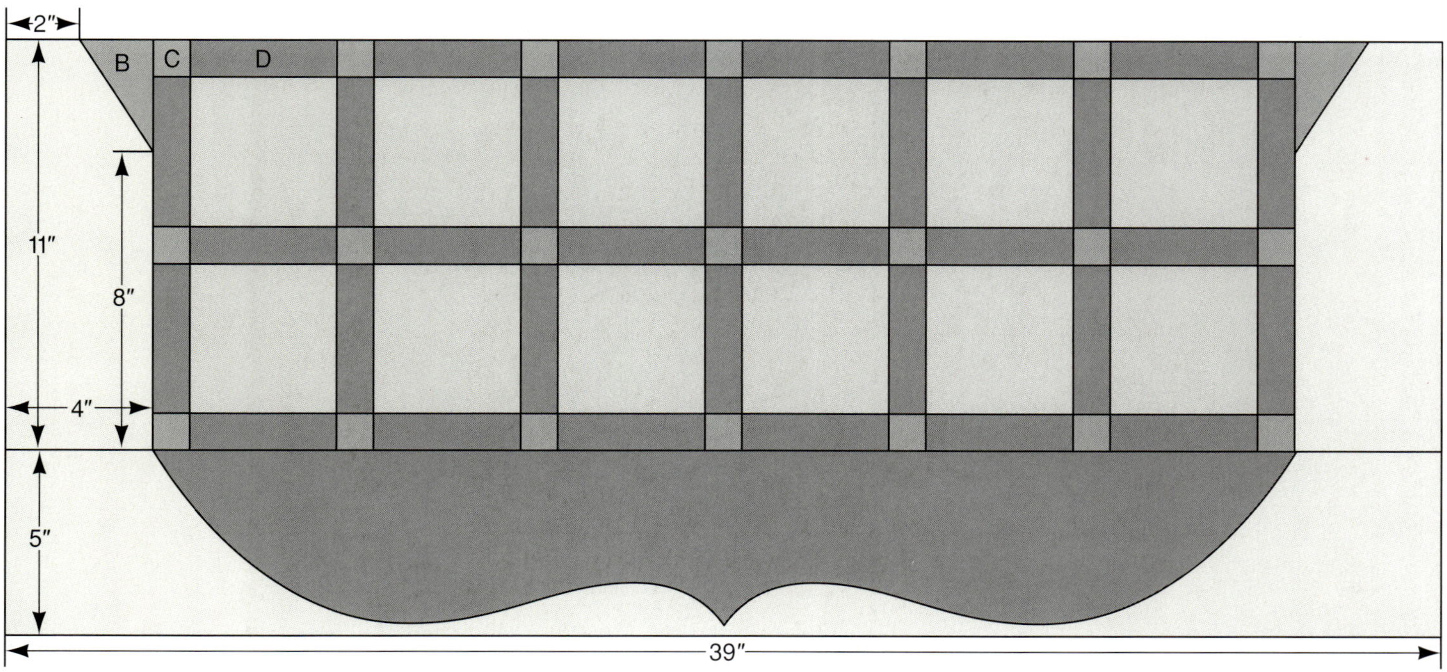

Fold = Stoffbruch 1 Quadrat entspricht 1 Inch = 2.5 cm

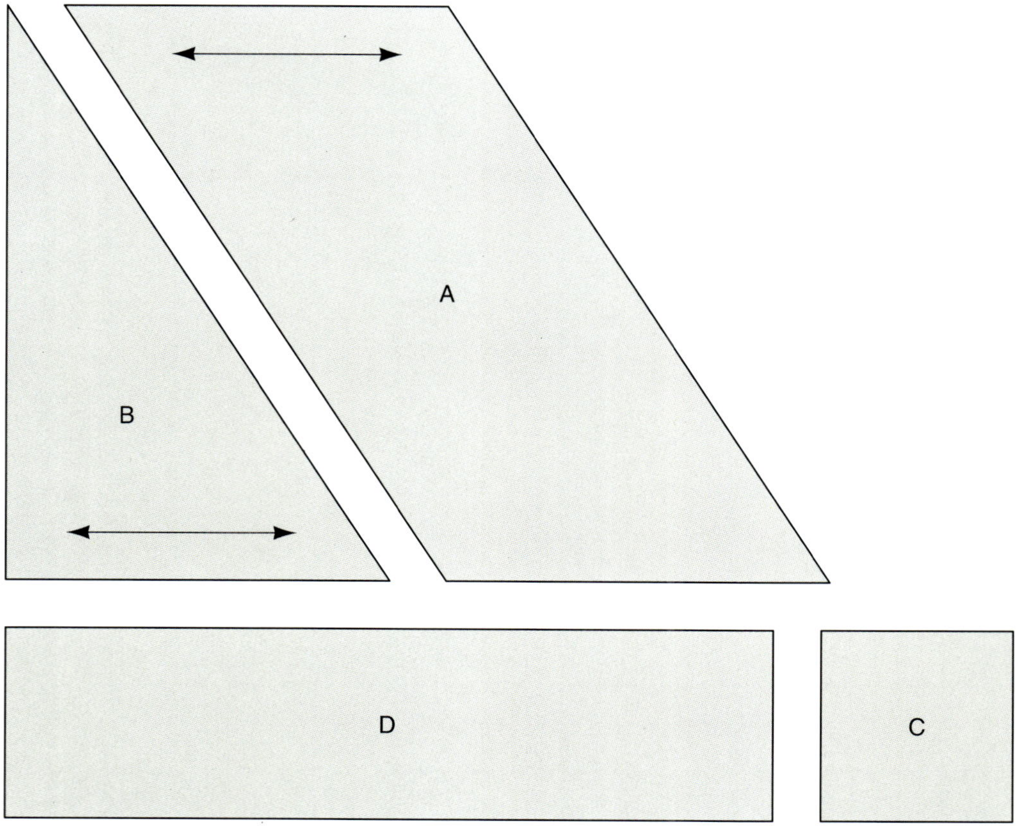

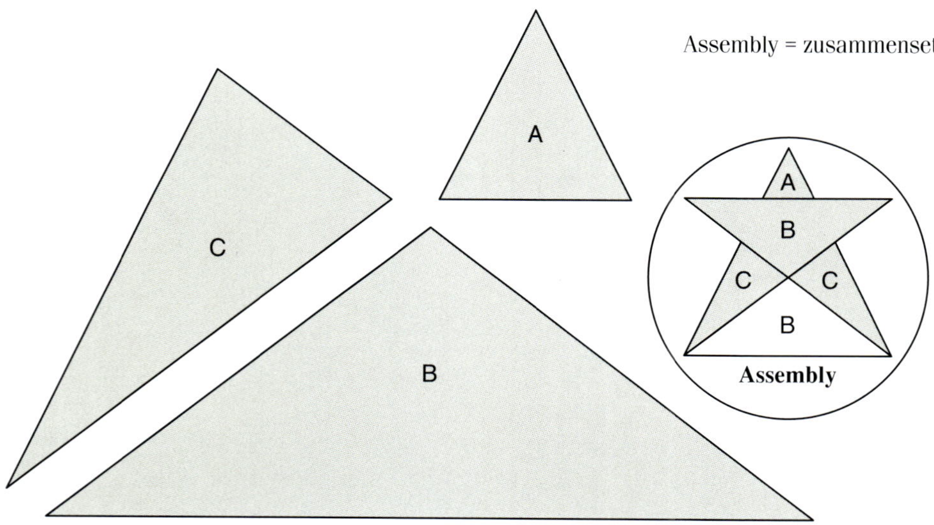

Assembly = zusammensetzen

„Stars and Stripes“-Randbordüre
Folgende Streifen zuschneiden.
Hinweis: In den folgenden Maßen ist die Nahtzugabe enthalten, die Länge ist etwas mehr – zur Reserve.
Rot: 8 Teile 1 1/2 x 52 in (3,8 x 132 cm)
Weiß: 4 Teile 1 1/2 x 52 in (3,8 x 132 cm)
Hintergrund: 4 Teile 3 x 52 in (3,8 x 132 cm).

Die Teile in dieser Reihenfolge zusammennähen:
1. Hintergrund
2. Rot
3. Weiß
4. Rot

Um die Mitte festzustellen, einen Streifen zur Hälfte falten. Mitte des Streifens an der Hintergrundkante rechts auf rechts an die Mitte des Quilts stecken und annähen. 1/4 in (6,5 mm) Nahtzugabe an jedem Ende offen lassen. Alle 4 Seiten so nähen. Diagonale Ecken formen (Tips dafür auf Seite 309). An jeder Ecke die Streifen überlappen. Von links arbeiten. Sind exakte Winkel erreicht, dort markieren, wo sie sich kreuzen.

Quilt zusammenfalten, die Randbordüren liegen genau aufeinander. Vom Ecknahtpunkt zum markierten Außenpunkt eine Linie ziehen, dies ist die diagonale Nahtlinie, die Sie nun schließen. Prüfen, ob alle Nähte genau geworden sind. Nahtzugabe der Ecken zurückschneiden und bügeln.

Randsterne
Mit der dreiteiligen Sternenschablone 16 Sterne nähen. Teile A und C aus dem einen marineblauen Stoff, 1 Teil B aus dem anderen marineblauen Stoff und das zweite B-Teil aus Hintergrundstoff schneiden. Sterne zusammensetzen, wie in Abbildung abgebildet. Alle Kanten, außer der des Hintergrundstoffs, umschlagen und heften.

Sterne auf die Streifenbordüre applizieren. Sie liegen in 6 1/2 in (16.5 cm) Abstand. Legen Sie die Sterne auf und regulieren Sie die Abstände, wo nötig.

Rückseite anbringen, quilten und einfassen, wie auf Seite 312 beschrieben.

Hier ist eine 1/4 in (6,5 mm) breite Einfassung empfehlenswert, damit die Sternenspitzen nicht abgeschnitten werden.

Küchendekoration

Eine Küche wird mit 4 in (10 cm) großen Patchwork-Blöcken in den passenden Farben erst richtig schön. Wir haben keinen Block zweimal verwendet! Einen für Topflappen, einen für das Handtuch, einen für den Kaffeewärmer, außerdem ausreichend Blöcke für die Korbdekoration.

Korbhülle

Körbe und Quilts passen immer gut zusammen. Unseren Osterkorb sehen Sie auf Seite 23. Kommen Ihnen noch mehr Ideen für Jahreszeitdekorationen? Denken Sie doch nur an Weihnachten . . .

Die Hülle um den Korb ist nur festgebunden, so daß Sie den Korb neu dekorieren können. Der Korb sollte senkrechte, flache Seiten haben.

Höhe und Umfang des Korbes messen und danach die Anzahl der benötigten Blöcke und die Gesamtgröße der Hülle berechnen.

Sobald Sie wissen, wie viele Blöcke Sie brauchen, können Sie mit dem Nähen beginnen. Zwischen die Blöcke fügen Sie Streifen, um die Größe richtig anpassen zu können.

Rückseite zuschneiden und anbringen, quilten und einfassen, wie auf Seite 312 beschrieben.

Zum Schluß an beiden Enden Bänder festnähen (wir haben je 3 angebracht) und die Hülle um den Korb festbinden.

18
MHS
Marcus

Familienspaß

Diese frischen und lustigen Muster machen Spaß. Wählen Sie den passenden Block für jedes Familienmitglied und begeistern Sie Ihre Lieben! Oder feuern Sie Ihr Team mit Blöcken an!

Blöcke für Sportfans

Stecken Sie einen Streifen mit Sport-Blöcken auf die Pinwand, schenken Sie Ihrem Lieblingsgolfer ein ganz persönliches Kissen oder beziehen Sie ein Notizbuch oder einen Terminkalender. Entwerfen Sie ein T-Shirt mit Alphabet- oder Hobby-Blöcken, oder Sie sortieren das ABC auf einem Quilt für Ihren Nachwuchs.

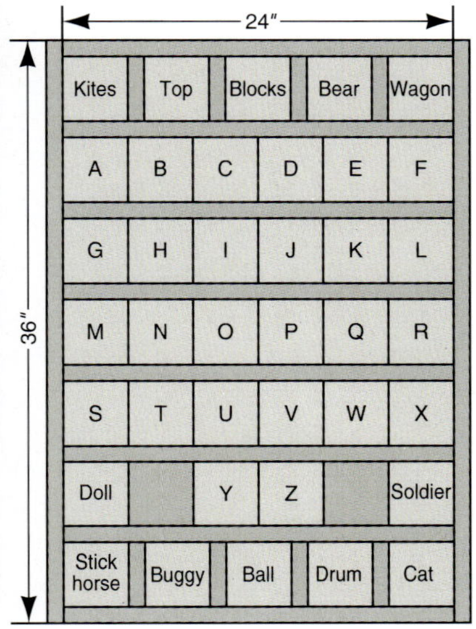

Kites = Drachen
Top = Kreisel
Blocks = Würfel
Bear = Bär
Wagon = Wagen
Doll = Puppe
Soldier = Soldat
Stickhorse = Steckenpferd
Buggy = Kinderwagen
Drum = Trommel
Cat = Katze

Buchstabensuppe

Größe
26 x 36 in (66 x 91,5 cm)

Blöcke
26 Buchstaben-Blöcke (E1–E26, Seite 234 – 246)
12 Kindermotive (F10–F21, Seite 257–262)

Zusätzlicher Stoff
1 1/4 yd (1,20 m) für Hintergrund und Zwischenstreifen
1 1/8 yd (1,10 m) für die Rückseite
1/3 yd (30 cm) für die Einfassung

Nähanleitung
Hinweis: Um alle Maße und Schablonen 1/4 in (6,5 mm) Nahtzugabe zugeben!
Teile für die Zwischenstreifen zuschneiden:
8 Teile 1 x 4 in (2,5 x 10 cm)
2 Teile 4 x 4 in (10 x 10 cm)
8 Teile 24 x 1 in (61 x 2,5 cm)
2 Teile 36 x 1 in (91,5 x 2,5 cm)

Blöcke wie abgebildet zu Reihen nähen, die Reihen mit den 24 x 1 in (61 x 2,5 cm) breiten Streifen untereinander setzen und die 36 x 1 in (91,5 x 2,5 cm) breiten Streifen an beide Seiten nähen.

Rückseite anbringen, quilten und einfassen, wie auf Seite 312 beschrieben.

Hinweis: Soll der Quilt nicht an der Wand hängen, sondern als Babydecke dienen, so dürfen Sie wegen der Gefahr des Verletzens oder Verschluckens keine Knöpfe, Perlen oder Schnallen annähen.

Herbstferien

Im Oktober und November gibt es Halloween, Erntedank, Familienfeste mit satten, warmen Farben und Erntestimmung. Bringen Sie mit diesen Blöcken herbstliche Gefühle ins Haus.

Halloween-Regalbordüre

Größe
42 x 9 in (107 x 23 cm)

Blöcke
6 Blöcke Schwarze Katze und Geist (C83, Seite 177); Hexe (C81, Seite 176); Fledermaus (C77, Seite 174); Kürbislaterne (C74, Seite 172); Spinnennetz (C82, Seite 176) und Gespenst (C76, Seite 173).

Zusätzlicher Stoff:
1 $^1/_2$ yd (1,5 m) für Hintergrund und Rückseite
Verschiedene orangefarbene Stoffreste für 6 Kürbisse
Grüne Stoffreste für die Kürbisblätter.
Hinweis: Um alle Maße und Schablonen $^1/_4$ in (6,5 mm) Nahtzugabe zugeben!

Block 1 (siehe Abb. Seite 43)
Die 2 Blöcke C83 und C74 nähen und so vervollständigen:

A-Teile an die Seiten und ein B-Teil unten annähen. Eine CBC-Einheit oben ansetzen, danach eine EDEr-Einheit. Ein Stück Hintergrundstoff 2 x 6 in (5 x 15 cm) an die Oberkante nähen.

Block 2 (siehe Abb. Seite 43)
Blöcke C81 und C76 nähen und so vervollständigen:

B-Teile an die Seiten und ein A-Teil unten annähen. Eine CAC-Einheit und danach eine DCE-Einheit an die Oberkante setzen.

Block 3 (siehe Abb. Seite 43)
Blöcke C77 und C82 nähen und wie folgt vervollständigen:

A und Ar-Teile an alle 4 Seiten ansetzen, dabei die Ecknähte diagonal formen (Tips für diagonale Ecken auf Seite 309). D-Teile an die oberen Ecken nähen. Eine BC und eine DEF-Einheit nähen und an die Oberkante anfügen. Ein 9 x $^1/_2$ in (23 x 1,3 cm) großes Stück Hintergrundstoff oben annähen.

Zusammensetzen
Blöcke, wie auf Seite 43 gezeigt, zu einer Reihe aneinandernähen.

Tiefe des Brettes und die überhängende Bordüre plus $^1/_2$ in (1,3 cm) Nahtzugabe ergibt die Breite der ganzen Bordüre. Abdeckungsteil oben an die Blockreihe nähen, Nahtzugabe zu den Blöcken hin bügeln.

Patchwork rechts auf rechts auf den Rückseitenstoff und dünne Wattierung legen. Ganz um den Umriß nähen, etwa 6 in (15 cm) zum Wenden offen lassen. Ecken abschneiden, unten zwischen den Kürbissen die Nahtzugaben einschneiden. Wenden und die Öffnung schließen.

Mit Hand oder Maschine in der Naht zwischen Auflageteil und Kürbis-Bordüre absteppen, damit das Ganze schön glatt hängt.

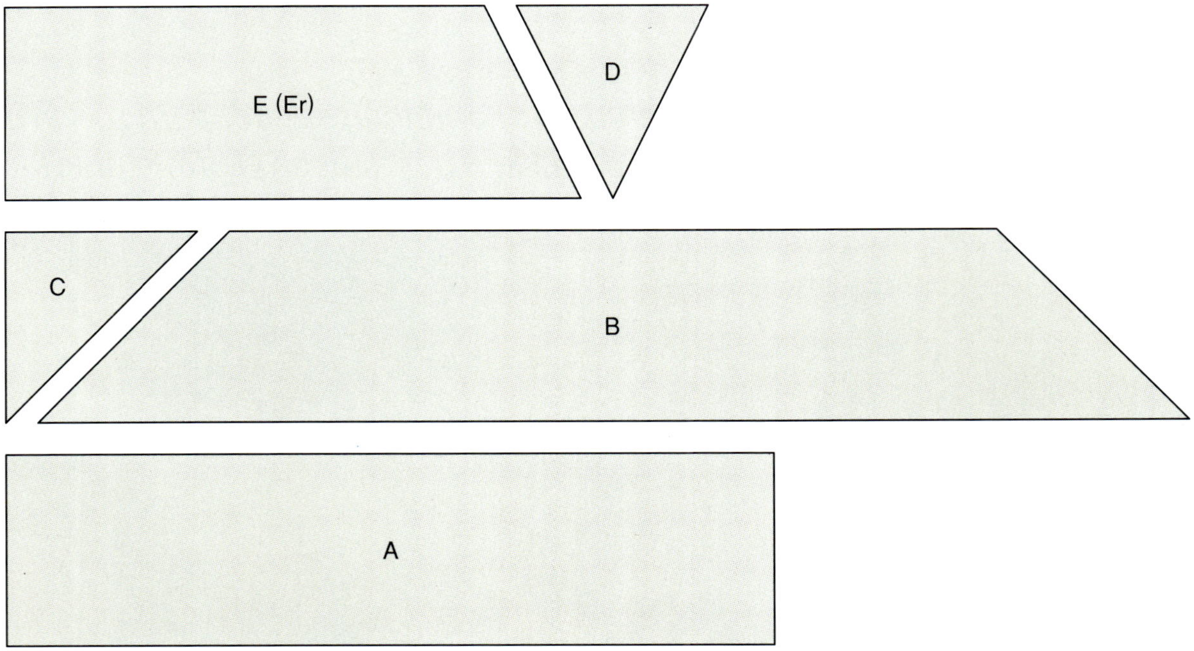

Block 1

Block 2

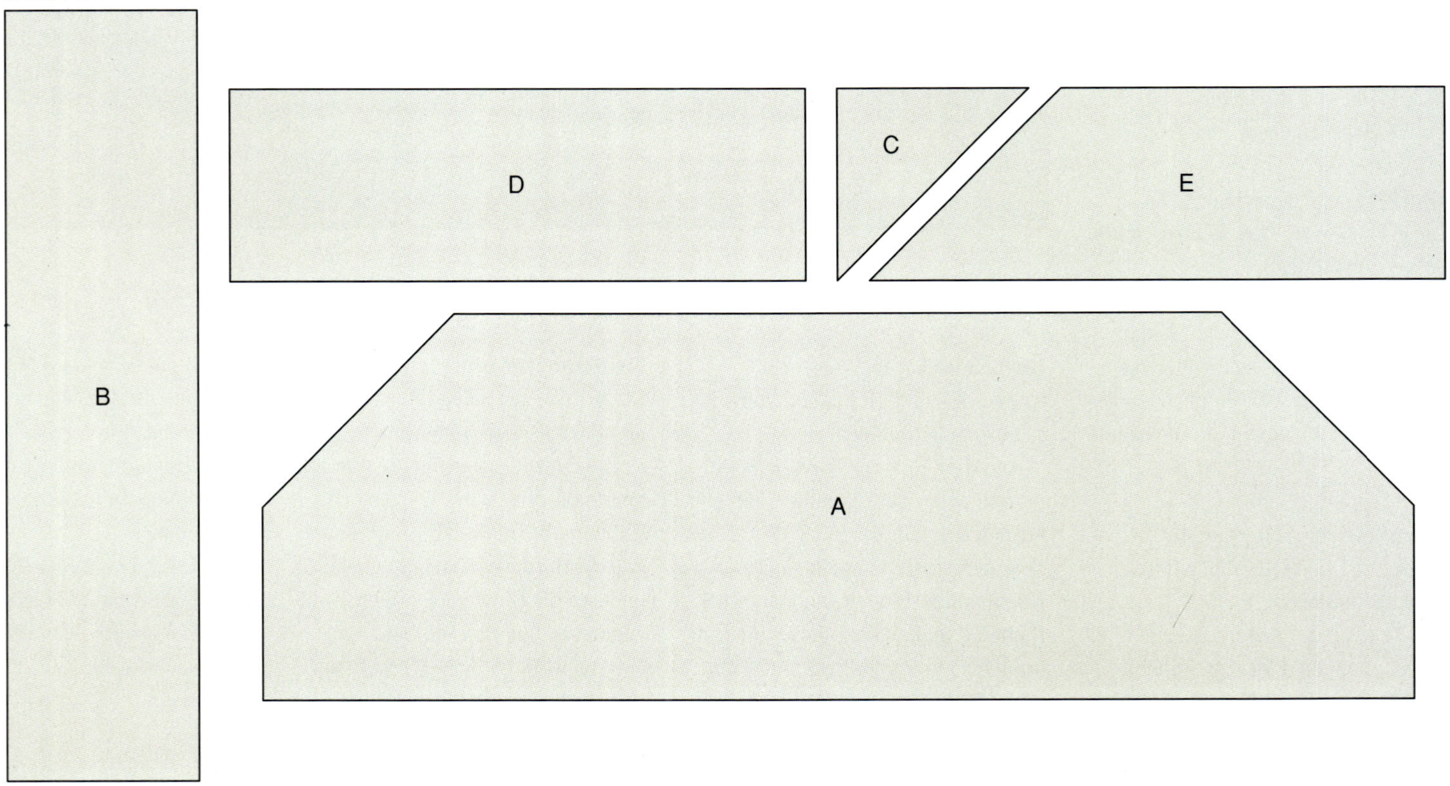

Block 3

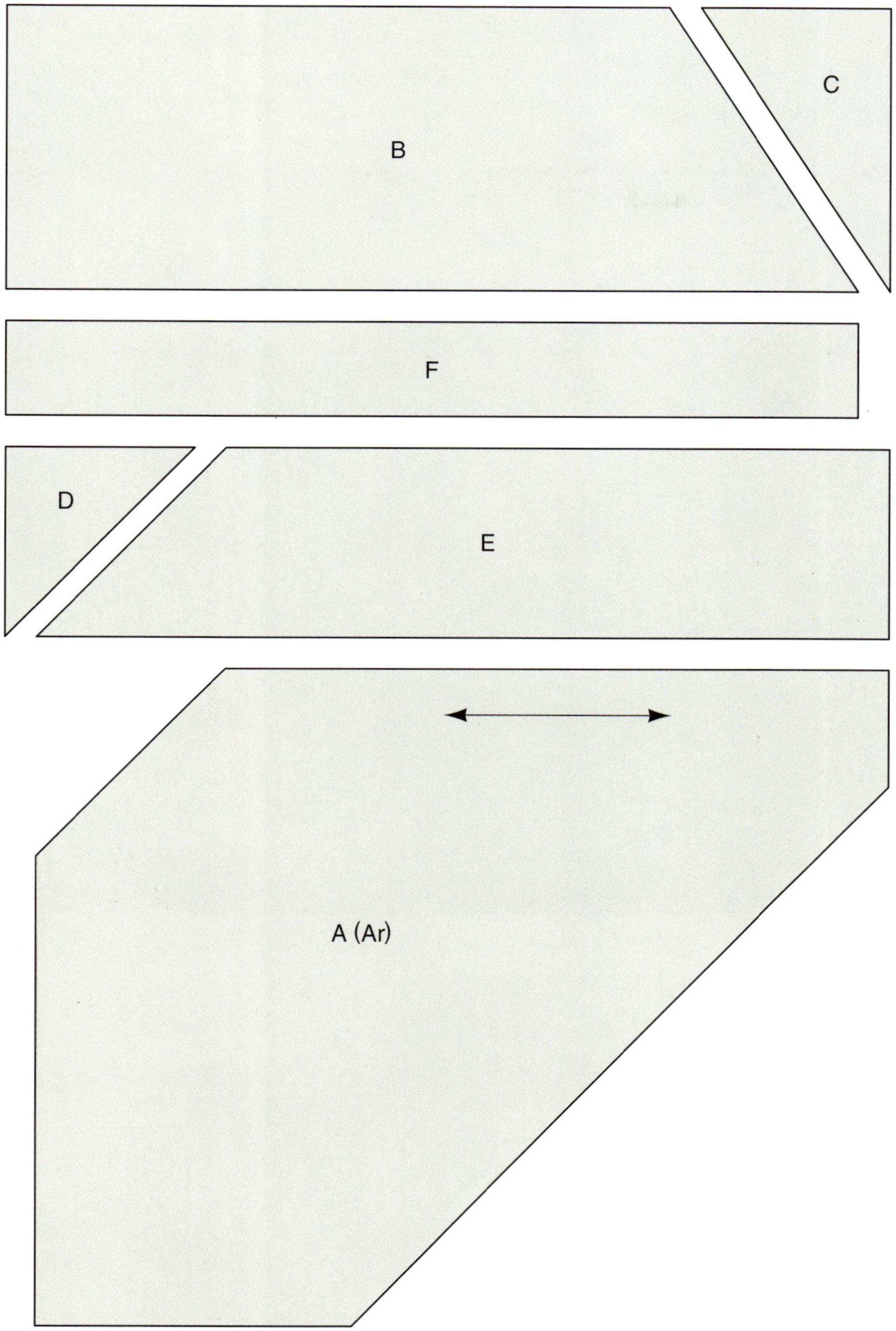

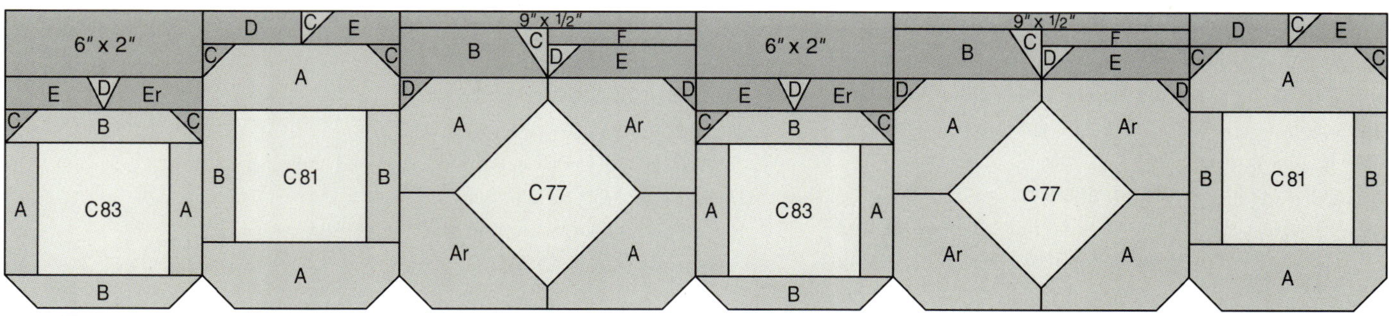

Block 1 Block 2 Block 3 Block 1 Block 3 Block 2

Tischläufer

Größe
22 1/2 x 74 1/2 in (57 x 189 cm)

Blöcke
6 Blöcke – C73, C75, C78, C79, C80 und C84 (Muster ab Seite 172).

Zusätzlicher Stoff
1 yd (1 m) für die Hintergrundteile
1/2 yd (50 cm) Hintergrund für die Blätter-Blöcke
1 1/8 yd (1,10 m) gestreifter Stoff für die Randbordüre
Stoffreste für die Blätter-Blöcke
Zierknöpfe nach Wunsch
Hinweis: Auch beim Zuschneiden der Hintergrundteile um alle Maße und Schablonen 1/4 in (6,5 mm) Nahtzugabe zugeben!

Rückseite und Einfassung
Hinweis: In den Tischläufer ist ein 8 x 8 in (20 x 20 cm) großer Kürbis in Kreuzstich eingearbeitet.

Block 1
2 Blöcke arbeiten, einmal mit C79 und einmal mit C80 im Zentrum.
3 ABB-Einheiten und 4 ACCD-Einheiten nähen und in der Reihenfolge ABB + ACCD + ABB zur oberen Reihe zusammensetzen. Je eine ACCD-Einheit rechts und links an den Mittelblock nähen. Darunter folgt eine Reihe aus den Einheiten ABB + ACCD + Teil F. Reihen untereinandersetzen.

Block 2
2 Blöcke arbeiten, einmal mit C73 und einmal mit C78 im Zentrum.
4 BCB-Einheiten nähen, 2 davon seitlich an den Mittelblock setzen. Je ein A-Teil an jedes Ende der beiden BCB-Einheiten anfügen und diese Reihen oben und unten an die mittlere Einheit nähen.

Block 3
2 Blöcke arbeiten, einmal mit C75 und einmal mit C84 im Zentrum.

4 BB-Einheiten nähen und paarweise zusammensetzen. Eine BB/BB-Einheit seitlich an den Block nähen. Ein A-Teil an die zweite BB/BB-Einheit anfügen und an die Oberkante nähen.

Zusammensetzen
Wie auf der Abbildung ersichtlich.

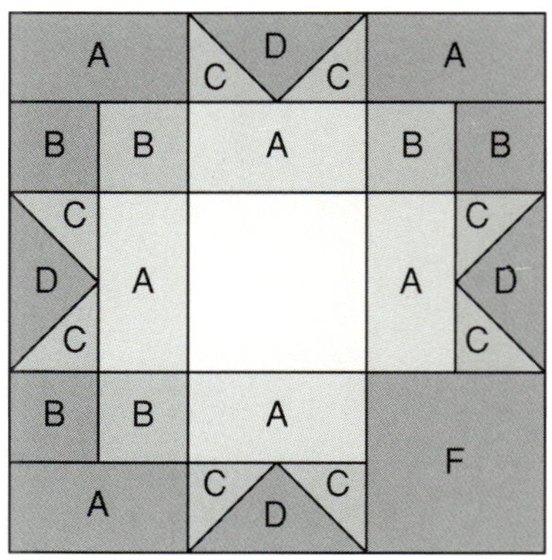

Blätter-Block 1 (12 in = 30,5 cm)

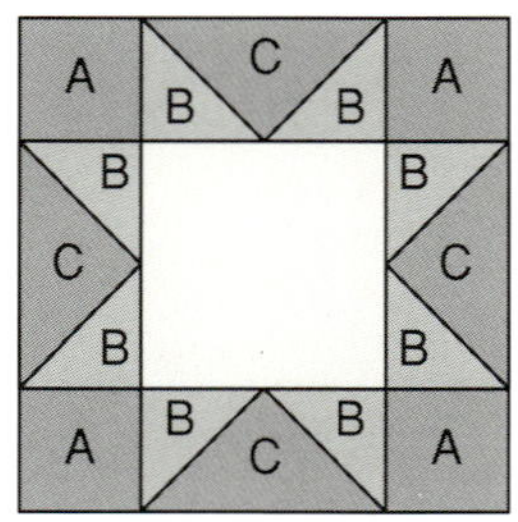

Blätter-Block 2 (8 in = 20,3 cm)

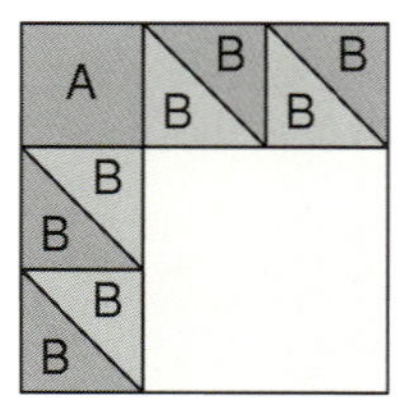

Blätter-Block 3 (6 in = 15 cm)

Ausschmücken
Sie können einige der Blätter-Blöcke mit Knöpfen oder mit aufbügelbaren Kürbis-Applikationen verzieren.

Randbordüren
Entscheiden Sie, wie breit sie werden sollen und berechnen Sie dann die Länge nach folgender Formel:

Länge der Quiltkante plus 2 x die Bordürenbreite plus Nahtzugabe = Gesamtlänge des Bordürenstreifens.

Diese Formel gilt für alle Seiten.

Rückseite anbringen, quilten und einfassen, wie auf Seite 312.

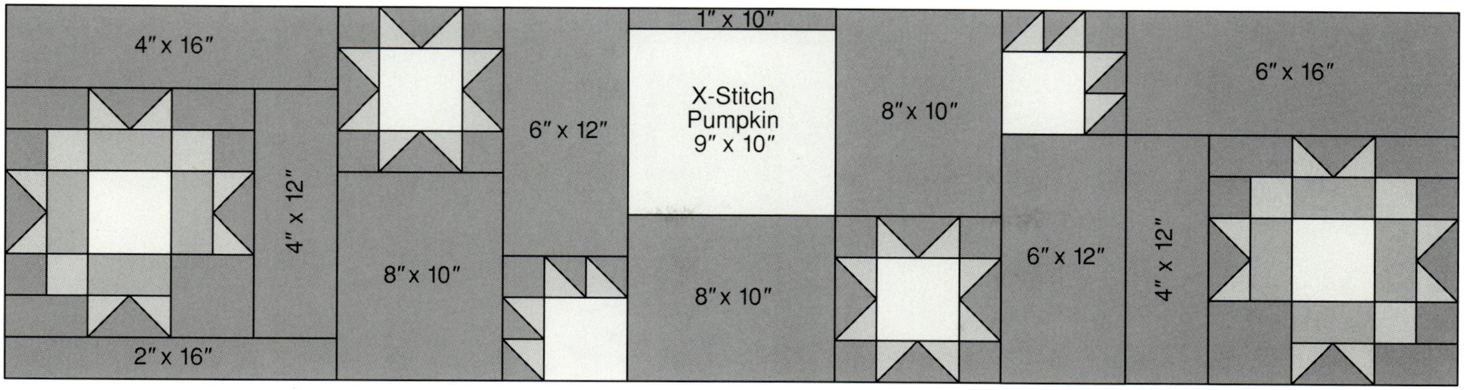

X-Stitch Pumpkin = Kreuzstich-Kürbis

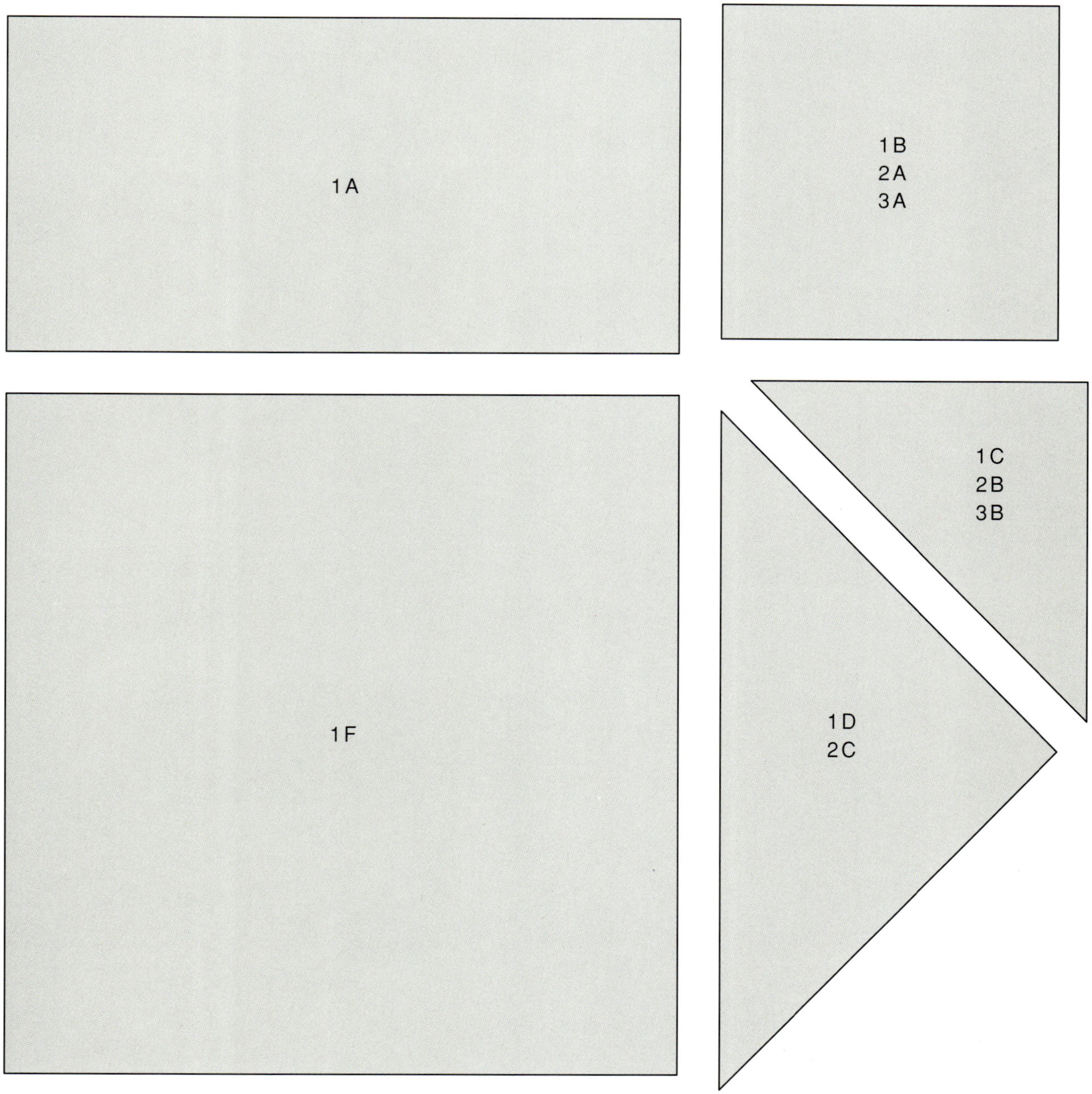

PEACE

Frohe Weihnachten

Weihnachtsmotive zu nähen macht genausoviel Freude wie sie geschenkt zu bekommen. Die Vorschläge hier sollen Sie dazu anregen, Motive für eigene Arbeiten zu erfinden. Versuchen Sie sich doch einmal an Wandbehängen, Glockenzügen oder den im Folgenden gezeigten schönen Dingen.

Christbaum-Unterlage

Ein Dutzend Weihnachtsmänner dekorieren diese kleine, als Tischdekoration gedachte Christbaum-Unterlage.

Größe
28 in (71 cm) Durchmesser

Blöcke
12 Weihnachtsmann-Blöcke (C61–C72, ab Seite 166)

Zusätzlicher Stoff
1/2 yd (45 cm) Grün
1/2 yd (45 cm) Rot
7/8 yd (230 cm) Rückseite
2 1/2 yd (249 cm) Band

Nähanleitung
Hinweis: Um alle Maße und Schablonen 1/4 in (6,5 mm) Nahtzugabe zugeben!

Benutzen Sie die Muster von Seite 48, und schneiden Sie folgende:
A: 12 grüne und 20 rote
B: 3 grüne
C: 4 grüne
D: 1 grünes
Dr: 1 grünes

Nach der in der Abbildung ersichtlichen Anordung in vertikalen Reihen zusammensetzen. Die Zahlen in den Blöcken stehen so, wie auch die Weihnachtsmänner stehen sollen. Reihen zusammenfügen und dann die B, C, D und Dr annähen.

Trennen Sie die Nähte dort wieder auf, wie in der Abbildung mit einer Doppellinie eingezeichnet ist. Einen Kreis von 3 in (7,6 cm) aus dem Zentrum schneiden. Das Band in 6 Stücke zu je 15 in (38 cm) teilen und an die in der Abbildung gekennzeichneten Stellen heften.

Die Christbaumunterlage und die Rückseite auf die Wattierung nähen, dabei eine Wendeöffnung lassen. Wenden und Öffnung verschließen.

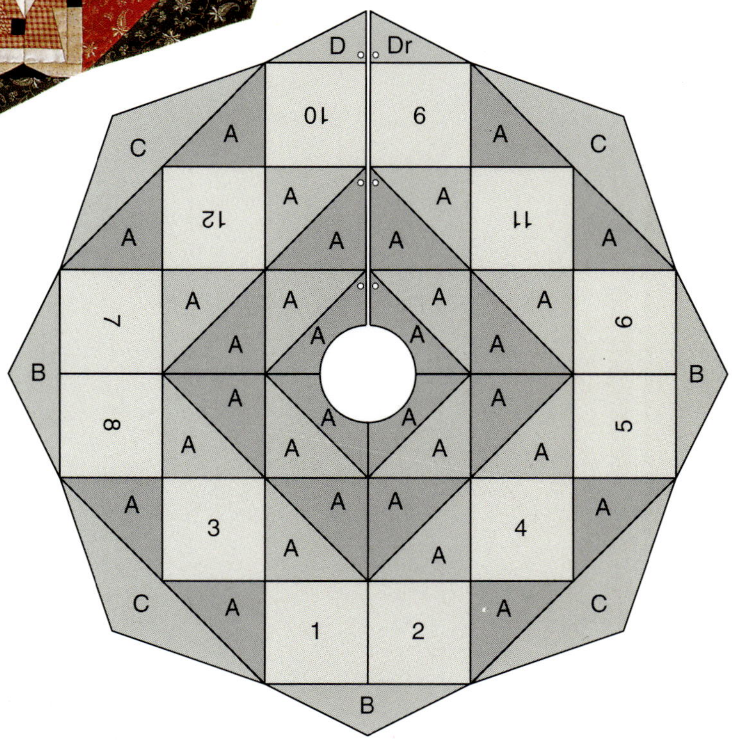

A
D
B
C

Nikolausstrümpfe

Nähen Sie aus 2-3 Blöcken einen hübschen Nikolausstrumpf, der auf seine Füllung wartet.
Hinweis: Um alle Maße und Schablonen 1/4 in (6,5 mm) Nahtzugabe zugeben!

Strumpf 1
Aus einem 4-in-(10-cm)-Block Ihrer Wahl entsteht der kleinste Strumpf. Sie benötigen 3/8 yd (34 cm) Stoff, den gleichen für Strumpf und Futter. Einen 1/2 x 4 in (1,25 x 10 cm) großen Stoffrand oben und je 1/2 x 4 1/2 in (1,25 x 11,25 cm) rechts und links an den Block nähen. Block mit der Unterkante an das nach Schnittmuster 1 von Seite 50 zugeschnittene Teil nähen. Nach Basisanleitung (siehe unten) weiterarbeiten.

Strumpf 2
Dafür benötigen Sie 2 Blöcke, die mit einem 1/4 in (1,25 cm) breiten Zwischenstreifen nebeneinander genäht sind. Oben und unten je einen 1/2 x 8 1/2 in (1,25 x 21,5 cm) breiten Streifen ansetzen und an die Seiten je einen 1/2 x 5 in (1,25 x 12,7 cm) breiten Streifen. Strumpfform anfügen, so daß die Mitte des oberen Umschlags auf die Mitte des Strumpfschafts trifft. Nach Basisanleitung (siehe unten) weiterarbeiten.

Strumpf 3
Wählen Sie dafür 3 der 4-in-(10-cm) Blöcke aus. Sie benötigen außerdem 1/2 yd (50 cm) Stoff für Rückseite und Futter.

Die 3 Blöcke in vertikaler Reihe untereinandersetzen; dabei jeweils einen 1/2 x 4 in (1,25 x 10 cm) breiten Zwischenstreifen einfügen. Einen 1 x 14 in (2,5 x 35,5 cm) breiten Streifen an die rechte Seite und einen 3 x 14 in (7,6 x 35,5 cm) breiten Streifen an die linke Seite nähen. Unten an dem Block muß ein 9 x 4 in (23 x 10 cm) breiter Streifen quer und oben ein 1 x 8 in (2,5 x 20 cm) breiter Abschlußstreifen angebracht werden.

Mit der Strumpfschablone 3 den Umriß aufzeichnen.

Basisanleitung
Die Schablonenvorlagen sind ohne Nahtzugaben; der Umriß entspricht der Nählinie.

Mit der kompletten Strumpfschablone schneiden Sie eine Rückseite und 2 Futterstoffteile aus Ihrem Stoff. Hat der Stoff eine Vorder- und Rückseite, vergessen Sie nicht, die Schablone für Rückseitenstoff und ein Futterteil umgedreht aufzulegen.

Den Aufhänger nähen Sie aus einem 6 in (15 cm) langen und 1/4 in (6,5 mm) breiten Band, das Sie zur Schlaufe falten und etwa 1/2 in (1,25 cm) seitlich an der Oberkante anbringen, noch bevor sie mit dem Futter festgenäht wird. Rückseite und Futter rechts auf rechts zusammennähen und die Schlaufe mitfassen.

Futter und Vorderseite rechts auf rechts zusammensetzen, wie auf Seite 50 abgebildet. Die Futter-/Vorderteil-Einheit nähen, dabei eine 5 in (13 cm) große Wendeöffnung lassen. Nähte zurückschneiden, Kurven einschneiden und wenden. Öffnung schließen und das Futter ganz zur Strumpfspitze vorschieben.

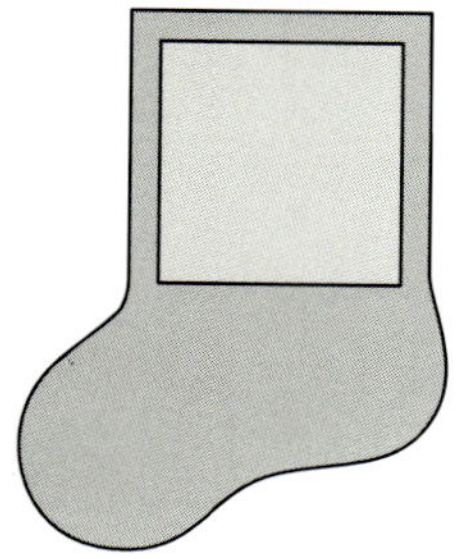

Strumpf 1

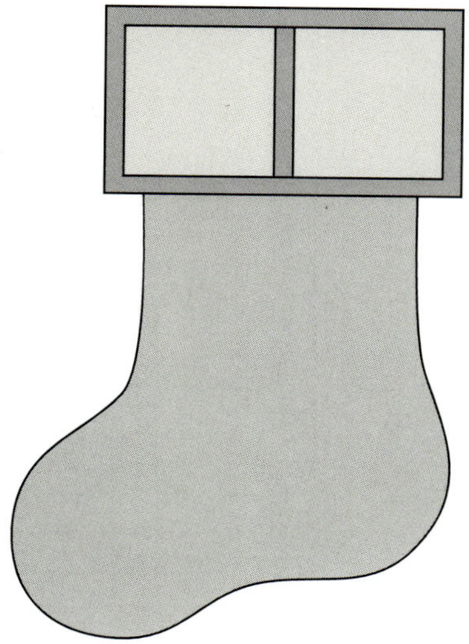

Strumpf 2

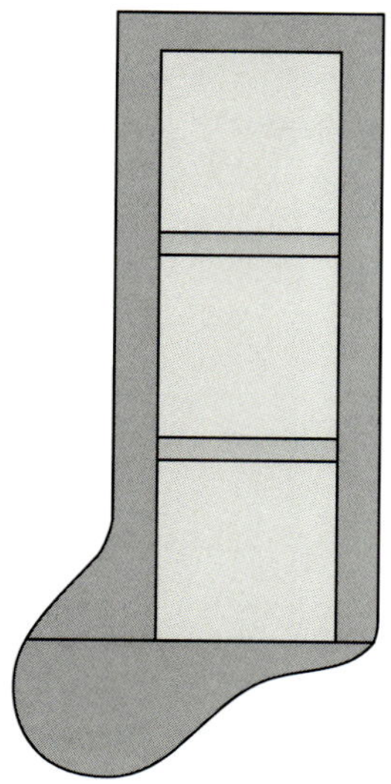

Strumpf 3

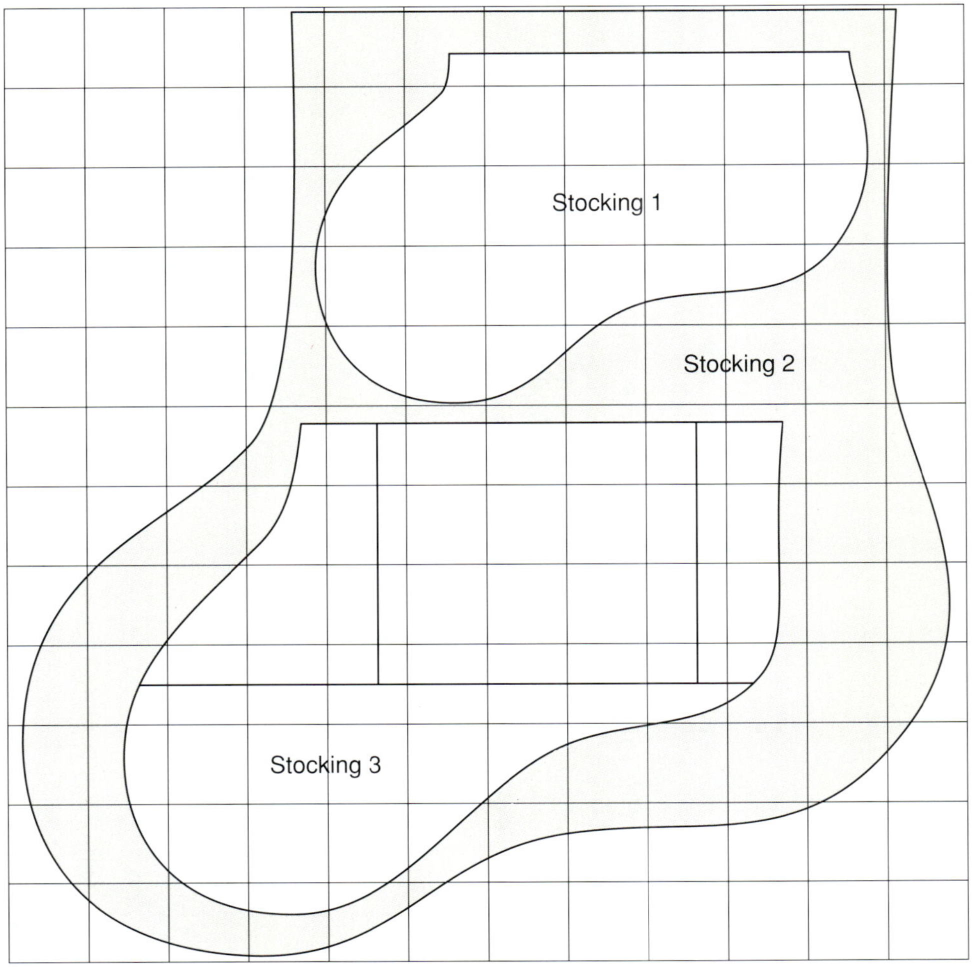

1 Quadrat entspricht 1 Inch = 2,5 cm

Zeichnung Strumpf

Stocking = Strumpf
Lining = Futter
Front = Vorderseite
Back = Rückseite

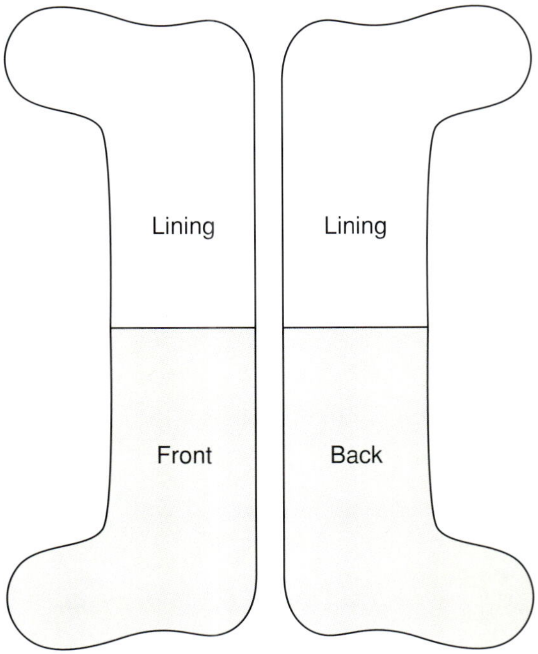

Schmuckanhänger

Einen einzelnen Block können Sie an den Christbaum hängen, an den Türknauf, an einen Kranz – wo immer Sie Ihre Weihnachtsdekoration wünschen.

Jeder Schmuckanhänger besteht aus einem 4 in (10 cm) großen Block plus Rückseite und dünner Wattierung, so groß wie der Block. Einfaßstreifen 20 x 2 in (50,1 x 5 cm) zuschneiden, der Länge nach falten und bügeln. Block, Wattierung und Rückseite übereinanderlegen (rechte Stoffseite nach außen, Wattierung in der Mitte). Die Einfassung um die offenen Kanten nähen, vorab die Enden einschlagen und mit 1/4 in (6,5 mm) Nahtbreite annähen. Einfassen wie auf Seite 312 beschrieben.

7 in (18 cm) langes Band als Aufhängeschlaufe benutzen.

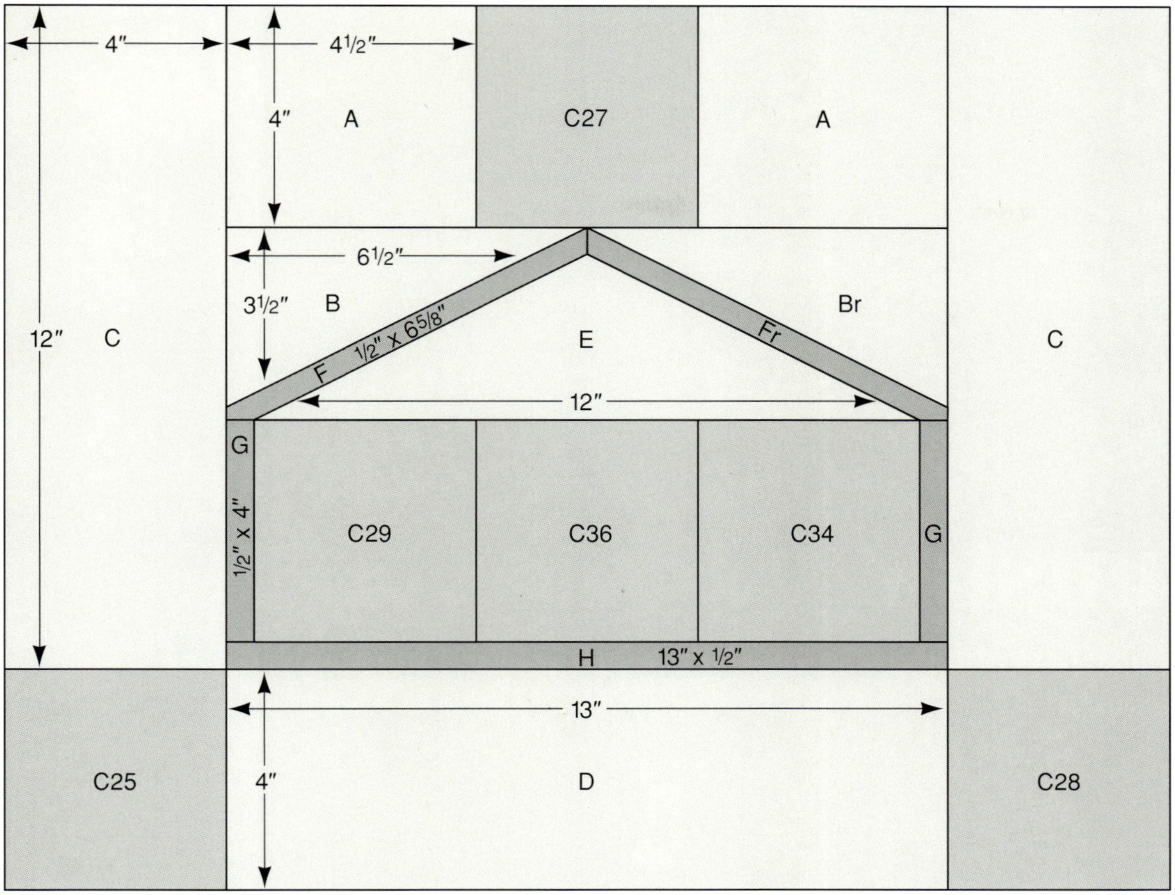

Tasche für Weihnachtskarten

In der Tasche unterhalb der Krippenszene können Sie Ihre Weihnachtspost sammeln.

Blöcke

6 Blöcke Schwebender Engel (C27, Seite 149), Josef (C29, Seite 150), Jesuskind (C36, Seite 153), Maria (C34, Seite 152), Schafhirte (C25, Seite 148), Heilige Drei Könige (C28, Seite 149).

Zusätzlicher Stoff

½ yd (0.5 m) für den Hintergrund
⅛ yd (15 cm) für den Stall
⅛ yd (15 cm) für die Einfassung

Nähanleitung

Blöcke C29, C36 und C34 horizontal zusammensetzen und rechts und links ein G-Teil annähen. Eine BFEFrBr-Einheit nähen und F und Fr mit einer diagonalen Naht zusammenfügen (Tips dafür auf Seite 309). Diese Einheit oben an die Blockreihe nähen. A-Teile seitlich an den C27 Block nähen und ganz oben an der B/Br-Kante festnähen.

Ein 13 x ½ in (33 x 1,25 cm) großes Stoffstück an die Josef-Jesuskind-Maria-Blockreihe nähen und darunter ein 13 x 4 in (33 x 10 cm) großes Stoffteil, in gleicher Farbe wie der Stall.

2 13 x 4 in (33 x 10 cm) Teile aus Hintergrundstoff schneiden und rechts auf rechts an den beiden kurzen und einer langen Kante schließen. Wenden und bügeln und so an die Unterkante des Mittelteils nähen, daß sich eine Tasche bildet. 2 C-Teile 4 x 12 ½ in (10 x 30.5 cm) zuschneiden. Sie sind etwas länger als die Seiten, werden aber später zurückgeschnitten. Die Blöcke C25 und C28 an die Unterkanten der C-Teile nähen und diese Einheiten rechts und links an das Mittelmotiv nähen. Alle Kanten fassen und unten glatt abschließen. Rückseite anbringen, quilten und einfassen, wie auf Seite 312 beschrieben.

Blockmuster

Vorlagen für 501 Blöcke in Originalgröße: 4 Inch (10 cm) groß, fertig für Ihre Schablonen

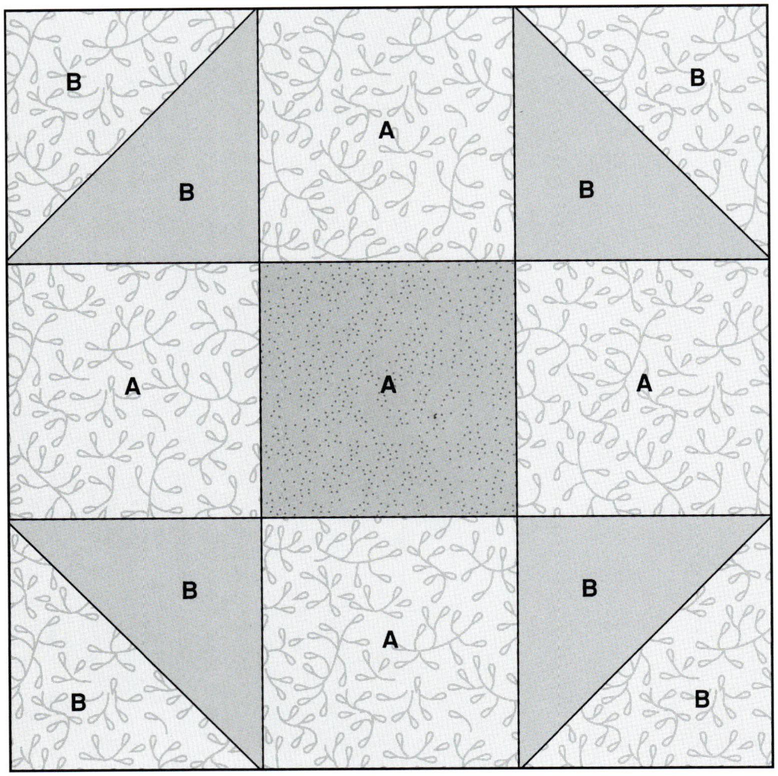

Shoofly
(Fliegenwedel)

A1 BB-Einheiten nähen (4mal). A-Teile mit den BB-Einheiten zu Reihen zusammensetzen, wie abgebildet. Reihen zum Block zusammenfügen.

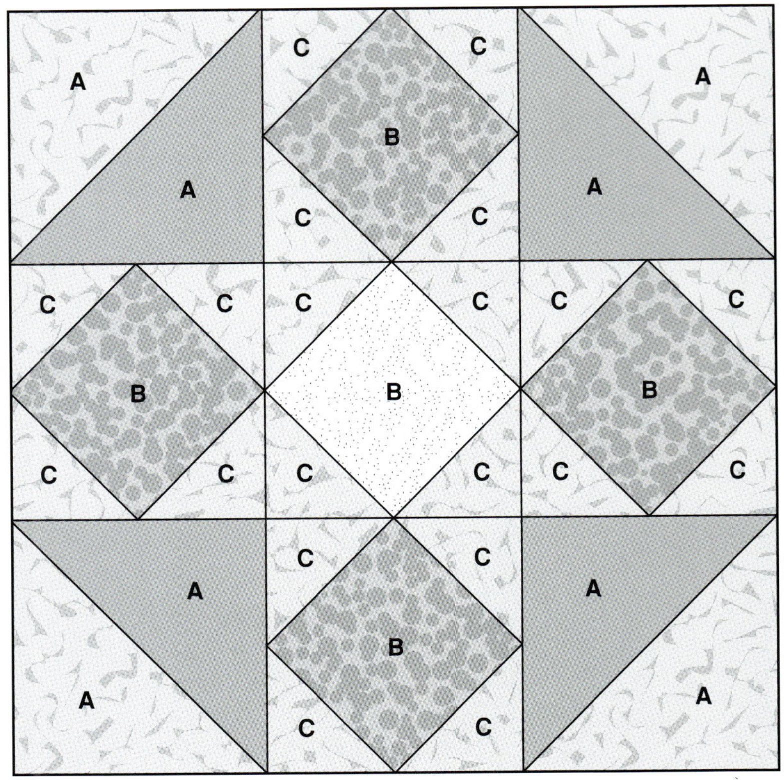

Sawtooth
(Sägezahn)

A2 C-Teile an alle 4 Seiten von B setzen (5mal). AA-Einheiten bilden (4mal). Folgende Reihen nähen: A/BC/A, BC/BC/BC, A/BC/A. Reihen zum Block zusammenfügen.

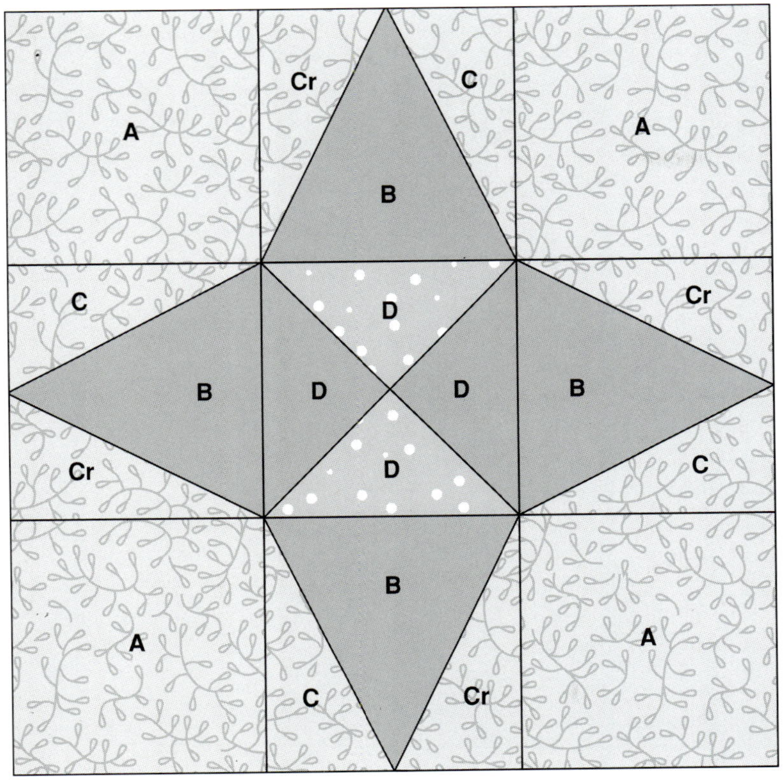

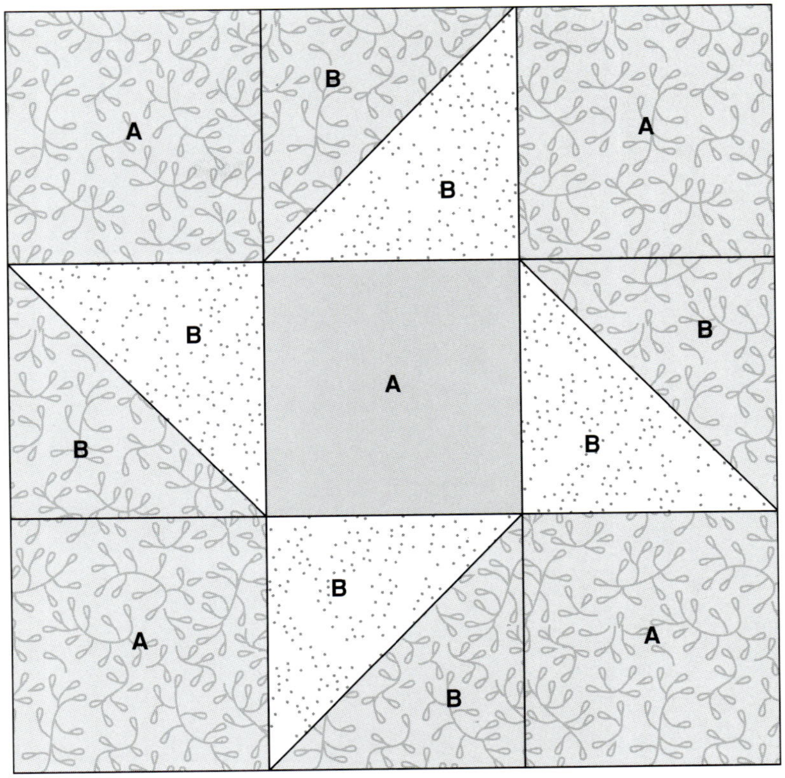

Ohne Titel 1

A3 Bilden Sie das Mittelteil DDDD, indem Sie 2 D-Teile (2mal) paarweise zusammensetzen und die beiden Paare zur D-Einheit nähen. Nähen Sie C und Cr an B (4mal). Folgende Reihen nähen: A/CBC/A, CBC/D/CBC und A/CBC/A. Reihen zum Block zusammenfügen.

Friendship Star
(Freundschaftsstern)

A4 BB-Einheiten nähen (4mal). A-Teile wie abgebildet mit den BB-Einheiten zu Reihen nähen. Reihen zum Block zusammenfügen.

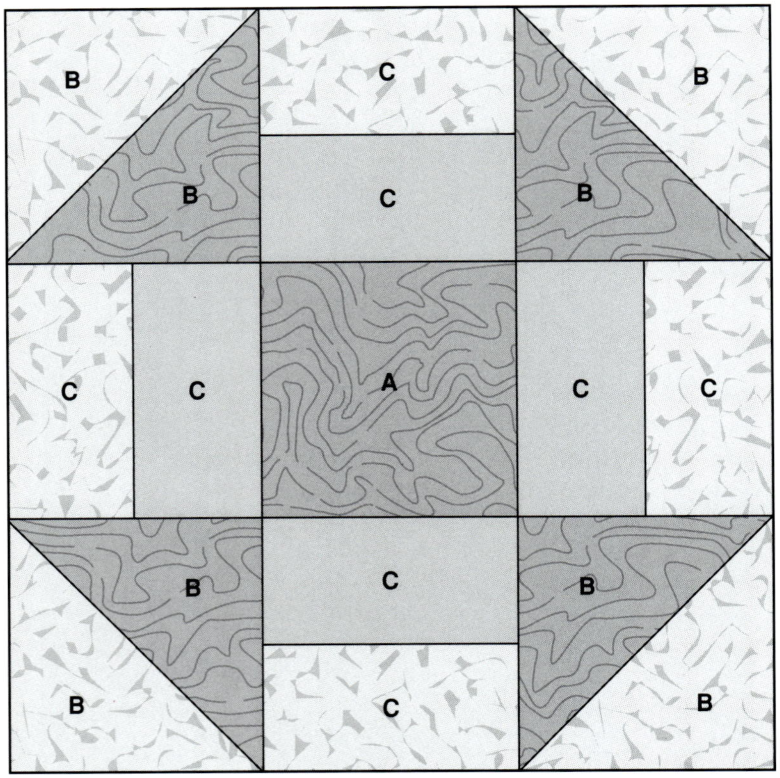

A5 BB-Einheiten (4mal) und CC-Einheiten (4mal) nähen. Folgende Reihen bilden: BB/CC/BB; CC/A/CC und BB/CC/BB. Reihen zum Block zusammenfügen.

Churn Dash

(Butterfaß)

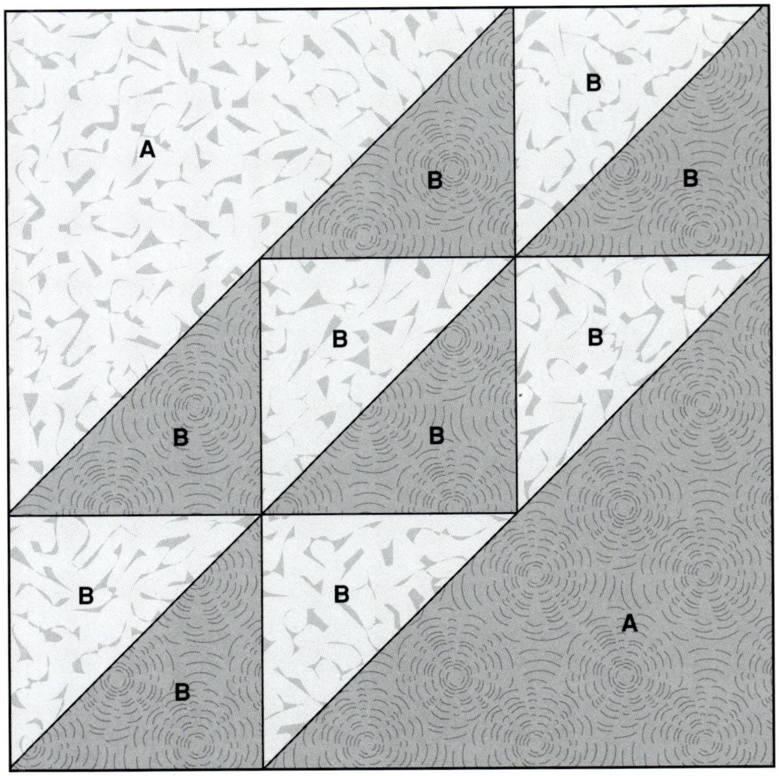

A6 Nähen Sie aus den B-Teilen diagonale Reihen und fügen Sie jeweils 1 A-Teil an. Beide AB-Einheiten in der Mittelnaht zum Block zusammensetzen.

North Wind

(Nordwind)

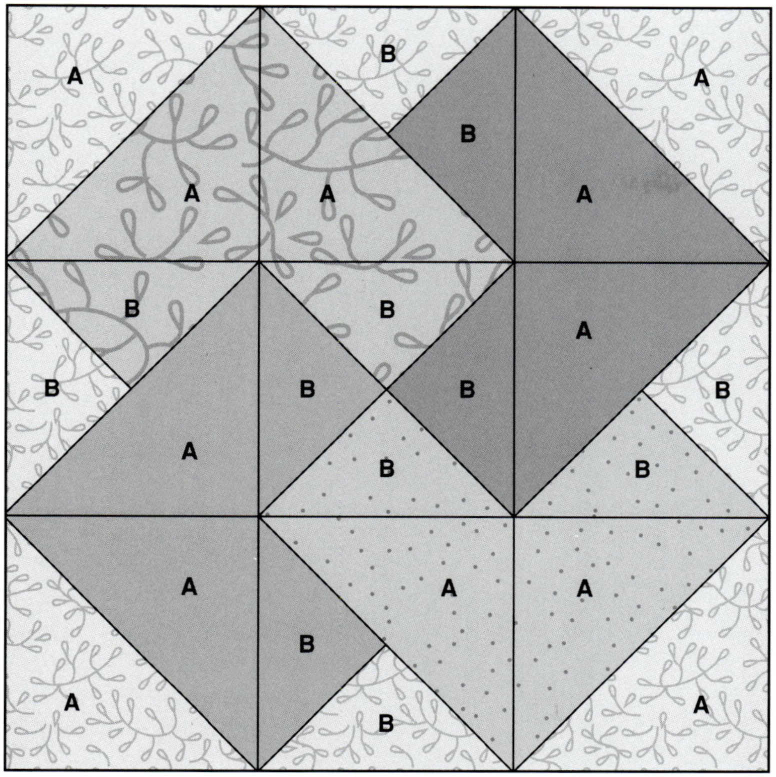

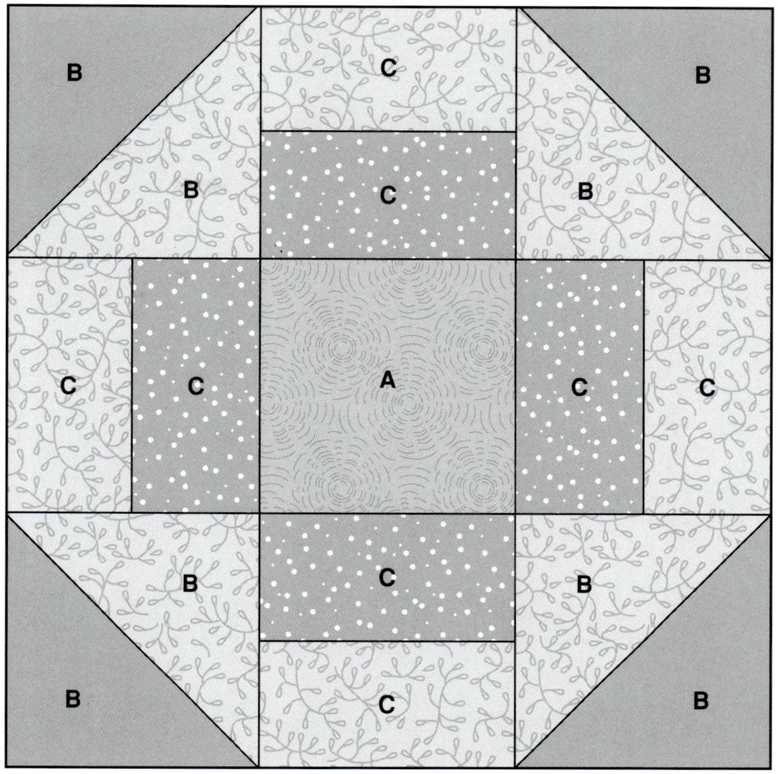

A7 AA-Einheiten (4mal) und 1 BBBB-Einheit nähen. Folgende Reihen bilden: AA/AB/AA, AB/B/AB und AA/AB/AA. Reihen zum Block zusammenfügen.

Card Tricks
(Kartentricks)

A8 BB-Einheiten (4mal) und CC-Einheiten (4mal) nähen. Folgende Reihen bilden: BB/CC/BB; CC/A/CC und BB/CC/BB. Reihen zum Block zusammenfügen. Hinweis: Dies ist dasselbe Muster wie Churn Dash (A5), sieht aber in dieser Farbzusammenstellung völlig anders aus.

Greek Cross
(Griechisches Kreuz)

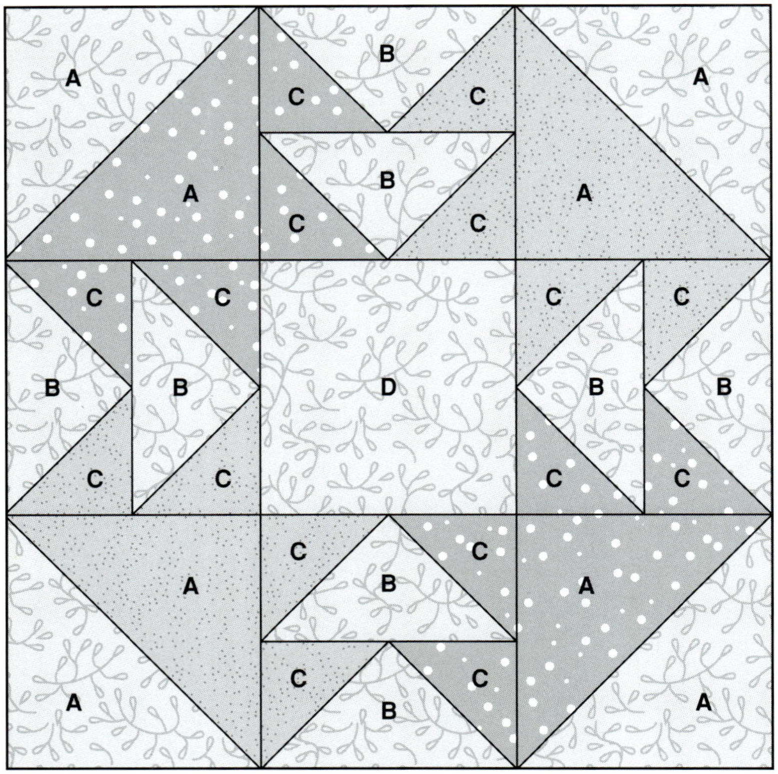

A9 C-Teile an B nähen (8mal). Je 2 CBC-Einheiten zusammensetzen (4mal). AA-Einheiten nähen (4mal). Folgende Reihen bilden: AA/BC/AA, BC/D/BC und AA/BC/AA. Reihen zum Block zusammenfügen.

Double T

(Doppel-T)

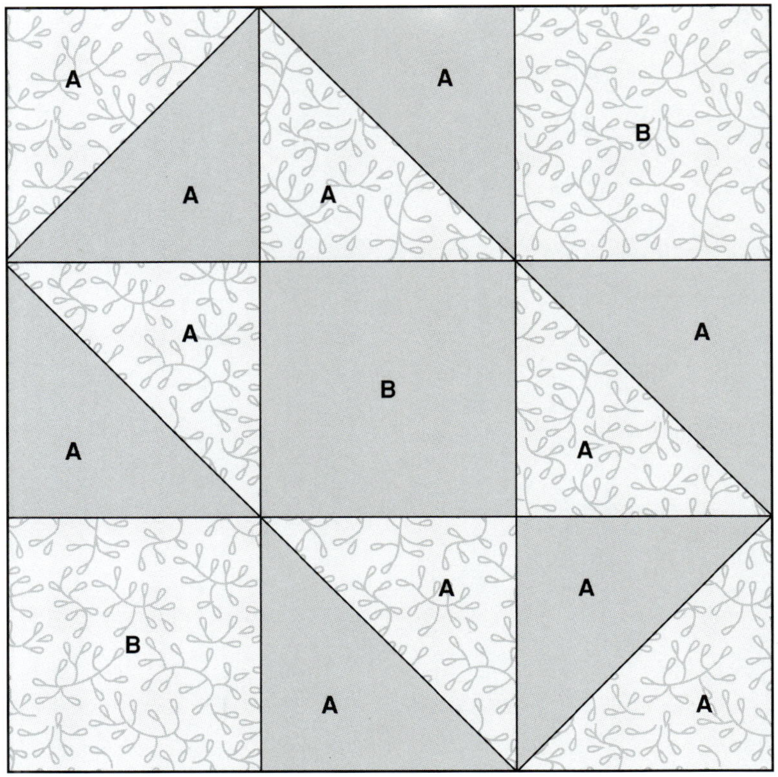

A10 AA-Einheiten nähen (6mal) und Reihen bilden: AA/AA/B; AA/B/AA und B/AA/AA. Reihen zum Block zusammenfügen.

Split Nine Patch

(Geteilter Neunerblock)

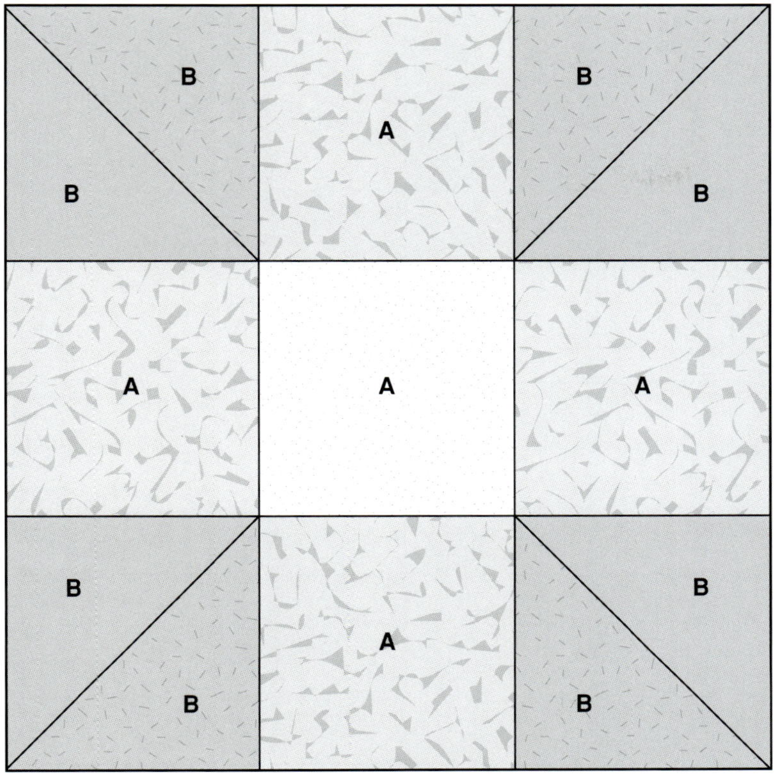

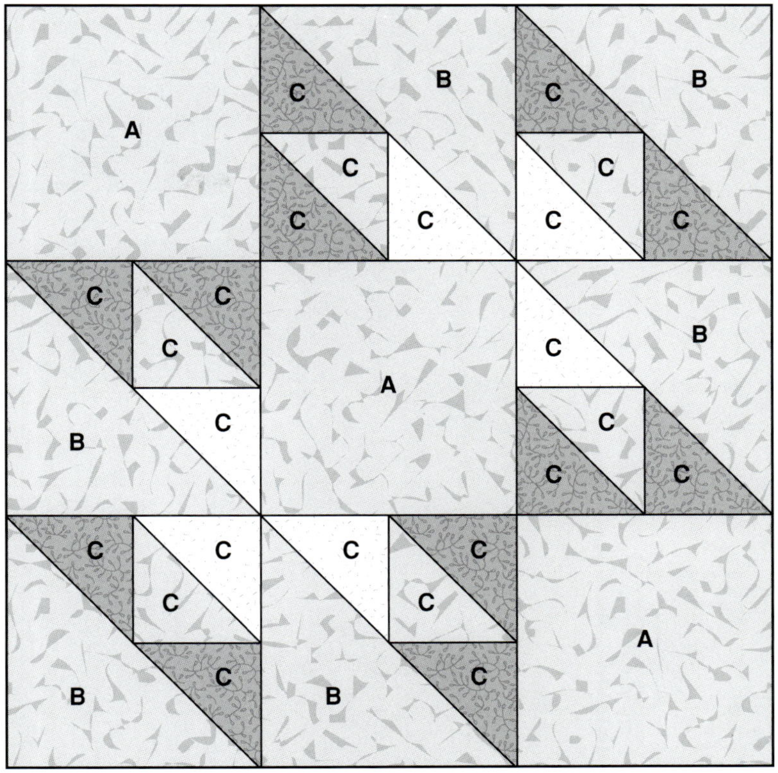

A11 BB-Einheiten nähen (4mal). Folgende Reihen bilden: BB/A/BB, A/A/A und BB/A/BB. Reihen zum Block zusammenfügen.

Calico Puzzle

(Puzzle aus Baumwollstöffchen)

A12 2 C-Teile zum Quadrat nähen und 2 weitere C-Teile an 2 angrenzende Kanten der CC-Quadrate setzen. Mit 1 B-Teil zum größeren Quadrat nähen (6mal). Folgende Reihen bilden: A/BC/BC, BC/A/BC und BC/BC/A. Reihen zum Block zusammenfügen.

Cat's Cradle

(Katzenkörbchen)

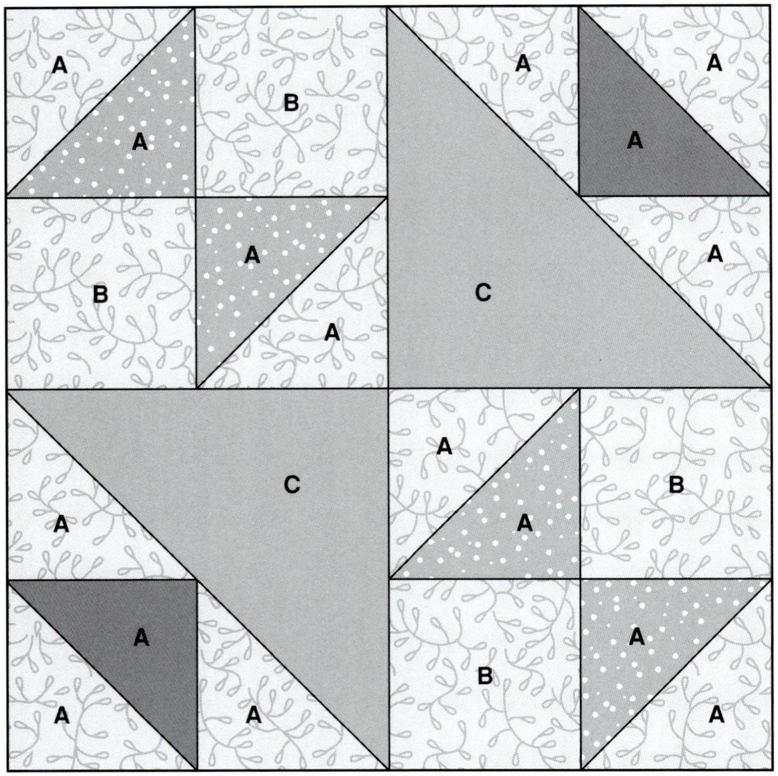

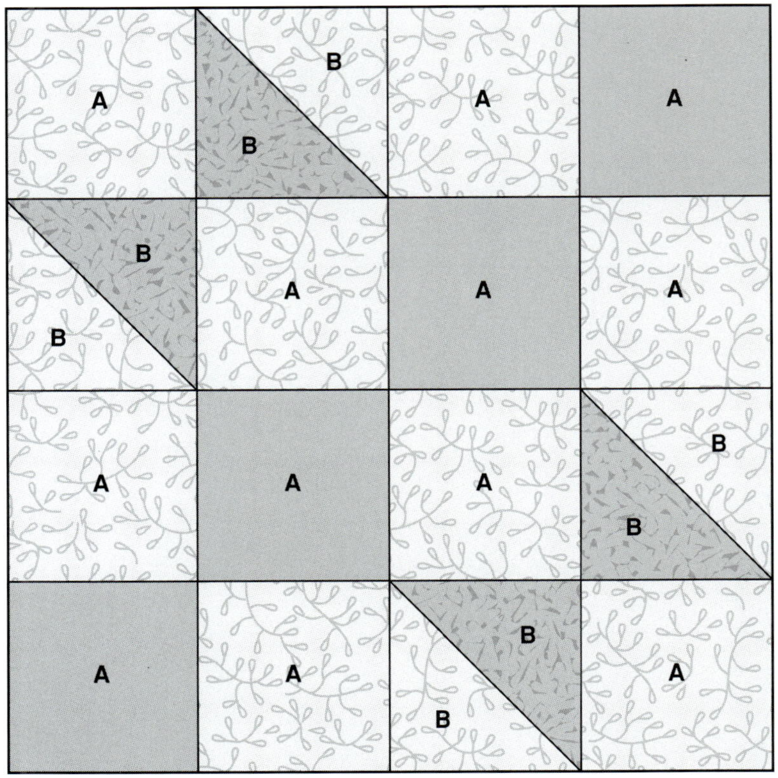

Old Maid's Puzzle

(Puzzle der alten Dame)

A13 AA-Einheiten nähen (6mal) und 2 A-Teile an 2 angrenzende Kanten des AA-Quadrats setzen. Mit 1 C-Teil das größere Quadrat bilden (2mal). Aus 2 B-Teilen und 2 AA-Einheiten ein Quadrat nähen (siehe Anleitung für Viererblöcke auf Seite 309). Folgende Reihen bilden: AB/AC und AC/AB. Reihen zum Block zusammenfügen.

Road to California

(Straße nach Kalifornien)

A14 BB-Einheiten nähen (4mal) und Reihen bilden: A/BB/A/A, BB/A/A/A, A/A/A/BB und A/A/BB/A. Reihen zum Block zusammenfügen.

Patchwork

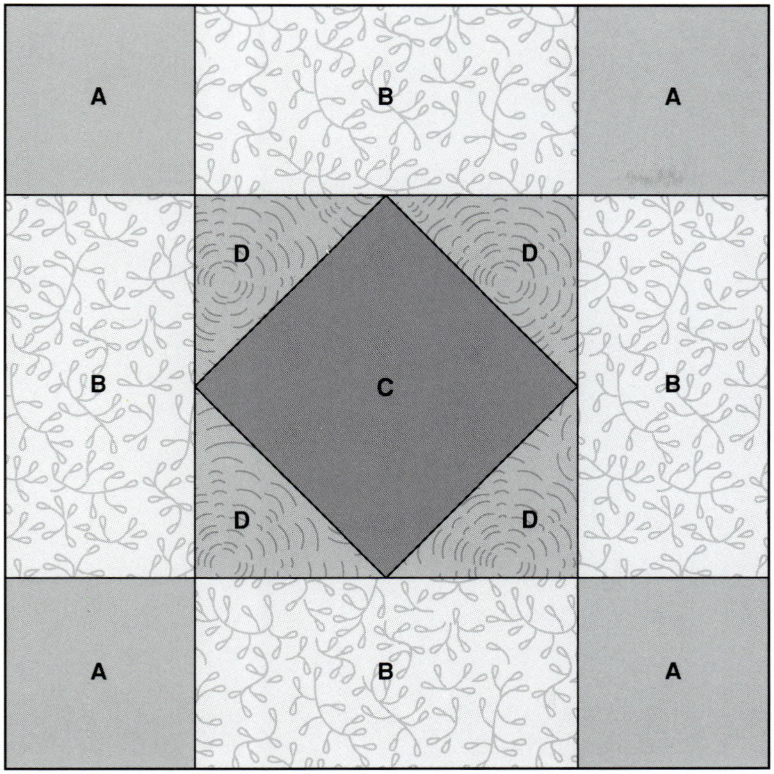

A15 D-Teile an 2 gegenüberliegende Seiten von C nähen, dann die anderen beiden D-Teile an die restlichen Seiten. B-Teile rechts und links an die CD-Einheit setzen. A an beide Enden von B nähen (2mal). Die beiden ABA-Reihen oben und unten an das Mittelteil anfügen.

Amish Diamond 1

(Amisches Mittelquadrat 1)

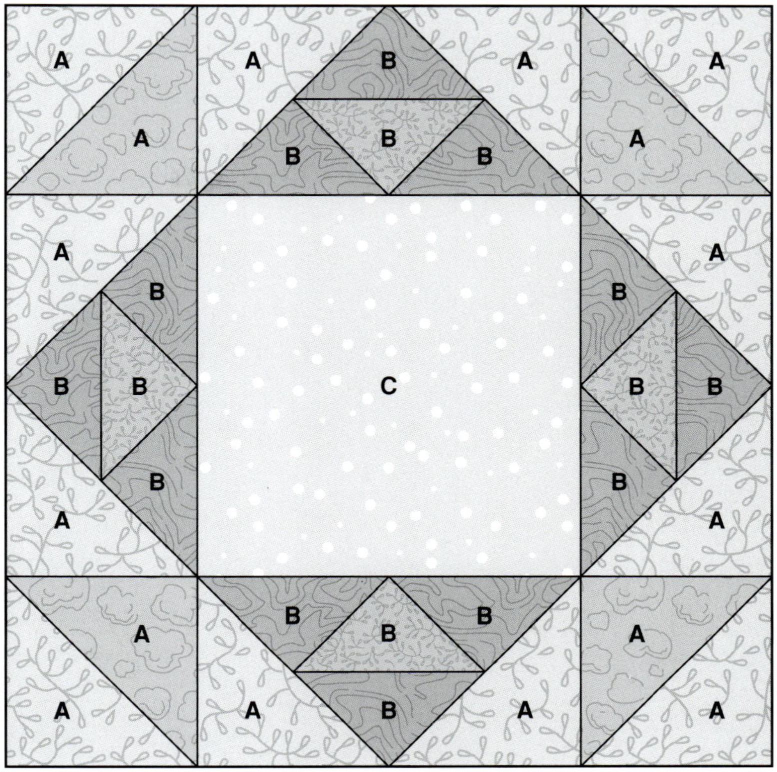

A16 BB-Einheiten nähen und 2 B-Teile an 2 Seiten anfügen (4mal). A-Teile an die B-Einheiten nähen und 2 AB-Einheiten an C. Jeweils 1 AA-Einheit an beide Enden der restlichen AB-Einheiten anfügen. Je 1 AA/AB/AA-Abschnitt an die Seiten des Mittelteiles nähen.

Grandmother's Favorite

(Großmutters Liebstes)

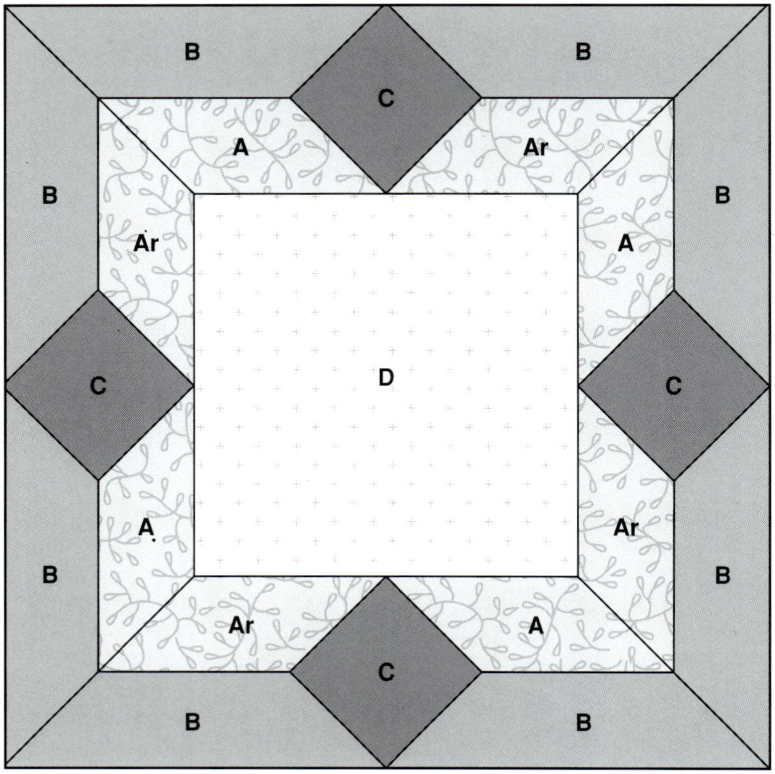

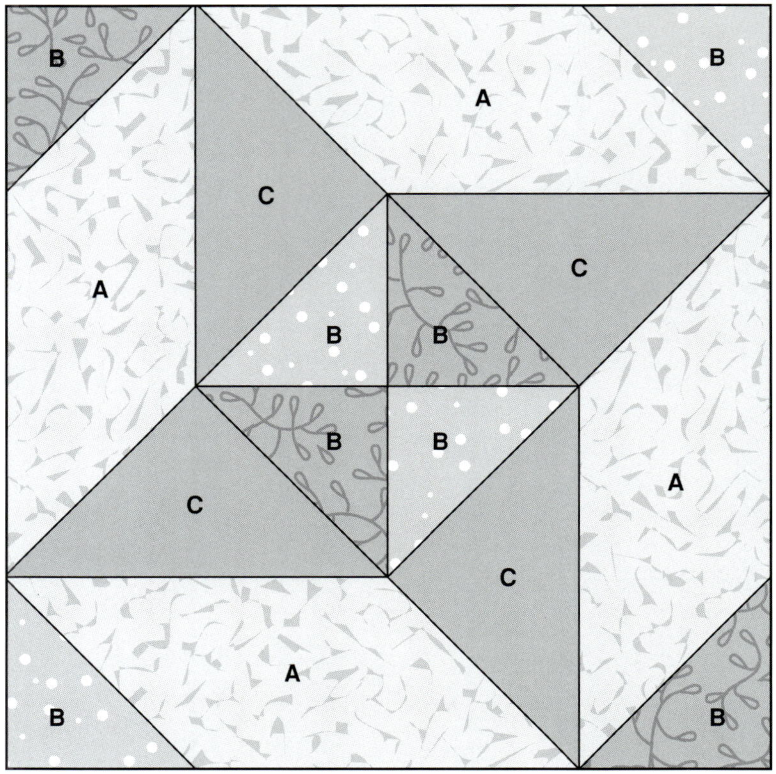

A17 Die A und Ar-Teile und die beiden B-Teile an 1 C setzen (4mal). Die ABC-Einheiten an D nähen und dabei die Ecken mit Y-Nähten schließen (Tips dazu auf Seite 309).

Ohne Titel 2

A18 1 BBBB-Einheit für das Zentrum zusammensetzen. ABC-Einheiten nähen (4mal). 1 Einheit mit der „Start-Stop"-Methode (siehe Seite 309) an das Zentrum nähen. Die nächsten ABC-Einheiten gegen den Uhrzeigersinn um das Zentrum herum anfügen und dann die angefangene erste Naht schließen.

Next Door Neighbor

(Türnachbar)

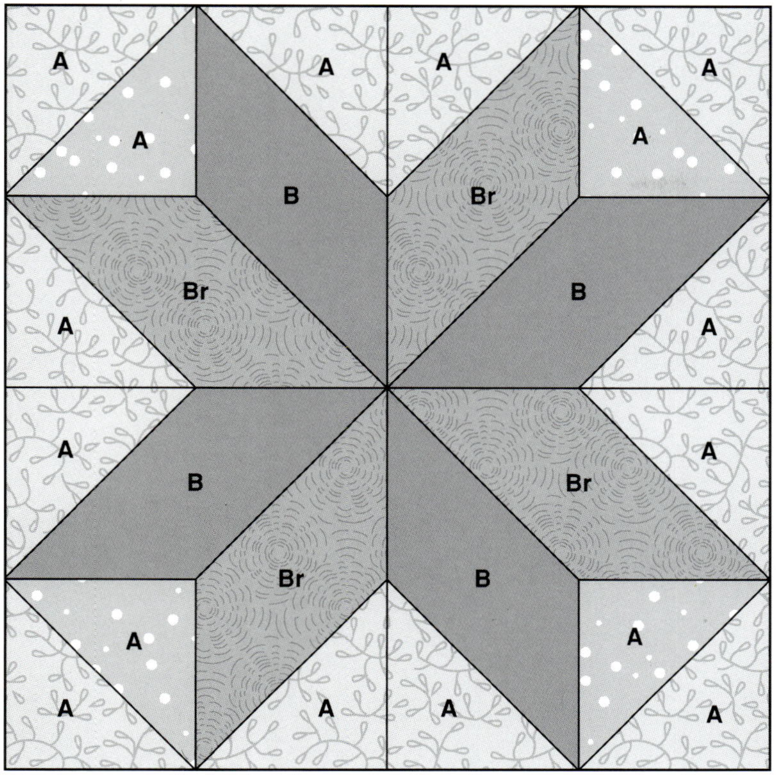

A19 AA-Einheiten nähen (4mal). A-Dreiecke an B und Br nähen (je 4mal). AA-Einheit mit Y-Naht in B und BR einsetzen (Tips dazu auf Seite 309). Die 4 Einheiten zu 2 Reihen anordnen und die Reihen zum Block zusammensetzen.

Ohne Titel 3

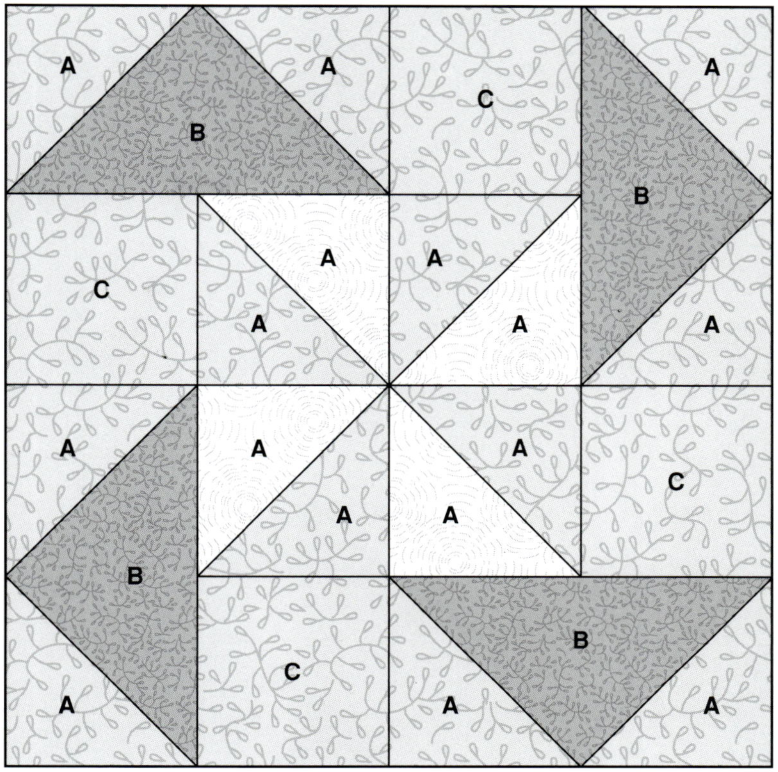

A20 AA-Einheiten und ABA-Einheiten je 4mal arbeiten. C an AA setzen (4mal) und ABA-Einheiten anfügen (4mal). Die 4 Einheiten zu 2 Reihen nähen und die Reihen zum Block zusammenfügen.

Seesaw

(Wippschaukel)

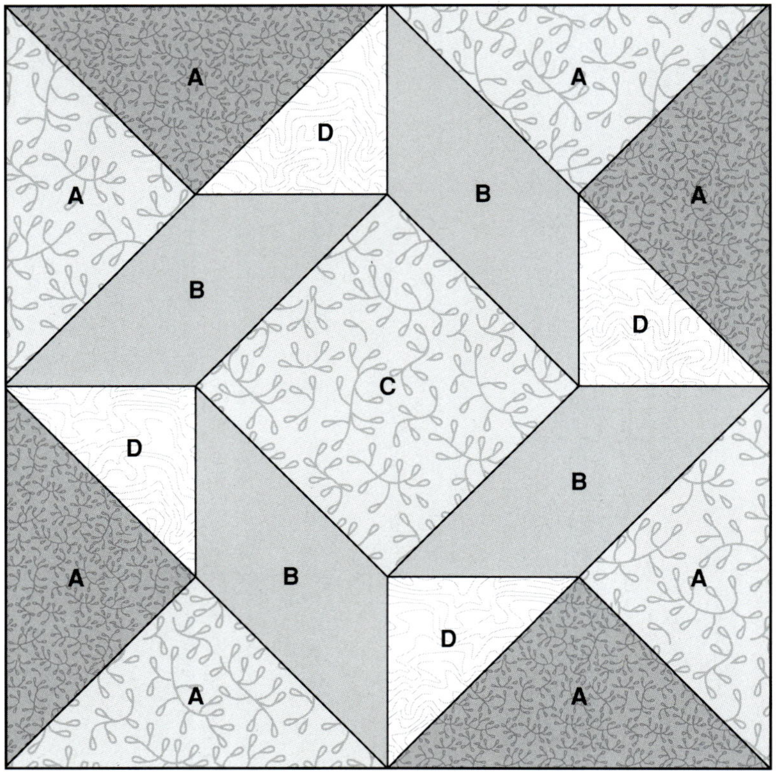

A21 BD-Einheiten nähen (4mal) und an jede Seite von C annähen. Dann die diagonalen Ecknähte schließen (Tips dazu auf Seite 309). AA-Einheiten nähen (4mal) und an die BD-Kanten, um den Block zu vervollständigen.

Windblown Square

(Quadrat im Wind)

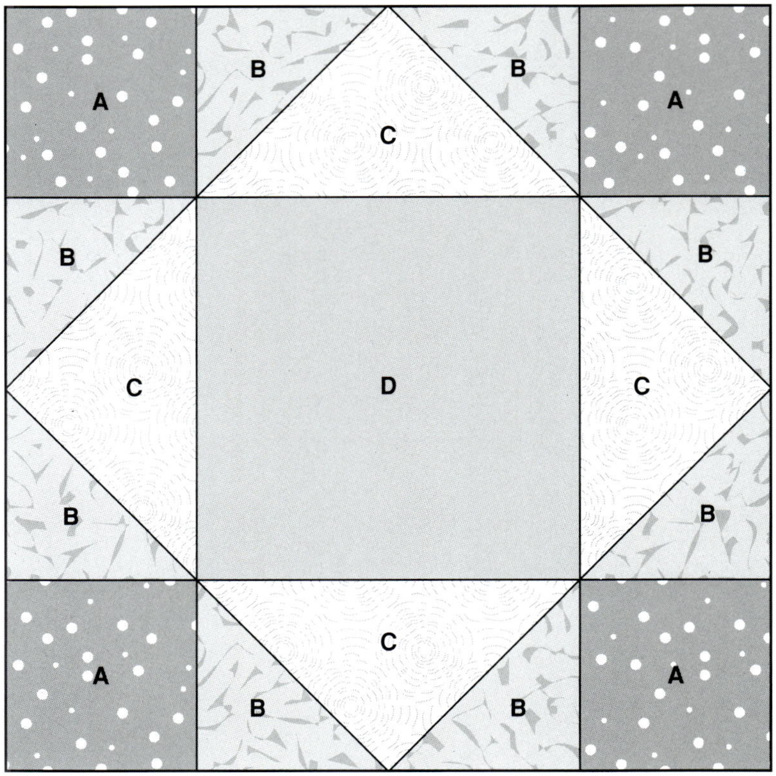

A22 BCB-Einheiten nähen (4mal) und 2 davon an die gegenüberliegenden Kanten von D setzen. A-Teile an jedes Ende von 2 BCB-Einheiten nähen. Diese ABCBA-Einheiten an das Mittelteil setzen, um den Block zu vervollständigen.

King's Crown

(Königskrone)

Patchwork

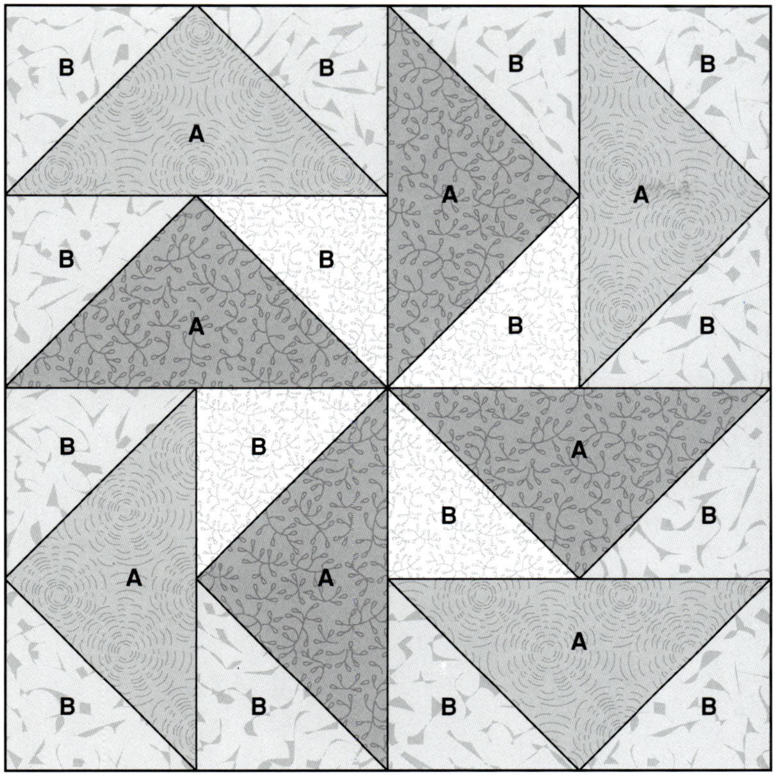

Dutchman's Puzzle

(Holländers Puzzle)

A23 BAB-Einheiten nähen (8mal). Die Einheiten paarweise zu 4 Abschnitten zusammensetzen. Diese 4 Abschnitte zu 2 Reihen und dann die Reihen zum Block zusammenfügen.

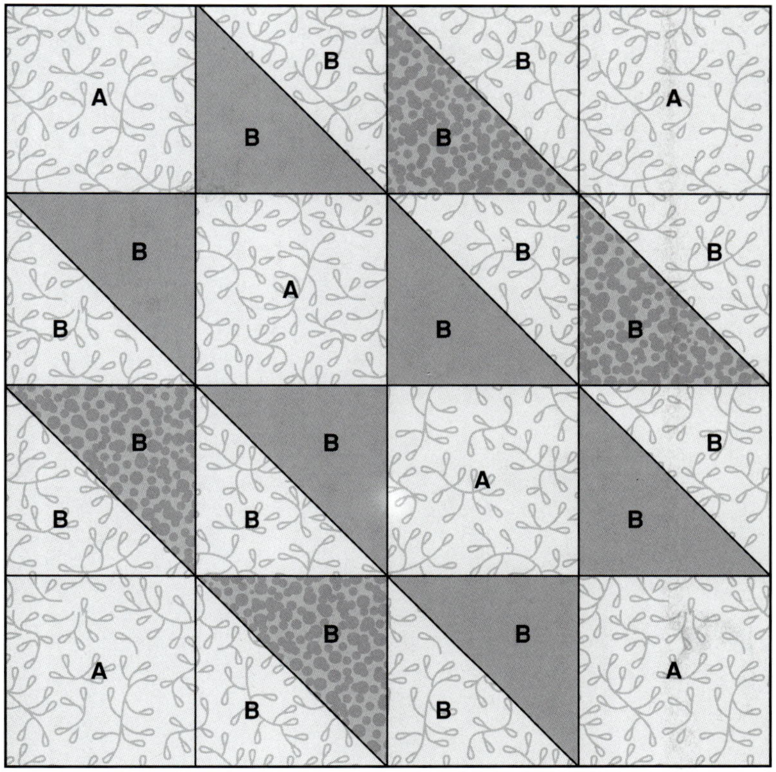

Hovering Hawks

(Kreisende Habichte)

A24 BB-Einheiten nähen (10mal). Die Einheiten zu folgenden Reihen nähen: A/BB/BB/A, BB/A/BB/BB, BB/BB/A/BB und A/BB/BB/A. Reihen zum Block zusammenfügen.

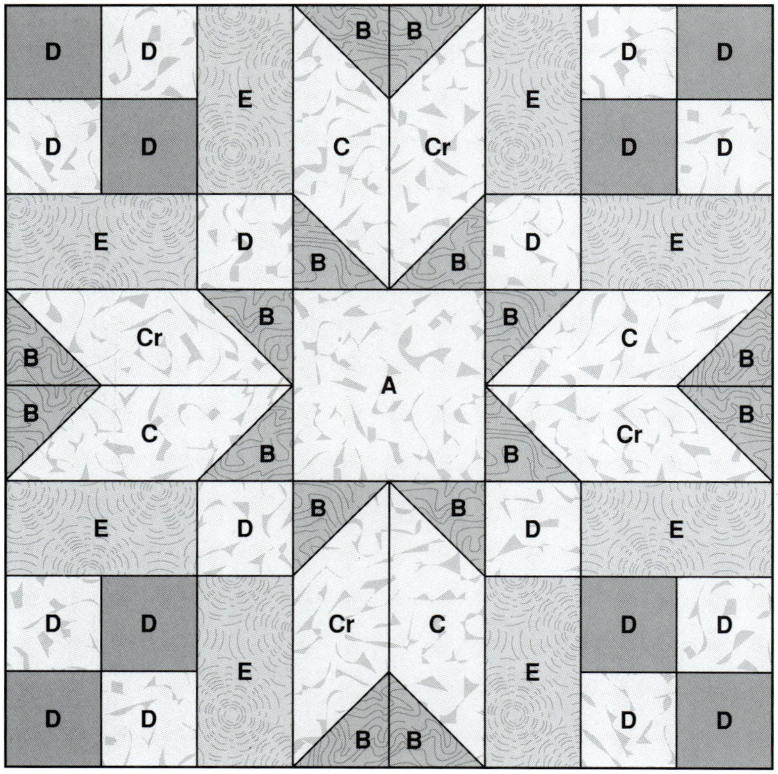

Blackford's Beauty

(Schönheit von Blackford)

A25 DDDD-Einheiten nähen (4mal), jeweils 1 E-Teil (4mal) anfügen. D an E nähen (4mal) und an die DE-Einheiten setzen. BCB und BCrB-Einheiten nähen (je 4mal). BCB an BCrB nähen (4mal). 2 Reihen aus DE/BCB/DE bilden. BCB an die gegenüberliegenden Seiten von A nähen. Die Reihen des vorigen Arbeitsgangs an jede Seite nähen, um den Block zu vervollständigen.

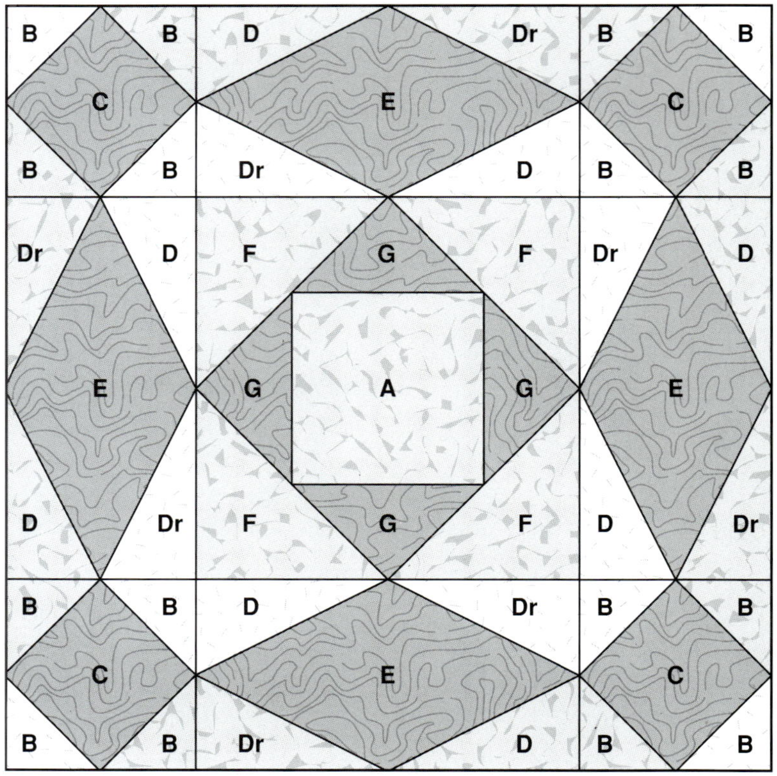

Storm at Sea

(Sturm auf See)

A26 G-Teile an alle 4 Seiten von A nähen und die F-Teile an alle 4 Seiten der AG-Einheit. B-Teile an alle 4 Seiten von C nähen (4mal), ebenso die D-Teile an alle 4 Seiten von E (4mal). Folgende Reihen bilden: BC/DE/BC, DE/AGF/DE und BC/DE/BC. Reihen zum Block zusammenfügen.

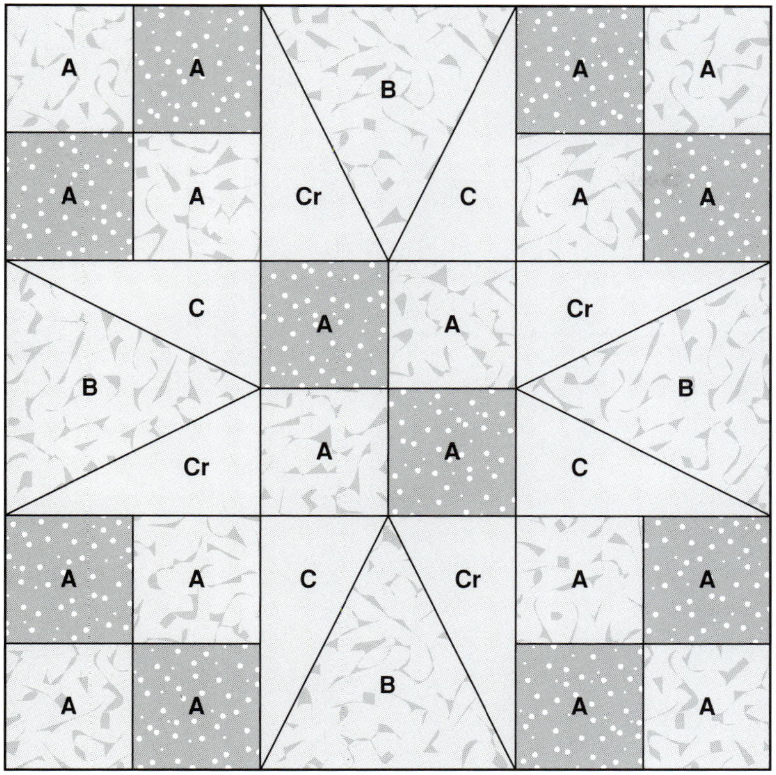

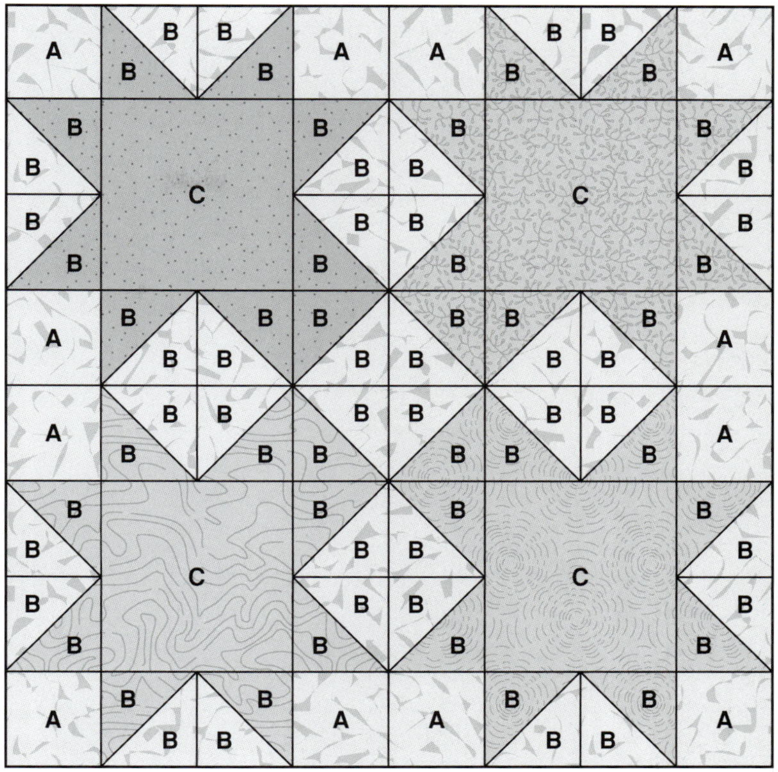

A27 AAAA-Einheiten (5mal) und CBCr-Einheiten (4mal) nähen. Folgende Reihen bilden: A/CBCr/A, CBCr/A/CBCr und A/CBCr/A. Reihen zum Block zusammenfügen.

54-40 or Fight

(54-40 oder Kampf – um eine Grenzlinie im amerik. Bürgerkrieg)

A28 Dieser Block wird in 4 Abschnitten genäht. Für jeden Abschnitt nähen Sie BB-Einheiten (9mal) 2 BB-Einheiten zusammensetzen (4mal). Folgende Reihen bilden: A/B/B/A, BB/C/BB und A/B/B/B. Reihen zum Segment zusammenfügen. 4 dieser Segmente nähen und zum Block zusammensetzen.

Devil's Claw

(Teufelskralle)

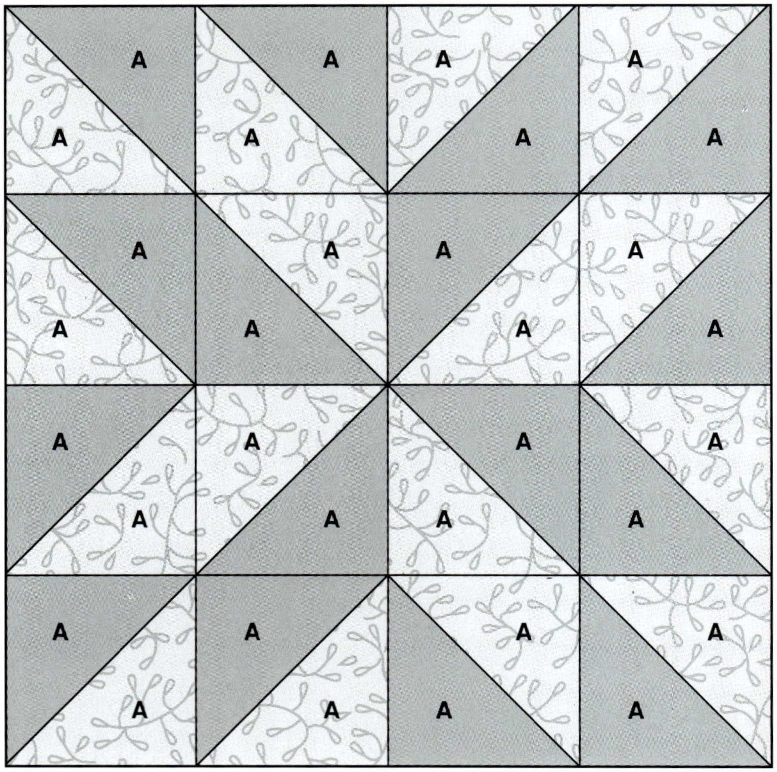

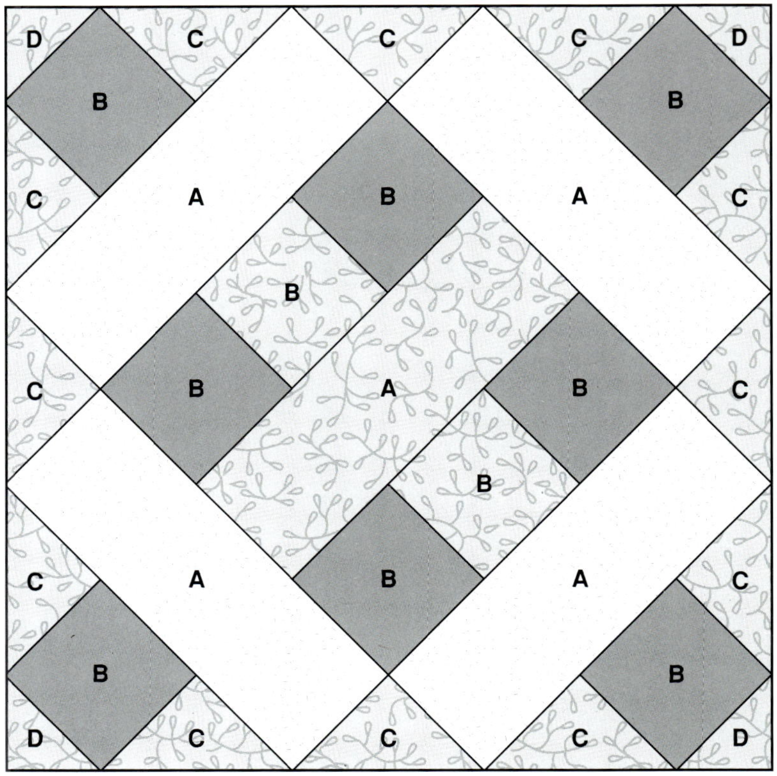

Annie's Choice

(Annie's Wahl)

A29 AA-Einheiten nähen (16mal). Nach Abbildung die Einheiten zu Reihen anordnen und dann die Reihen zum Block zusammenfügen.

Album

A30 Dieser Block wird diagonal zusammengesetzt. Beginnen Sie im Zentrum und nähen Sie 2 BBB-Einheiten. Die BBB-Einheiten an das mittlere A-Teil setzen und 2 weitere A an den gegenüberliegenden Seiten. CAC-Einheiten (2mal) nähen und BCDB-Einheiten nähen (4mal). BCDC-Einheit an jedes A nähen. Die 2 CAC-Einheiten an die Kanten von ABABA nähen.

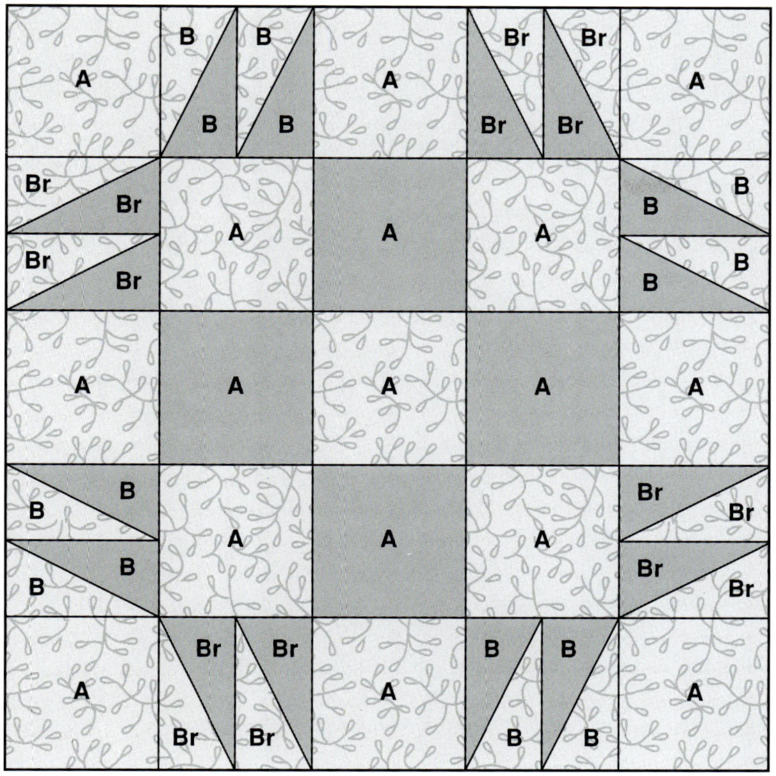

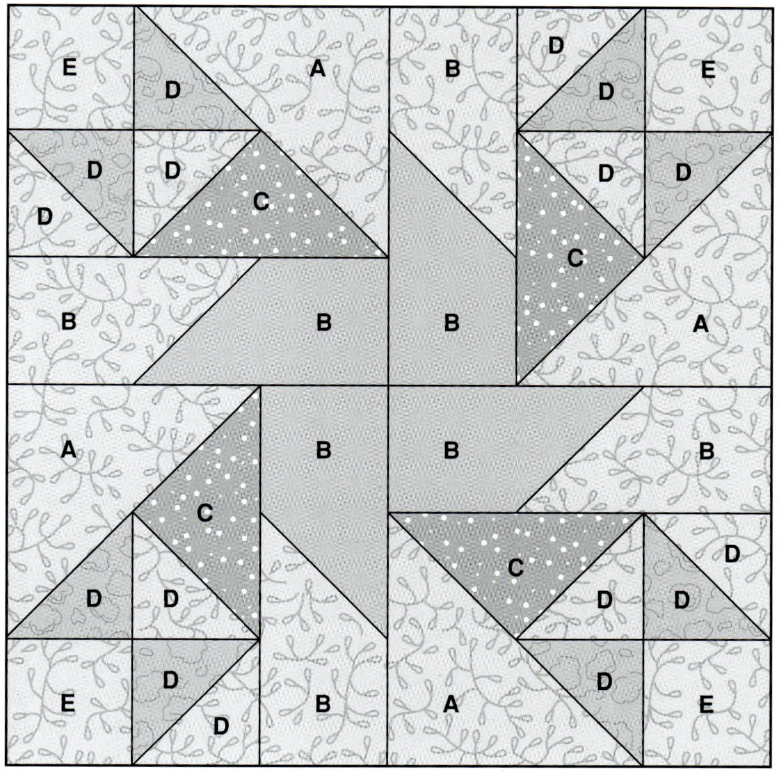

A31 BB-Einheiten und BrBr-Einheiten (8mal und 8mal revers). 2 BB-Einheiten zusammennähen (4mal) und 2 BrBr-Einheiten ebenso. B-Einheiten mit den A-Teilen zu Reihen zusammenfügen. Reihen zum Block zusammenfügen.

Rolling Pin
(Drehendes Windrädchen)

A32 DDC-Einheiten nähen und an A setzen. DD-Einheit nähen und an E setzen. DE-Einheit an ACD-Einheit nähen. BB-Einheit nähen und an die CD-Kante des ersten Abschnitts anfügen. Diesen Abschnitt 4mal arbeiten und dann zum Block zusammenfügen.

Rolling Pinwheel
(Drehendes Windrad)

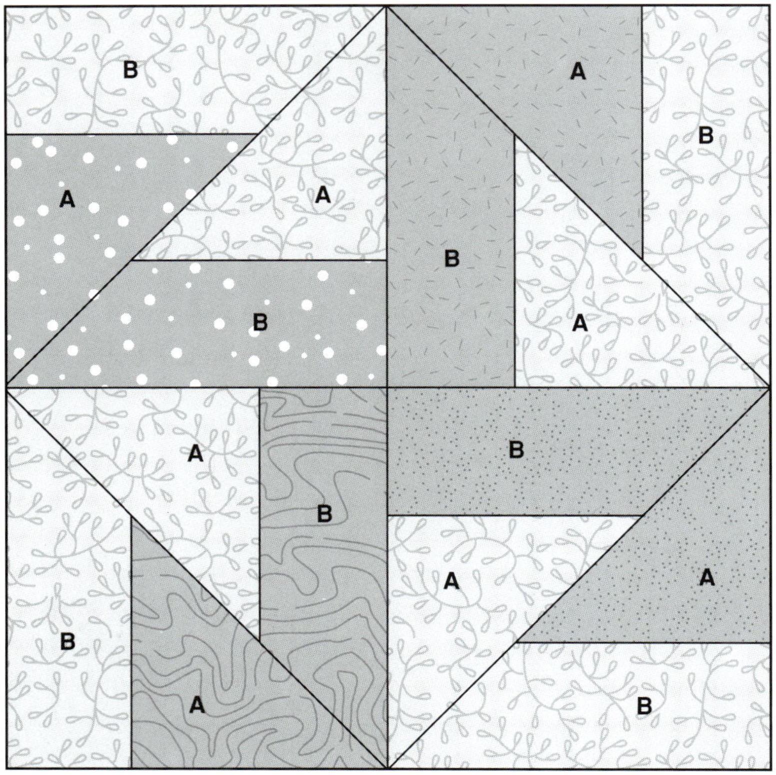

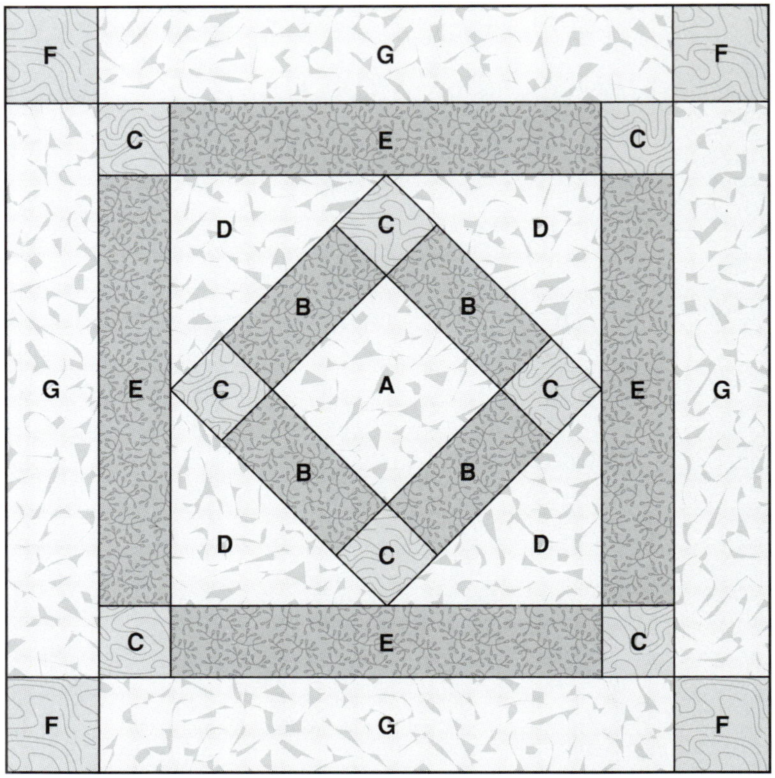

Turn About Variation

(Windrad-Variation)

A33 AB-Einheiten nähen (8mal). Aus 2 AB-Einheiten Quadrate bilden (4mal). Die Quadrate zum Block zusammenfügen.

Amish Diamond 2

(Amisches Mittelquadrat 2)

A34 In der Mitte beginnen und je 1 B an die gegenüberliegenden Seiten von A nähen. 2 CBC-Abschnitte nähen und an BAB setzen. D-Teile an jede Seite des Mittelteiles anfügen. E an 2 gegenüberliegende Seiten des Mittelteiles nähen. 2 CEC-Einheiten nähen und an die beiden anderen Seiten des Mittelteiles ansetzen. G-Teile an 2 gegenüberliegende Seiten des Mittelteiles nähen. 2 FGF-Einheiten nähen und an die beiden restlichen Seiten nähen, um den Block zu vervollständigen.

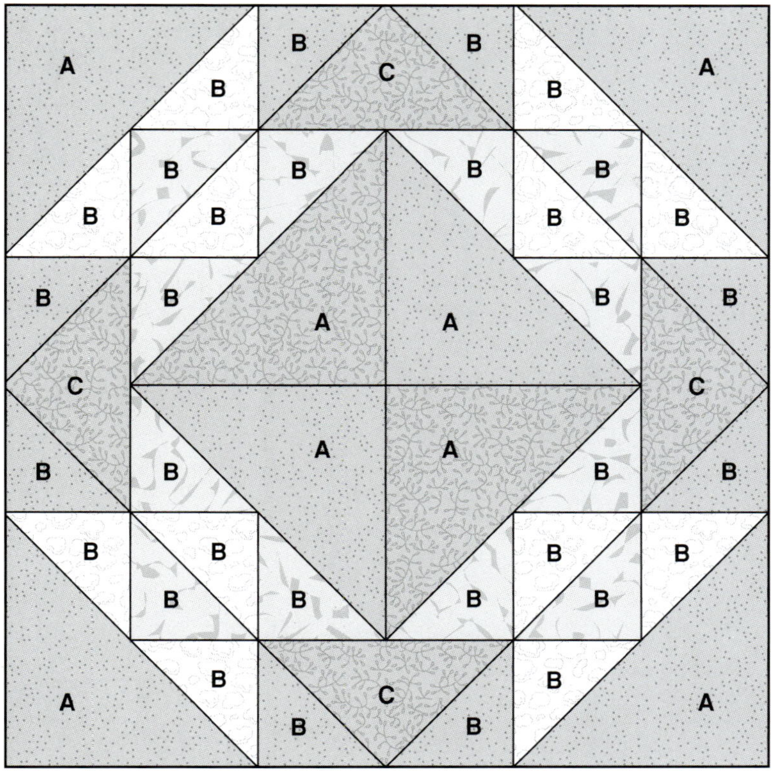

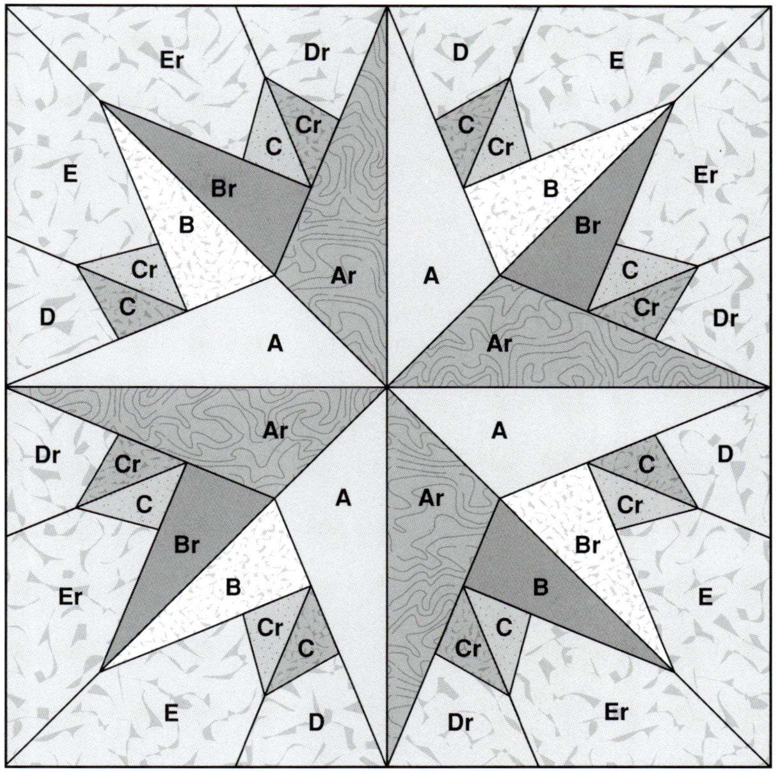

Corn and Beans

(Mais und Bohnen)

A35 1 AAAA-Einheit als das Zentrum nähen. 4 BBB-Einheiten nähen und an alle 4 Seiten des Zentrums ansetzen, ebenso die C-Teile an alle 4 Seiten des Zentrums nähen, wie in der Abbildung zu sehen. BBBB/BA-Einheiten (4mal) nähen und an die 4 Seiten des Zentrums anfügen, um den Block zu vervollständigen.

Mariner's Compass

(Windrose)

A36 C an D und Cr an E nähen. CD an CrE nähen. Zuerst B anfügen und dann A. Nähen Sie 4 solcher Einheiten (A-Einheiten). Nähen Sie Cr an Dr, und C an Er. CrDr an CEr anfügen. Zuerst Br, dann Ar anfügen. Nähen Sie 4 solcher Einheiten (Ar-Einheiten). Nähen Sie die A-Einheiten an die Kanten der B-Teile (4mal). Die sich ergebenden Quadrate zu 2 Reihen nähen und die Reihen zum Block zusammenfügen.

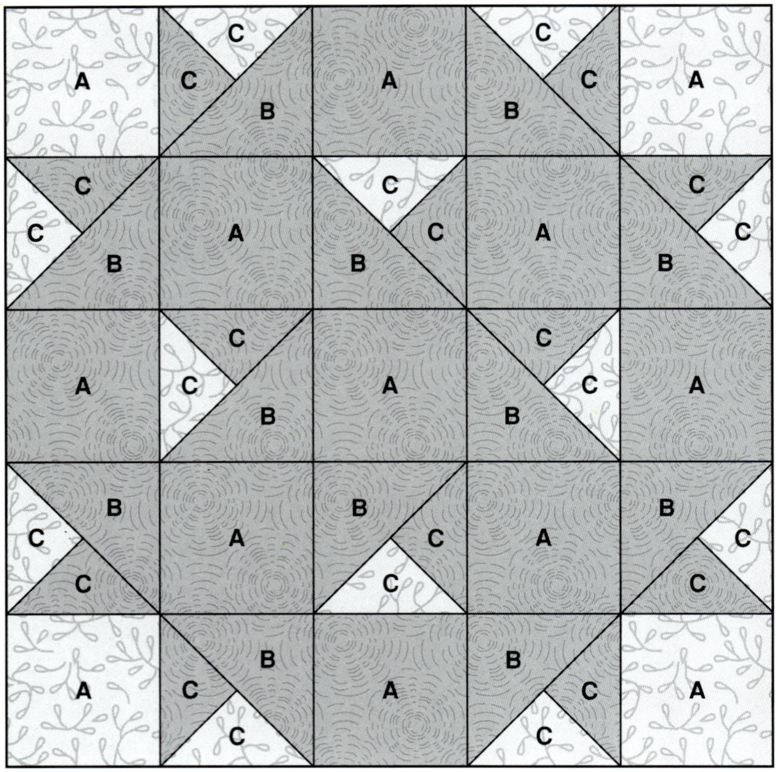

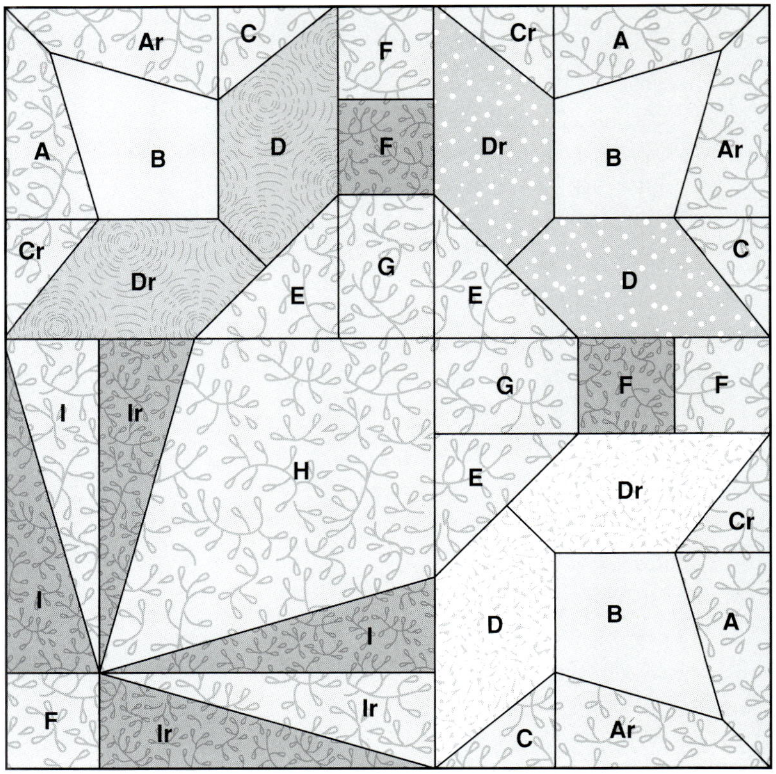

Cross Upon Cross

(Kreuz über dem Kreuz)

A37 CCB-Einheit (12mal) nähen. Die CCB-Einheiten mit den A-Teilen so kombinieren, daß sich Reihen bilden. Reihen zum Block zusammenfügen.

Star Bouquet

(Sternenstrauß)

A38 Teile A und Ar mit einer Y-Naht an B (3mal) nähen (Tips dazu auf Seite 309). CrDr-Einheiten (3mal) und CD-Einheiten (3mal) nähen und mit Y-Naht an die AArB-Einheit annähen. E-Teil anfügen (3mal). FFG-Einheit nähen (2mal). Die I- und Ir-Teile an die langen Seiten von H setzen. II-Einheit nähen und an die HI-Einheit nähen. 1 IrIr-Einheit nähen, an 1 F-Teil anfügen und das Ganze an die HI-Einheit anfügen. Zuerst die obere Reihe nähen, indem Sie 1 FFG-Einheit zwischen 2 ABCDE-Einheiten nähen. Für die untere Reihe 1 FFG-Einheit an die ABCDE-Einheit nähen und dies an Segment FHI. Mit der oberen Reihe zum Block vervollständigen.

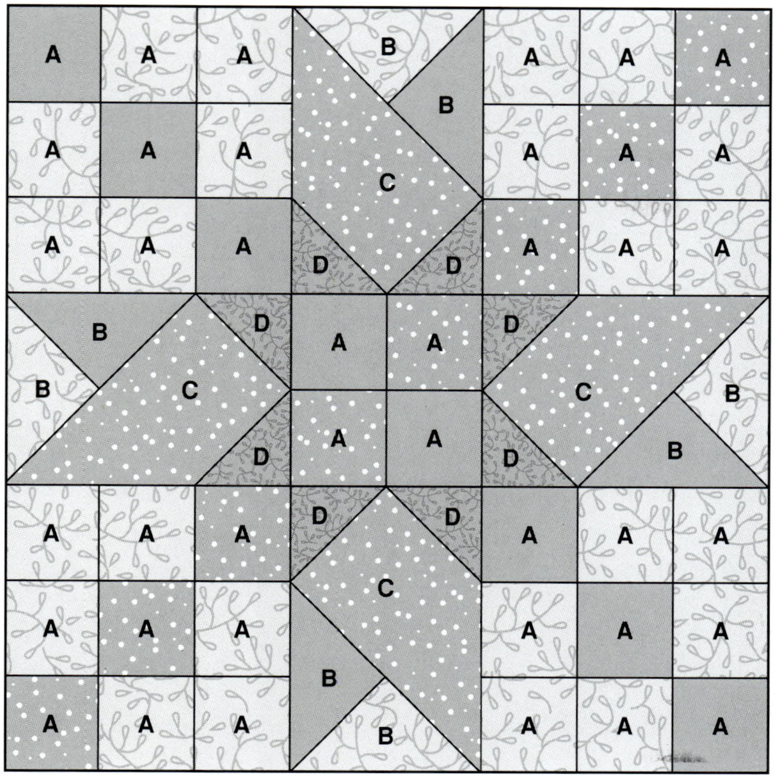

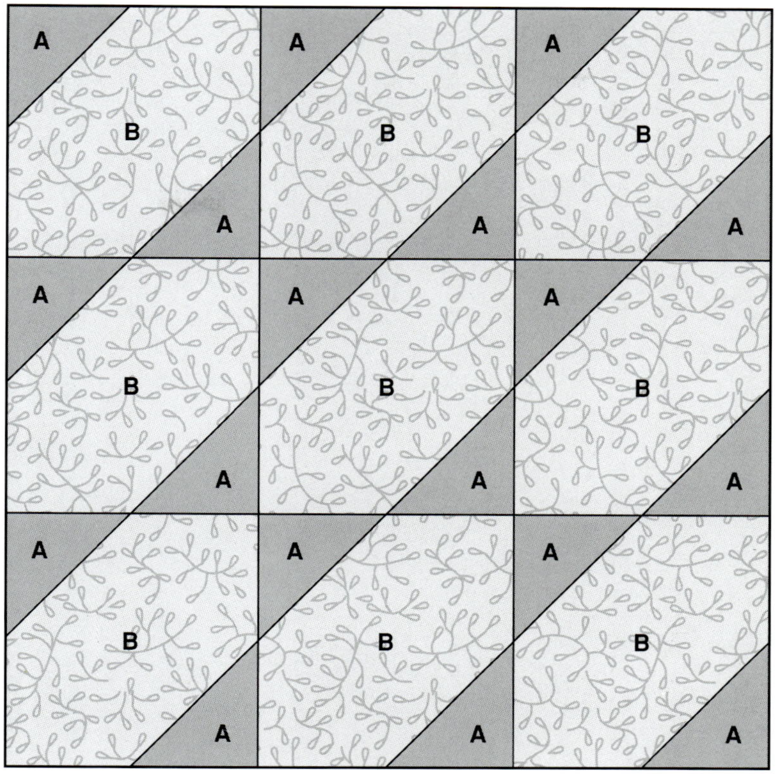

A39 Nähen Sie aus den A-Teilen kleine Neunerblöcke (4mal, siehe auch Seite 309 für das Nähen von Viererblöcken). BB-Einheiten (4mal) und DCD-Einheiten (4mal) nähen. BB an DCD ansetzen (4mal). Zu Reihen zusammennähen und dann die Reihen zum Block zusammenfügen.

Arrowheads
(Pfeilspitzen)

A40 ABA-Einheiten nähen (9mal). Die Einheiten zum Neunerblock zusammensetzen (siehe auch Seite 309 für das Nähen von Neuner- und Viererblöcken).

X-Quisit

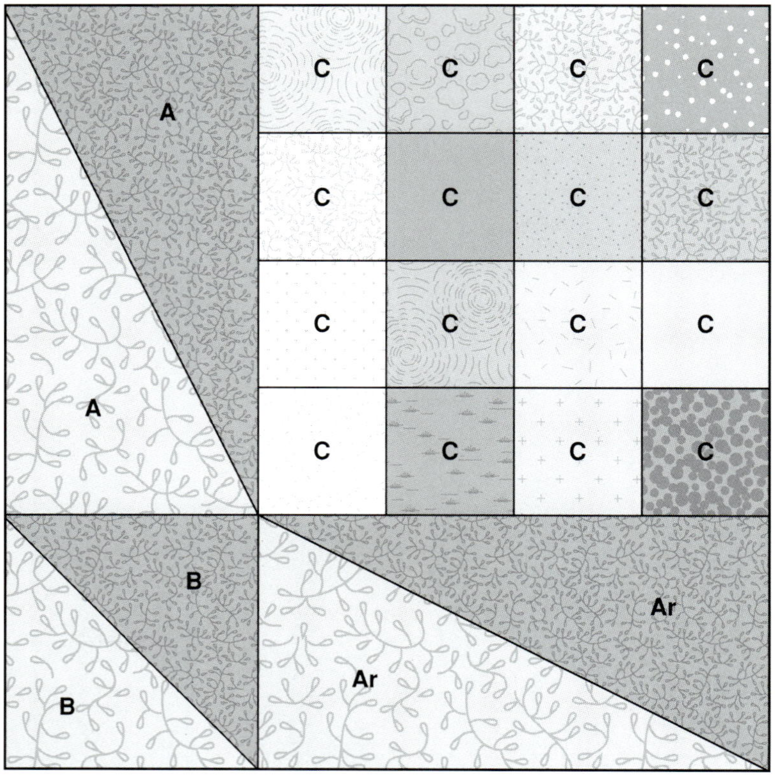

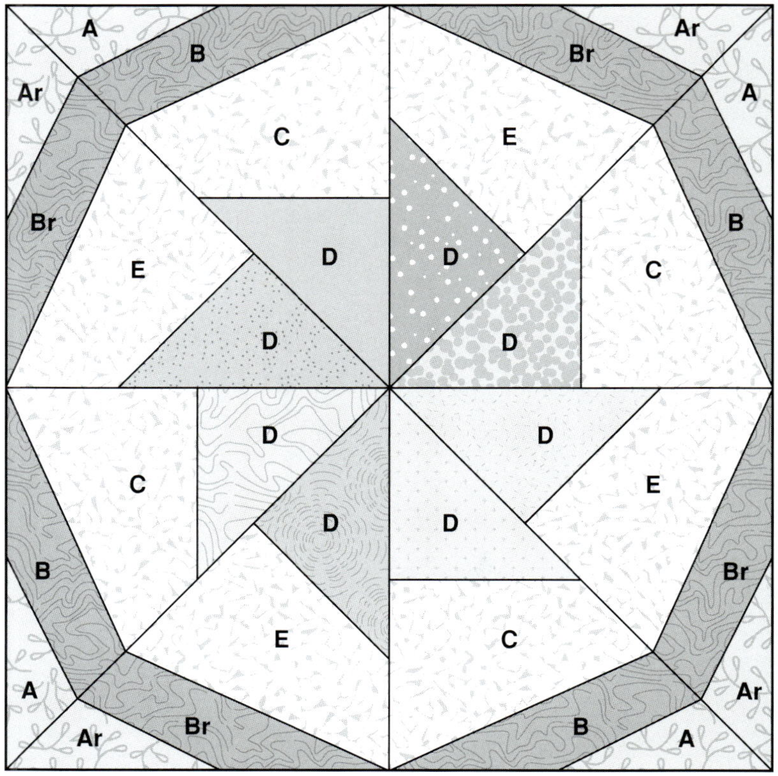

Nosegay

(Duftender Blumenstrauß)

A41 C-Teile zu 4 Reihen nähen und diese zum Quadrat zusammensetzen. AA-Einheit, ArAr-Einheit und BB-Einheit nähen. Die AA-Einheit an das zusammengesetzte C-Segment anfügen. BB-Einheit an die ArAr-Einheit nähen und an das bisher Genähte ansetzen.

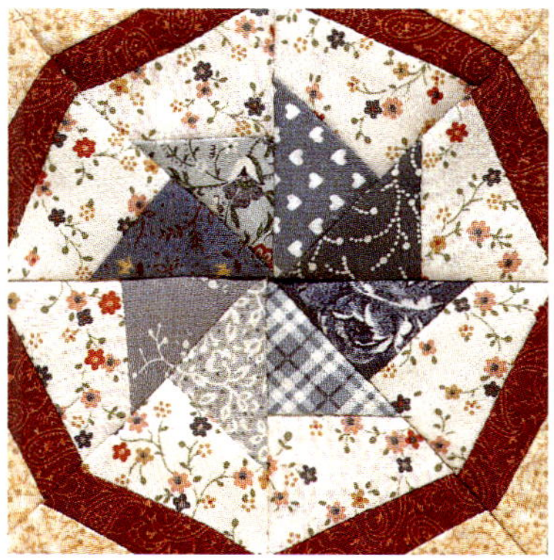

Wheel of Fortune

(Glücksrad)

A42 ABCD-Einheiten (4mal) und ArBrED-Einheiten (4mal) nähen. Zu 4 Paaren zusammensetzen: ABCD an ArBrED. Diese Quadrate wie einen Viererblock zusammennähen (siehe auch Seite 309 für das Nähen von Neuner- und Viererblöcken).

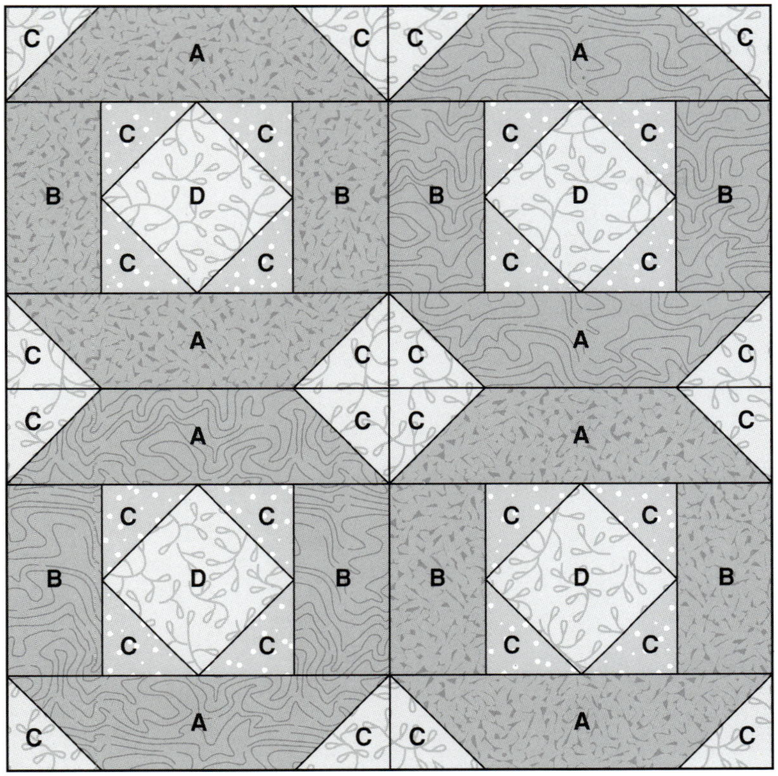

Kansas Dugout

(Kansas-Höhlenwohnungen)

A43 DCCCC-Einheiten nähen (4mal) und B-Teile an die gegenüberliegenden Seiten dieser DCCCC-Einheiten ansetzen (4mal). CAC-Einheiten nähen (8mal) und an die beiden verbleibenden Seiten der DCCCC-Einheiten ansetzen, um 4 identische Abschnitte zu erhalten. Diese Abschnitte zu Reihen nähen und die Reihen zum Viererblock zusammenfügen.

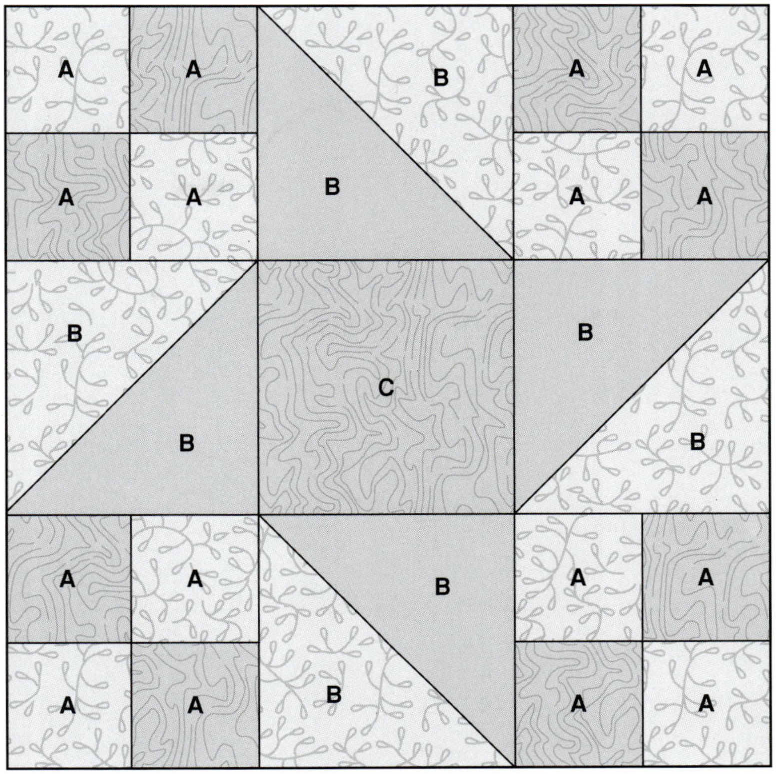

Friendship Star Variation

(Freundschaftsstern-Variation)

A44 Aus den A-Teilen Viererblöcke nähen (4mal, siehe auch Seite 309 für das Nähen von Neuner- und Viererblöcken). BB-Einheiten nähen (4mal). AAAA-Einheiten, BB-Einheiten und C-Teil zu Reihen ordnen, zusammennähen und dann die Reihen zum Block zusammenfügen.

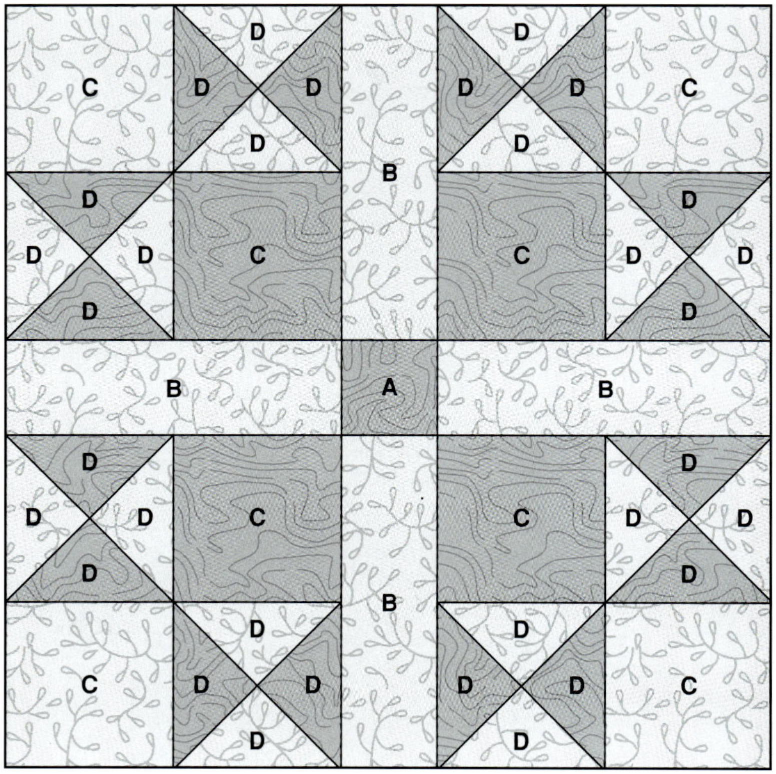

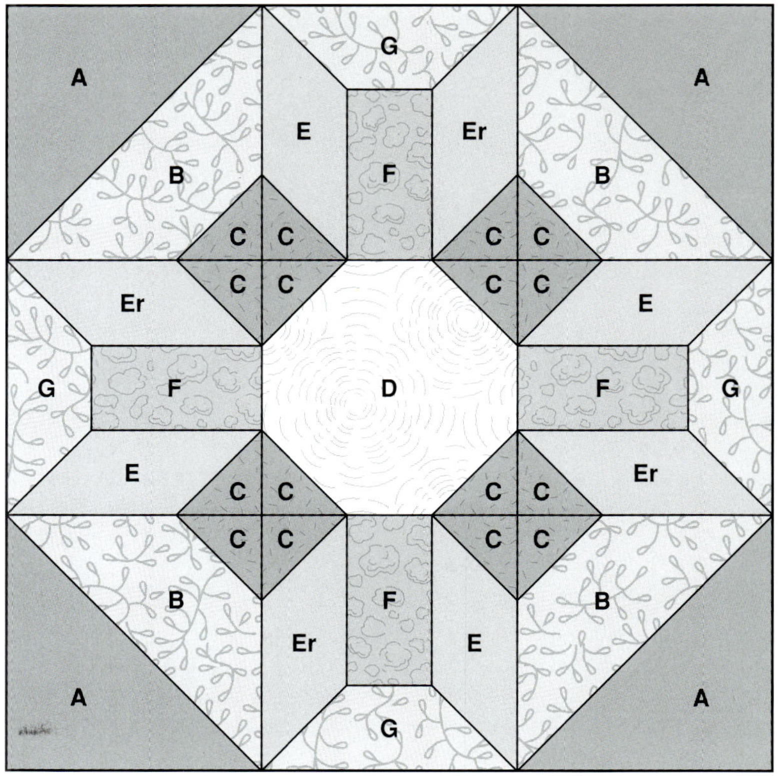

Variable Star
(Variabler Stern)

A45 DDDD-Einheiten nähen (8mal) und mit den C-Teilen zu 4 Viererblöcken zusammensetzen (siehe auch Seite 309 für das Nähen von Neuner- und Viererblöcken). 2 CD-Einheiten rechts und links an 1 B-Teil zur Reihe nähen (2mal). 1 BAB-Einheit nähen und zwischen die beiden Reihen einfügen, um den Block zu vervollständigen.

Prosperity
(Wohlstand)

A46 ABC-Einheiten nähen (4mal). EC-Einheit und ErC-Einheit nähen und an das F-Teil ansetzen. G-Teil mit Y-Naht einfügen (4mal). (Tips dazu auf Seite 309.) CCCCD-Einheit nähen und mit den anderen Einheiten zu Reihen zusammenstellen. Wie einen Neunerblock nähen (siehe auch Seite 309 für das Nähen von Neuner- und Viererblöcken).

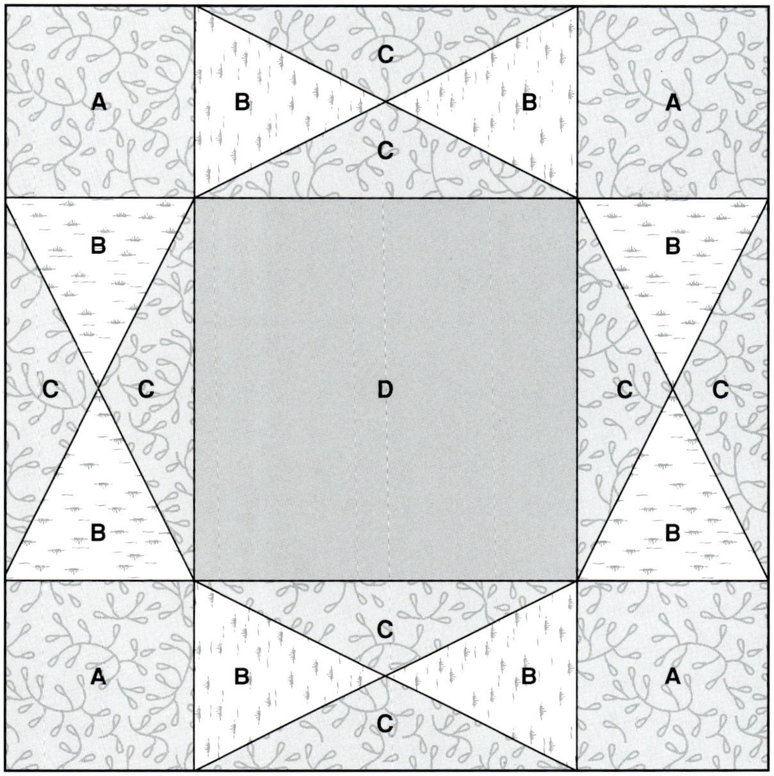

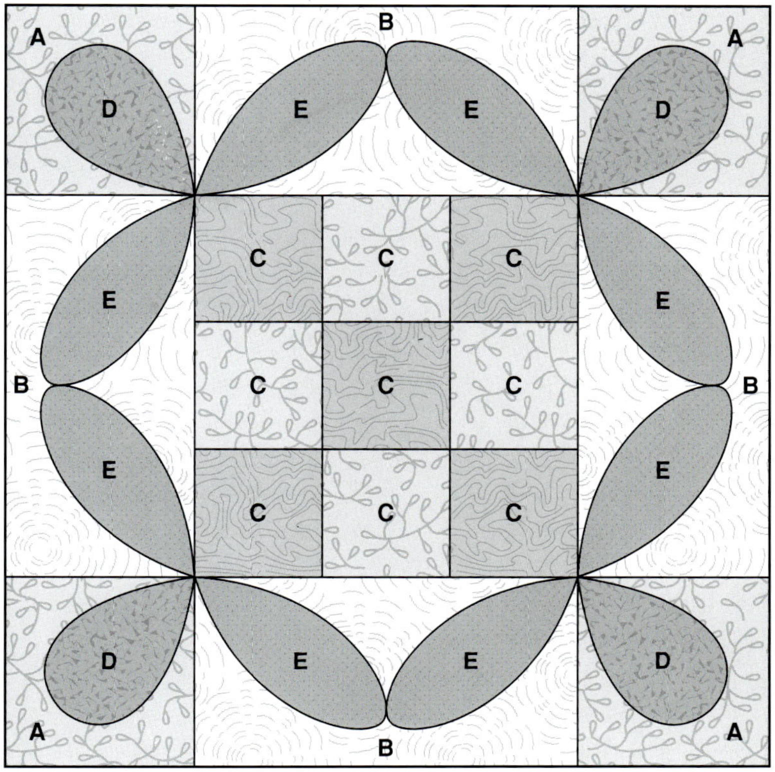

Pullman's Puzzle

(Rätsel des Pullmann-
Wagons)

A47 B an C nähen (8mal). Jeweils 2 BC-Einheiten zusammensetzen (4mal). Die BCBC-Einheiten mit den A-Teilen und dem D zu Reihen ordnen, zusammennähen und dann die Reihen zum Block zusammenfügen.

Honey Bee

(Honigbiene)

A48 Aus den C-Teilen einen Neunerblock für die Mitte nähen (siehe auch Seite 309 für das Nähen von Neuner- und Viererblöcken). Die B-Teile an 2 gegenüberliegende Seiten der C-Mitte setzen. A-Teile an jedes Ende der restlichen B-Teile anfügen und an Ober- und Unterkante der BC-Mitte ansetzen. Applizieren Sie die D- und E-Teile an ihren Platz (siehe auch Seite 308 über das Applizieren).

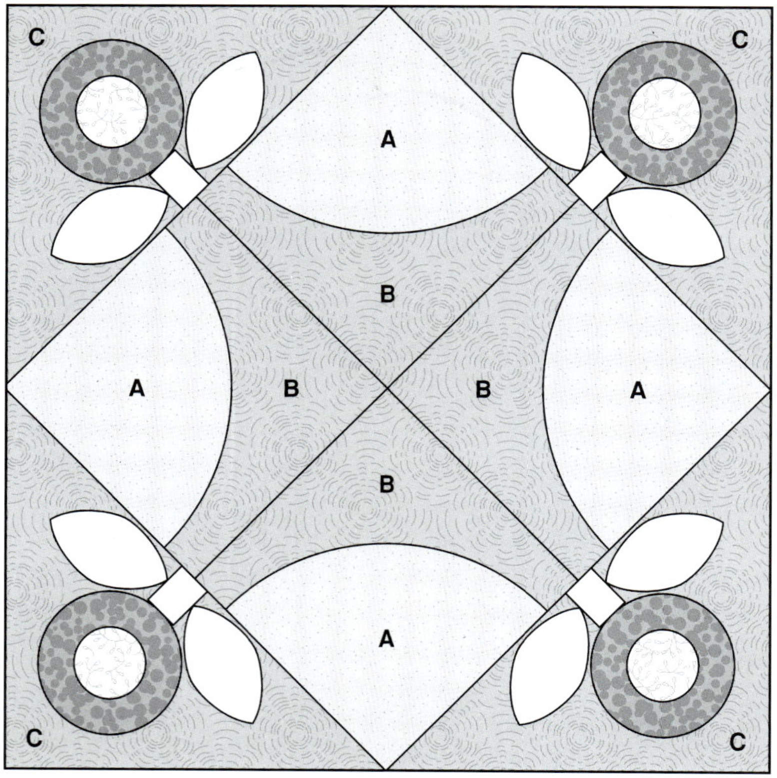

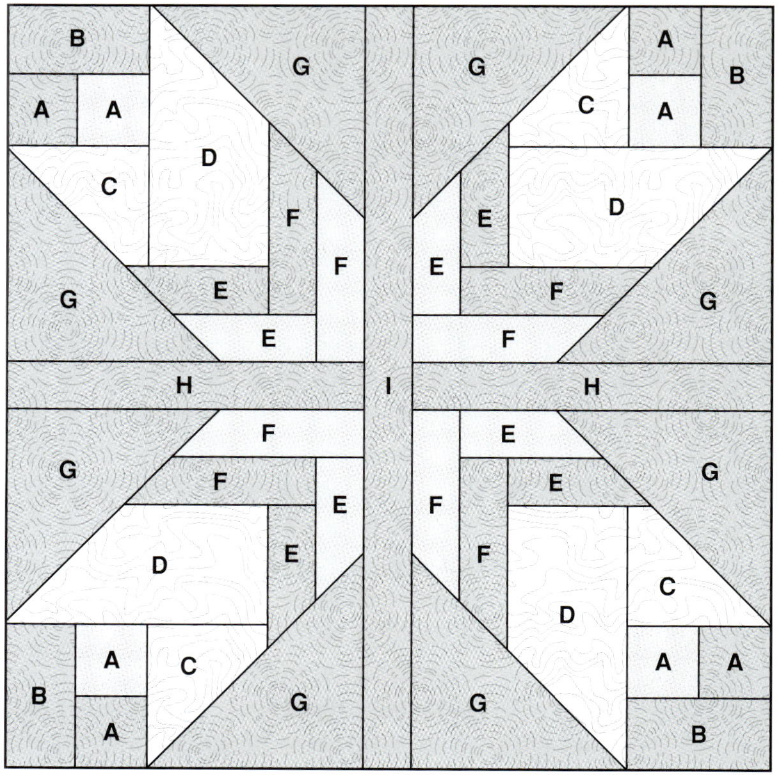

Spiced Pinks

(Gewürznelken)

A49 A an B nähen (4mal, siehe auch Seite 309 für das Zusammensetzen von Kurvennähten). Die 4 AB-Einheiten zum Mittelquadrat zusammenfügen. Auf die C-Teile die Knospen, Stiele und Blätter applizieren (siehe auch Seite 308 über das Applizieren). C-Teile an die AB-Einheiten nähen (4mal).

Navajo Tulips

(Tulpen der Navajos)

A50 A an A nähen und B anfügen. C an die AA-Seite ansetzen und D anfügen. E an die CD-Seite nähen und F anfügen. E an die EF-Seite nähen und F anfügen. Die G-Teile an jede Seite ansetzen, um ein Quadrat zu bilden. Diese Quadrate 4mal arbeiten. Je 2 der Quadrate mit H zusammensetzen und die beiden Hälften mit dem Streifen I zum Block vervollständigen.

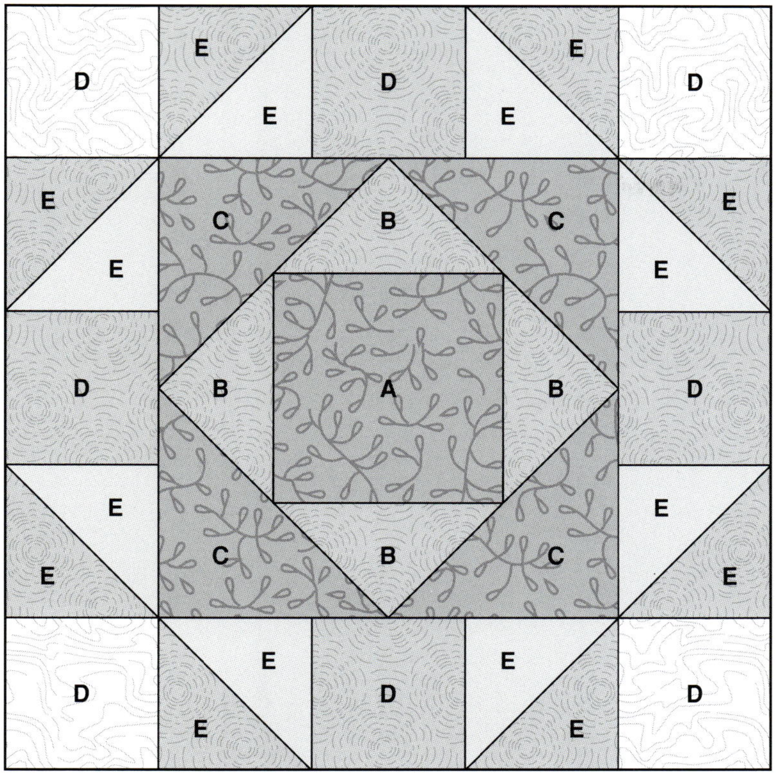

Tea Party
(Teeparty)

A51 2 B-Teile an die gegenüberliegenden Seiten von A nähen, dann die beiden anderen B-Teile an die restlichen Seiten. An alle 4 Seiten von AB in der gleichen Weise die C-Teile anfügen. EE-Einheiten nähen (8mal). Abschnitt EE/D/EE (4mal) arbeiten und 2 davon an die gegenüberliegenden Seiten der ABC-Einheit anfügen. Die D-Teile an jedes Ende der verbleibenden EDE-Einheiten nähen und an Ober- und Unterkante des ersten Abschnitts anfügen, um den Block zu vervollständigen.

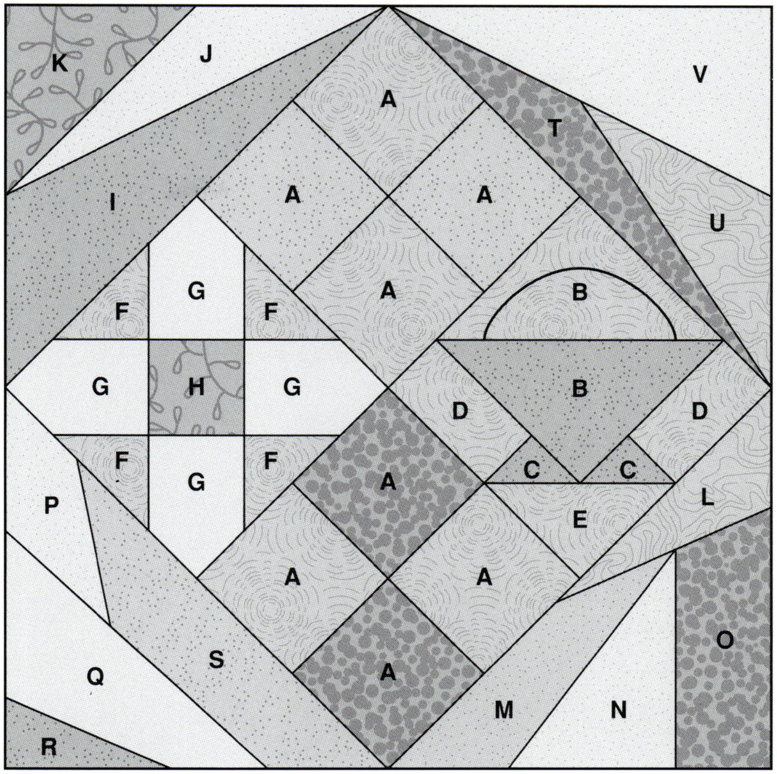

Crazy-Sampler

A52 Aus den A-Teilen einen Viererblock nähen (2mal). BB-Einheit (1mal) und CD-Einheiten (2mal: normal und revers) nähen und an BB setzen. E an CC-Kante anfügen. Körbchengriff sticken. GHG-Einheit (1mal) und FGF-Einheiten (2mal) nähen. Die FGF-Einheiten an 2 Seiten der GHG-Einheit ansetzen. Die 4 kleinen Quadrate zum Viererblock zusammensetzen. I an J nähen und K anfügen. Dies an eine Kante des Mittelblocks nähen. M an N nähen und O anfügen, L ansetzen und das Ganze an eine Kante des Mittelblocks nähen. PS-Einheit nähen, Q und R anfügen und das Ganze an den Mittelblock nähen. T und U zusammenfügen und V dazu. Dies an die letzte Kante des Mittelblocks nähen.

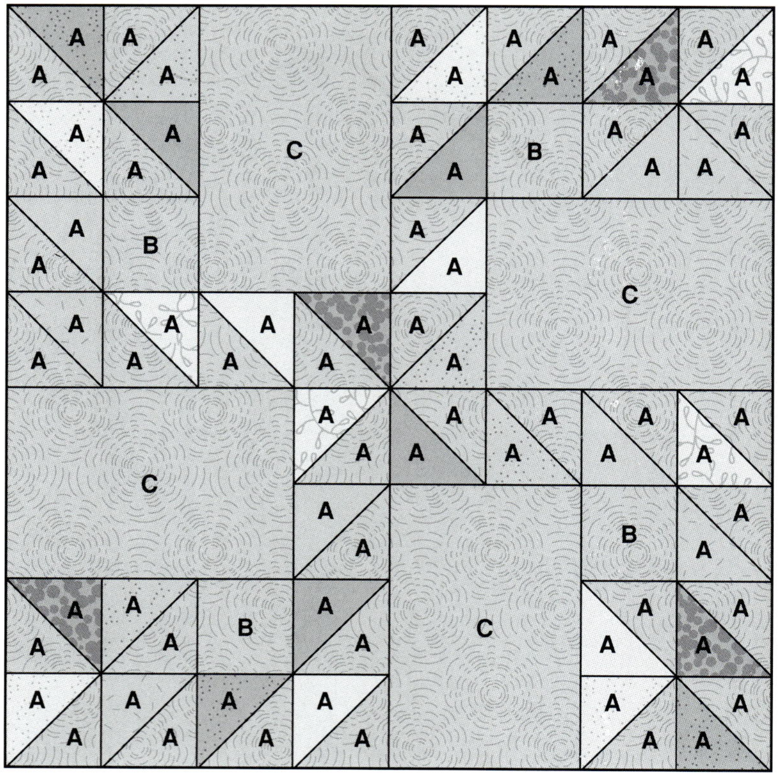

Sawtooth Pinwheel
(Sägezahn-Windrad)

A53 AA-Einheiten nähen (36mal). 2 AA-Einheiten zusammensetzen und an die kurze Seite von C anfügen (4mal). Nach Abbildung 3 AA-Einheiten mit 1 B zum Viererblock nähen (4mal) und 4 AA-Einheiten zum Viererblock (4mal). Die beiden Viererblöcke an das AA/C-Segment anfügen (4mal) und die ABC-Segmente zum großen Viererblock vervollständigen.

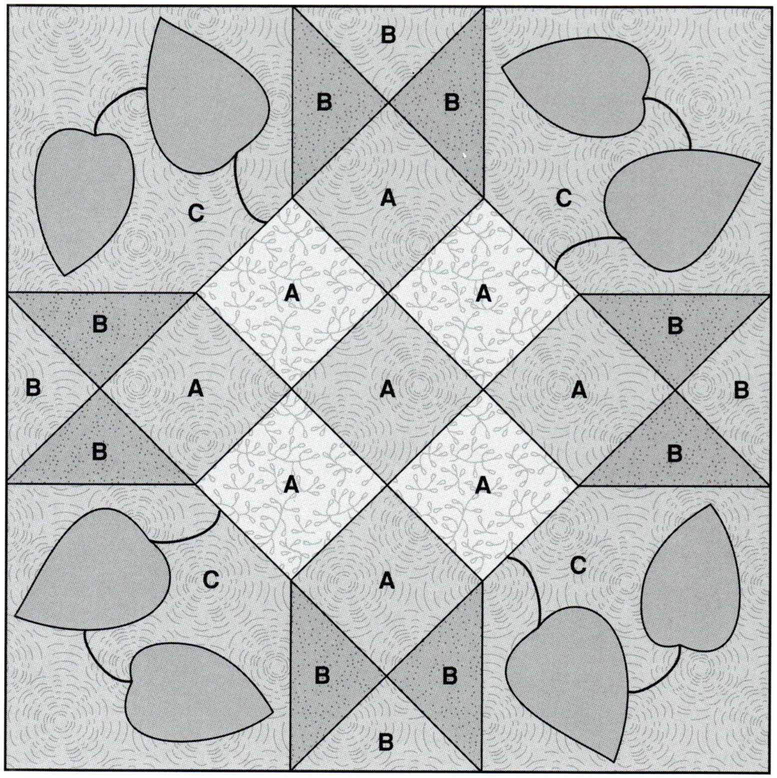

Arrowroot
(Pfeilwurz)

A54 Aus den A-Teilen den mittleren Neunerblock nähen. 2 B-Teile an C setzen (4mal). 2 BC-Einheiten an die gegenüberliegenden Seiten des A-Segments. An jedes B-Ende der restlichen BC-Einheiten 1 B-Teil ansetzen und das Ganze an die beiden anderen Seiten des Mittelteils nähen. Blätter auf die C-Teile applizieren und dann die Stiele sticken.

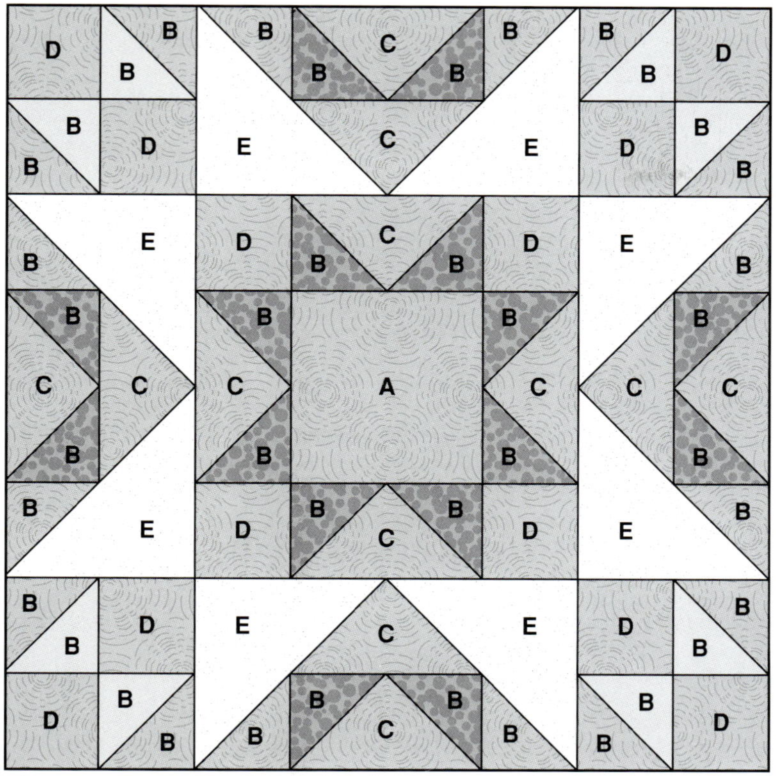

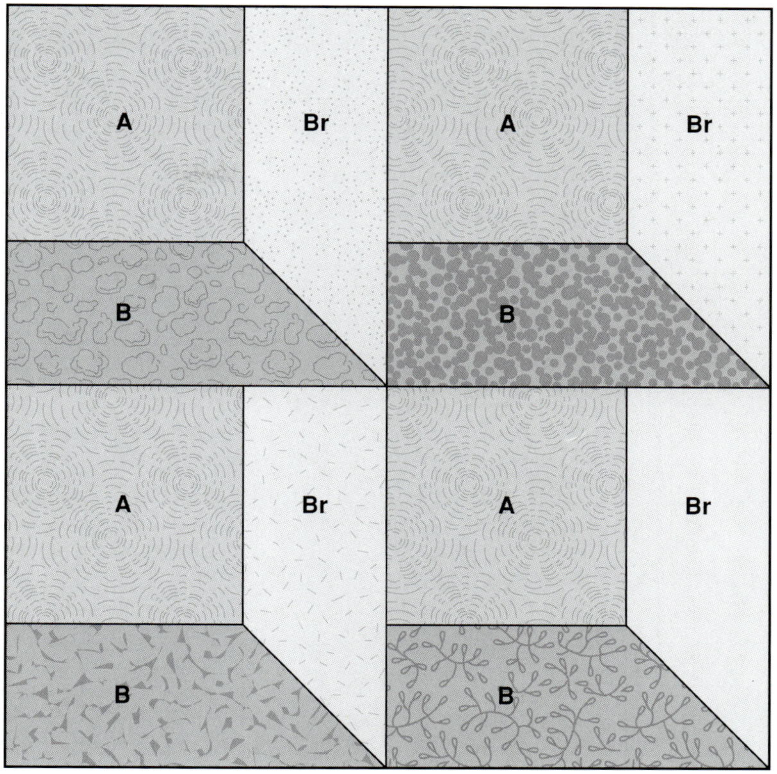

Odd Fellow's Chain

(Kette des seltsamen Kerls)

A55 BB-Einheiten nähen (8mal) und mit D-Teilen zum Viererblock verbinden (4mal). BCB-Einheiten nähen (8mal) und an 2 gegenüberliegende Seiten von A ansetzen. D-Teile an jede Seite der BCB-Einheit nähen (2mal) und an das ABC-Segment anfügen. B-Teile an 2 Seiten von BCB setzen, C anfügen und 2 E-Teile (4mal). 2 BCE-Segmente an die gegenüberliegenden Seiten des Mittelteils ansetzen. 2 BD-Einheiten an jedes Ende des BCE-Segments nähen und mit dem mittleren Teil zum Block vervollständigen.

Attic Windows

(Dachfenster)

A56 B und Br an A nähen (4mal, lesen Sie auf Seite 309 die Tips über die Y-Naht). Die AB-Einheiten zum Viererblock zusammensetzen.

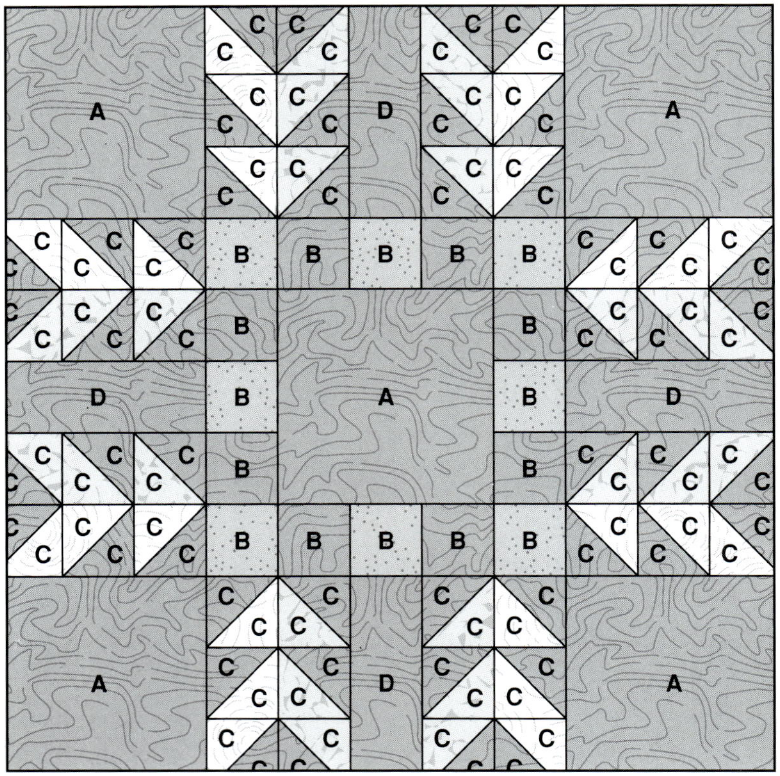

Texas Treasures

(Schätze von Texas)

A57 BBB-Einheiten nähen (4mal) und an die gegenüberliegenden Seiten des A-Mittelteils setzen. An die Enden der BBB-Einheiten je 1 weiteres B nähen (2mal) und an die anderen Seiten des Mittelteils setzen. CC-Einheiten nähen (48mal) immer sechs davon (2 quer, 3 längs) zusammenfügen (4mal normal, 4mal revers). Rechts und links an D 1 normale und 1 Revers-Einheit nähen (4mal). 2 dieser CDC-Segmente rechts und links an das Mittelteil anfügen. A-Teile an beide Enden der CDC-Segmente nähen (2mal), oben und unten an das Mittelteil ansetzen, um den Block zu vervollständigen.

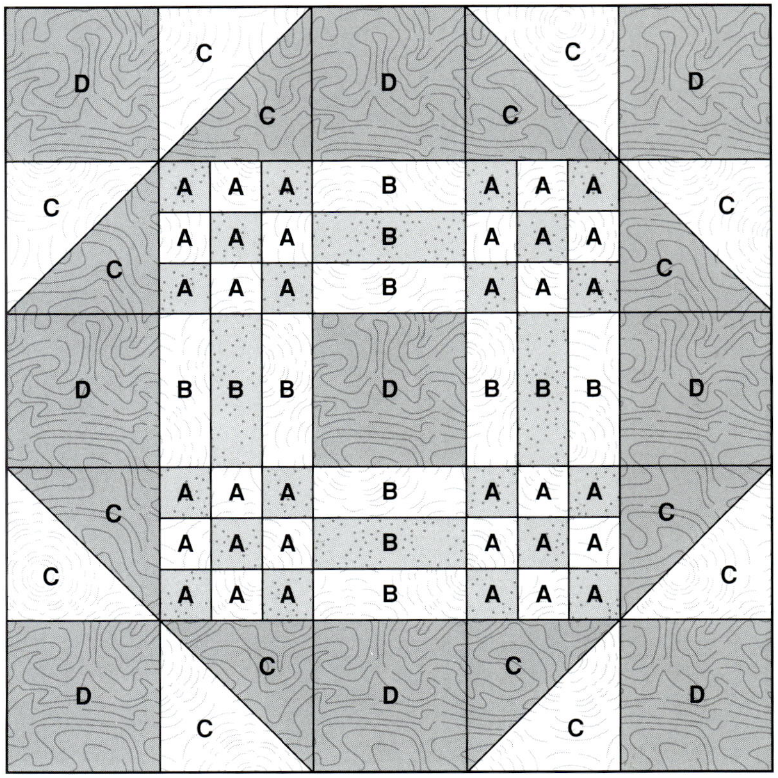

Goose in the Pond

(Gans im Teich)

A58 Aus den A-Teilen Neunerblöcke nähen (4mal). BBB-Einheiten nähen (4mal) und an 2 Seiten des D-Mittelteils setzen. An jedes Ende der B-Einheiten die A-Einheiten anfügen und an die beiden anderen Seiten des Mittelteils ansetzen. CC-Einheiten nähen (8mal). 2 CC-Einheiten an D nähen (4mal) und an die Mitteleinheit setzen. 1 D an jedes Ende der CDC-Abschnitte nähen (2mal) und an die restlichen Seiten des Mittelteils setzen.

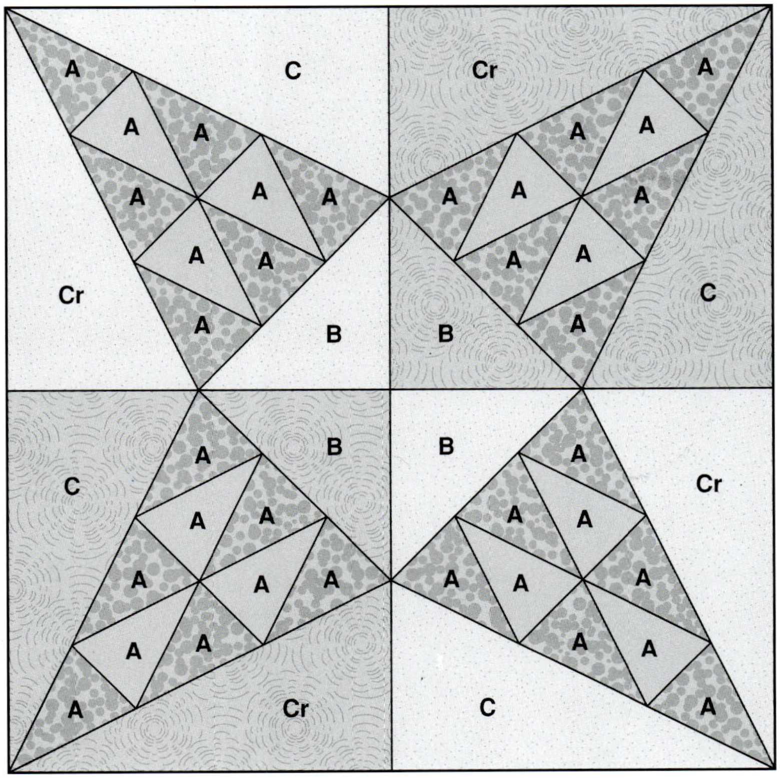

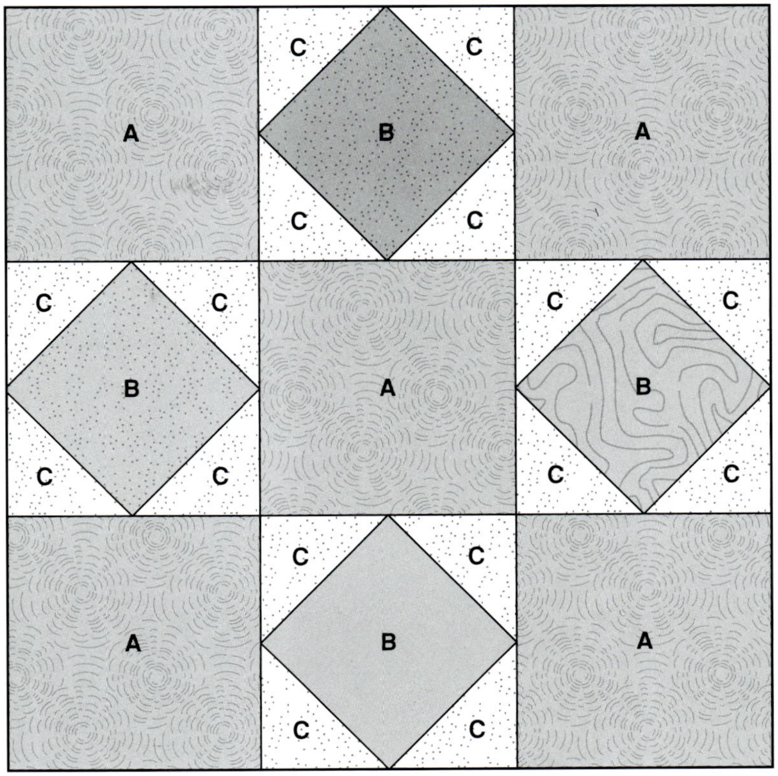

Rockingham's Beauty

(Schönheit von Rockingham)

A59 Nach Abbildung 5 A-Teile zu einer Reihe nähen, dann 1 Reihe aus 3 A-Teilen anfügen und als Spitze 1 einzelnes A. 1 B an die kurze Seite des A-Segments und je 1 C und Cr an die langen Seiten, damit sich 1 Quadrat ergibt. Arbeiten Sie 4 solcher Quadrate und setzen Sie diese zum Viererblock zusammen.

Star Cross

(Sternenkreuz)

A60 Je 1 C an die gegenüberliegenden Seiten von B nähen, dann die beiden restlichen Seiten von B anfügen (4mal). Die CB-Einheiten mit den A-Teilen zum Neunerblock verbinden.

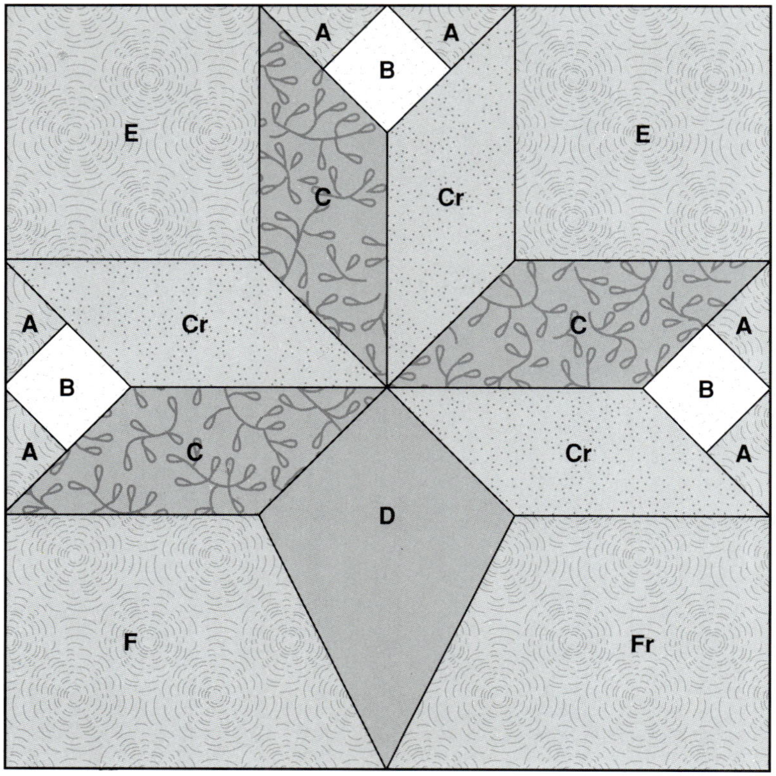

Cornucopia
(Füllhorn)

A61 A-Teile an 2 angrenzende Seiten von B nähen (3mal), C an Cr nähen und mit einer Y-Naht in die ABA-Einheiten einsetzen. 2 Einheiten zusammennähen, die dritte mit D verbinden und die beiden Segmente zusammensetzen. Die E-Teile mit Y-Nähten einsetzen, ebenso die F und Fr-Teile (lesen Sie auf Seite 309 die Tips über die Y-Naht).

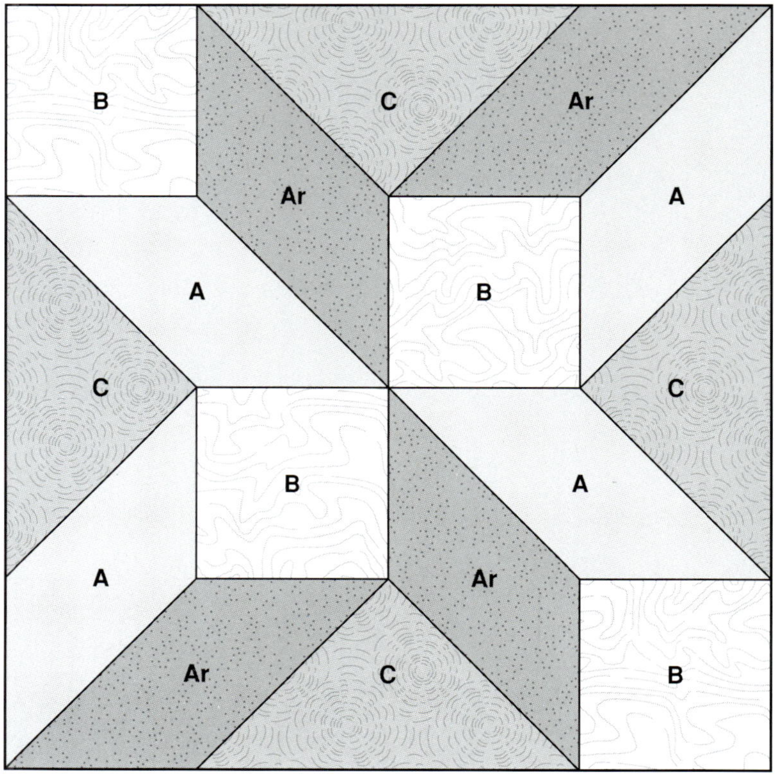

Cube Lattice
(Kreuzkraut)

A62 A an Ar nähen und B-Teil mit einer Y-Naht einsetzen (4mal). AArB-Einheiten wie abgebildet aneinandernähen und die C-Teile mit Y-Nähten einsetzen (lesen Sie auf Seite 309 die Tips über die Y-Naht).

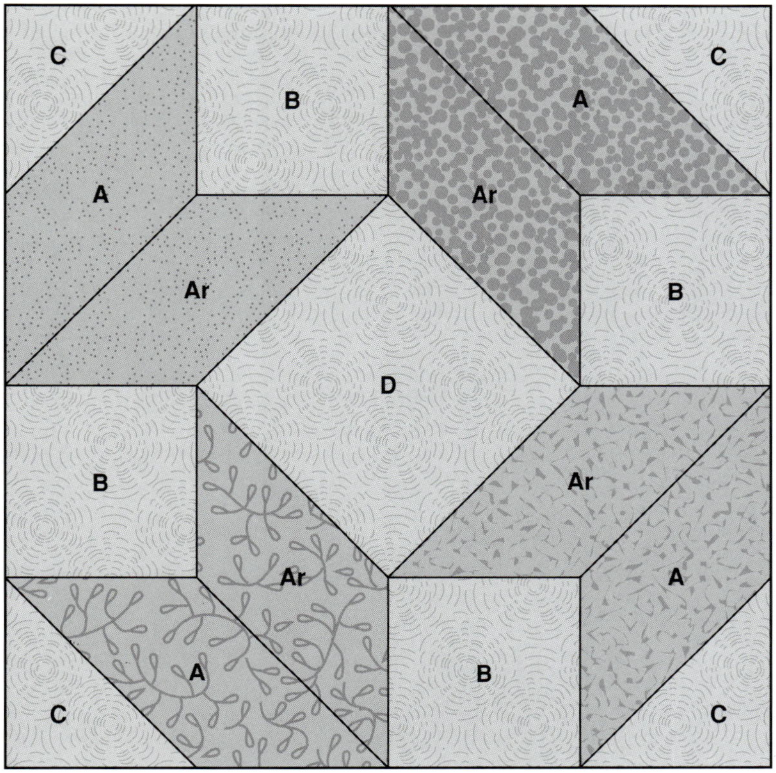

Bachelor's Puzzle

(Junggesellen-Puzzle)

A63 A und Ar zusammennähen und B mit einer Y-Naht einsetzen (4mal). C Teile an A nähen. AArBC-Einheiten an D anfügen und die ArB-Nähte schließen (lesen Sie auf Seite 309 die Tips über die Y-Naht).

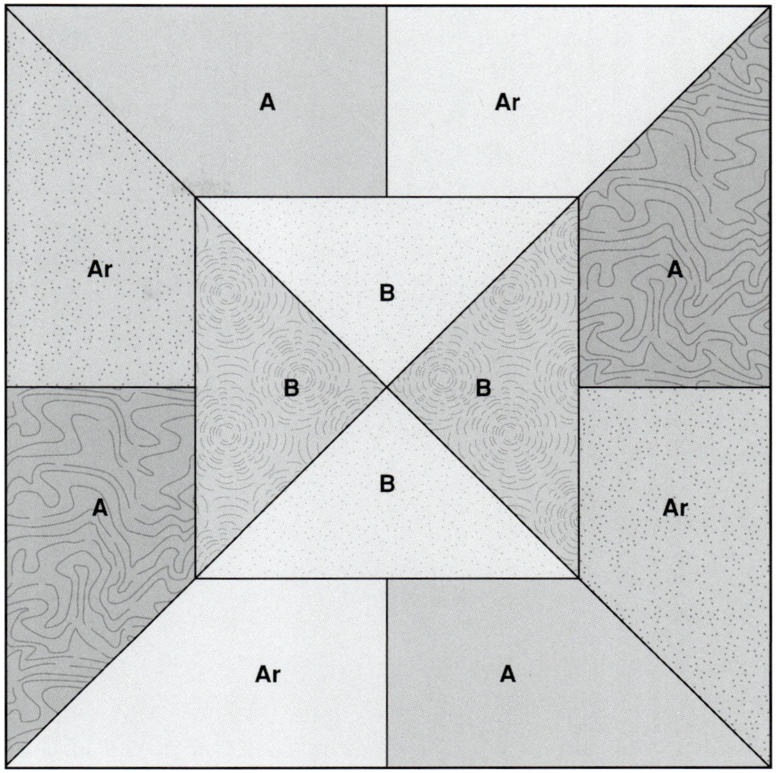

Geometrie

A64 A an Ar nähen und B anfügen (4mal). Die AArB-Einheiten zu Paaren zusammensetzen und dann die diagonale Mittelnaht schließen.

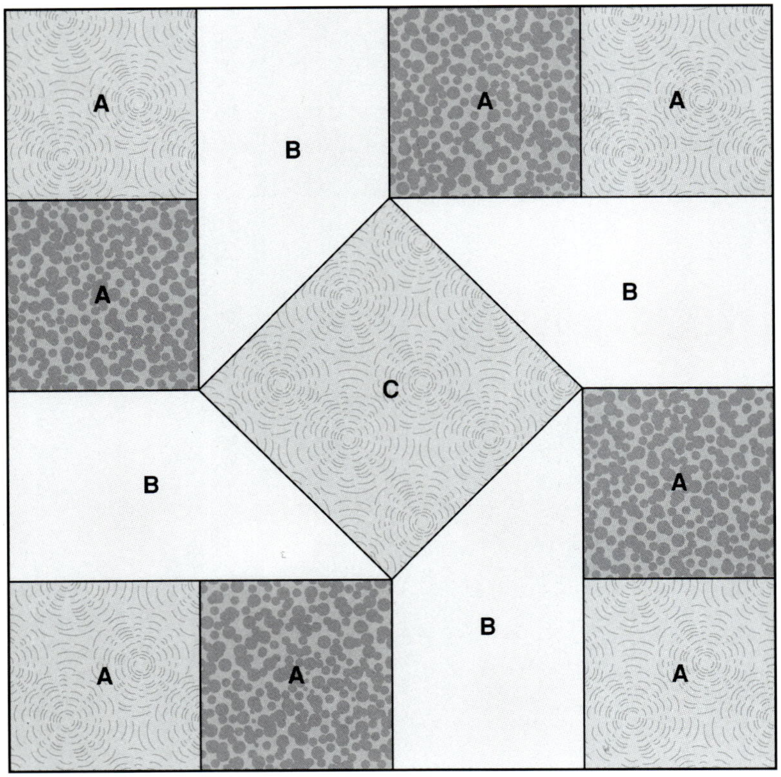

A65 AA-Einheiten nähen und B anfügen (4mal). Die AAB-Einheiten mit Y-Nähten an C nähen (lesen Sie auf Seite 309 die Tips über die Y-Naht).

Susannah

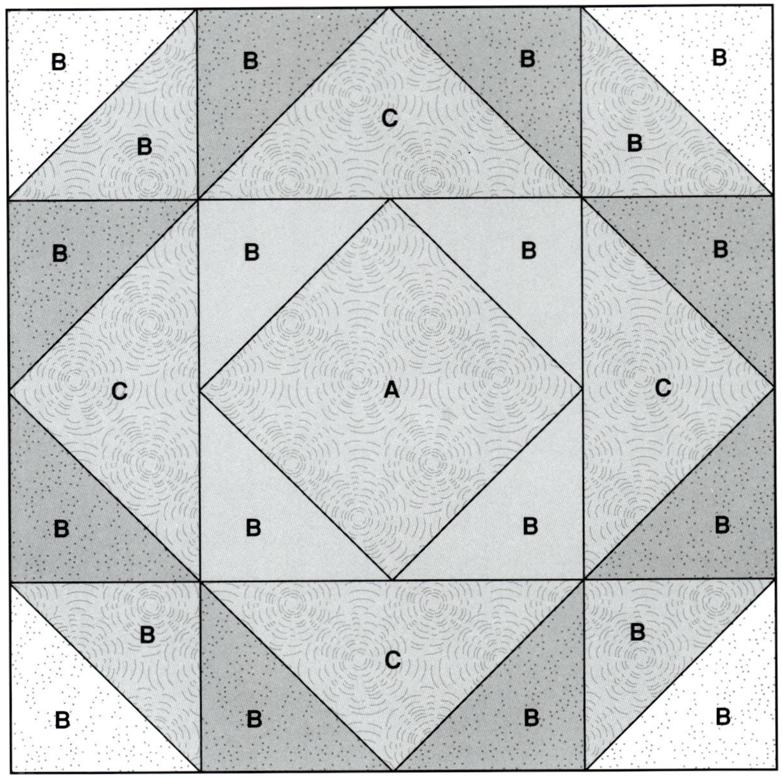

A66 B-Teile an 2 gegenüberliegende Seiten von A nähen, dann an die beiden anderen. BB-Einheiten (4mal) und BC-Einheiten nähen (4mal). Einheiten zu Reihen zusammensetzen und die Reihen zum Block zusammenfügen.

Mosaik

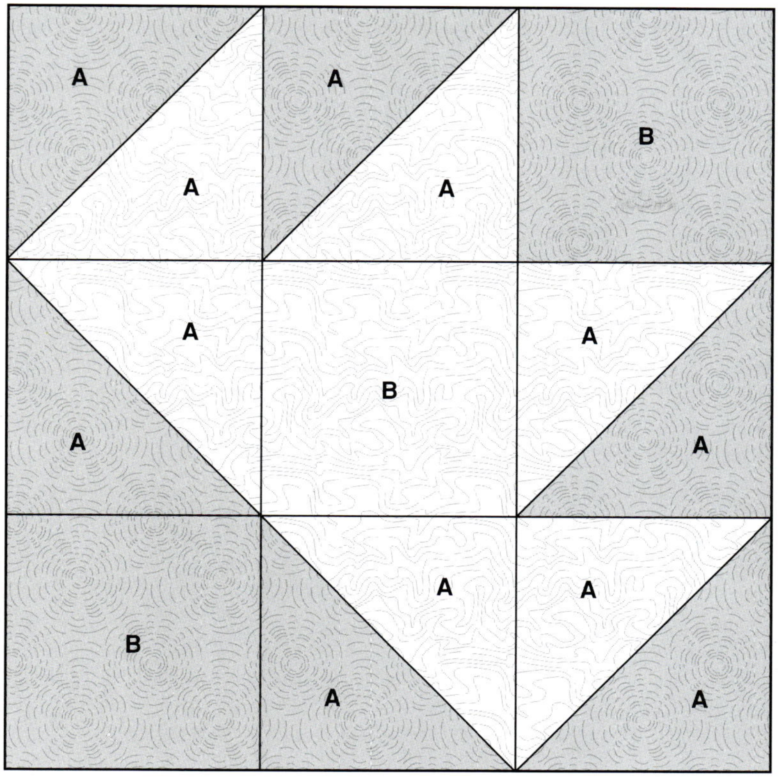

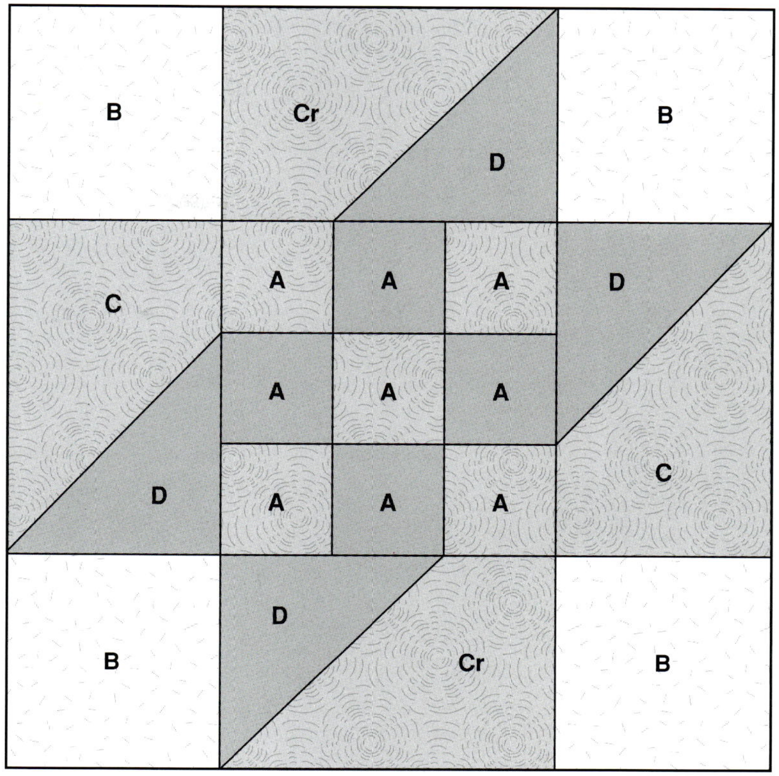

Maple Leaf Variation

(Ahornblatt-Variation)

A67 AA-Einheiten nähen (6mal). Zusammen mit den B-Teilen zu Reihen nähen und die Reihen zum Block zusammenfügen.

Shortcut to School

(Abkürzung zur Schule)

A68 Mit den A-Teilen den mittleren Neunerblock nähen (Tips zum Nähen von Vierer- und Neunerblöcken auf Seite 309). CD-Einheiten nähen (2mal) und an die gegenüberliegenden Seiten der Mitteleinheit ansetzen. CrD-Einheiten nähen und die B-Teile an jedes Ende anfügen (2mal). Die 3 Reihen zum Block zusammenfügen.

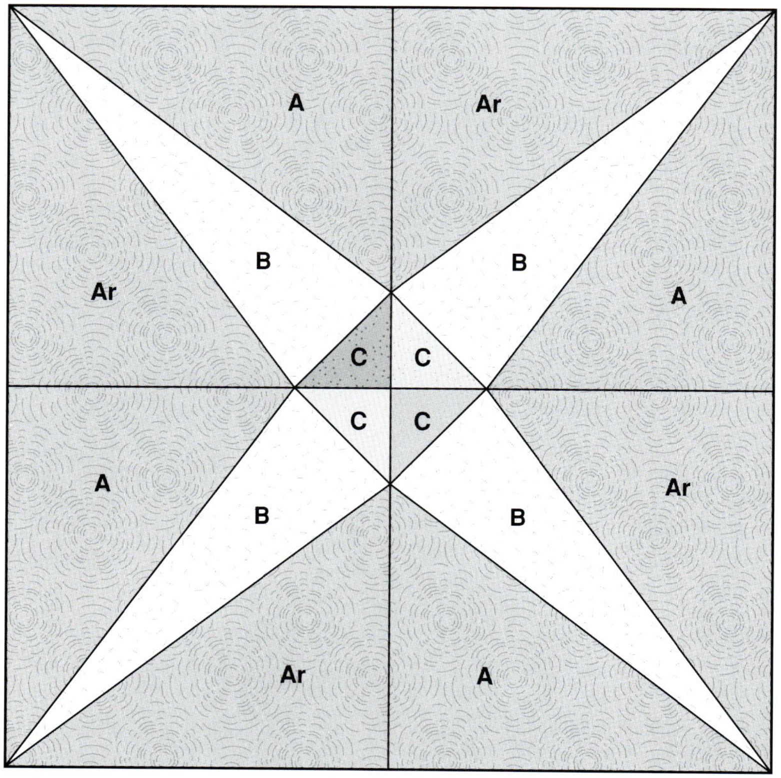

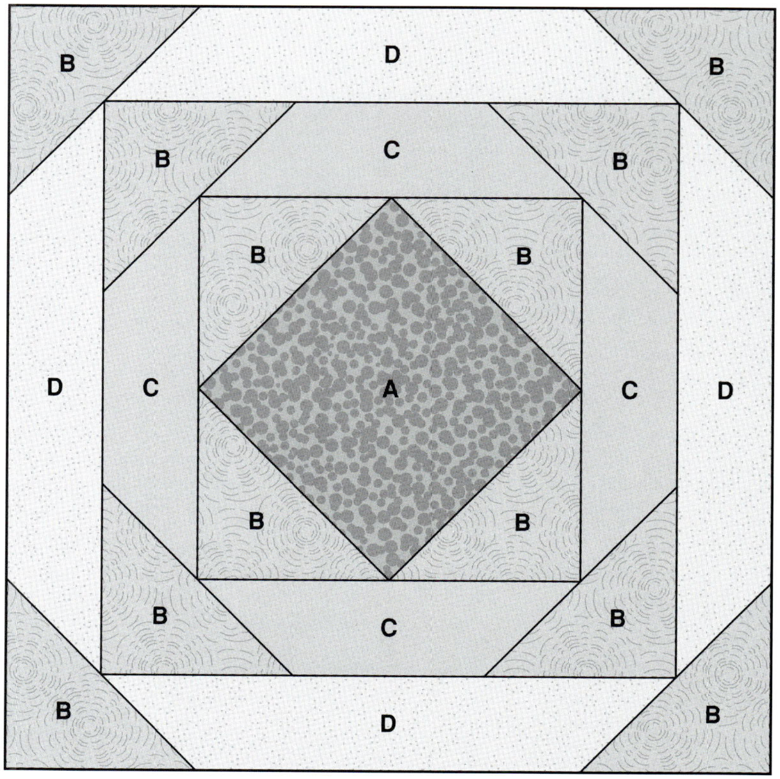

A69 C an B nähen, dann A und Ar anfügen (4mal). Diese 4 Einheiten zum Viererblock zusammennähen (Tips zum Nähen von Vierer- und Neunerblöcken auf Seite 309).

Tippecanoe
(Spitzes Kanu)

A70 2 B-Teile an die gegenüberliegenden Seiten des A-Quadrats nähen, dann 2 B an die beiden anderen Seiten. C-Teile an alle Seiten der ersten Einheit nähen und dann die B-Teile an alle Ecken setzen. A-Teile an alle Seiten des Mittelteiles, dann die B-Teile an die Ecken nähen, um den Block zu vervollständigen.

Amish Pineapple
(Amische Ananas)

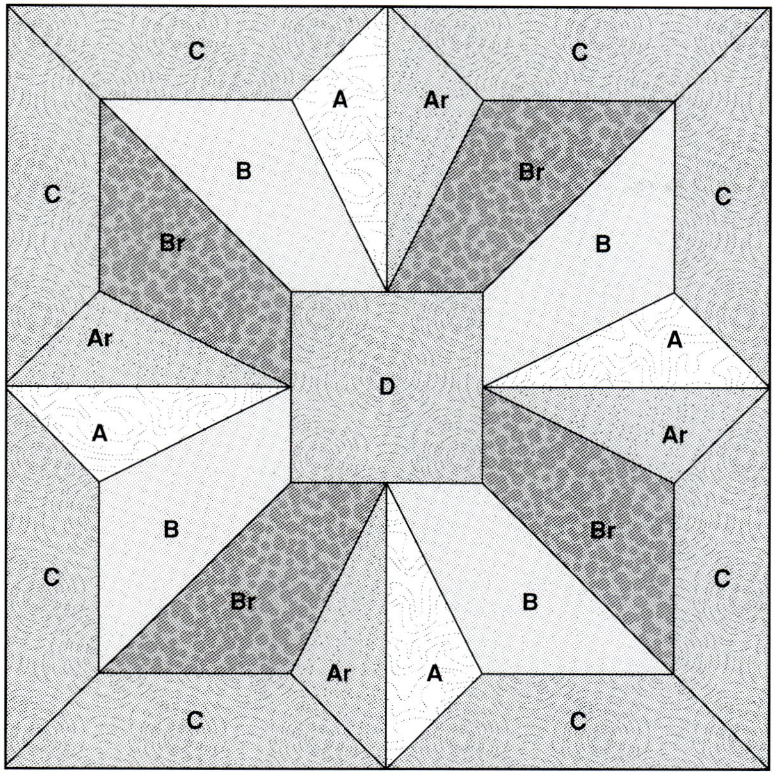

Facetten

A71 B- und C-Teile zusammennähen und A-Teile mit Y-Naht einsetzen (4mal). Dasselbe mit Br und C und dem Ar-Teil arbeiten (4mal). Die Einheiten entlang der AAr-Nähte zu Paaren zusammensetzen (4mal) und an D anfügen. Y-Nähte entlang BC und BrC nähen (lesen Sie auf Seite 309 die Tips über die Y-Naht).

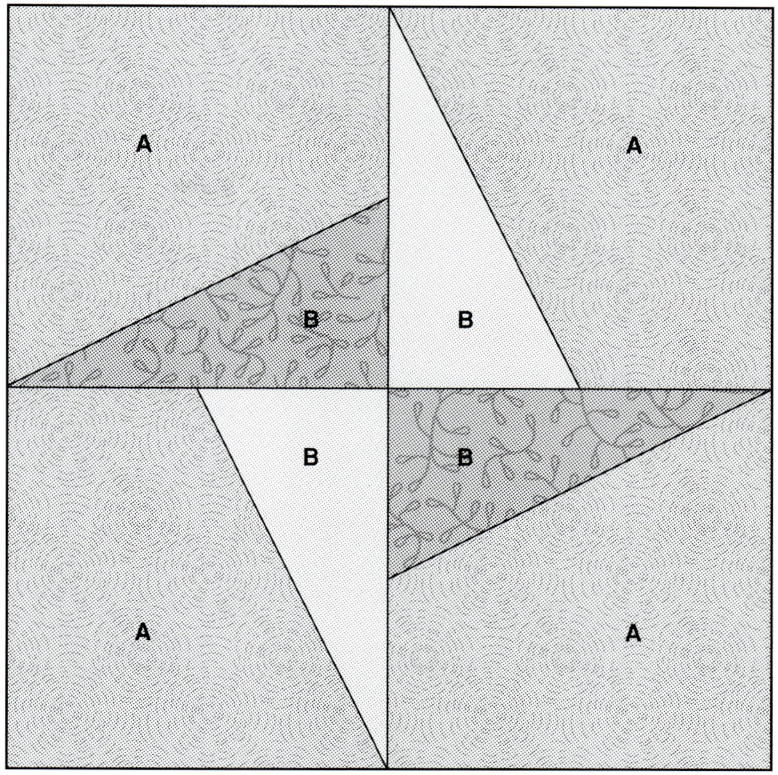

Spinning Star
(Rotierender Stern)

A72 AB-Einheiten nähen (4mal). Einheiten zu 2 Reihen und die Reihen zum Viererblock zusammenfügen.

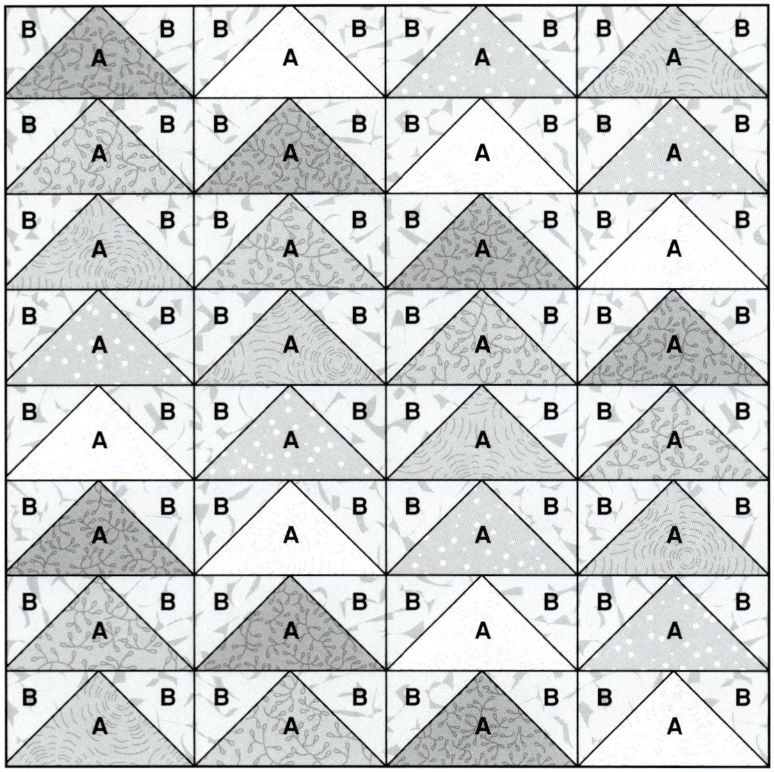

A73 BAB-Einheiten nähen (32mal) und in vertikalen Reihen zu je 8 Einheiten anordnen. Glückwunsch zum erfolgreichen Zusammensetzen von 96 Stoffteilen auf einem 4-Inch-Block!

Flying Geese
(Fliegende Wildgänse)

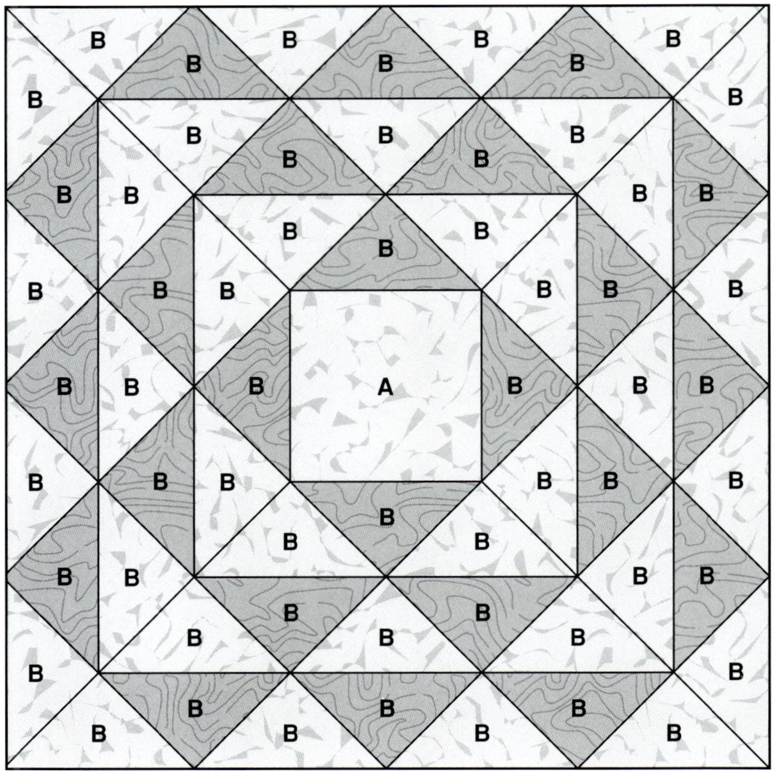

A74 BB-Quadrate nähen (20mal). 2 B-Teile an die gegenüberliegenden von A setzen und 2 B an die anderen Seiten. Den Block in diagonalen Reihen aufbauen. BB-Quadrate und B-Teile wie abgebildet aneinandernähen.

Ocean Waves
(Ozeanwellen)

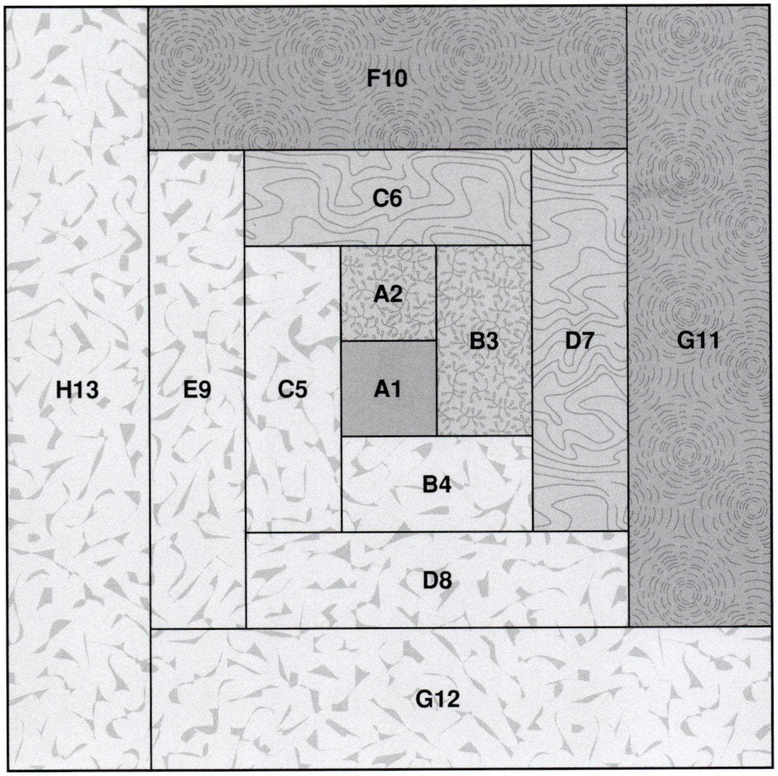

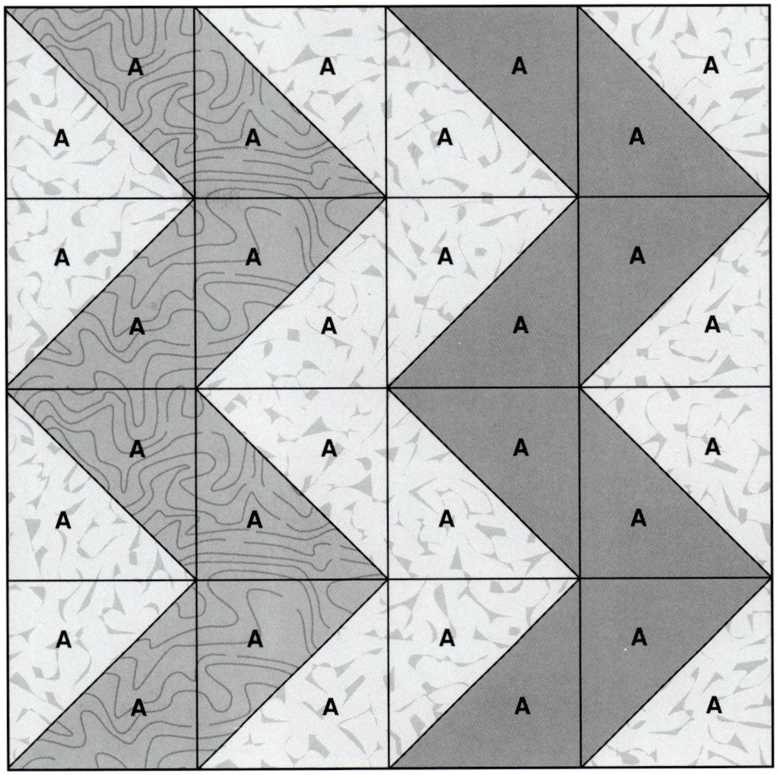

A75 Bei diesem Block tragen die Schablonen Nummern, die die Reihenfolge beim Nähen angeben. Beginnen Sie im Zentrum (A1), dann A2 ansetzen, dann B3 usw. bis H13.

Log Cabin
(Blockhaus)

A76 AA-Einheiten nähen (16mal). Die Einheiten zu Reihen und die Reihen zum Block zusammenfügen.

Streak of Lightning
(Blitzstrahl)

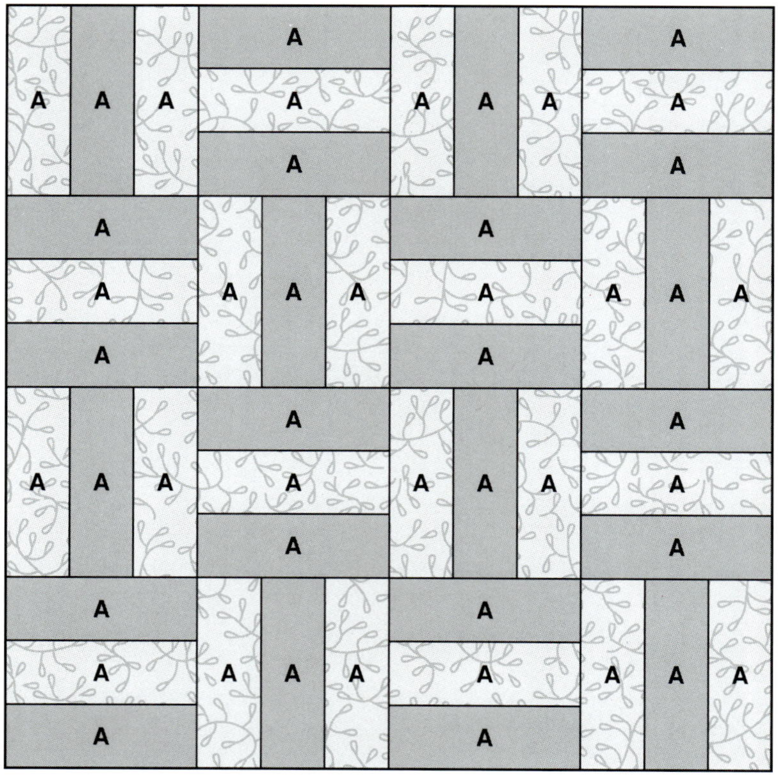

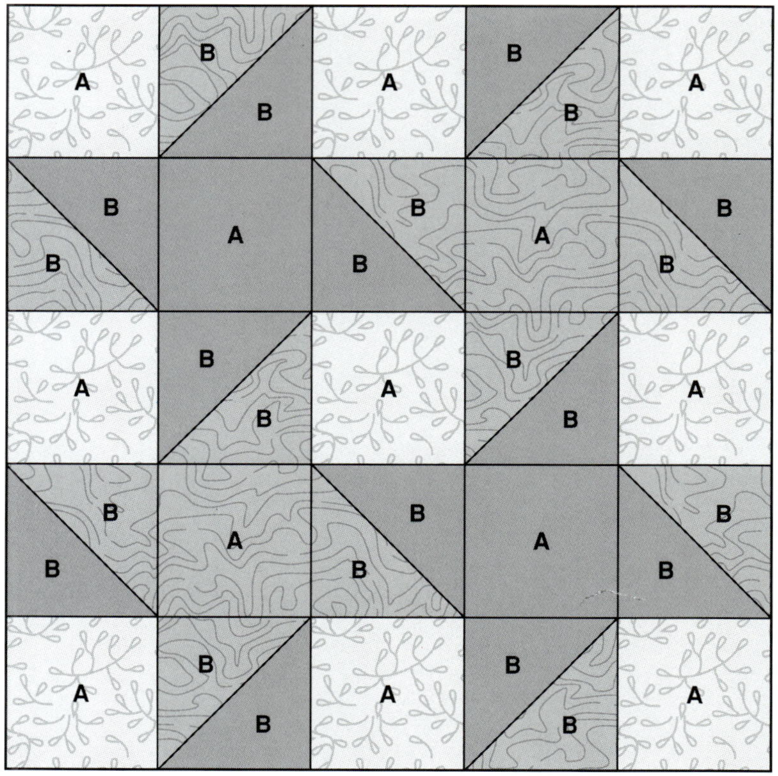

A77 Dieser Block kann genäht werden, indem man 3 Streifen aneinandersetzt, diese zu Quadraten schneidet und dann zusammennäht. Oder man näht die Teile einzeln mit der A-Schablone: AAA-Einheiten nähen (16mal). Einheiten zu Reihen anordnen und dann die Reihen zum Block zusammenfügen.

Basket Weave
(Korbgeflecht)

A78 BB-Einheiten nähen (12mal). Die BB-Einheiten mit den A-Teilen zu 5 Reihen zusammensetzen. Die Reihen zum Block zusammenfügen.

Milky Way
(Milchstraße)

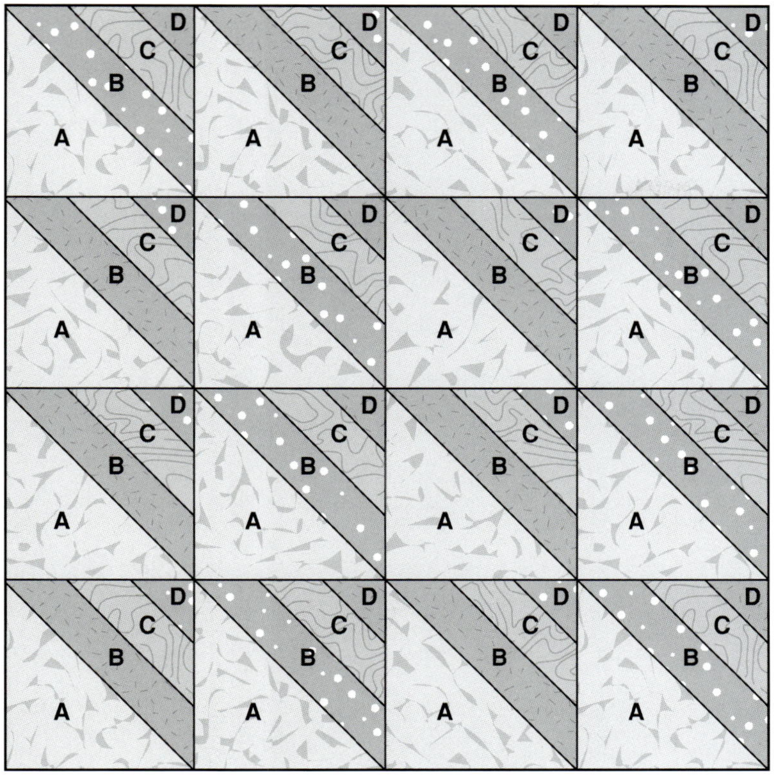

Roman Stripes

(Römische Streifen)

A79 Dieser Block kann aus den 4 angegebenen Schablonen genäht werden. Einfacher ist es, 4 Streifen zusammenzunähen und davon 16 Quadrate zu schneiden, indem man die Quadratschablone auf den genähten Streifen legt. Die 16 genähten Quadrate zu Reihen zusammensetzen, dann die Reihen zum Block zusammenfügen.

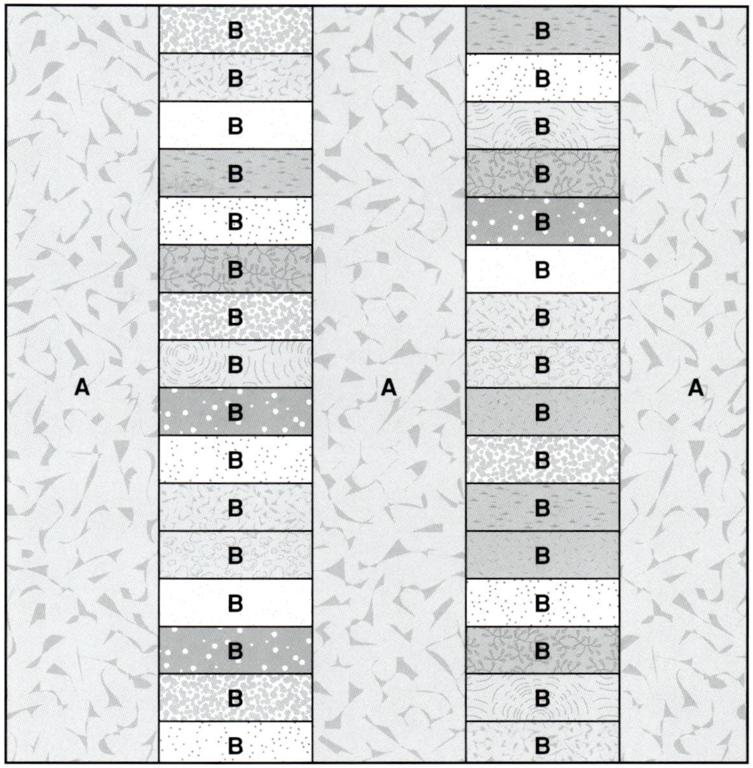

Chinese Coins

(Chinesische Münzen)

A80 Auch dieser Block kann entweder mit den einzelnen Schablonen oder aus Stoffstreifen genäht werden. Nähen Sie 2 vertikale Reihen aus je 16 B-Teilen. Zusammen mit den A-Teilen zum kompletten Block verbinden.

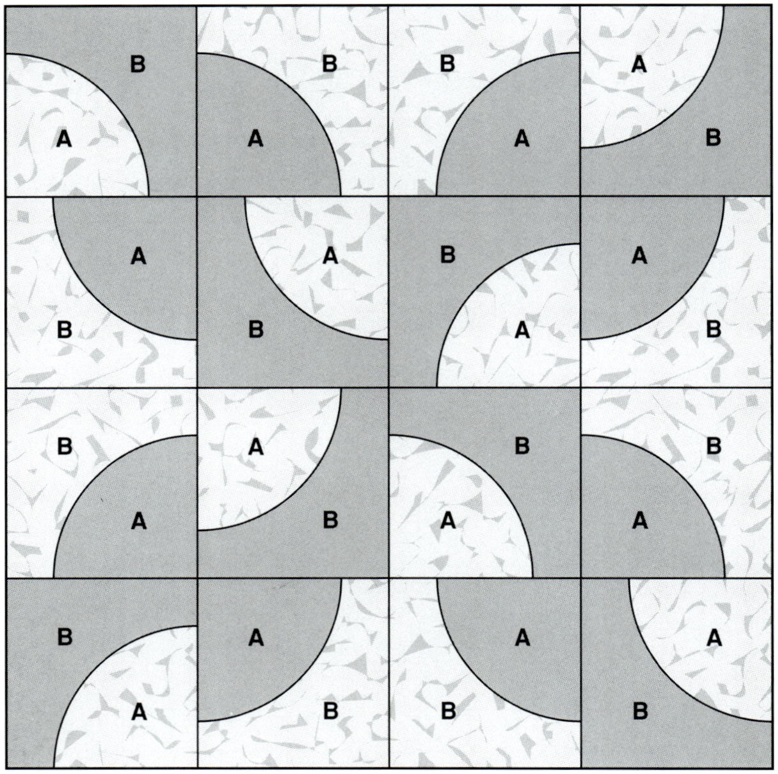

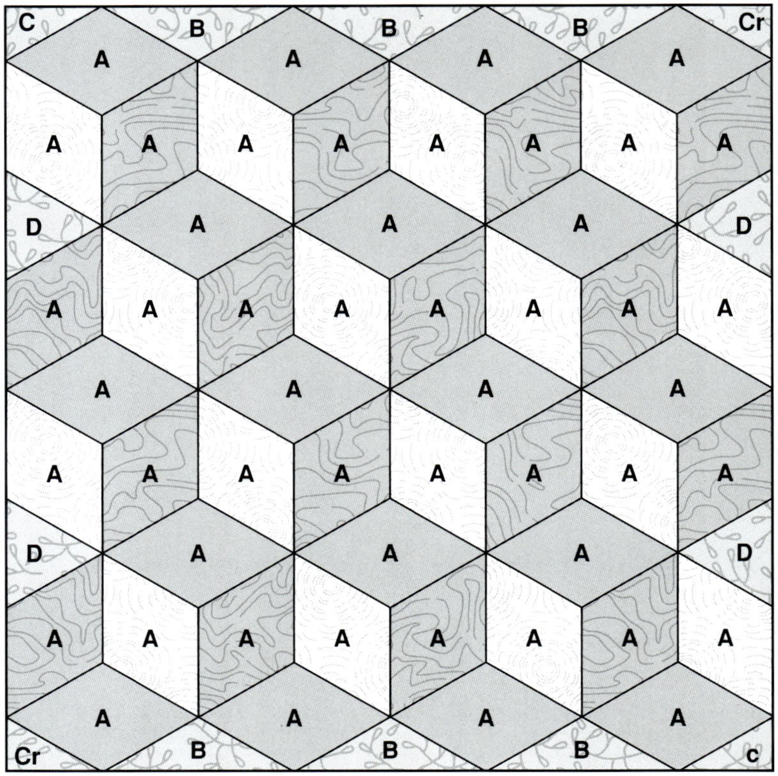

Drunkard's Path

(Weg des Betrunkenen)

A81 16 AB-Einheiten nähen (siehe auch Seite 309 über die Kurvennähte). Die AB-Einheiten zu Reihen und die Reihen zum Block zusammenfügen.

Tumbling Blocks

(Würfel, Klötze)

A82 Dieser Block wird in horizontalen Reihen zusammengesetzt. Machen Sie zuerst 14 komplette Würfel (AAA-Einheiten) und orientieren Sie sich dabei an der Abbildung (lesen Sie auf Seite 309 die Tips über die Y-Naht). Nähen Sie auch die Würfelteile (AB) und setzen Sie sie an die Enden der Reihen. Einheiten zu Reihen nähen und dann die Reihen aneinandersetzen, wobei Sie jeweils um die Ecken der Würfel immer weiternähen.

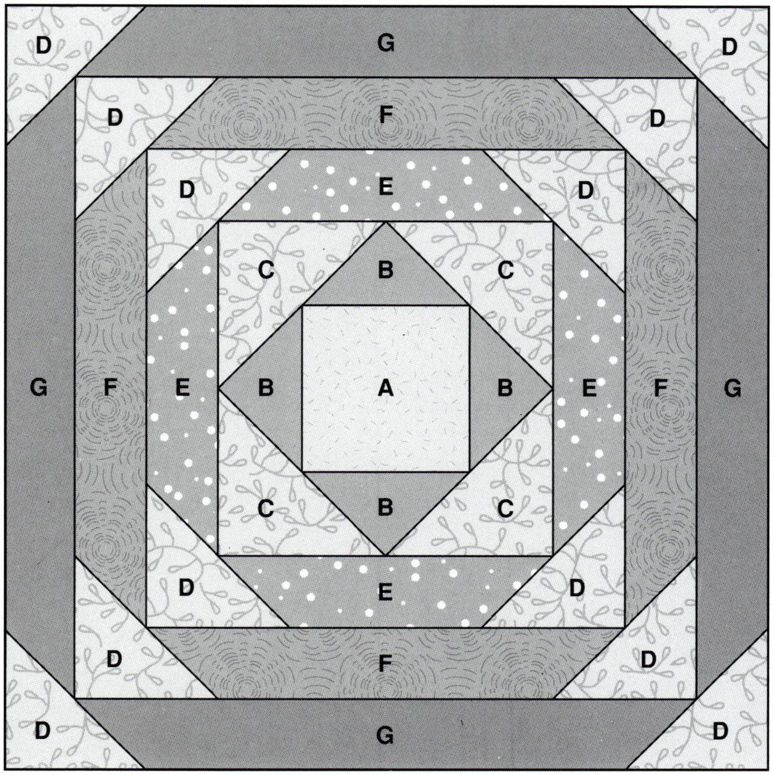

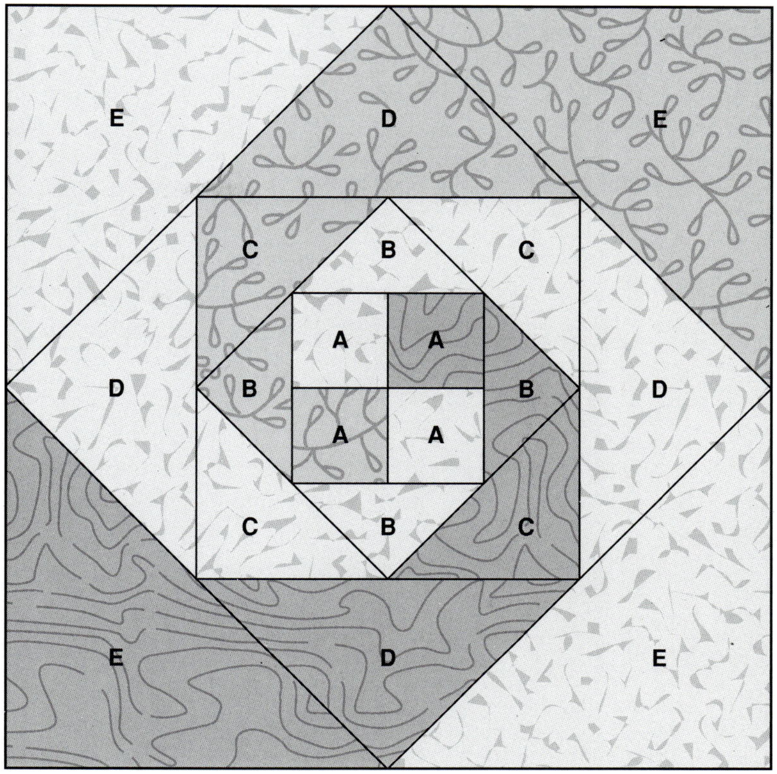

Pineapple
(Ananas)

A83 In der Mitte beginnen. B-Teile an die gegenüberliegenden Seiten von A nähen, dann 2 B-Teile an die beiden anderen Seiten nähen. In gleicher Weise C-Teile an die AB-Einheit setzen. E-Teile und die ABC-Einheit nähen und die D-Eckteile anfügen. F-Teile und D-Ecken annähen und zum Schluß die G-Teile und die letzen 4 D-Ecken anfügen.

Snail's Trail
(Schneckenspur)

A84 In der Mitte beginnen und mit den A-Teilen einen Viererblock nähen (Tips zum Nähen von Vierer- und Neunerblöcken auf Seite 309). An 2 gegenüberliegenden Seiten die B-Teile anfügen, dann an den beiden anderen Seiten. Genauso die C-Teile, die D-Teile und zum Schluß die E-Teile annähen.

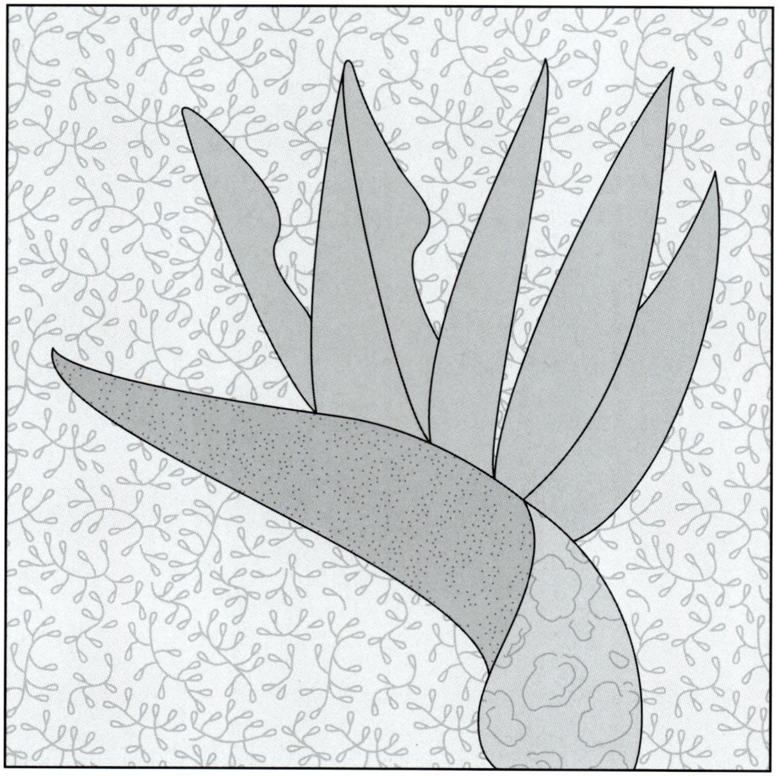

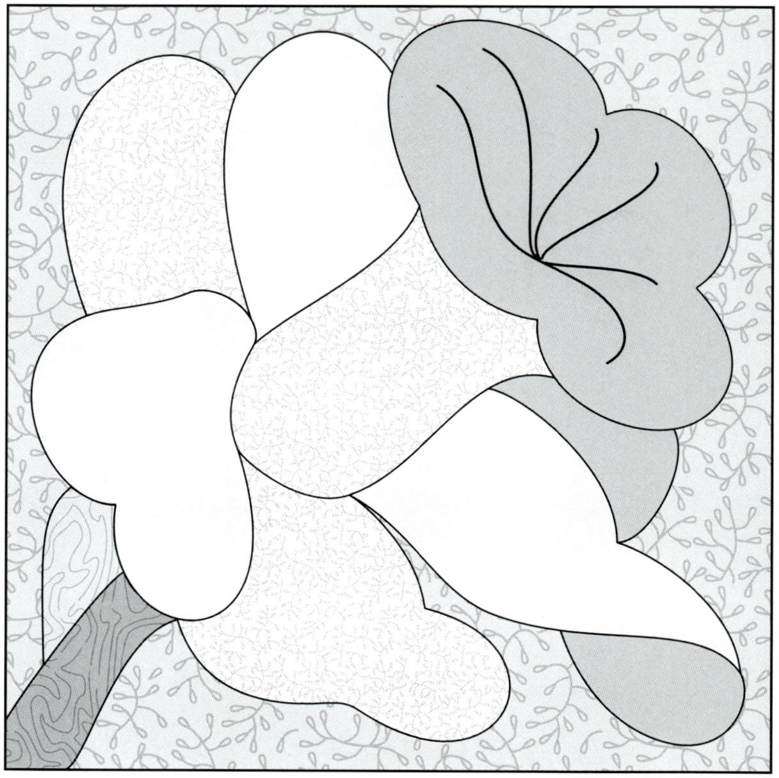

B1 4 in (10 cm) großes Quadrat plus Nahtzugabe aus Hintergrundstoff schneiden. Blüte darauf applizieren (lesen Sie auf Seite 308 über die Applikationstechnik).

Paradiesvogelblume
(Strelizie)

B2 Osterglocke auf den Hintergrundstoff applizieren. Die Linien auf der Blütentrompete mit Stielstich sticken.

Osterglocke

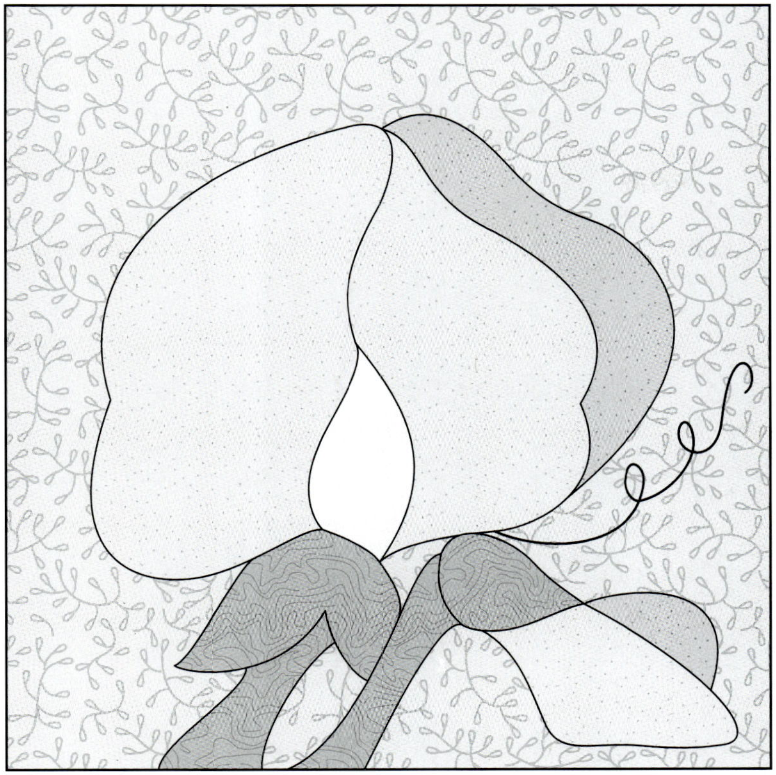

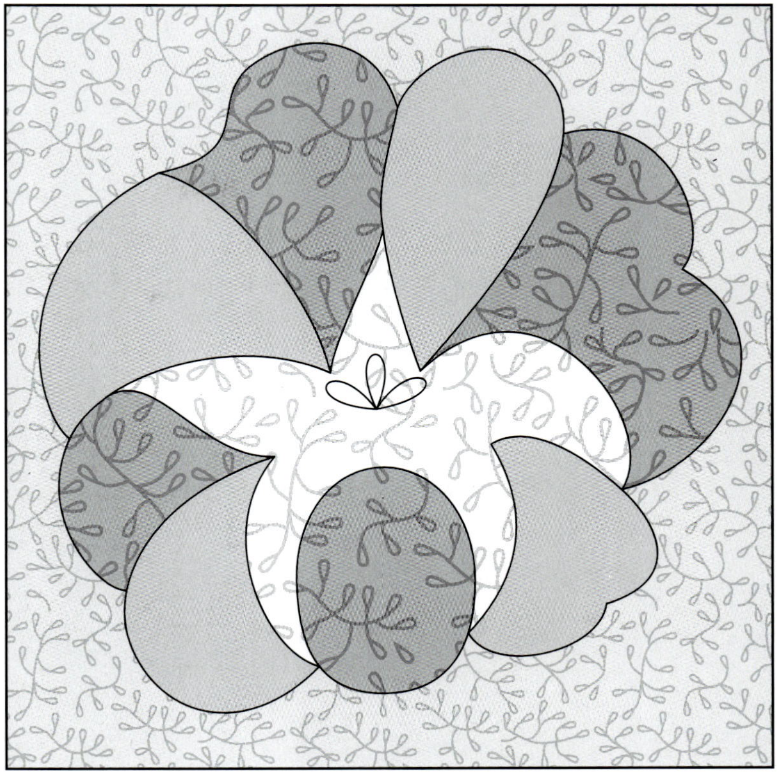

B3 Blüte und Stiele auf den Hintergrundstoff applizieren. Die kleine Ranke mit Stielstich oder Rückstich sticken.

Wicke

B4 Am einfachsten setzt man bei dieser Blume die Blütenblätter rings um den mittleren Stern. Die kleinen gelben Staubgefäße sind gestickt.

Purpurwinde

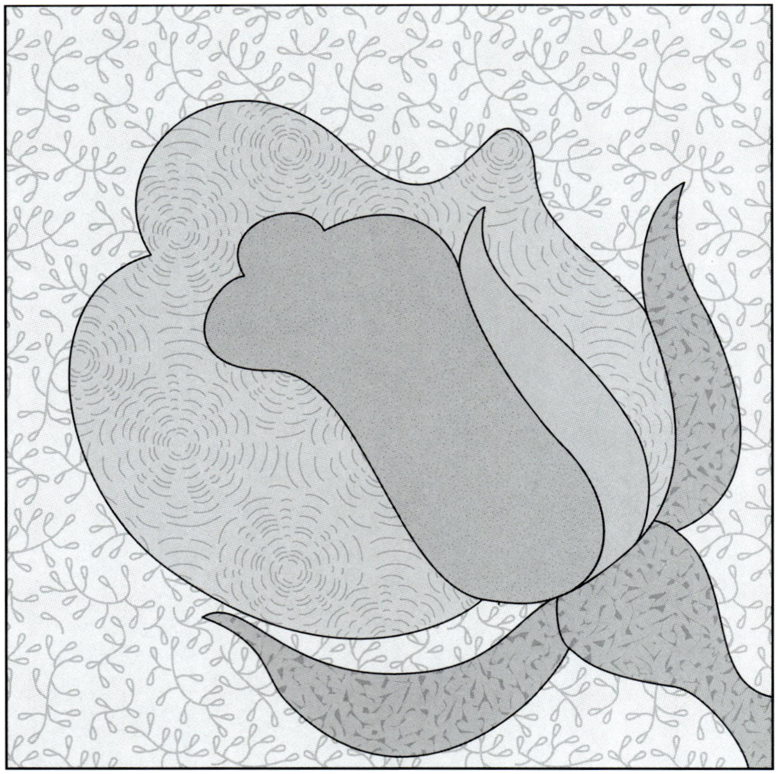

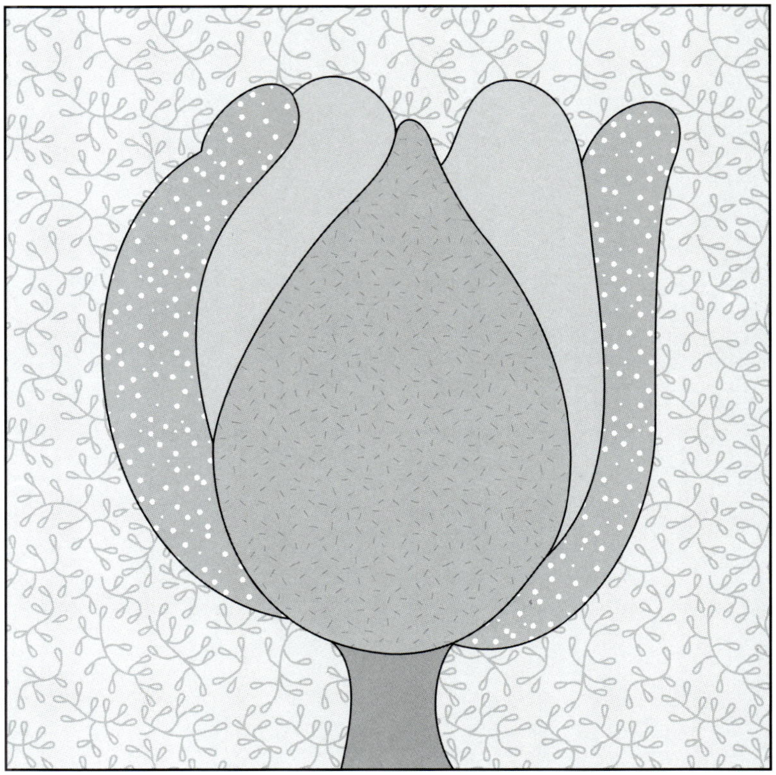

B5 4 in (10 cm) großes Quadrat plus Nahtzugabe aus Hintergrundstoff schneiden. Rose darauf applizieren (lesen Sie auf Seite 308 über die Applikationstechnik).

Rose

B6 Stiel und Tulpenblätter auf den Hintergrundstoff applizieren.

Tulpe

Applikation

B7 Die Stiefmütterchenblätter auf den Hintergrundstoff applizieren und die dunklen Linien aufsticken.

Stiefmütterchen 1

B8 Das Blatt und die Blüten auf den Hintergrundstoff applizieren. Die Adern der Blätter mit Stielstich und die Staubgefäße der Blüten mit Knötchenstich arbeiten.

Geranie

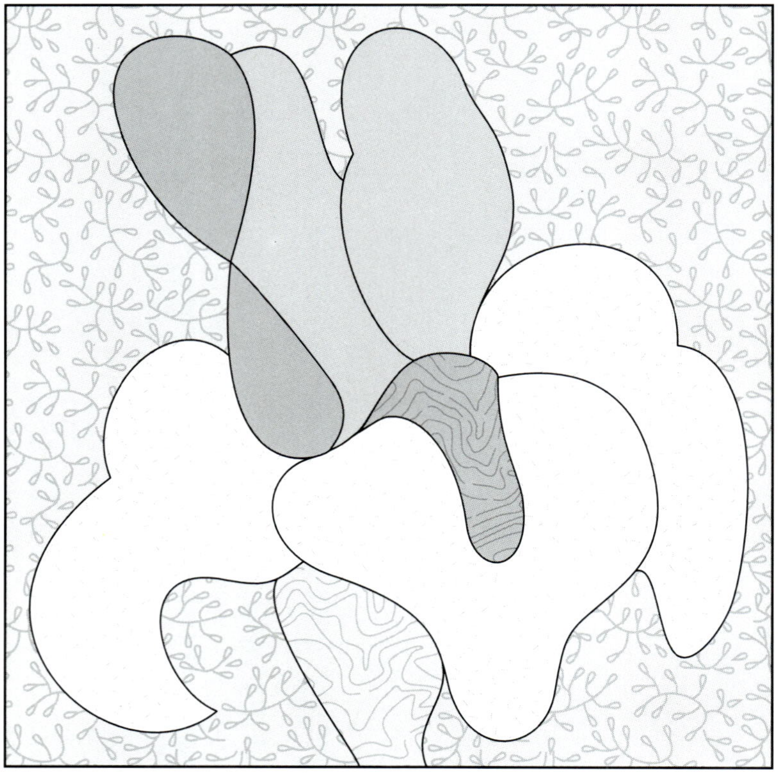

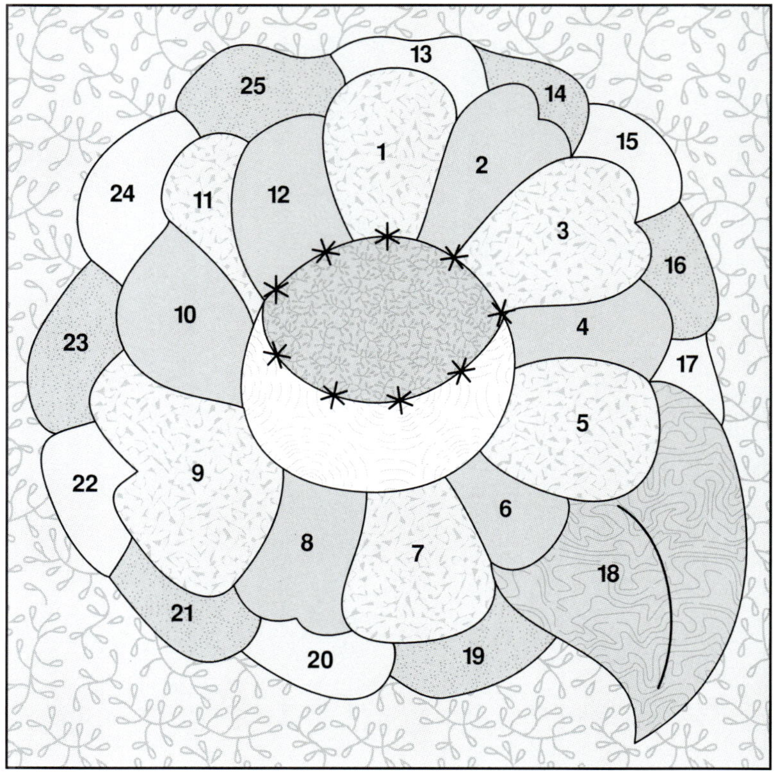

Schwertlilie

B9 4 in (10 cm) großes Quadrat plus Nahtzugabe aus Hintergrundstoff schneiden. Die Iris auf das Hintergrundquadrat applizieren (lesen Sie auf Seite 308 über die Applikationstechnik).

Zinnie

B10 Als Arbeitserleichterung für diese Blume haben wir die Schablonen in der Reihenfolge des Nähens numeriert. Zuerst die beiden Teile im Zentrum zusammensetzen und beiseite legen. Danach die inneren Blütenblätter (1–12) nähen und die Mitte daraufsetzen. Dann den äußeren Kranz von Blütenblättern und Blatt (13–25) auf den Hintergrundstoff applizieren und darauf den inneren Blütenkranz und das Zentrum. Sticken Sie die kleinen Sternchen mit geraden Sticken um das Zentrum.

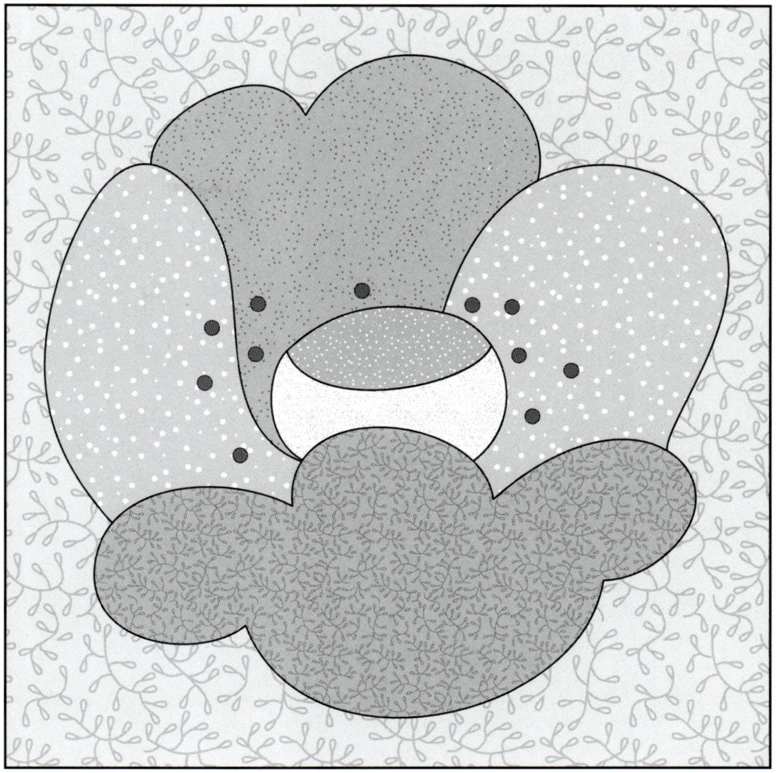

Schnee-glöckchen

B11 Der Stiel des Schneeglöckchens kann aus 1 Schrägstreifen geformt werden (siehe Seite 308 über das Arbeiten mit schräggeschnittenen Schläuchen und Seite 309 über die Applikationstechnik).

Mohn

B12 Applizieren Sie die Blütenblätter und das Zentrum auf den Hintergrundstoff und arbeiten Sie die kleinen Punkte mit Knötchenstich.

B13 4 in (10 cm) großes Quadrat plus Nahtzugabe aus Hintergrundstoff schneiden. Applizieren Sie die Margeritenblättchen und das Zentrum auf den Block. Die kleinen Pünktchen um die Mitte sind mit Knötchenstich gestaltet.

Margerite

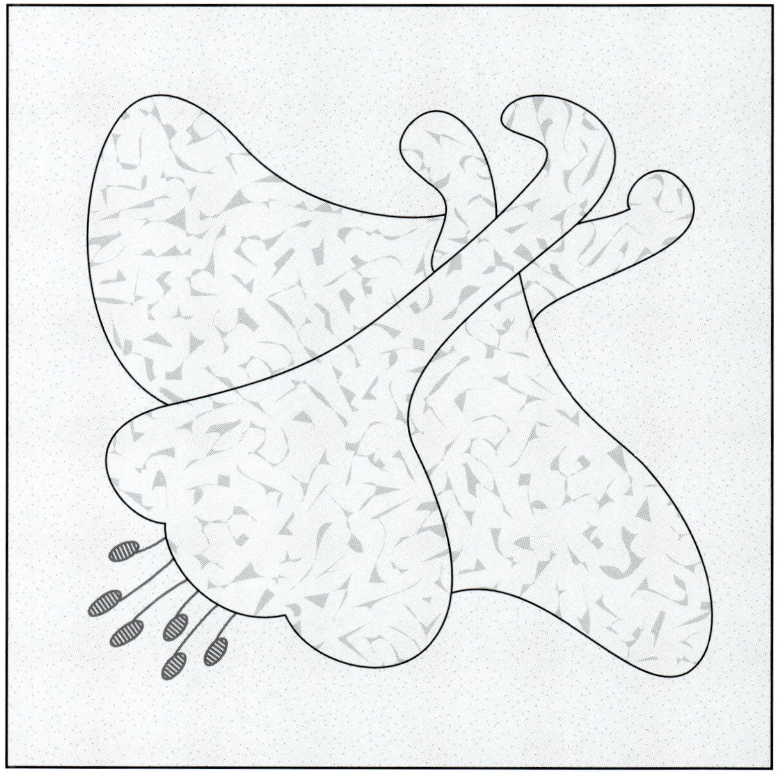

B14 Applizieren Sie die Blüte auf den Hintergrundstoff (lesen Sie auf Seite 308 über die Applikationstechnik). Verzierung aus Stielstich und kleinen Satinstichen arbeiten.

Akelei

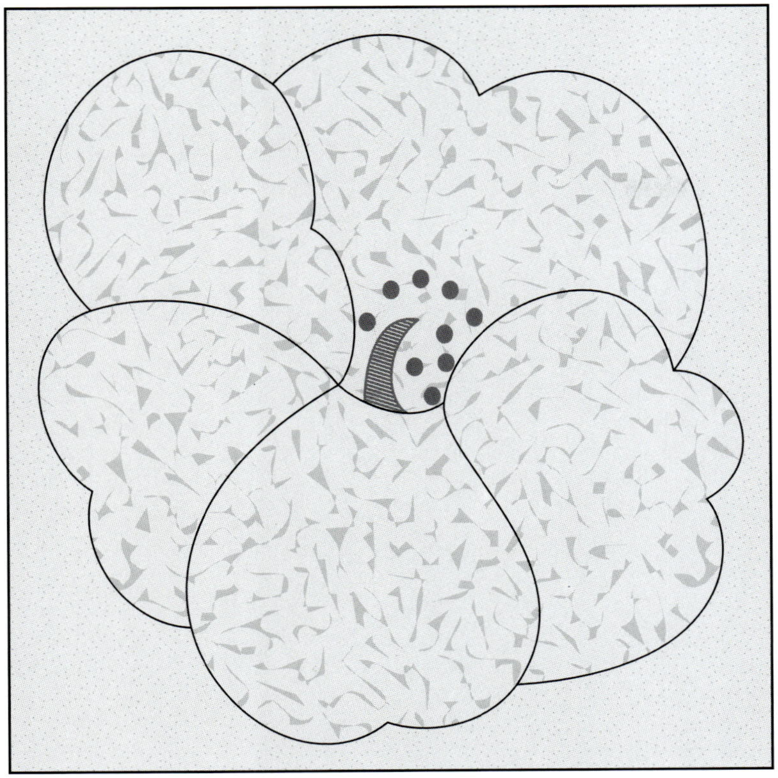

Hibiscus

B15 Blütenblätter applizieren. Der Stempel im Zentrum wird mit Satinstich gestickt, die Staubgefäße mit Knötchenstich.

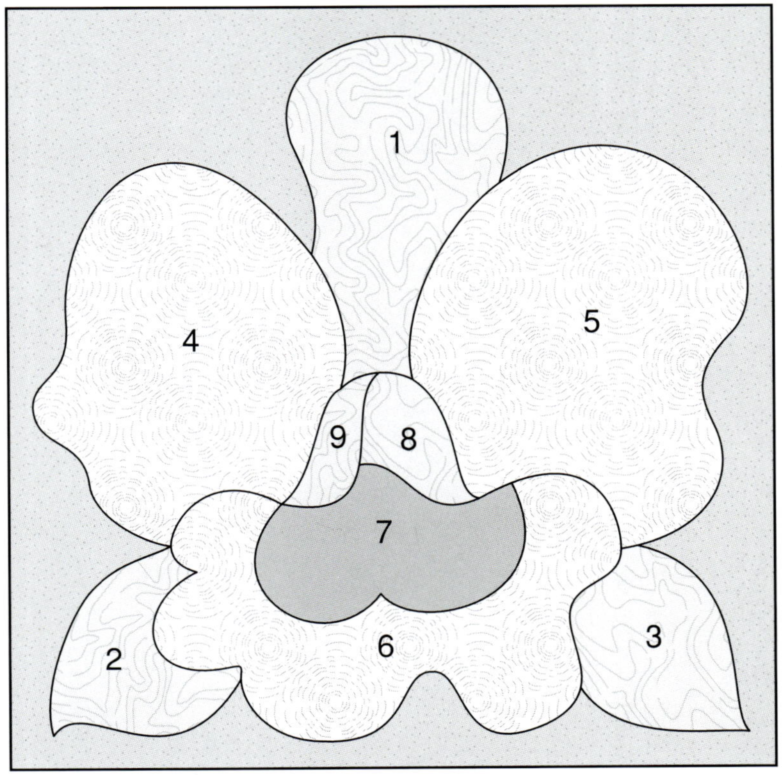

Orchidee

B16 Applizieren Sie die zarte Orchidee in der angegebenen Reihenfolge auf den Hintergrundstoff. Bei Teil 1 beginnen.

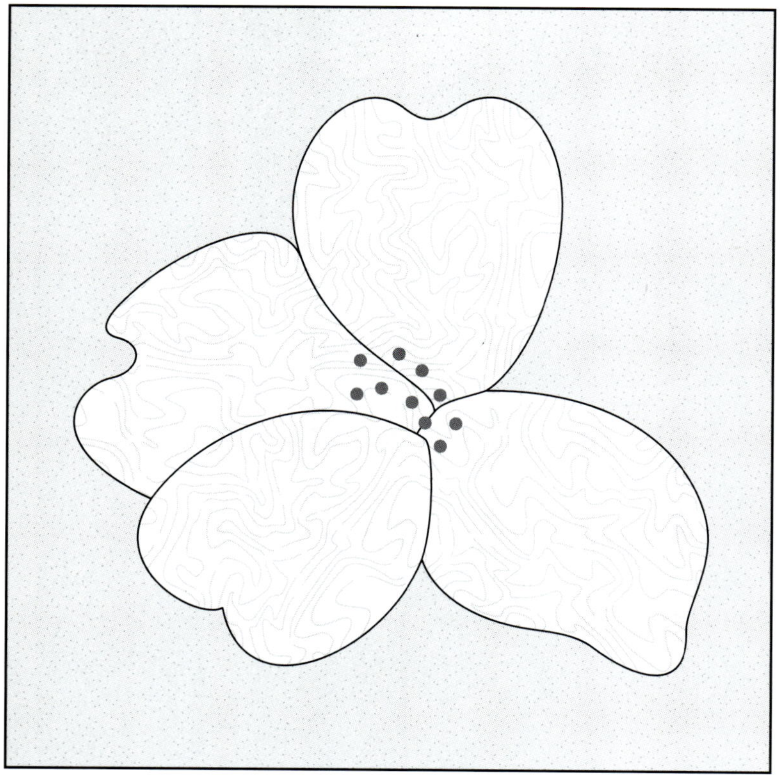

B17 4 in (10 cm) großes Quadrat plus Nahtzugabe aus Hintergrundstoff schneiden. Applizieren Sie die Dogwood-Blütenblätter auf das Hintergrundquadrat (zur Applikation siehe Seite 308). Die kleinen Pünktchen der Staubgefäße mit Knötchenstich arbeiten.

Dogwood
(Hartriegel)

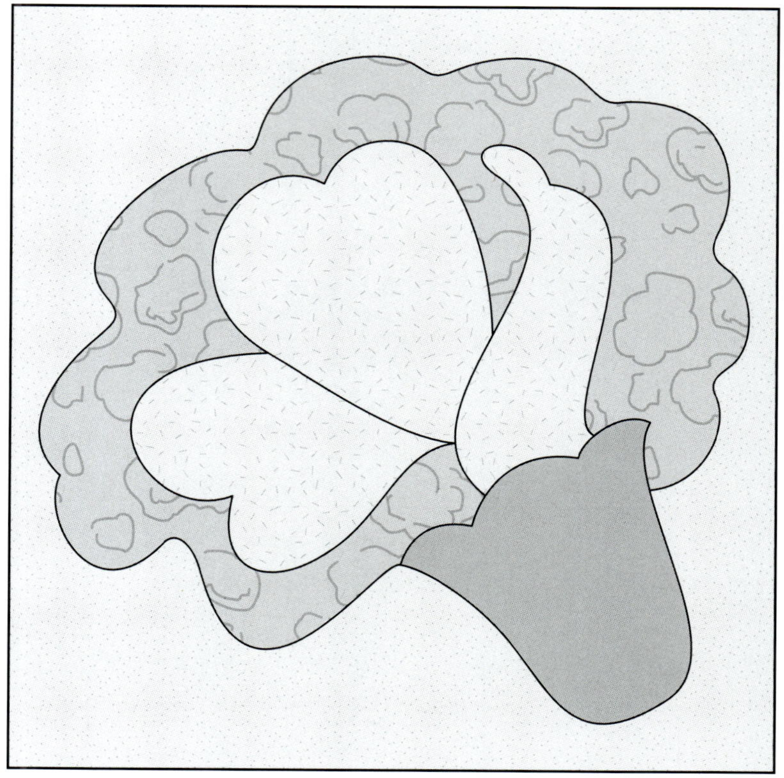

B18 Blüte auf den Hintergrundstoff applizieren. Wählen Sie für die Blütenblätter zwei ähnliche Schattierungen einer Farbe, dies wirkt am zartesten.

Nelke

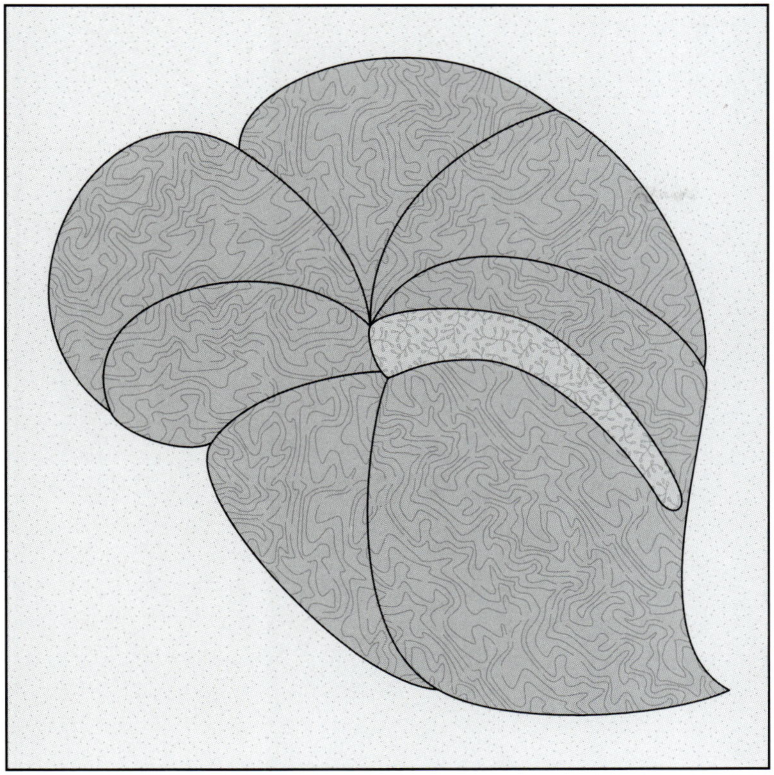

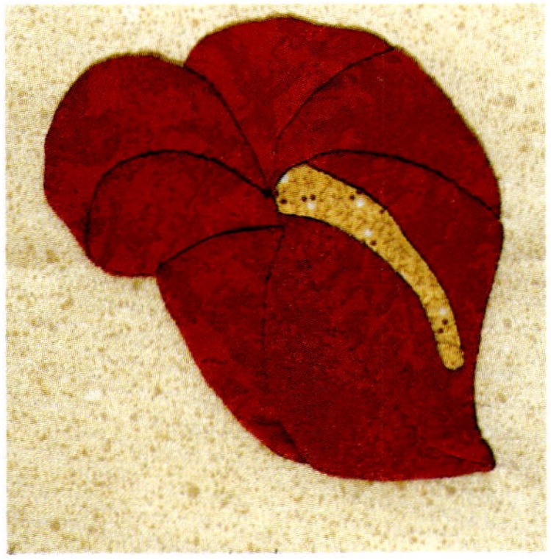

B19 Blüte auf den Hintergrund applizieren. Es ist wichtig, alle Blütenteile einzeln zu schneiden, auch wenn derselbe Stoff verwendet wird, denn dadurch wirkt das Blatt plastisch.

Anthurie

B20 Blüte auf den Hintergrundstoff applizieren und die Staubgefäße sticken.

Fuchsie

B21 Die Blütenblätter zuerst applizieren, dann das Zentrum. In der Blütenmitte wird mit Stielstich gearbeitet.

Bartnelke

B22 Blütenblätter und Zentrum auf den Hintergrundstoff applizieren. Sticken Sie eine doppelte Reihe von Knötchenstichen um das Zentrum.

Aster

Applikation

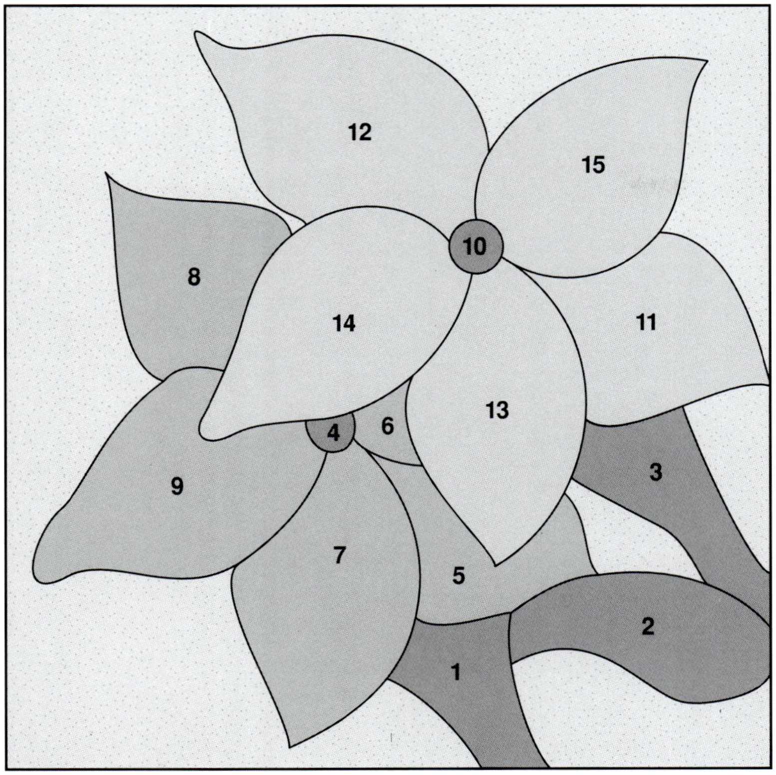

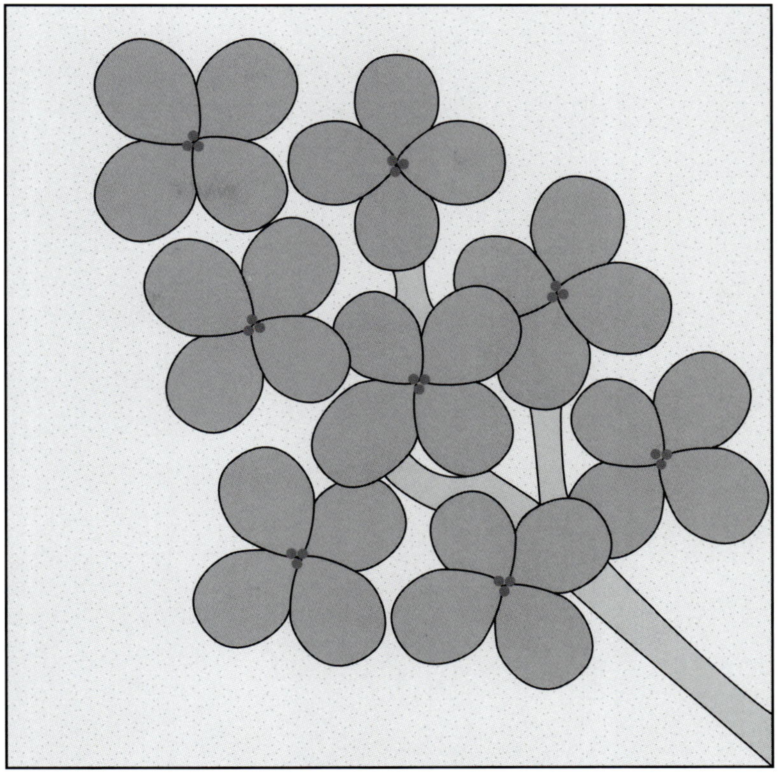

Jasmin

B23 Applizieren Sie die Blüten in der oben angegebenen Reihenfolge von 1–15 auf den Hintergrundstoff.

Flieder

B24 4 in (10 cm) großes Quadrat plus Nahtzugabe aus Hintergrundstoff schneiden. Applizieren Sie Stiel und Blüten an ihren Platz und sticken Sie die kleinen Staubgefäße mit Knötchenstich.

B25 Blätter und Blüten an ihren Platz applizieren. Sticken Sie die Blattadern und die Staubgefäße wie abgebildet.

Veilchen

B26 Applizieren Sie die Teile an ihren Platz. Besticken Sie jedes Blütenblatt mit gelbem Satinstich, Knospe und Blütenzentrum mit Margeritenstich.

Roter Sonnenhut

Indian Paintbrush

B27 Die Teile auf den Hintergrundstoff applizieren (lesen Sie auf Seite 308 über die Applikationstechnik).

Sonnenblume

B28 Wenn Sie für die Mitte einen einfarbigen Stoff verwenden, so besticken Sie ihn mit Margeritenstich, damit der Eindruck von Sonnenblumenkernen entsteht.

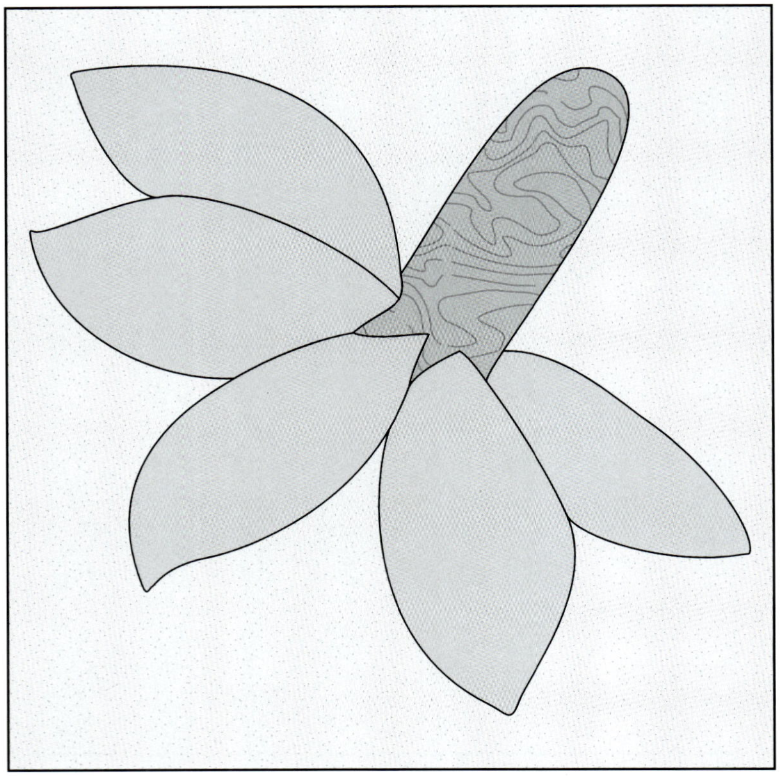

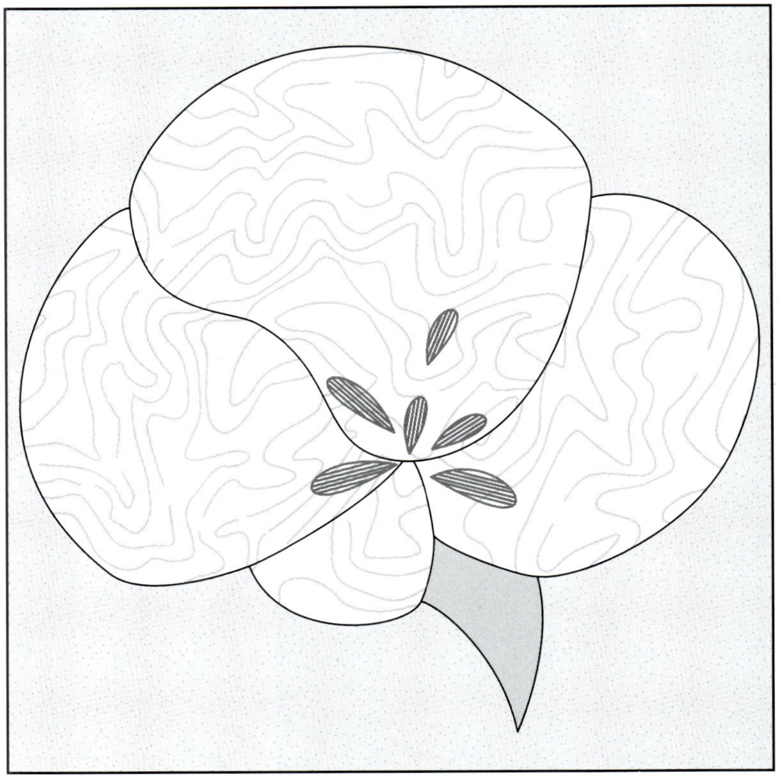

B29 4 in (10 cm) großes Quadrat plus Nahtzugabe aus Hintergrundstoff schneiden. Alle Stoffteile an ihren Platz applizieren.

Gelber Sonnenhut

B30 Applizieren Sie das Blatt und die Blütenblätter an ihren Platz und besticken Sie die Mitte mit Satinstich.

Nachtkerze

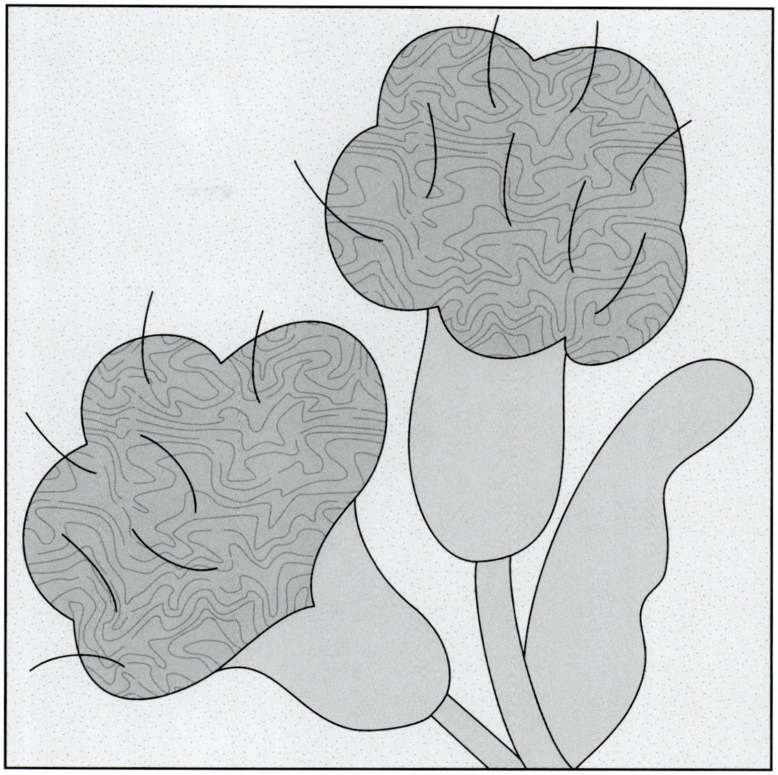

Trauben-hyazinthe

B31 Wählen Sie klare, leuchtende Blautöne für diese „Nationalblume“ des Staates Texas.

Distel

B32 Der einmalige marmorierte Stoff, den wir für diese Distelblüte verwendeten, bedurfte keiner weiteren Verzierung. Wenn Sie einfarbigen Stoff benutzen, sticken Sie wie abgebildet mit Stielstich einige Linien auf.

B33 4 in (10 cm) großes Quadrat plus Nahtzugabe aus Hintergrundstoff schneiden. Verwenden Sie Knötchenstich für die Mitte.

Dreimasterblume

B34 Applizieren Sie die zarte Blüte. Mit Stielstich die kleinen Staubgefäße sticken und an jedes Ende einen Knötchenstich arbeiten.

Gelbe Nachtkerze

Blauer Phlox

B35 Formen Sie die Stiele aus Schrägstreifen (siehe Seite 308 über das Arbeiten mit Schrägstreifenschläuchen und Seite 309 über die Applikationstechnik). Alle Teile an ihren Platz applizieren.

Türkenbundlilie

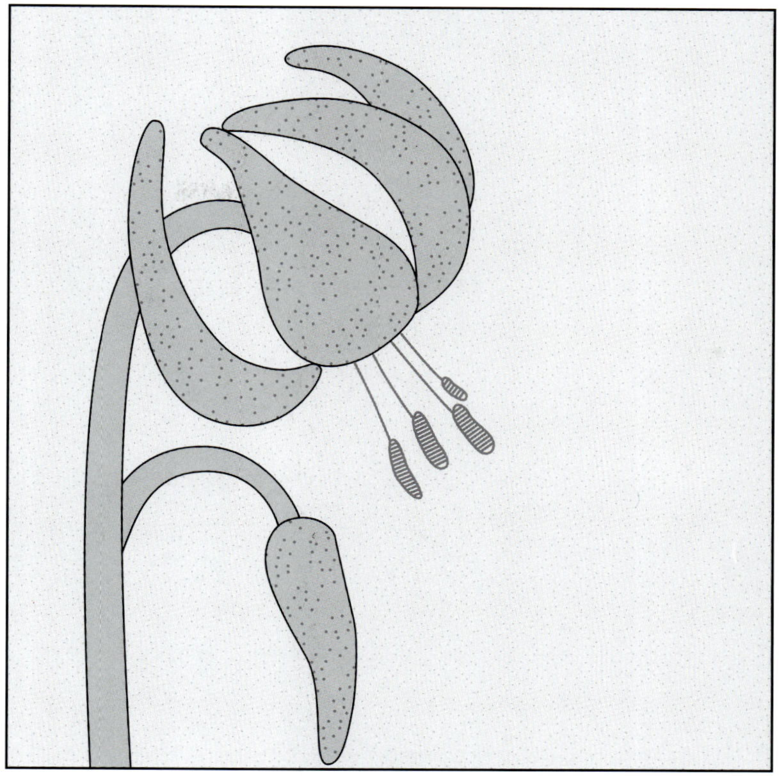

B36 4 in (10 cm) großes Quadrat plus Nahtzugabe aus Hintergrundstoff schneiden. Verwenden Sie Schrägstreifen für die Stiele. Applizieren Sie die Blüten an ihren Platz und sticken Sie die Staubgefäße mit Stielstich und Satinstich.

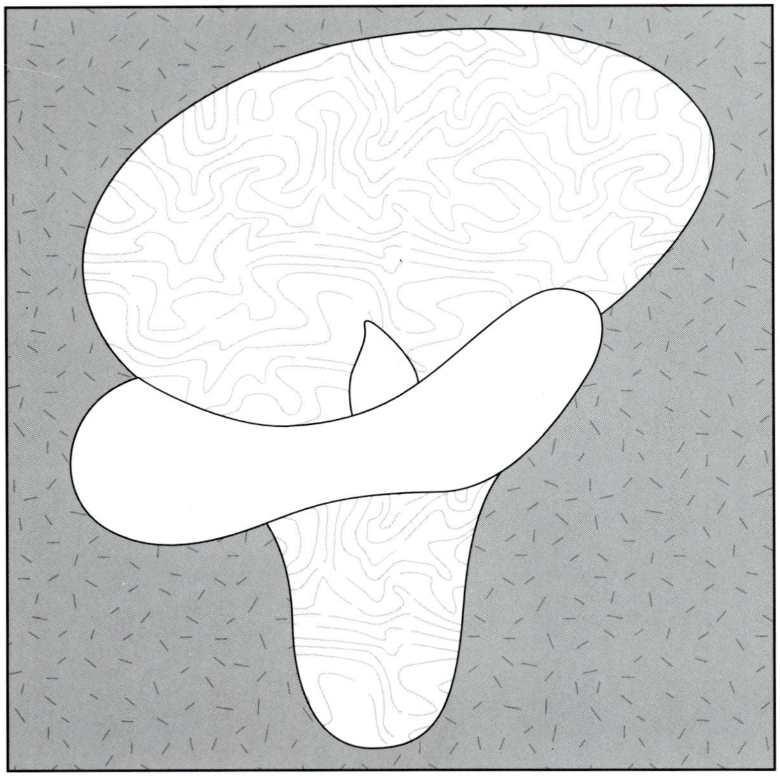

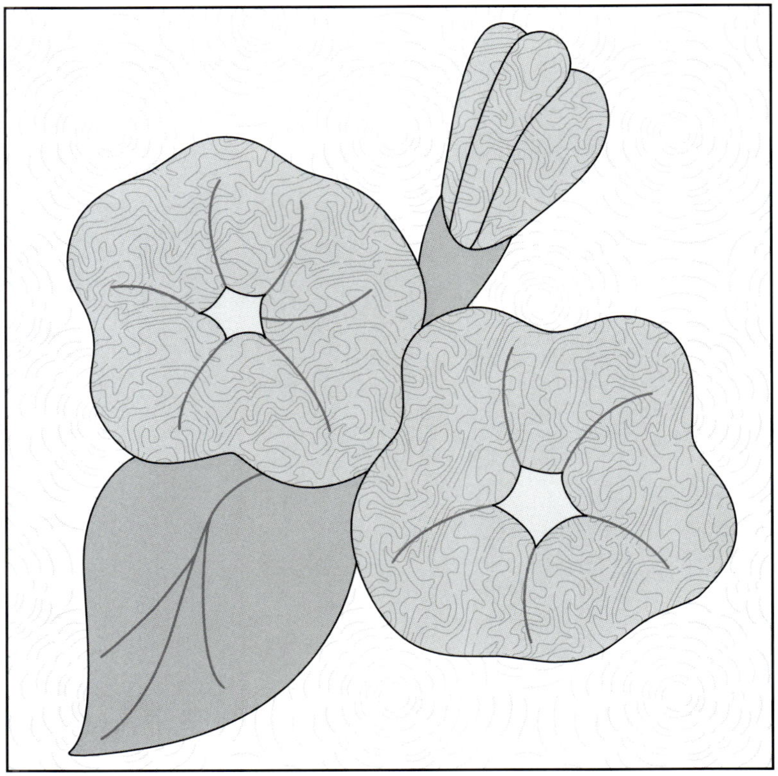

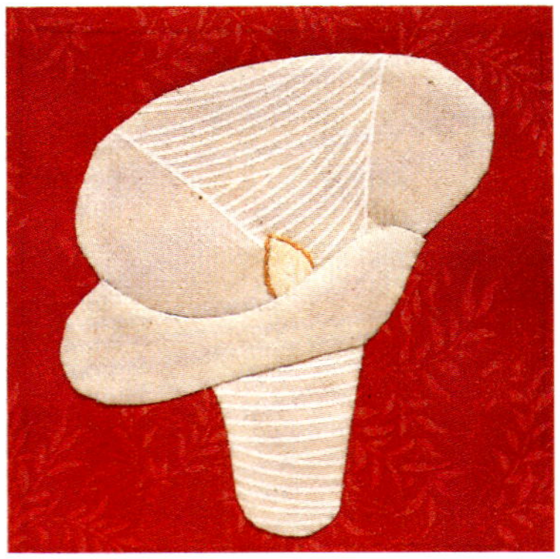

B37 Applizieren Sie die Blüte auf den Hintergrundstoff.

Calla

B38 Applizieren Sie alle Teile an ihren Platz und sticken Sie die Einzelheiten mit Stielstich auf die Blätter und Blüten.

Petunie

Applikation

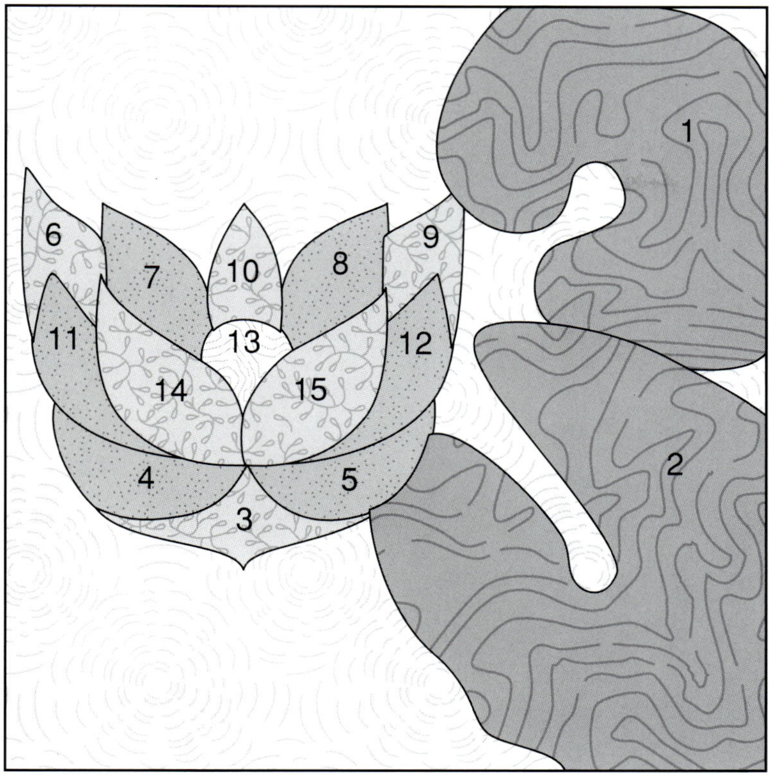

B39 Applizieren Sie die Teile in der oben angegebenen Reihenfolge von 1–15 auf den Hintergrundstoff.

Seerose

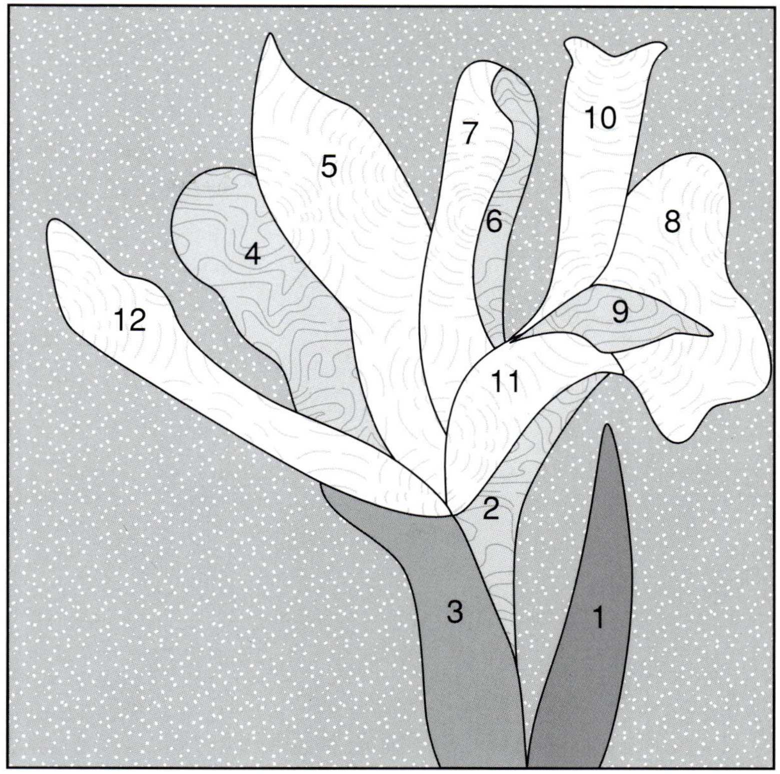

B40 Applizieren Sie die Iris in der angegebenen Reihenfolge von Teil 1 bis Teil 12 auf den Hintergrundstoff.

Weiße Iris

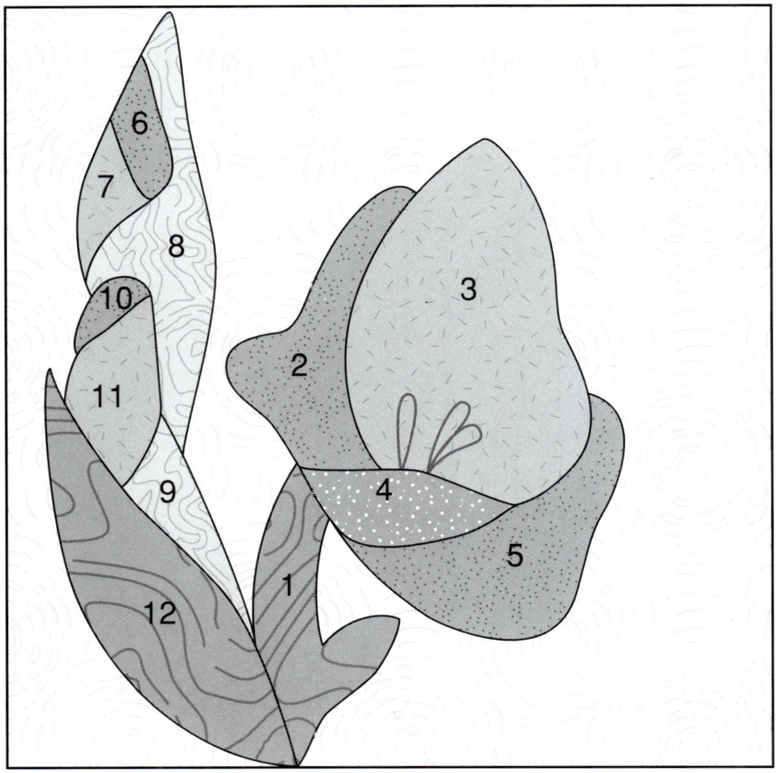

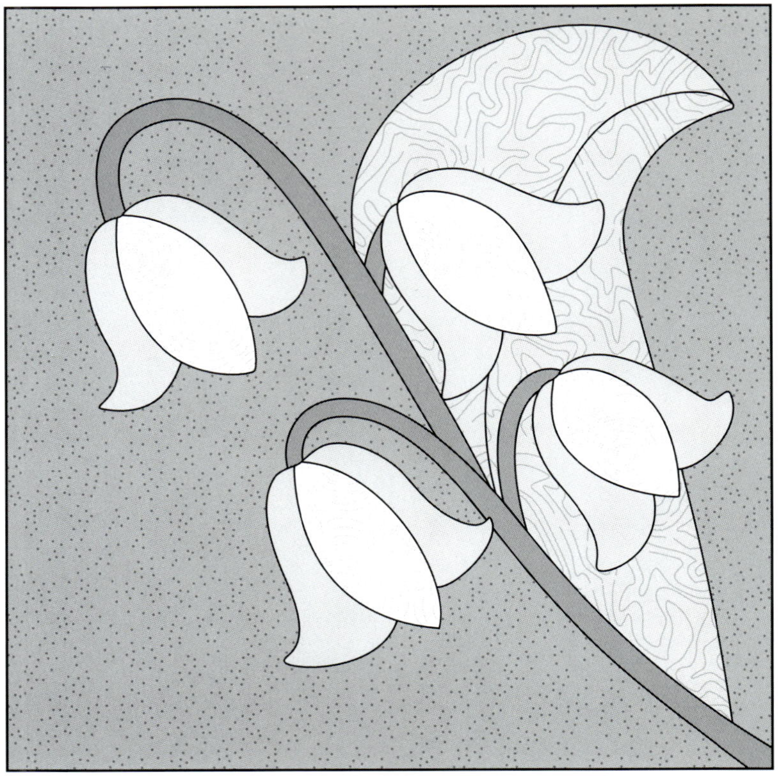

Gladiole

B41 Applizieren Sie diese leuchtende Blüte und die zarten Knospen in der angegebenen Reihenfolge. Beginnen Sie bei Teil 1 mit dem Stengel und arbeiten Sie bis Teil 12. Die Staubgefäße mit Margeritenstich sticken.

Maiglöckchen

B42 4 in (10 cm) großes Quadrat plus Nahtzugabe aus Hintergrundstoff schneiden. Die Stiele können mit Schläuchen aus Schrägstreifen genäht werden (siehe Seite 308 über das Arbeiten mit Schrägstreifenschläuchen und Seite 309 über die Applikationstechnik). Applizieren Sie alle Teile an ihren Platz.

Lilie

B43 Applizieren Sie die Blütenblätter an ihren Platz. Die langen Staubgefäße im Blütenkelch sind mit Stielstich und Satinstich gestickt.

Primel

B44 Schneiden Sie ein 4 in (10 cm) großes Quadrat aus Hintergrundstoff, plus Nahtzugabe. Applizieren Sie alle Teile an ihren Platz.

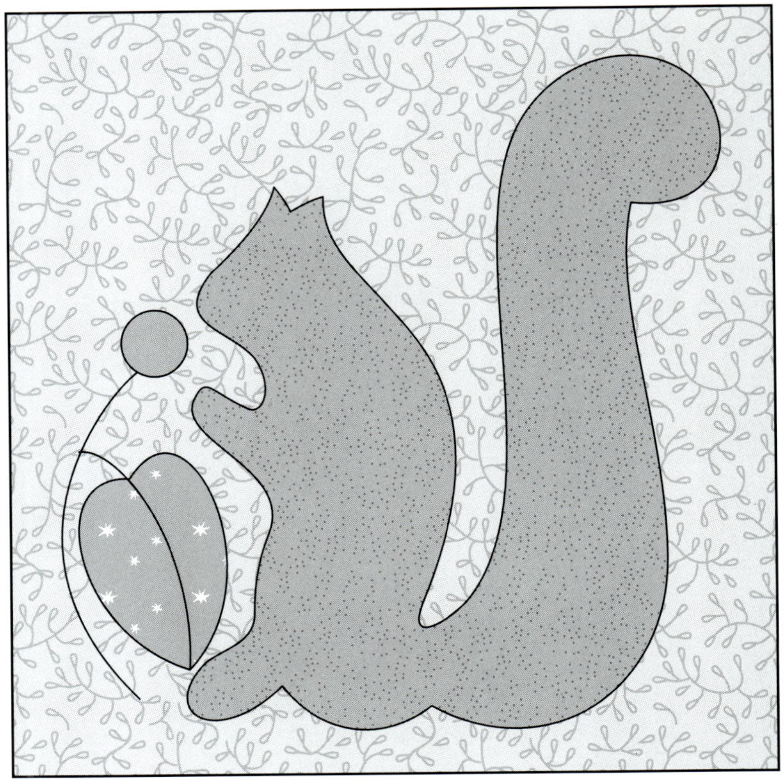

B45 Applizieren Sie alle Teile auf den Hintergrundstoff. Die Linien werden mit Stielstich gearbeitet. Für das Auge des Vogels machen Sie entweder einen Knötchenstich oder nähen eine kleine Perle auf.

Vogel 2

B46 Applizieren Sie alle Teile auf den Hintergrundstoff. Stengel und Blattrippe werden mit Stielstich gestickt.

Eichhörnchen

Mond und Sterne

B47 4 in (10 cm) großes Quadrat plus Nahtzugabe aus Hintergrundstoff schneiden. Applizieren Sie alle 4 Teile an ihren Platz.

Baum

B48 Die marmorierten Stoffe, die es heutzutage zu kaufen gibt, ergeben einen wunderbaren Baumstamm; doch sind für dieses folkloristische Motiv auch andere Stoffe gut geeignet.

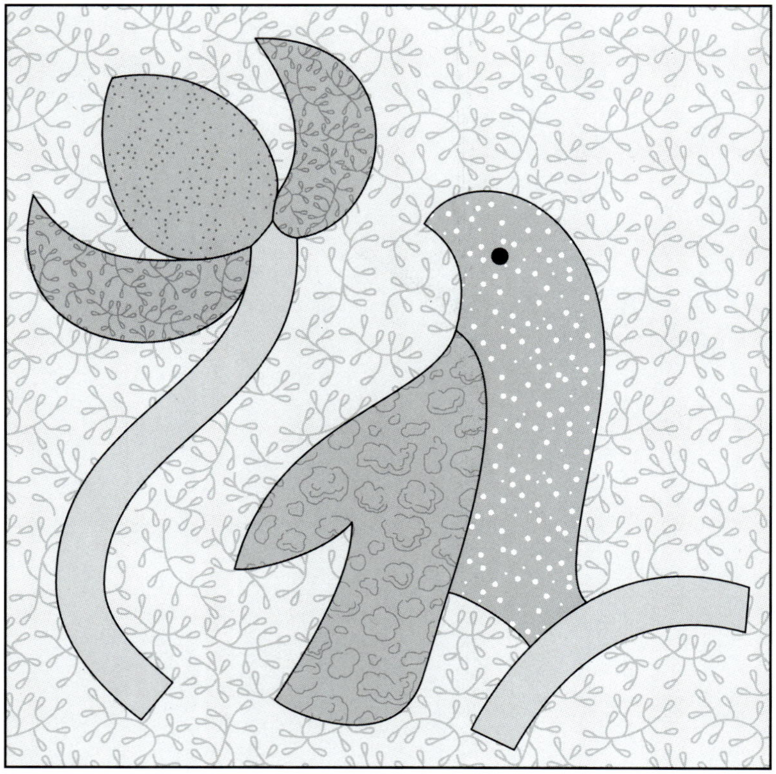

B49 Applizieren Sie alle Teile an ihren Platz. Das Auge des Vogels als Knötchenstich arbeiten oder eine kleine Perle aufsetzen.

Vogel 1

B50 Dieser Adler ist eine Herausforderung an die Stoffauswahl. Arbeiten Sie das Auge mit Knötchenstich oder nähen Sie eine kleine Perle auf.

Adler

B51 4 in (10 cm) großes Quadrat plus Nahtzugabe aus Hintergrundstoff schneiden. Applizieren Sie die Kirche an ihren Platz.

Kirche

B52 Das Pferd ist aus einem einzigen Stück Stoff gearbeitet.

Pferd

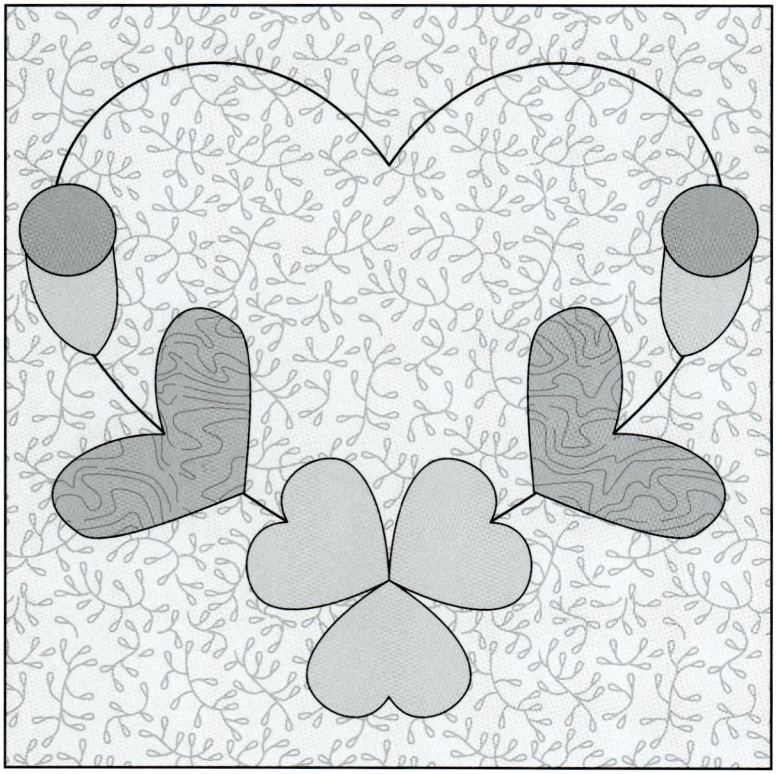

B53 Applizieren Sie die Herzen und Blumen. Sticken Sie die große Herzform mit Stielstich.

Blütenherz

B54 Applizieren Sie Topf und Blume. Sticken Sie die Stengel und die beiden Henkel des Blumenübertopfs mit Stielstich.

Blumentopf

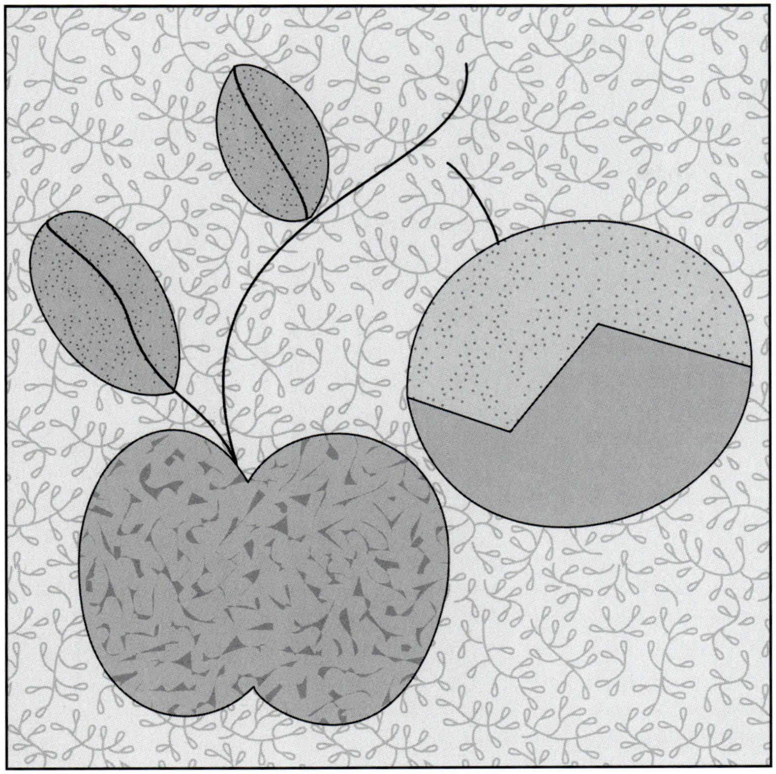

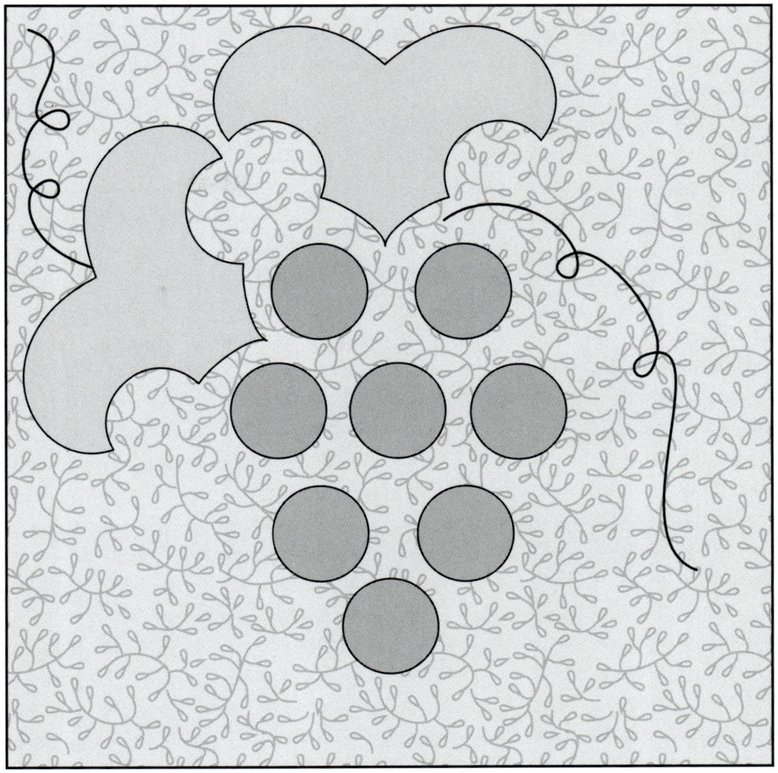

B55 4 in (10 cm) großes Quadrat plus Nahtzugabe aus Hintergrundstoff schneiden. Applizieren Sie die Früchte und Blätter an ihren Platz. Ast, Stiel und Blattrippe werden mit Stielstich gearbeitet.

Apfel und Orange

B56 Applizieren Sie Trauben und Blätter an ihren Platz. Die Ranken mit Stielstich arbeiten.

Trauben

B57 4 in (10 cm) großes Quadrat plus Nahtzugabe aus Hintergrundstoff schneiden. Applizieren Sie die Teile des Blocks an ihren Platz.

Caroline Lily

B58 Applizieren Sie die Blüten und Blätter an ihren Platz und sticken Sie den Kreis mit Stielstich.

Rose of Sharon

(Rose von Sharon)

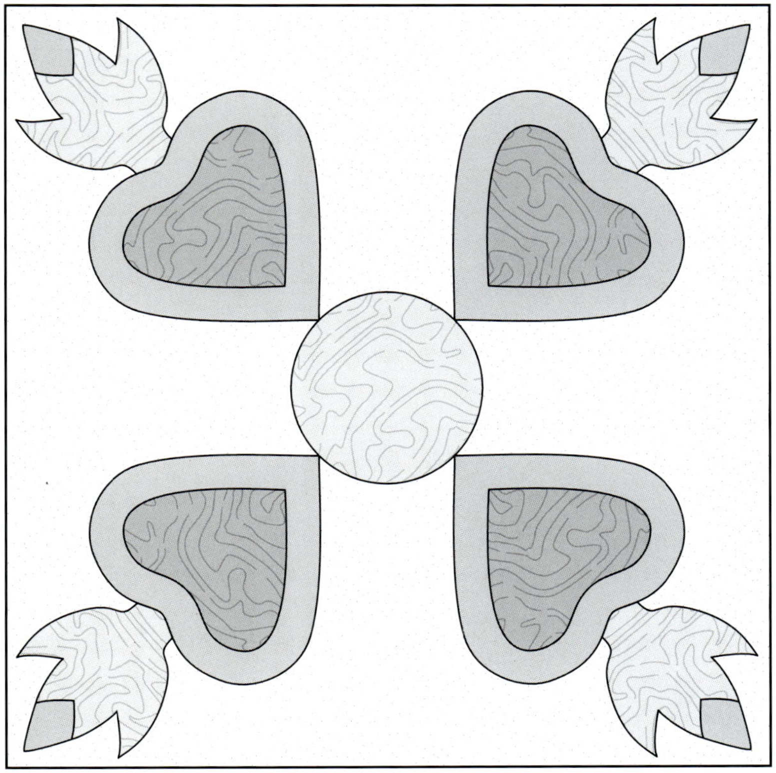

B59 4 in (10 cm) großes Quadrat plus Nahtzugabe aus Hintergrundstoff schneiden. Applizieren Sie die Teile an ihren Platz.

Herzblüten

B60 Applizieren Sie die Teile auf den Hintergrundstoff (lesen Sie auch die Anleitung für die Applikation auf Seite 308).

Eichenlaub

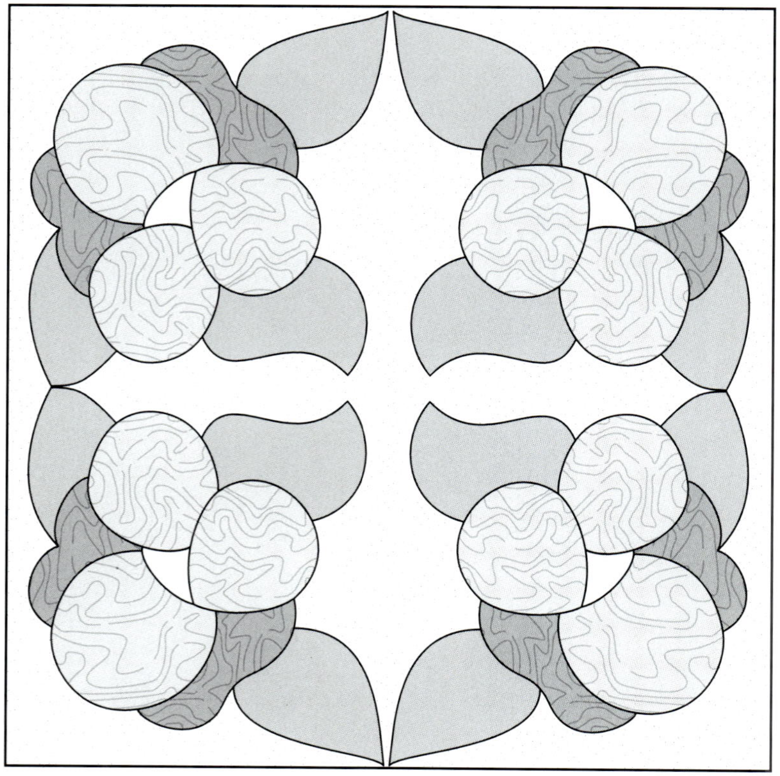

B61 Applizieren Sie die Blätter und Blüten jedes Stiefmütterchens an ihren Platz auf dem Hintergrundstoff (lesen Sie auch die Anleitung für die Applikation auf Seite 308).

Stiefmütterchen 2

B62 Dieses traditionelle Muster wirkt durch die handgefärbten Stoffe besonders schön.

Whig Rose
(Rose der Liberalen)

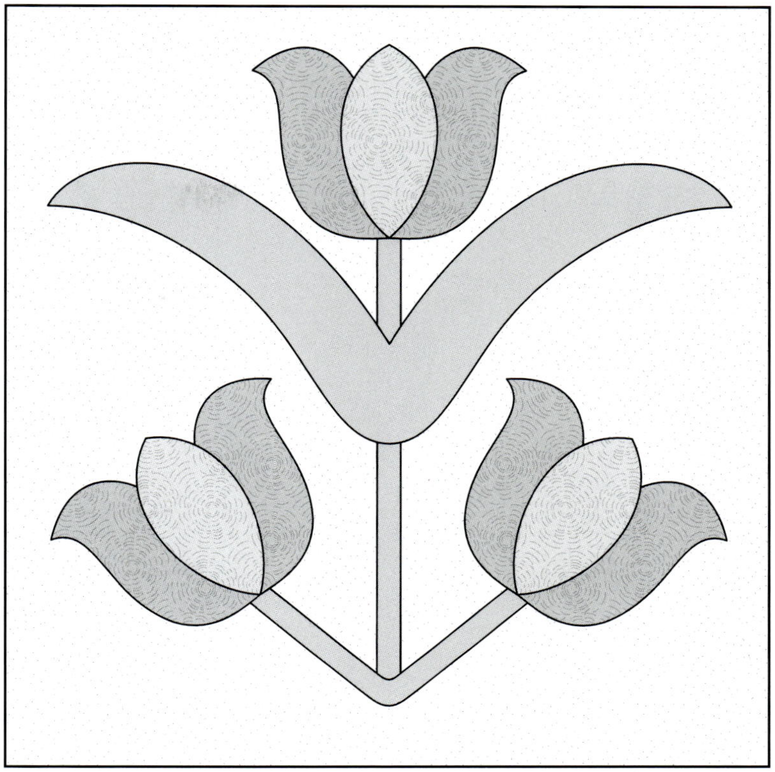

B63 4 in (10 cm) großes Quadrat plus Nahtzugabe aus Hintergrundstoff schneiden. Applizieren Sie die Teile an ihren Platz.

Granatapfel

B64 Applizieren Sie die Teile an ihren Platz (lesen Sie auch die Anleitung für die Applikation auf Seite 308).

Tulpen

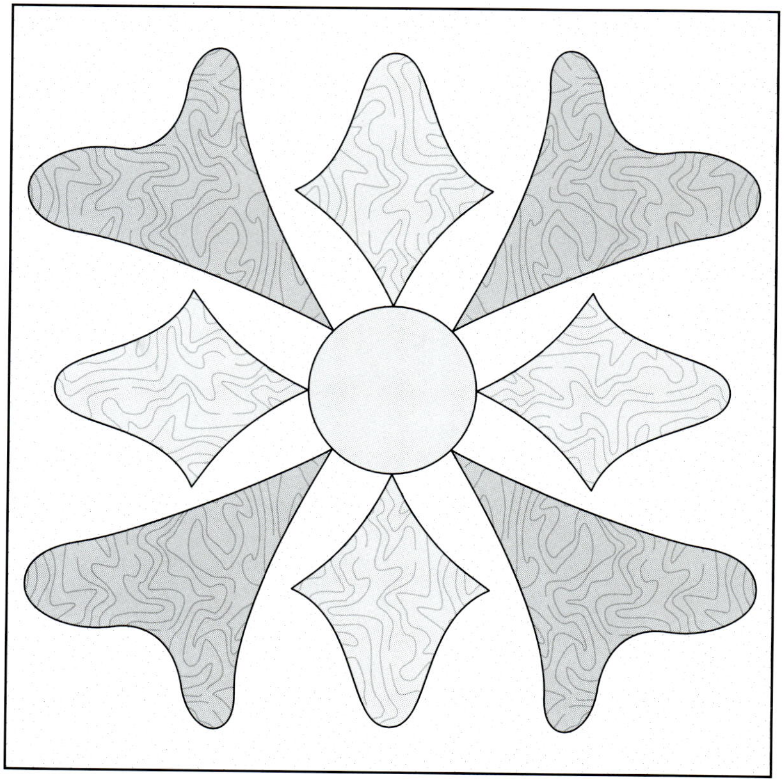

Distel

B65 Applizieren Sie die Teile auf das Quadrat aus Hintergrundstoff. Verwenden Sie Stielstich für die Ranke.

Geometrischer Strauß

B66 Applizieren Sie alle Teile auf das Quadrat aus Hintergrundstoff.

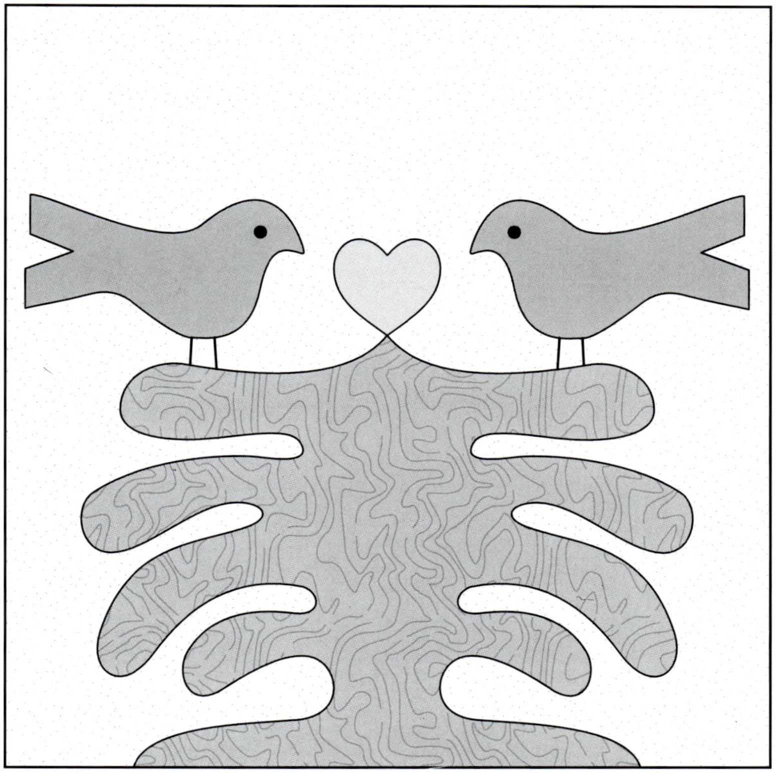

Baltimore-Margerite

B67 Applizieren Sie die Teile an ihren Platz. Traditionelle Muster sehen mit den modernen Stoffen plötzlich sehr interessant aus.

Freundschaftsbaum

B68 Applizieren Sie die Teile an ihren Platz, sticken Sie die Beinchen der Vögel mit Vorstichen. Die Augen entstehen durch Knötchenstich oder kleine Perlen.

Mädchen mit Blumenkorb

B69 Nachdem Sie alle Teile an ihren Platz appliziert haben, sticken Sie mit Stielstich die Falten in den Hut und das Kleid. Sticken Sie die Blumen in das Körbchen oder verwenden Sie kleine Knöpfe.

Mädchen mit Schirm

B70 Applizieren Sie die Teile an ihren Platz und sticken Sie den Griff des Regenschirms mit Stielstich.

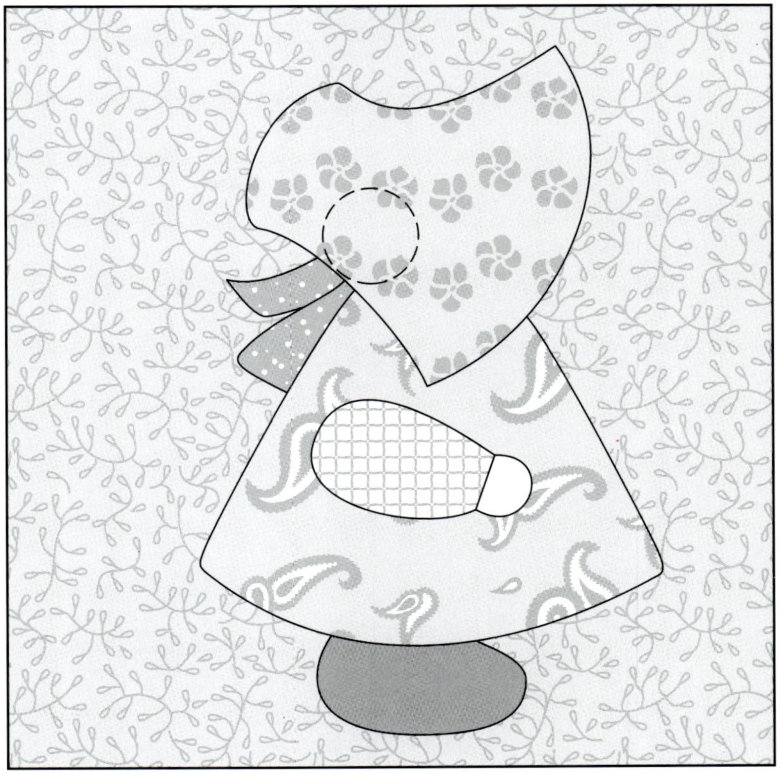

Mädchen füttert Gans

B71 Applizieren Sie das Figürchen auf den Hintergrundstoff. Wir haben einen Keramikknopf in der Form einer Gans aufgenäht, doch kann man das Tier auch applizieren. Sticken Sie etwas Gras mit kleinen geraden Stichen.

Susi mit Sonnenhut

B72 Applizieren Sie die Teile auf den Hintergrundstoff. Seien Sie bei der Wahl Ihrer Stoffe kreativ.

B73 Applizieren Sie die Figur auf den Hintergrundstoff. Auch hier haben wir einen Keramikknopf aufgesetzt, anstatt die Gans zu applizieren. Sticken Sie etwas Gras mit kleinen, geraden Stichen.

Junge füttert Gans

B74 Applizieren Sie die Figur des Jungen auf den Hintergrundstoff. Wir hatten zufällig einen Stoff mit einem kleinen Fischmuster und haben es für den Fisch verwendet. Natürlich ist auch einfarbiger Stoff geeignet. Sticken Sie die Angel und die Angelschnur mit Stielstich.

Kleiner Fischer

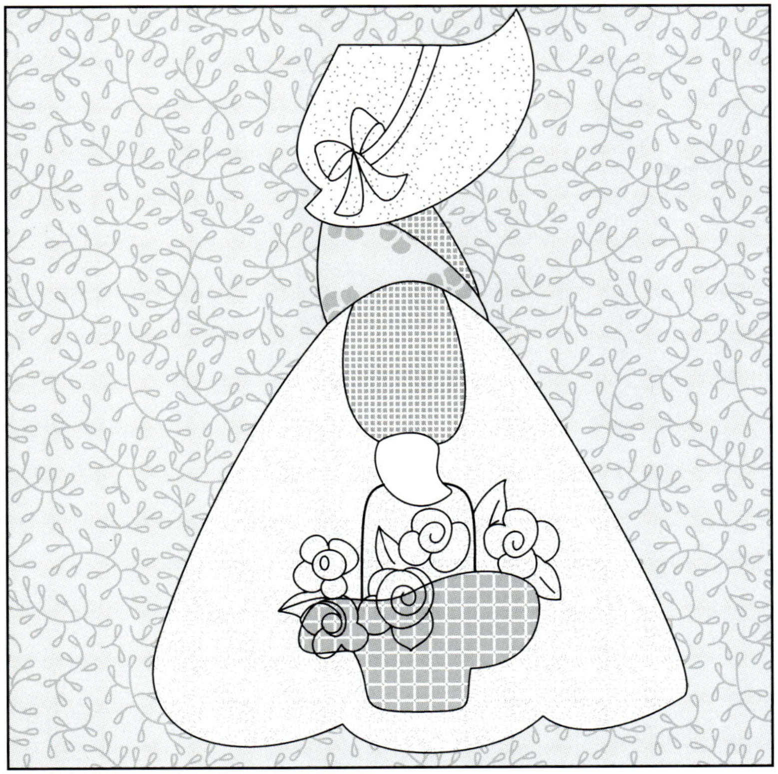

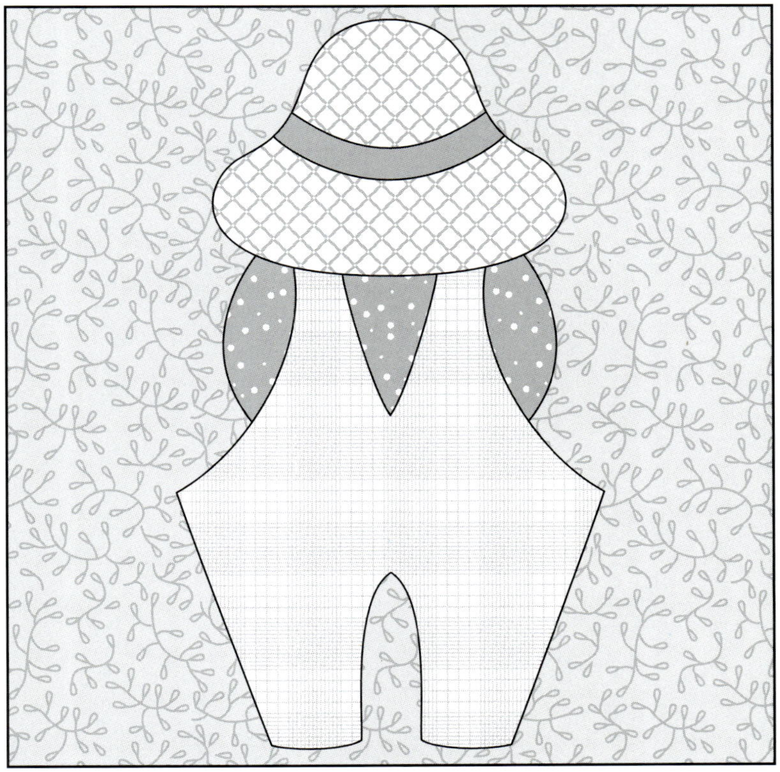

B75 Applizieren Sie die Figur auf den Hintergrundstoff. Die Schleife des Hutes können Sie entweder sticken oder aus einem schmalen Satinband formen. Auch die Blumen im Korb können Sie sticken oder als kleine Knöpfe aufnähen.

Südstaaten-Schönheit

B76 4 in (10 cm) großes Quadrat plus Nahtzugabe aus Hintergrundstoff schneiden. Applizieren Sie alle Teile an ihren Platz.

Overall-Billy

B77 Applizieren Sie alle Teile auf das Hintergrundquadrat. Mit Stielstichen sticken Sie die Schürzenbänder, den Blumenstengel und die Blütenblätter.

Mädchen mit Blume

B78 Alle Teile werden auf den Hintergrundstoff appliziert (lesen Sie auch die Anleitung für die Applikation auf Seite 308).

Kinder umarmen sich

Applikation Sonnenhütchen

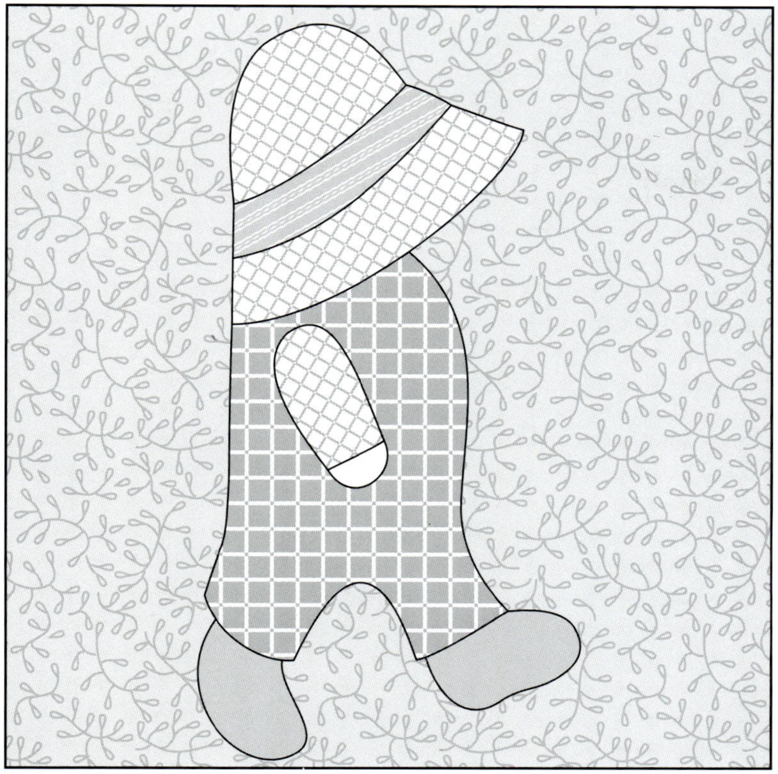

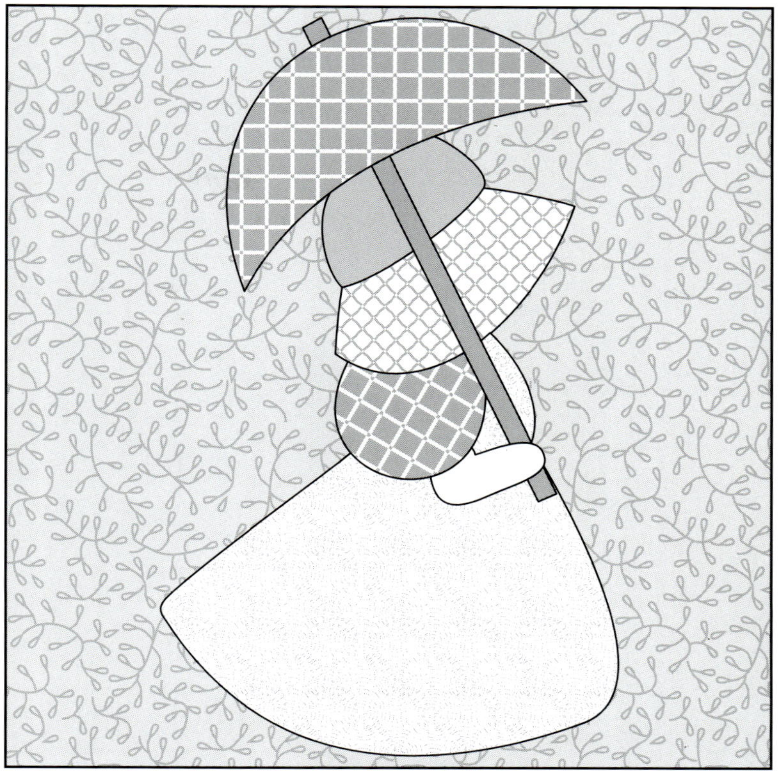

Overall-Andy

B79 Alle Teile auf das Hintergrundquadrat applizieren.

Singing in the Rain

B80 Alle Teile auf das Hintergrundstoffquadrat applizieren.

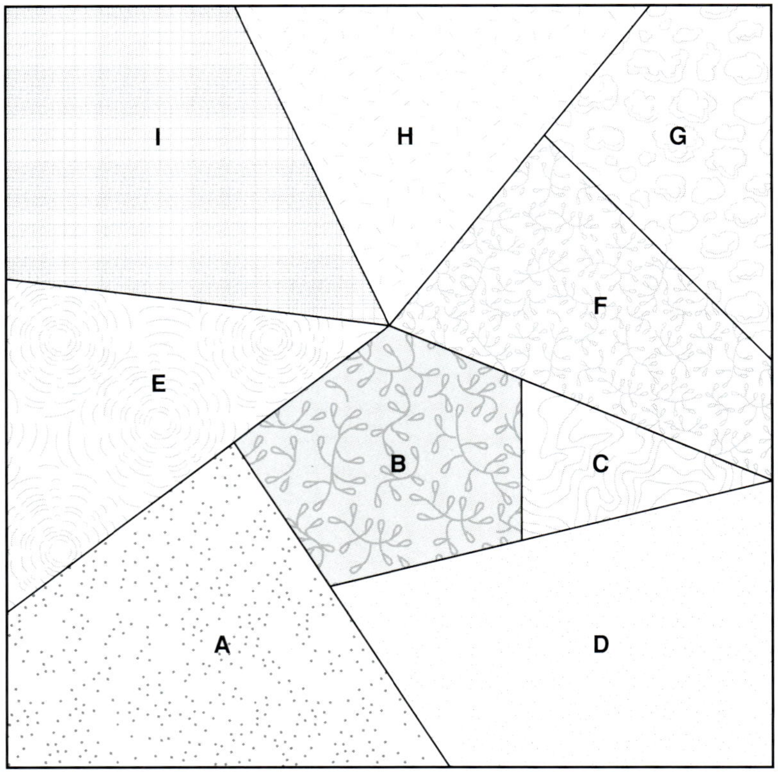

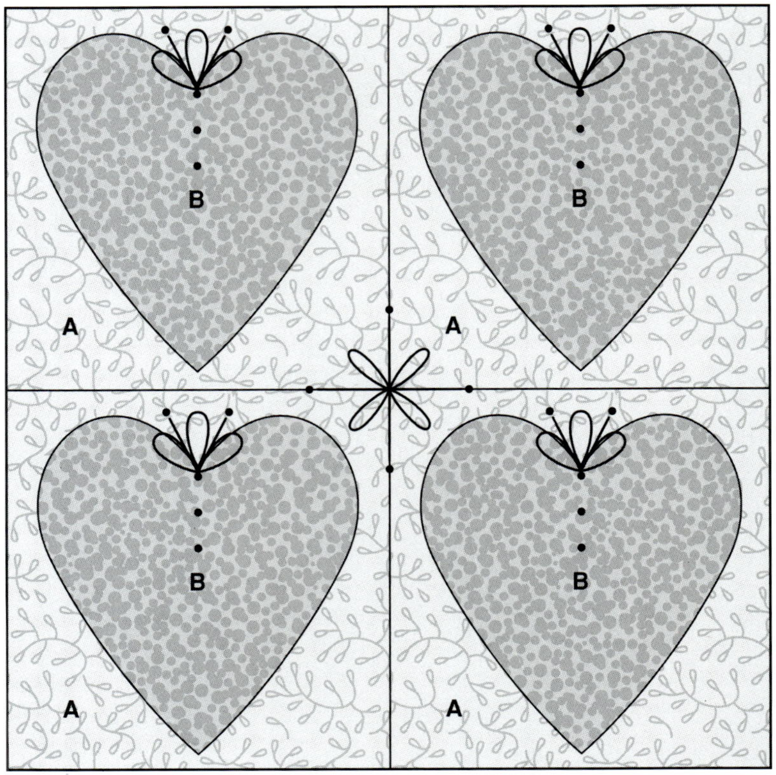

Januar

Eiskristalle

C1 Nähen Sie Teil C an B, dann Teil D, dann Teil A. Fügen Sie F an G und nähen Sie diese FG-Einheit an die erste Einheit. 1 EIH-Einheit nähen und in die leicht geknickte Kante der ersten Einheit einsetzen (Tips zum Nähen von Y-Nähten finden Sie auf Seite 309). Schmücken Sie die Arbeit mit hübschen Zierstichen, Perlen oder Knöpfen.

Februar

Herzen

C2 Applizieren Sie die Herzen auf die 4 A-Teile (lesen Sie auch die Anleitung für die Applikation auf Seite 308). Nähen Sie die Quadrate zu Reihen und dann die Reihen zum Block. Als Zierstiche verwenden Sie Knötchenstich, Margeritenstich und Kettstiche.

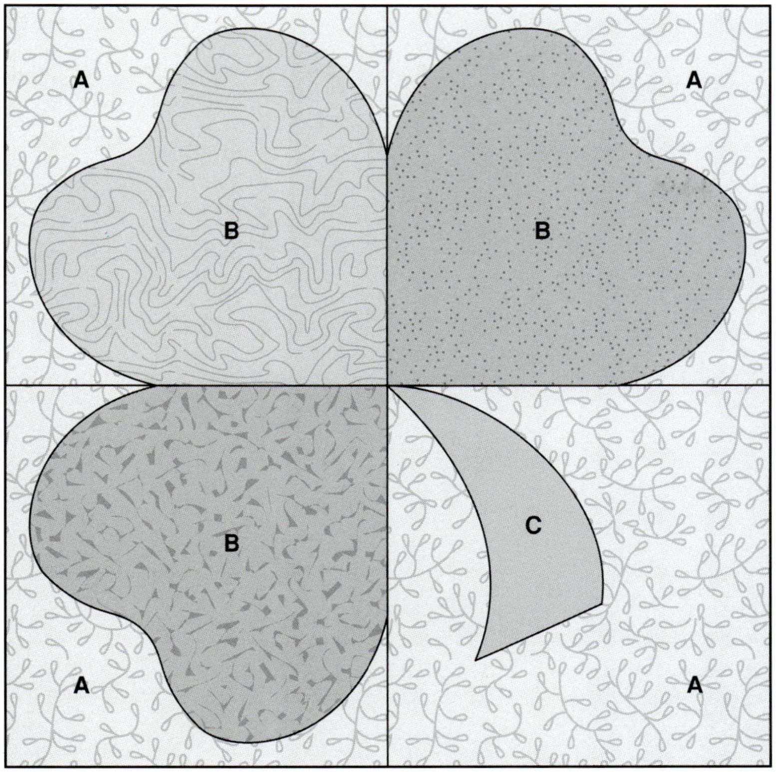

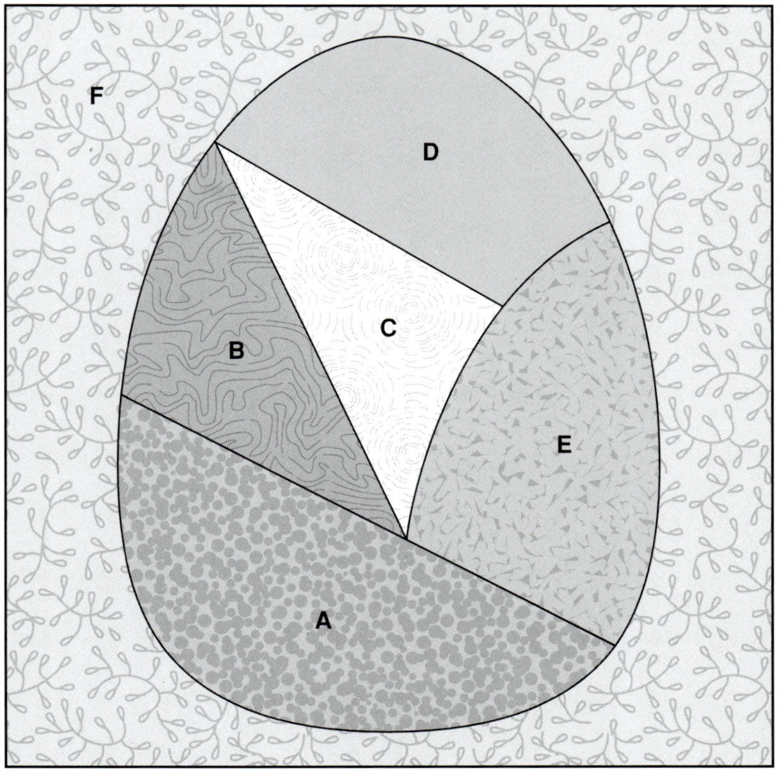

März

Kleeblatt

C3 Die A-Teile sind 2 in (5 cm) große Quadrate (plus Nahtzugabe). Applizieren Sie die B-Teile auf 3 der Quadrate und Teil C auf das vierte. In Reihen anordnen und dann die Reihen zum fertigen Block verbinden.

April

Osterei

C4 4 in (10 cm) großes Quadrat plus Nahtzugabe aus Hintergrundstoff schneiden. Nähen Sie das Ei: C-Teil an D und B-Teil an C nähen. E-Teil anfügen und dann Teil A. Zum Schluß applizieren Sie das Ei auf den Hintergrundstoff. Besticken oder verzieren Sie das Ei nach Belieben.

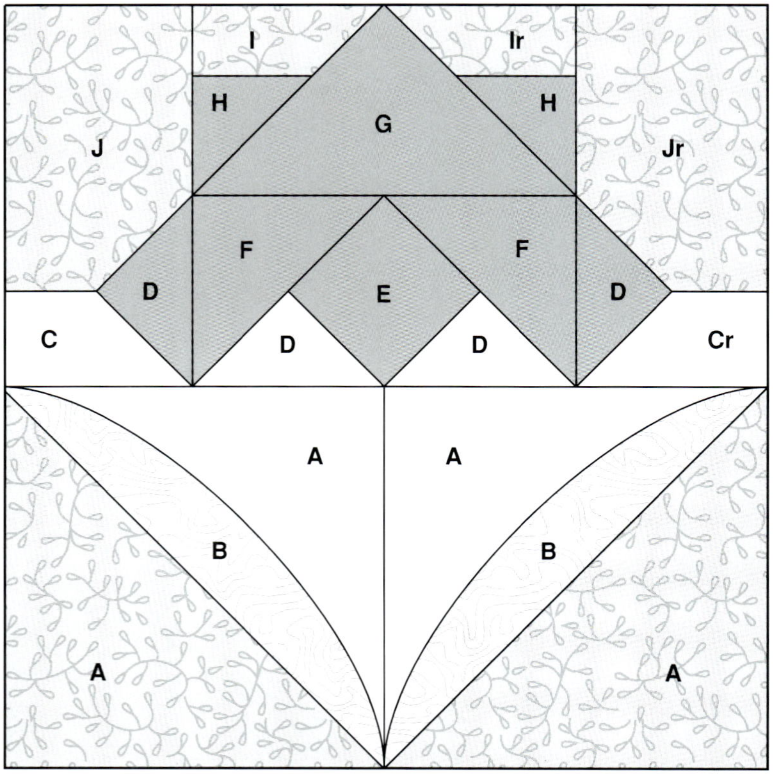

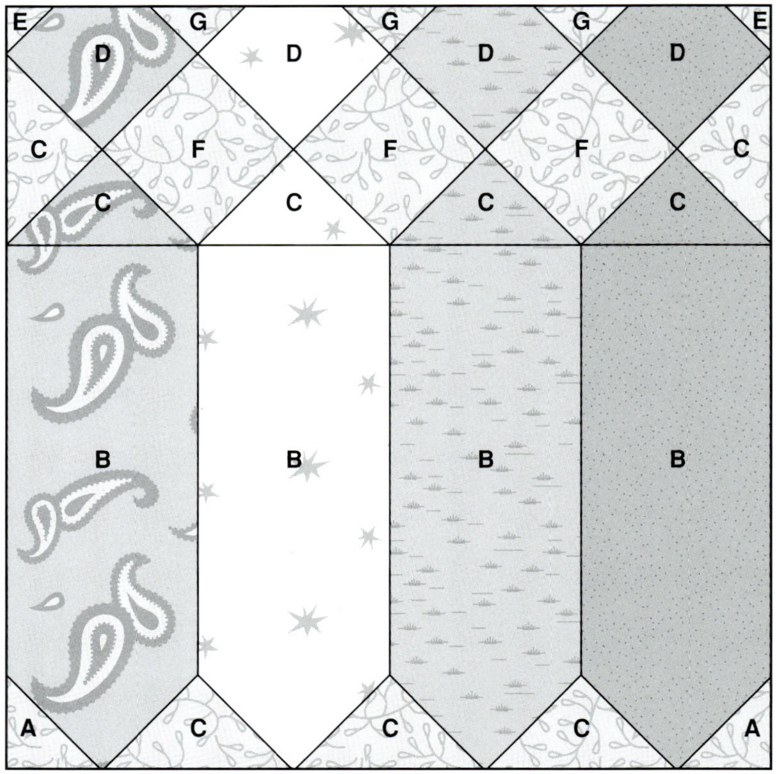

Mai

Mutters Biedermeierstrauß

C5 Nähen Sie die C- und D-Teile mit einer Y-Naht an J, ebenso Cr und D an Jr (Tips zum Nähen von Y-Nähten finden Sie auf Seite 309). IH und IrH-Einheiten nähen und an G setzen. DED-Einheit nähen und die F-Teile oben an die angrenzenden Seiten anfügen. Setzen Sie nun DEF-Einheit und GHI-Einheit zusammen und fügen Sie links JCD und rechts JrCrD an. Applizieren Sie die B-Teile auf das A-Teil (2mal) und nähen Sie A an AB (2mal). Die beiden AB-Einheiten in der Mitte zusammensetzen und an den oberen Teil annähen.

Juni

Vaters Seidenschlipse

C6 Setzen Sie den oberen Bereich diagonal zusammen: Nähen Sie CDG, CFDG (2mal), CFDE und CC. Fügen Sie die Einheiten zusammen und das kleine E-Teil an die linke, obere Ecke. BBBB-Einheiten nähen und die C-Dreiecke mit Y-Nähten einsetzen (3mal). A-Teile an unteren Ecken nähen. Oberes und unteres Segment zum fertigen Block verbinden.

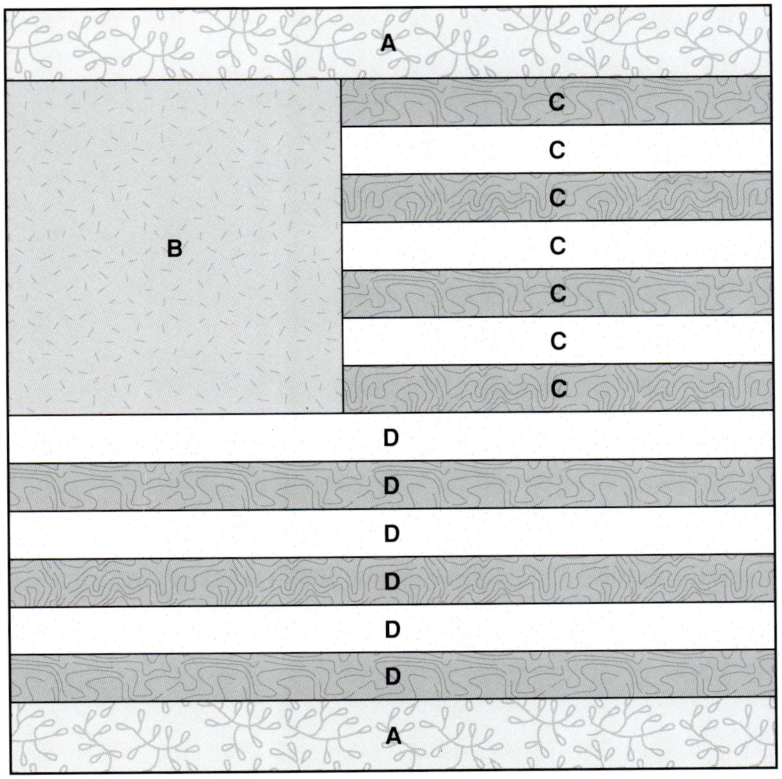

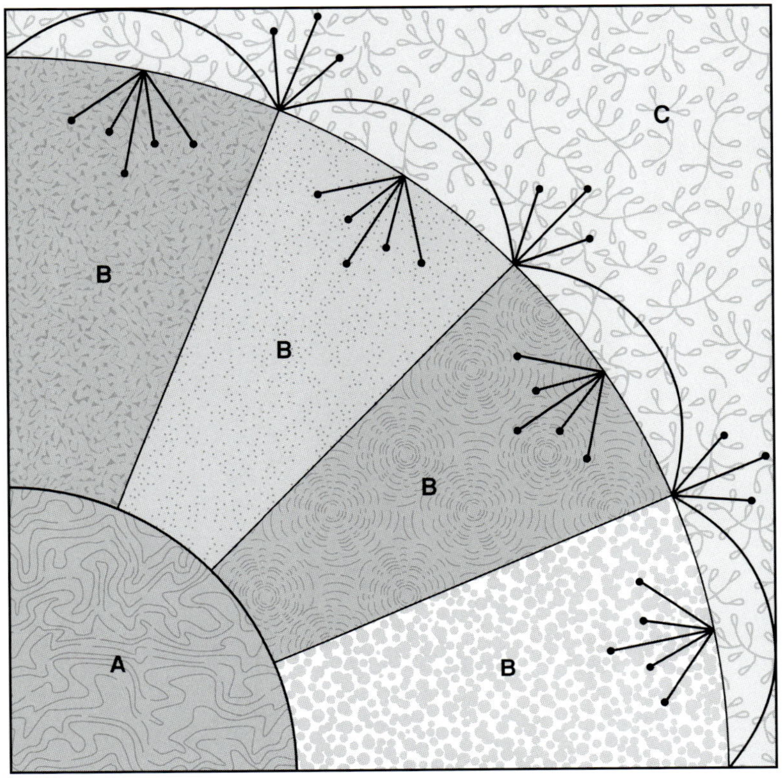

Juli

Sternenbanner

C7 Zuerst alle C-Teile zusammensetzen und B-Teil anfügen. Dann Streifen A oben annähen. Alle D-Teile zusammensetzen und A-Teil unten anfügen. Oberes und unteres Segment zum fertigen Block verbinden.

August

Bestickter Fächer

C8 4 in (10 cm) großes Quadrat plus Nahtzugabe aus Hintergrundstoff (C) schneiden. Nähen Sie die B-Teile zu Paaren und dann die Paare zusammen. Applizieren Sie den Fächer auf den Hintergrundblock und das A-Teil an seinen Platz. Bogenkante und Verzierungen sticken.

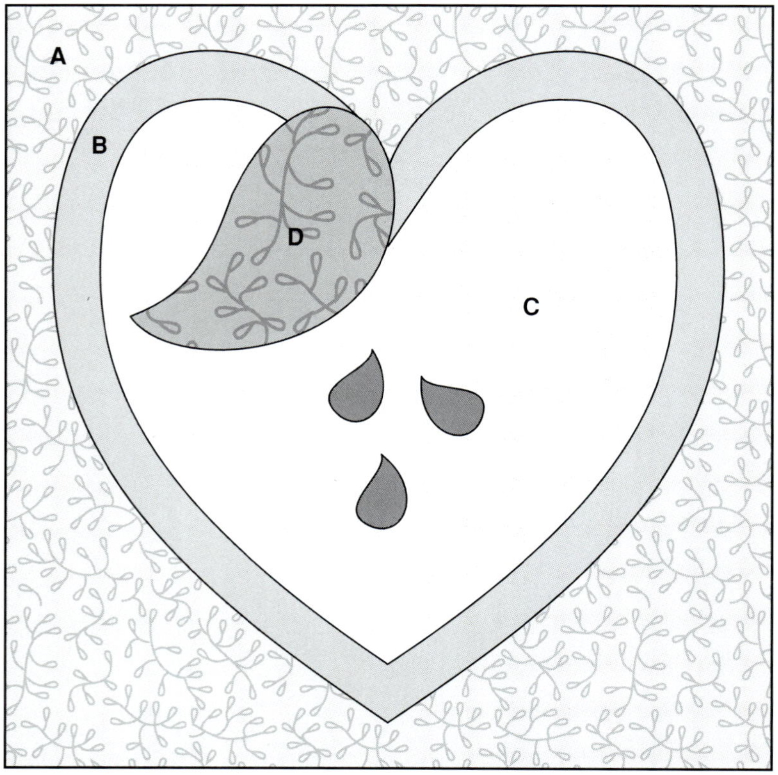

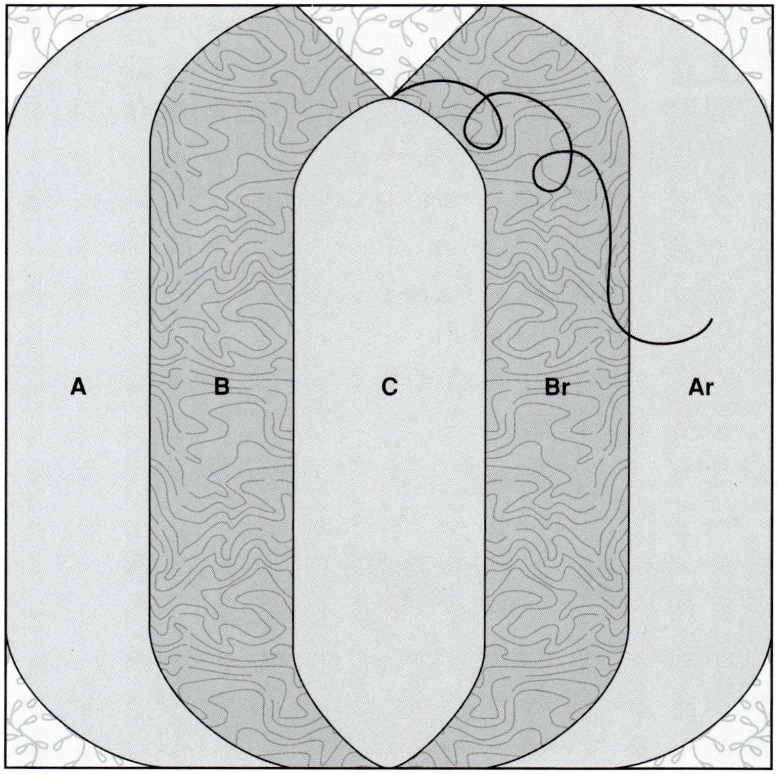

September
Apfel

C9 4 in (10 cm) großes Quadrat plus Nahtzugabe aus Hintergrundstoff schneiden. Teil B wird als komplettes Herz zugeschnitten, wie auch das Teil C. Applizieren Sie C auf B und dann D auf CB. Die gesamte Einheit auf den Hintergrundstoff applizieren. Die Apfelkerne sticken oder tropfenförmige Knöpfchen aufnähen.

Oktober
Kürbis

C10 4 in (10 cm) großes Quadrat plus Nahtzugabe aus Hintergrundstoff schneiden. Applizieren Sie die 5 Kürbisteile auf den Hintergrund und sticken Sie die Ranke mit Stielstich.

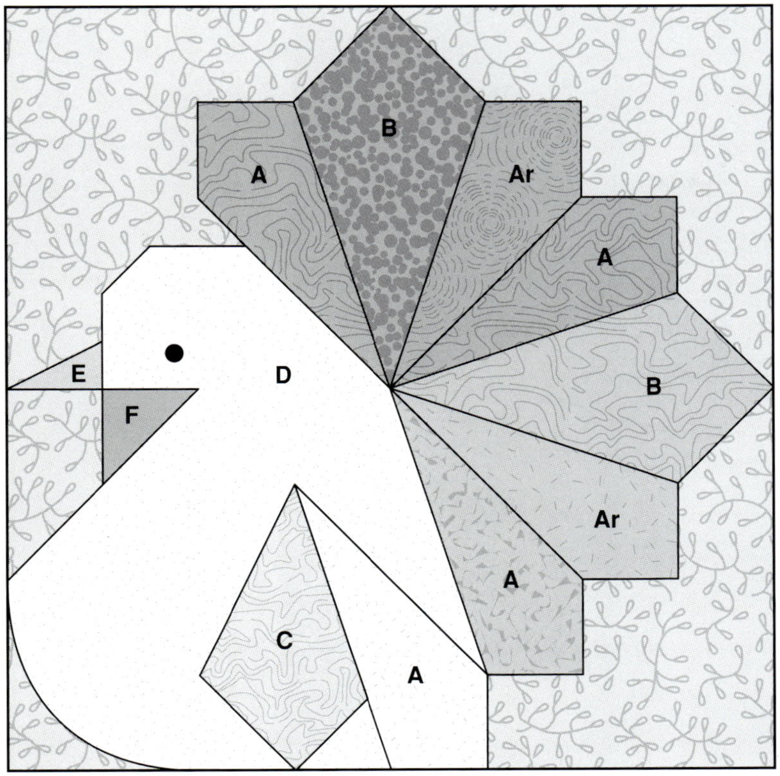

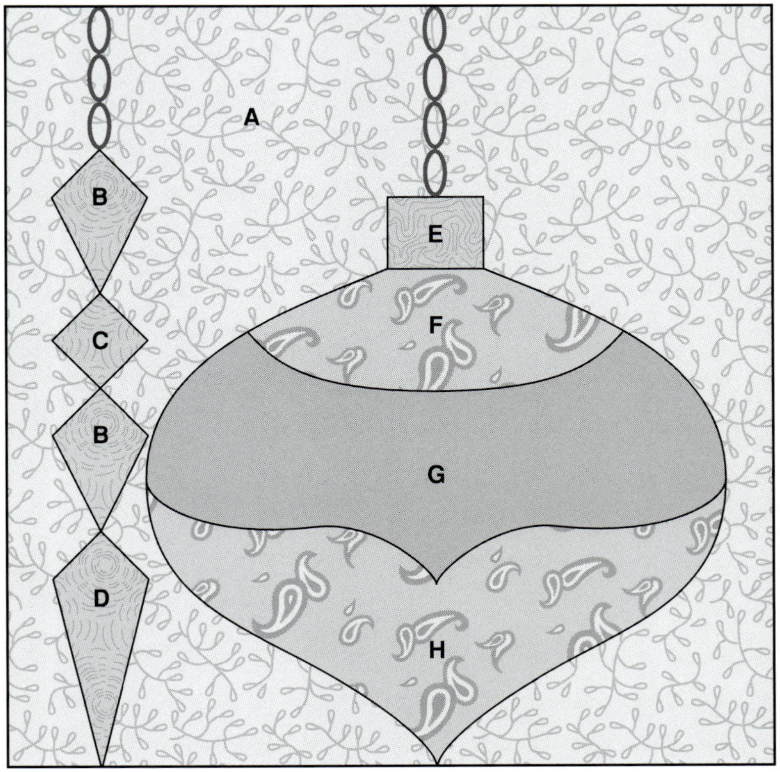

November
Truthahn

C11 4 in (10 cm) großes Quadrat plus Nahtzugabe aus Hintergrundstoff schneiden. ABAr-Einheiten nähen (2mal) und aneinandersetzen, dann A anfügen. CA-Einheit nähen. Applizieren Sie den Körper des Truthahns (D) auf den Hintergrund, und dann die E- und F-Teile an den Kopf. Nähen Sie die CA-Einheit auf den Körper und die große ABAr-Einheit an die rechte Seite.

Dezember
Dekoration

C12 4 in (10 cm) großes Quadrat plus Nahtzugabe aus Hintergrundstoff schneiden (A). Applizieren Sie die BCBC-Bereiche auf den Hintergrund. Nähen Sie G an H und F an G; fügen Sie E an und applizieren Sie das Ganze auf den Hintergrund. Die Aufhänger mit Kettenstich sticken.

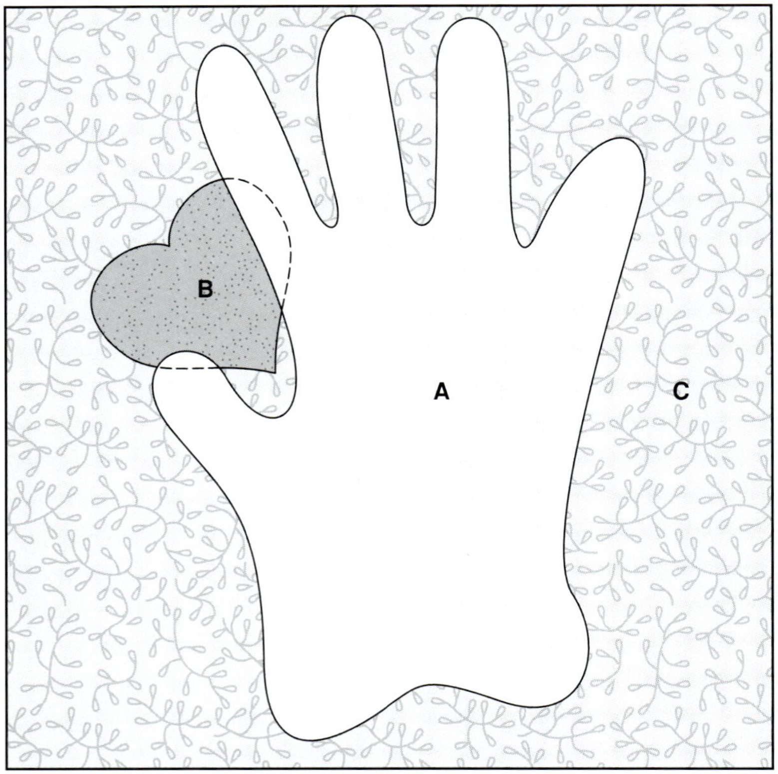

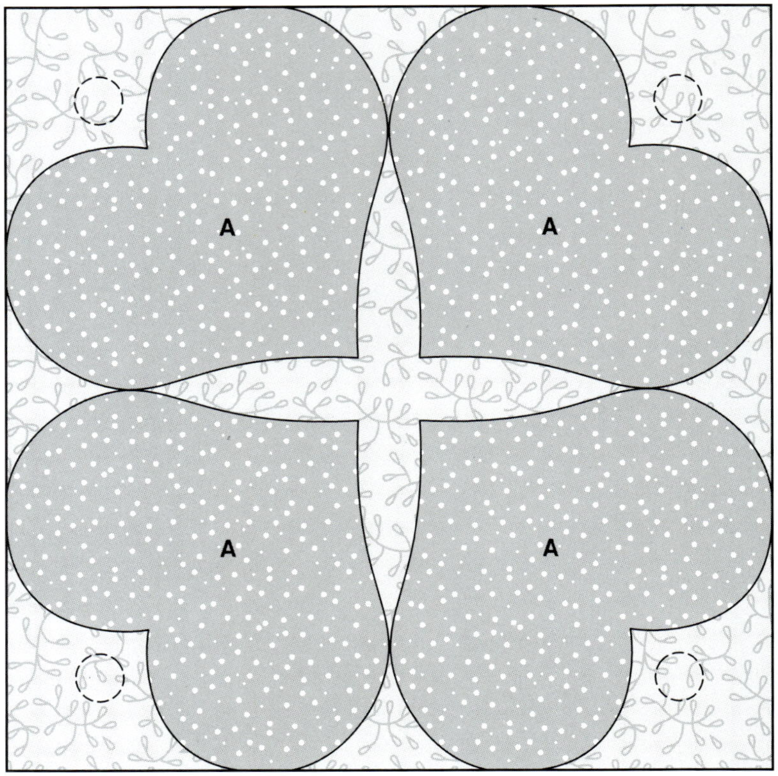

Herz in der Hand

C13 4 in (10 cm) großes Quadrat aus Hintergrundstoff (C) schneiden (plus Nahtzugabe). Herz und Hand an ihren Platz applizieren.

Herz-Ausschnitt

C14 4 in (10 cm) großes Quadrat aus Hintergrundstoff schneiden (plus Nahtzugabe). Applizieren Sie die A-Teile an ihren Platz. Die kleinen Kreise können Sie entweder sticken oder Sie setzen Knöpfe als Verzierung auf.

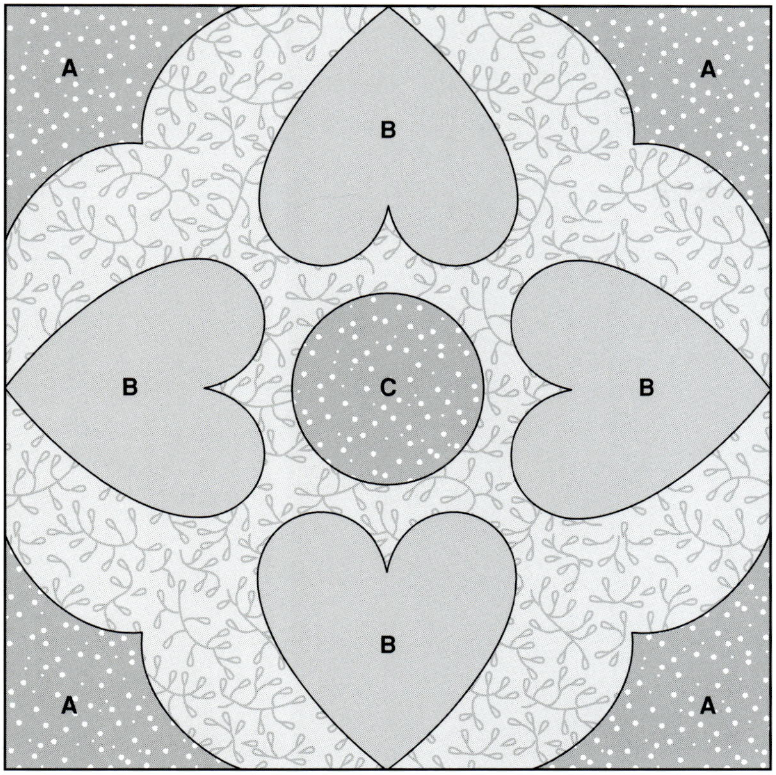

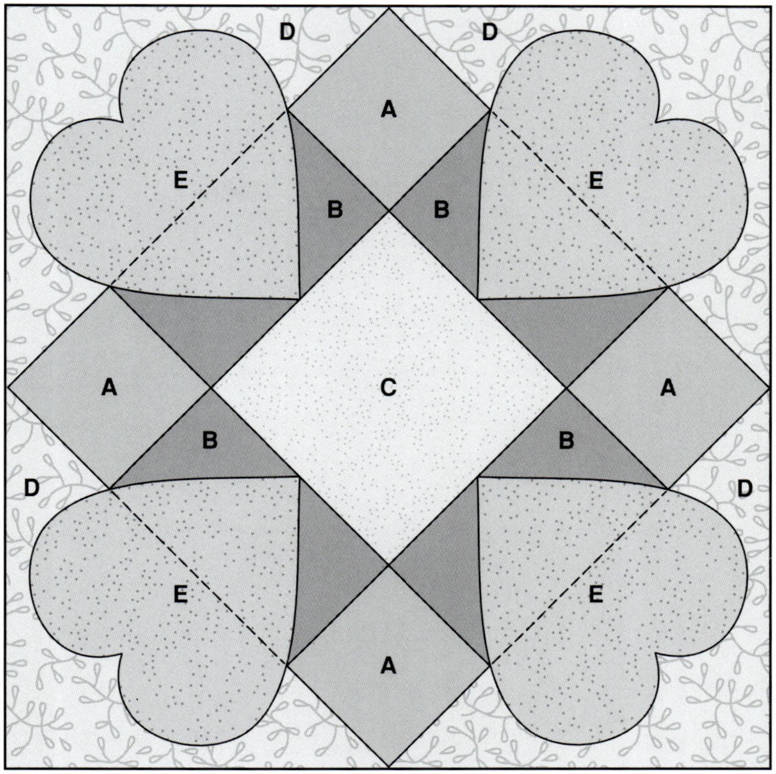

Herzen-Faltschnitt

C15 4 in (10 cm) großes Quadrat aus Hintergrundstoff schneiden (plus Nahtzugabe). Die Teile A, B und C an ihren Platz nähen.

Amische Herzen

C16 Dieser Block wird zuerst zusammengesetzt und dann werden die Herzen appliziert. Nähen Sie B-Teile an die gegenüberliegenden Seiten von C. Dann die ABA-Einheiten nähen (2mal) und an die beiden anderen Seiten von C ansetzen. Die D-Teile an alle 4 Ecken des ABC-Abschnitts nähen und dann die Herzen (E) an ihren Platz applizieren.

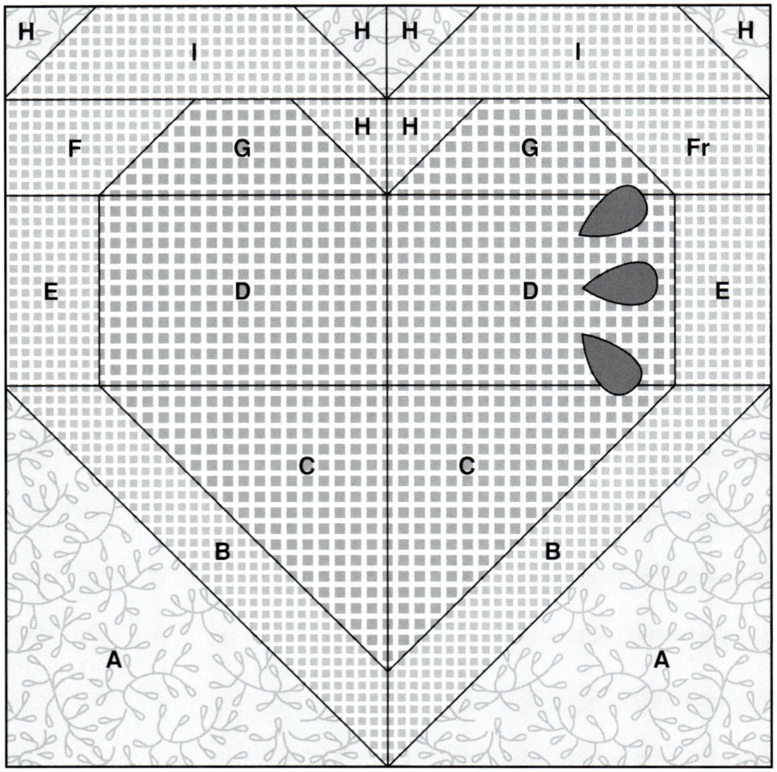

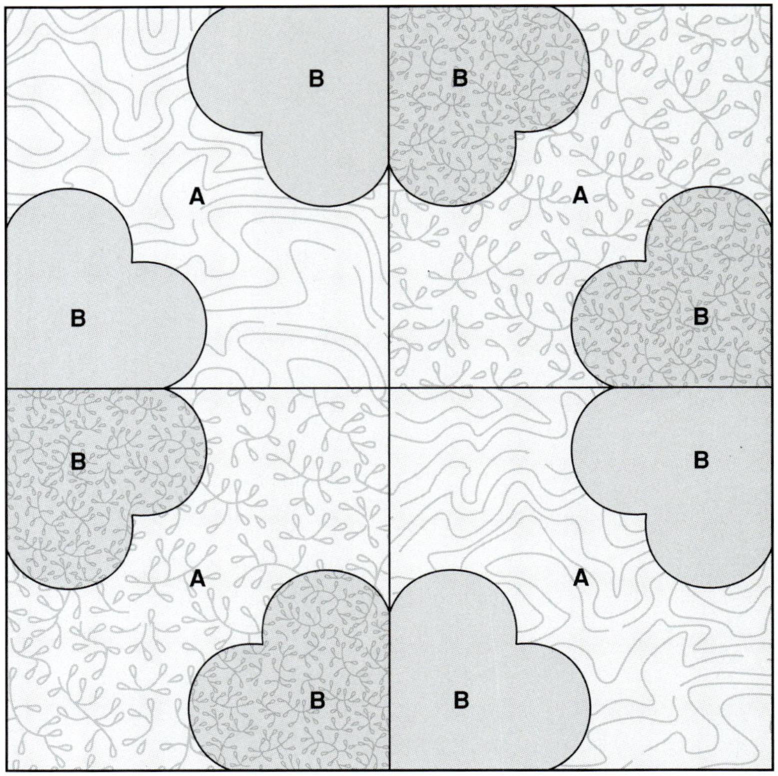

Wassermelonen-Herz

C17 HIH-Einheit nähen (2mal). Einheiten FGH und HGFr nähen und jeweils 1 HIH-Einheit ansetzen. DE-Einheiten nähen (2mal) und jeweils an 1 oberes Segment ansetzen. ABC-Einheiten nähen (2mal) und ebenfalls an das obere Segment anfügen. Die beiden vertikalen Abschnitte in der Mittelnaht verbinden. Die Melonenkerne sticken oder tropfenförmige Knöpfe aufsetzen.

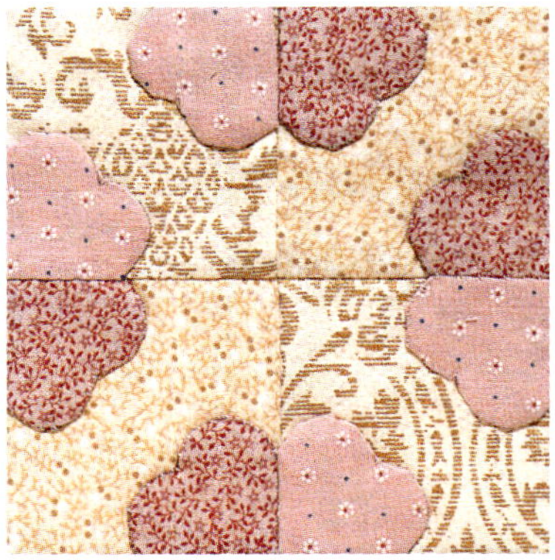

Herzpärchen

C18 Für die A-Teile 2 in (5 cm) große Quadrate plus Nahtzugabe aus Hintergrundstoff zuschneiden. Die B-Teile an ihren Platz applizieren. Die kleinen Quadrate wie einen Viererblock zuerst zu Reihen und dann die Reihen zum Block zusammenfügen.

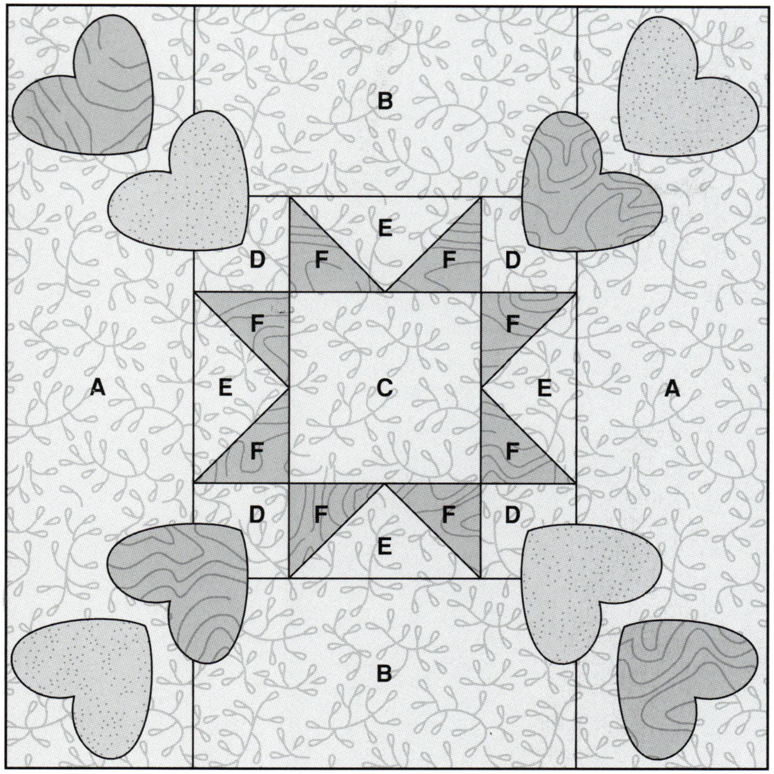

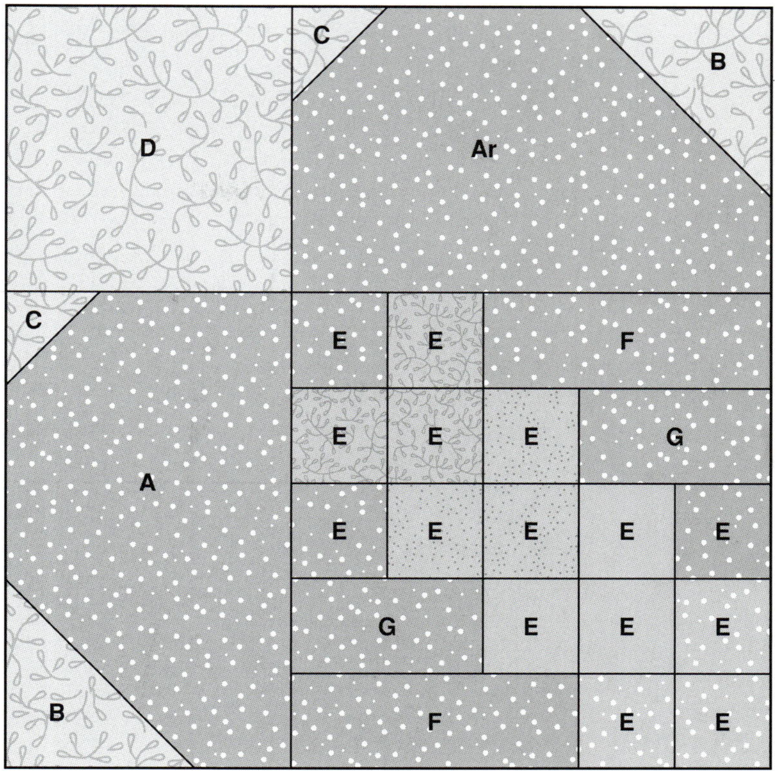

Herzen und Sterne

C19 FEF-Einheiten nähen (4mal). 2 davon an 2 Seiten von C anfügen. D-Teile an jedes Ende der FEF-Einheiten nähen (2mal) und diese an die beiden anderen Seiten von C ansetzen. B-Teile an 2 Seiten des Mittelteils anfügen und dann die A-Teile an den beiden anderen Seiten, um 1 Quadrat zu erhalten. Applizieren Sie die Herzen an ihren Platz.

Herz im Herzen

C20 ABC-Einheit und ArBC-Einheit nähen. Nach Abbildung die EFG-Einheit in Reihen zusammensetzen und dann diese Reihen zum Quadrat anordnen. ArBC an D setzen und ABC an das EFG-Segment. Die beiden Segmente zum Block zusammenfügen.

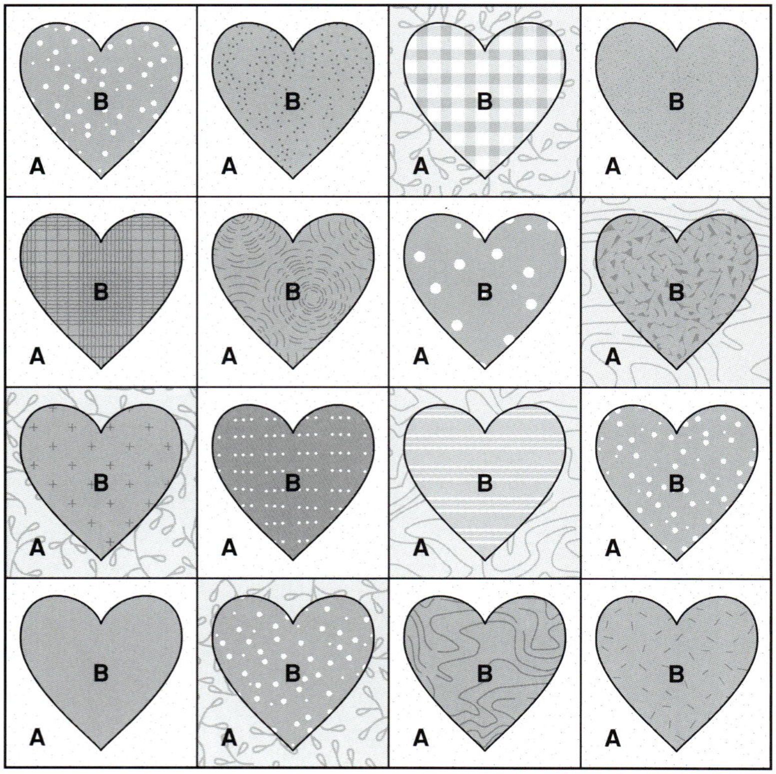

Herz-Sampler

C21 Immer 4 A-Teile in Reihen zusammensetzen und dann die Reihen zum Block arbeiten. Die Herzen (B) an ihren Platz applizieren.

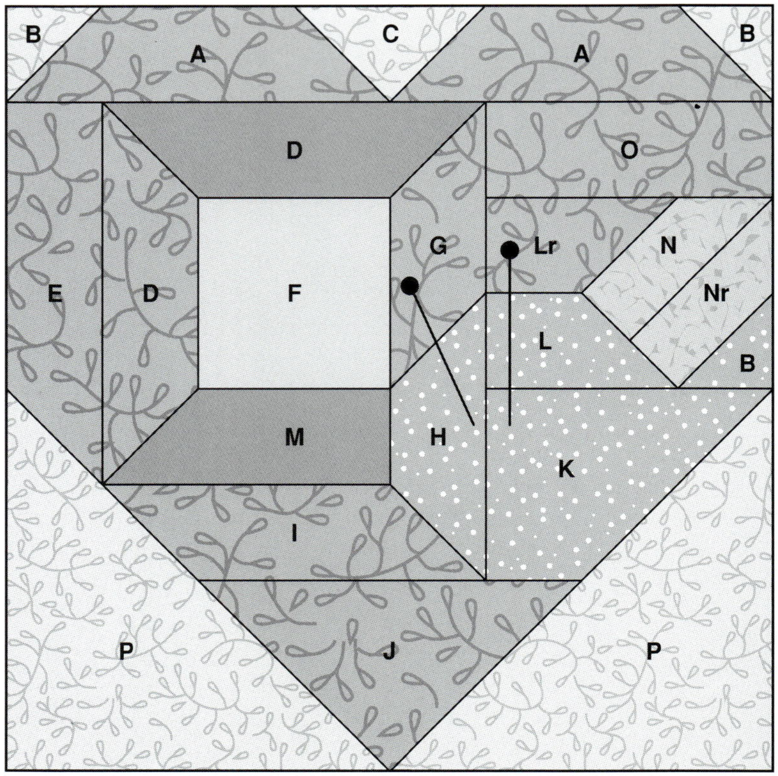

Nähendes Herz

C22 NNrB-Einheit nähen. L und Lr verbinden und die NNrB-Einheit mit einer Y-Naht einsetzen (Tips zum Nähen von Y-Nähten finden Sie auf Seite 309). K und O-Teile an die Einheit annähen. M- und D-Teile an 3 Seiten von F nähen und die diagonalen MD- und DD-Nähte schließen. GH-Einheit nähen und an DFM setzen. Das I-Teil an M nähen und die diagonalen GD- und HI-Nähte schließen. E an D nähen. Das DEFGHIM-Segment an das OLNBK-Segment setzen. Arbeiten Sie die BACAB-Reihe und nähen Sie sie oben an. J-Teil unten anfügen. Die beiden P-Teile ansetzen, um den Block zu vervollständigen. Nach Wunsch mit Quilt-Stecknadeln dekorieren.

Feiertage Herzen

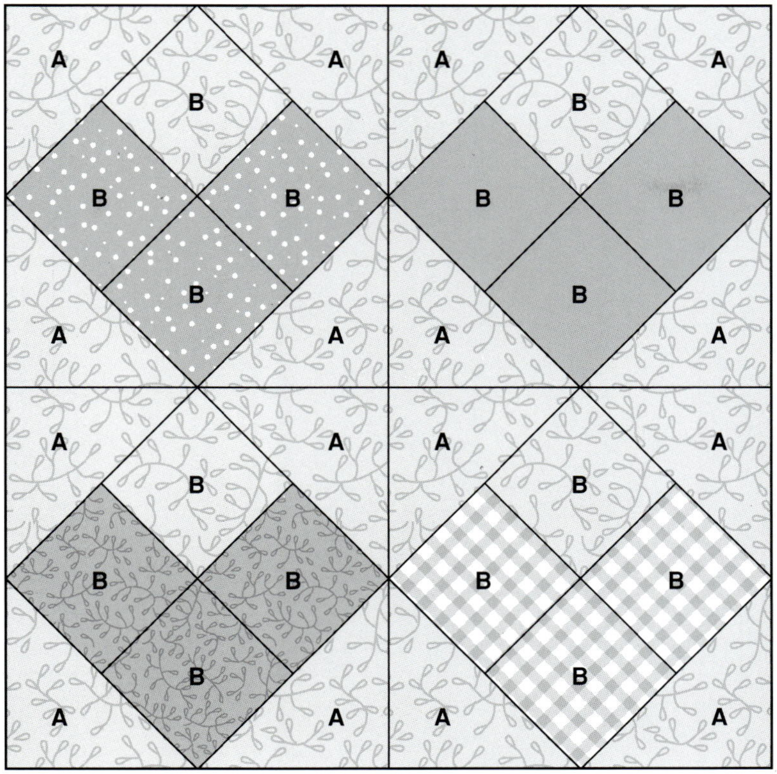

Patchwork-Herz

C23 Aus den B-Teilen Viererblöcke nähen und an alle Seiten A-Teile setzen (4mal). Immer 2 der Segmente zu Reihen und die Reihen zum Block zusammenfügen.

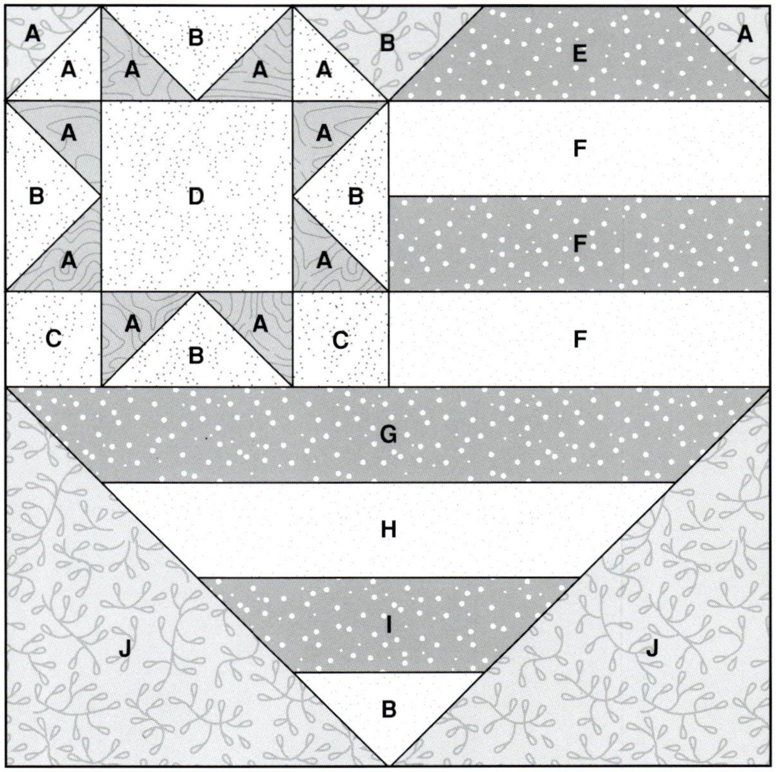

Herz und Flagge

C24 ABA-Einheiten nähen (4mal). 1 AA-Einheit nähen und aus den Teilen ABA, A, B, E und A die oberste Reihe bilden. ABA an 2 gegenüberliegende Seiten von D nähen. Dann 1 C/ABA/C-Einheit an die zuvor genähte ABD-Einheit anfügen. FFF-Einheit nähen und an die ABCD-Einheit setzen. Dieses Segment an die oberste Reihe anfügen. GHIB-Einheit nähen, an 2 Seiten die J-Teile anfügen und das Ganze an das erste Segment ansetzen, um so den Block zu vervollständigen.

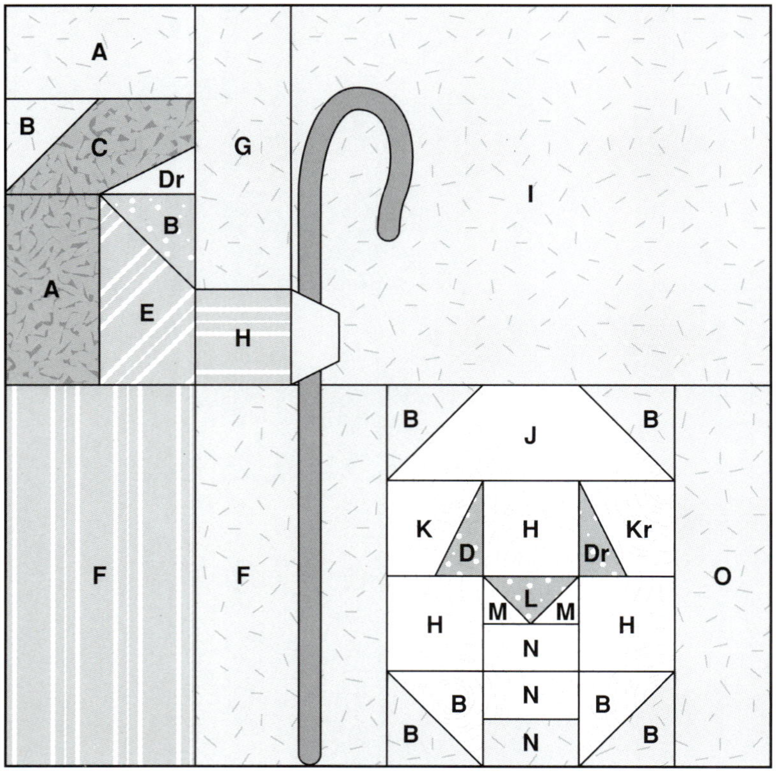

Hirte mit Schaf

C25 MLM-Einheit nähen und 3 N-Teile ansetzen. BB-Einheiten nähen (2mal), die H-Teile ansetzen und diese an das LMN-Segment nähen. KD und KrDr-Einheiten nähen, an das H anfügen und dann an die HLH-Kante ansetzen. BJB-Einheit nähen und an die KHKr-Kante setzen. O rechts und beide F links anfügen. BCDr- und AEB-Einheiten nähen und zusammensetzen. A an die BC-Kante nähen, dann GH-Einheit seitlich annähen, anschließend I-Teil. Oberes und unteres Segment zusammenfügen und zum Schluß den Stab und die Hand applizieren.

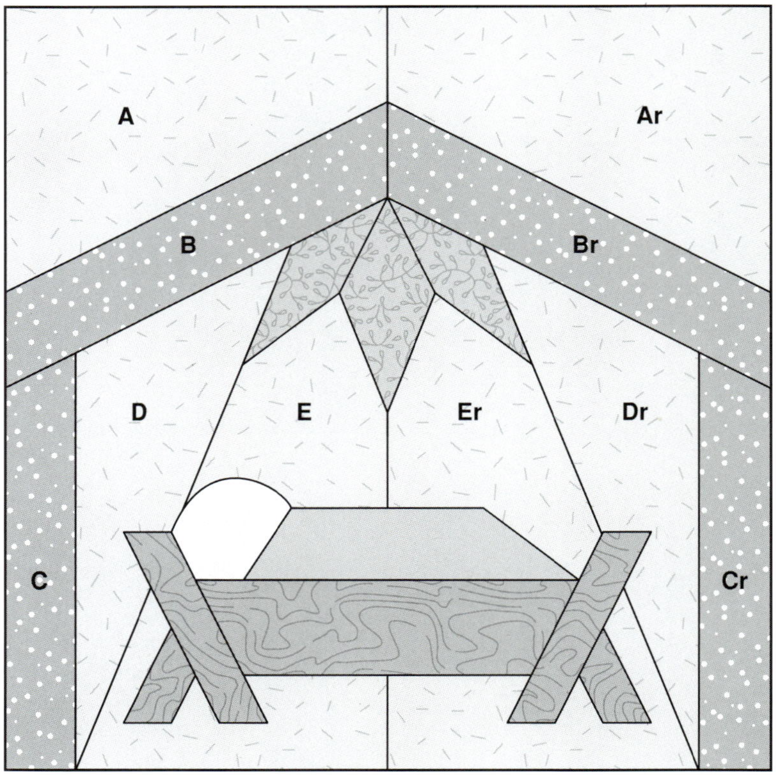

Krippe

C26 Stern und Krippe sind appliziert. Verlängern Sie E und Er bis zu den B- und Br-Linien. Den Block zusammensetzen, indem Sie 1 CDE-Einheit nähen und B und A-Teile ansetzen. Dasselbe mit ErDrCr und den Br- und Ar-Teilen machen. Beide Segmente in der Mittelnaht verbinden und den Stern und die Krippe applizieren.

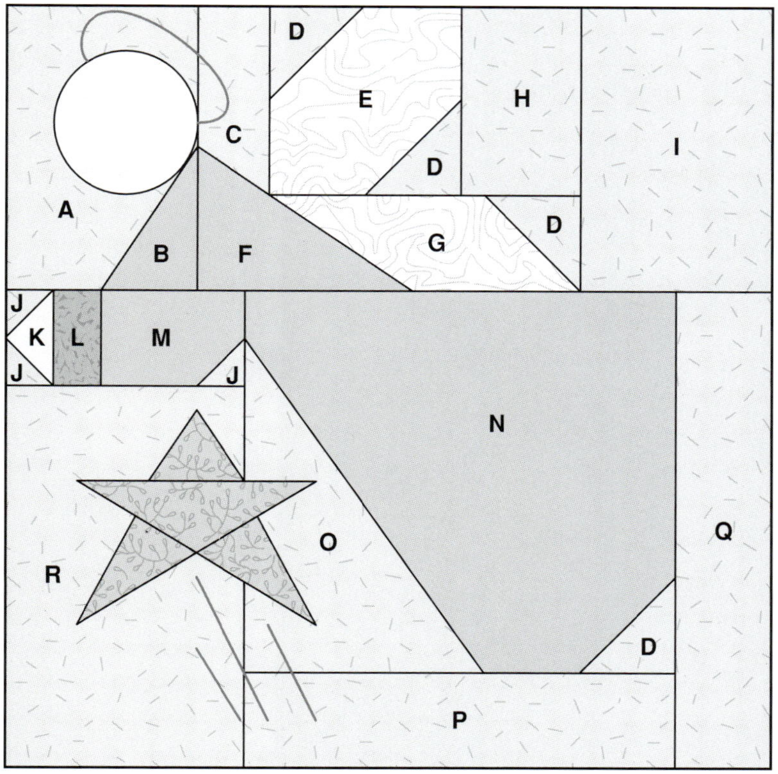

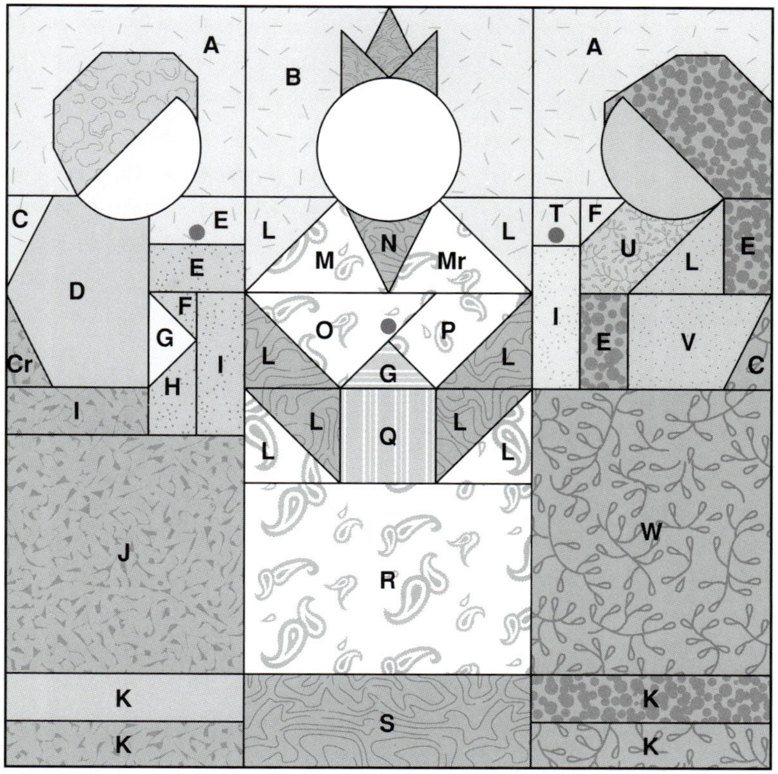

Schwebender Engel

C27 DED-Einheit nähen und H und C ansetzen. GD-Einheit nähen und an die erste Einheit anfügen, dann F-Teil ansetzen. AB-Einheit nähen und links an das erste Segment nähen, I-Teil rechts. JKJ- und MJ-Einheiten nähen, mit L dazwischen zusammensetzen und R-Teil anfügen. OND-Einheit nähen, die P- und Q-Teile anfügen und an die RJM-Kante ansetzen. Beide Segmente zusammenfügen. Den Kopf des Engels und den Stern applizieren. Der Heiligenschein und die Sternenstrahlen sind mit Stielstich gestickt.

Heilige drei Könige

C28 Block in 3 Abschnitten nähen. Mitte: LMNMrL-Einheit nähen und B anfügen. LO und GP zusammensetzen, L anfügen und an das erste Segment nähen. 2 LL-Einheiten an Q nähen und R- und S-Teile unten ansetzen. Rechts: FULE- und EVC-Einheiten nähen, zusammenfügen und TI ansetzen. A oben anfügen, W und K unten. Links: FGH-Einheit nähen, dann I-Teil und EE-Einheit ansetzen. CDCr-Einheit nähen, I-Teil ansetzen und mit der ersten Einheit verbinden. A-Teil oben anfügen, J und K-Teil unten. Die 3 Abschnitte zusammensetzen. Köpfe, Krone und Turbane applizieren. Laternengriffe sticken oder kleine Perlen bzw. Knöpfe aufnähen.

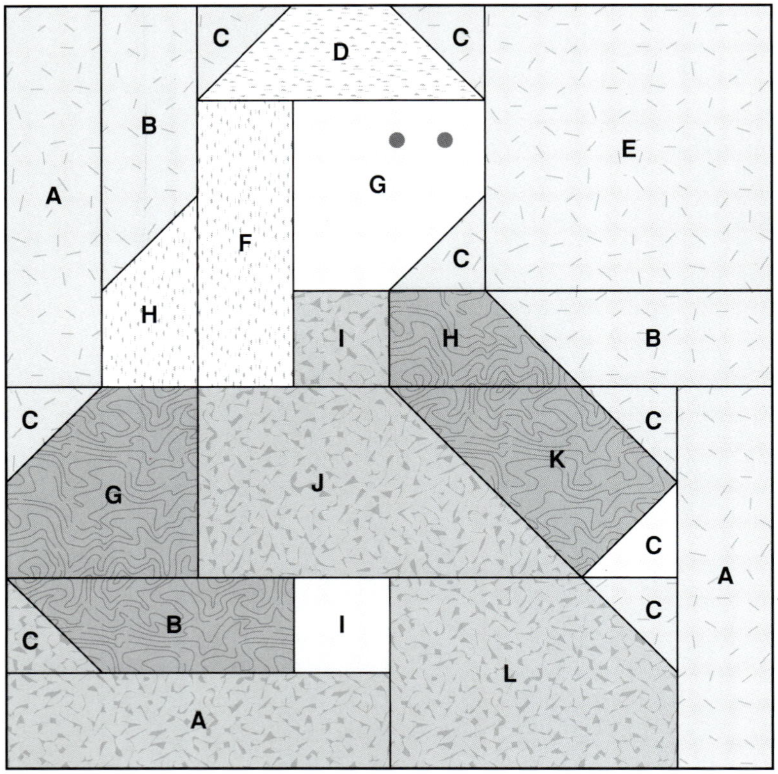

Josef

C29 GC- und HI-Einheiten nähen und zusammenfügen, F-Teil ansetzen. CDC-Einheit nähen und an die FG-Kante setzen. EB-Einheit nähen und mit Y-Naht an das erste Segment anfügen. BH-Einheit nähen, A anfügen und links an das erste Segment setzen. CG- und JKCC-Einheiten nähen und zusammensetzen. CBI-Einheit nähen und an A setzen, dann LC-Einheit dazu. ABCILC-Einheit an das vorige Segment nähen, A-Teil rechts dazu und an die obere Blockhälfte setzen. Augen mit Knötchenstich arbeiten oder Perlen aufnähen.

Schneemann

C30 Dieser Block ist appliziert. 4 in (10 cm) großes Quadrat aus Hintergrundstoff schneiden (plus Nahtzugabe). Die Schneemannteile auf das Hintergrundquadrat applizieren. Die Augen sind Knöpfe, der Mund ist gestickt.

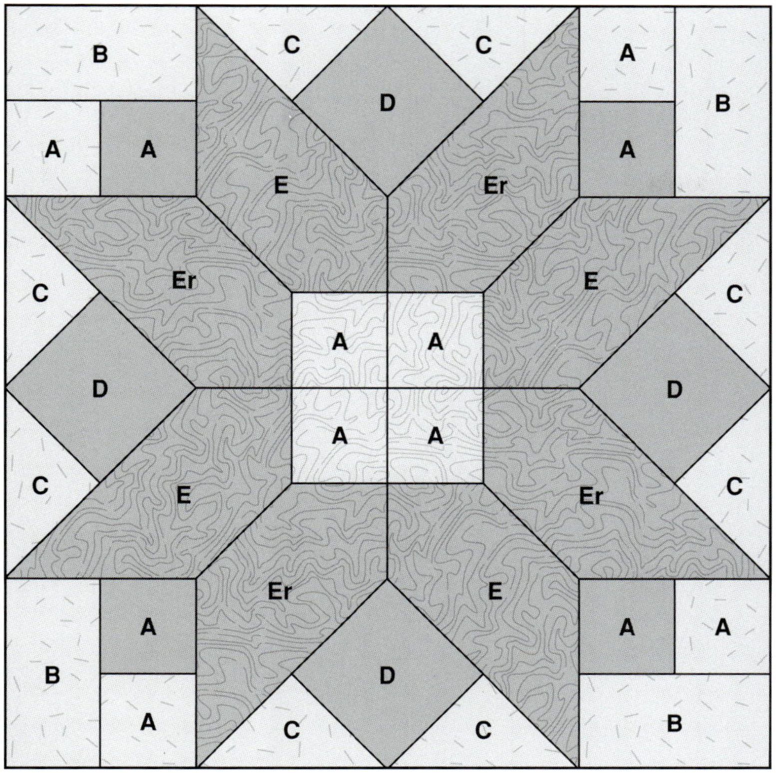

Patchwork-Christstern

C31 EEr-Einheit nähen und das A-Teil mit einer Y-Naht einsetzen (4mal). AAB-Einheiten (4mal) und CDC-Einheiten (4mal) nähen. EErA-Einheiten zusammenfügen und die CDC-Einheiten, dann die AAB-Einheiten einsetzen (Tips zum Nähen von Y-Nähten finden Sie auf Seite 309).

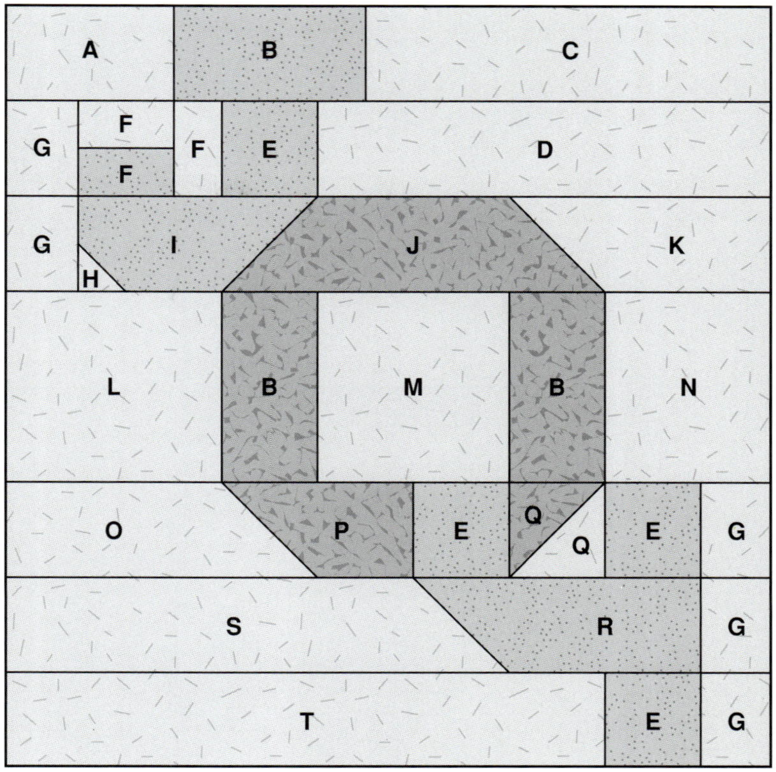

Joy
(Freude)

C32 ABC-Einheit nähen. FF-Einheit nähen und die Teile G, F, E und D anfügen. HIJK-Einheit nähen und G-Teil ansetzen. Diese Reihe an die obere nähen. Die LBMBN-Einheit nähen und an das obere Segment anfügen. QQ-Einheit nähen, mit O, P, E und den G-Teilen verbinden und an das obere Segment anfügen. Danach die SRG-Reihe und die TEG-Reihe nähen und ebenfalls an das obere Segment nähen.

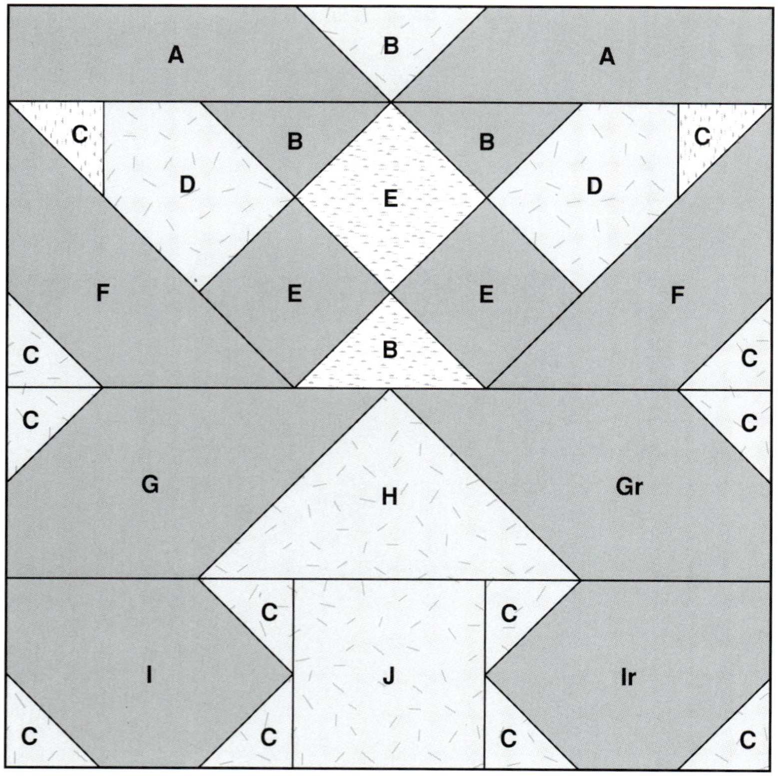

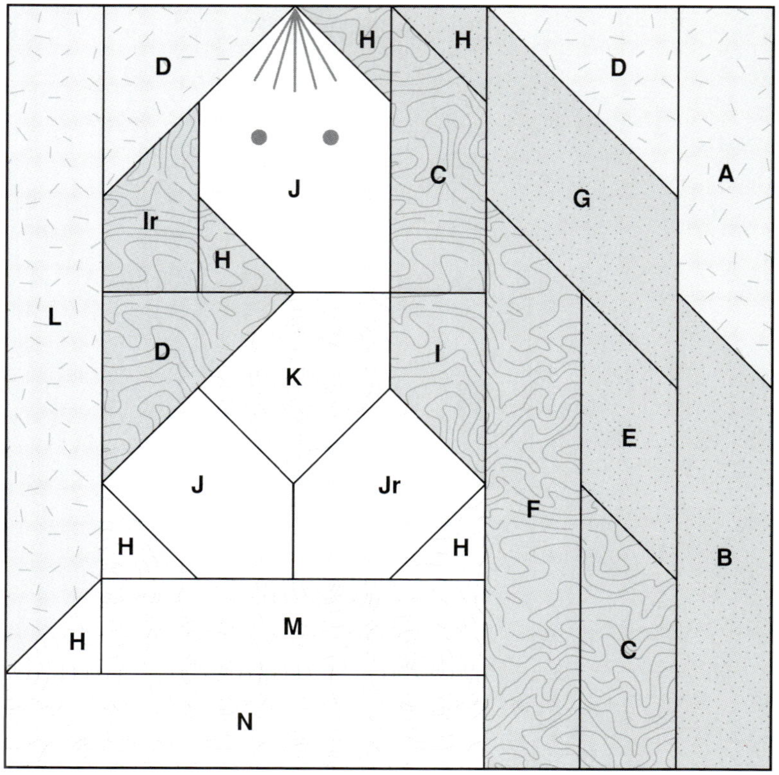

Geschenk-schleife

C33 ABA-Einheit nähen. Die Einheiten CDEB, BEE und BDC werden in diagonalen Reihen genäht und zusammengesetzt. FC-Einheiten nähen (2mal), an das diagonal verbundene Segment ansetzen und an die oberste Reihe nähen. Die CGHGrC-Reihe nähen und an das obere Segment ansetzen. CICC-Einheit und CCIrC-Einheit mit dem J-Teil verbinden und ebenfalls an das obere Segment anfügen.

Maria

C34 HJH- und HC-Einheiten nähen und zusammensetzen, dann Ir- und D-Teil anfügen. JKJr mit einer Y-Naht verbinden, H anfügen und I mit Y-Naht ansetzen. Dann D- und M-Teil annähen und mit dem oberen Segment verbinden (Tips zum Nähen von Y-Nähten finden Sie auf Seite 309). LH-Einheit nähen und anfügen, danach das N-Teil. ECF-Einheitn nähen; G- und T-Teil oben anfügen und rechts an das große Segment nähen. AB-Einheit nähen und ebenfalls rechts ansetzen. Das Haar sticken und für die Augen entweder Knötchenstich oder kleine Perlen benutzen.

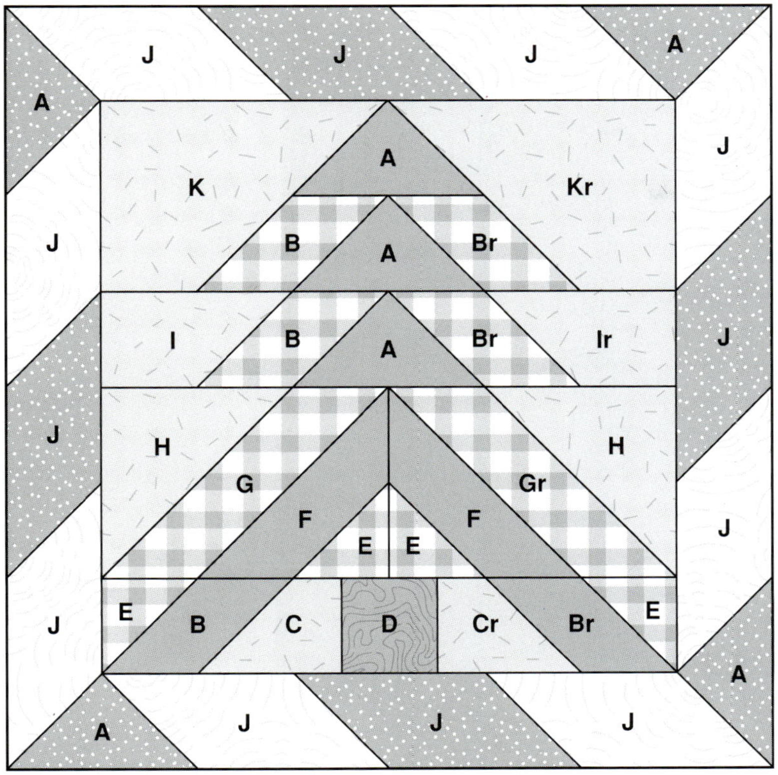

Zuckerstange und Christbaum

C35 BABr-Einheiten nähen (2mal), 1 A oben an 1 BABr nähen, K und Kr-Teile rechts und links davon ansetzen. I- und Ir-Teile an die zweite BABr-Einheit anfügen und an die erste Reihe setzen. GHFE und EFGrH-Einheiten nähen, zusammensetzen und an das obere Segment anfügen. EBC- und DCrBrE-Einheiten nähen, zusammensetzen und ebenfalls an das obere Teil anfügen. JJJA-Einheiten nähen (4mal) und mit diagonalen Ecken an alle 4 Seiten des Blocks nähen (Tips zum Nähen von diagonalen Ecken finden Sie auf Seite 309).

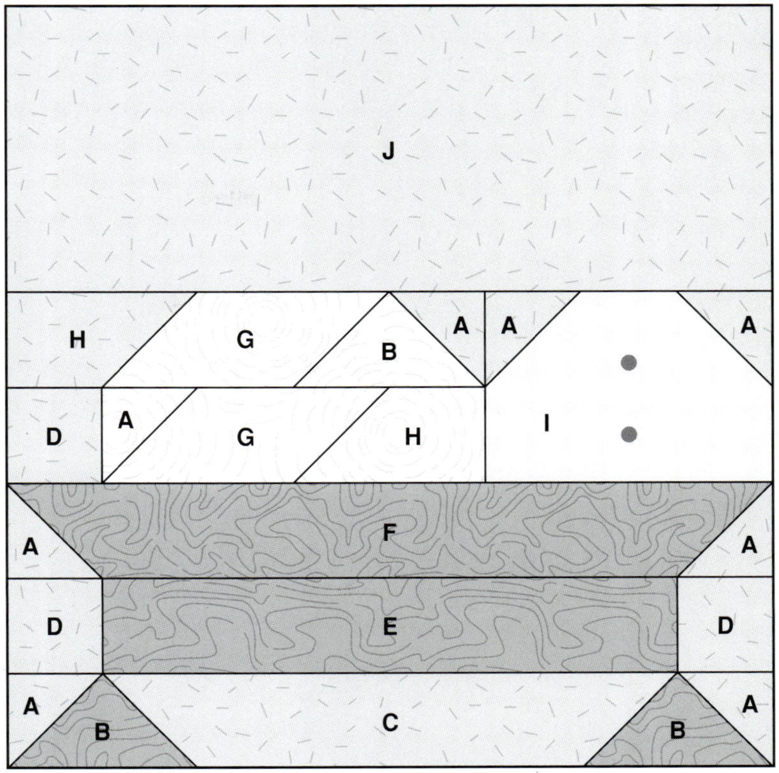

Jesuskind

C36 HGBA-Einheit und DAGH-Einheit nähen und zusammensetzen. AIA-Einheit nähen und mit dem ersten Segment verbinden. AFA-, DED und ABCBA-Einheiten nähen und in dieser Reihenfolge an das obere Segment anfügen. J-Teil oben ansetzen. Mit Stickerei und/oder Knöpfen das Gesicht gestalten.

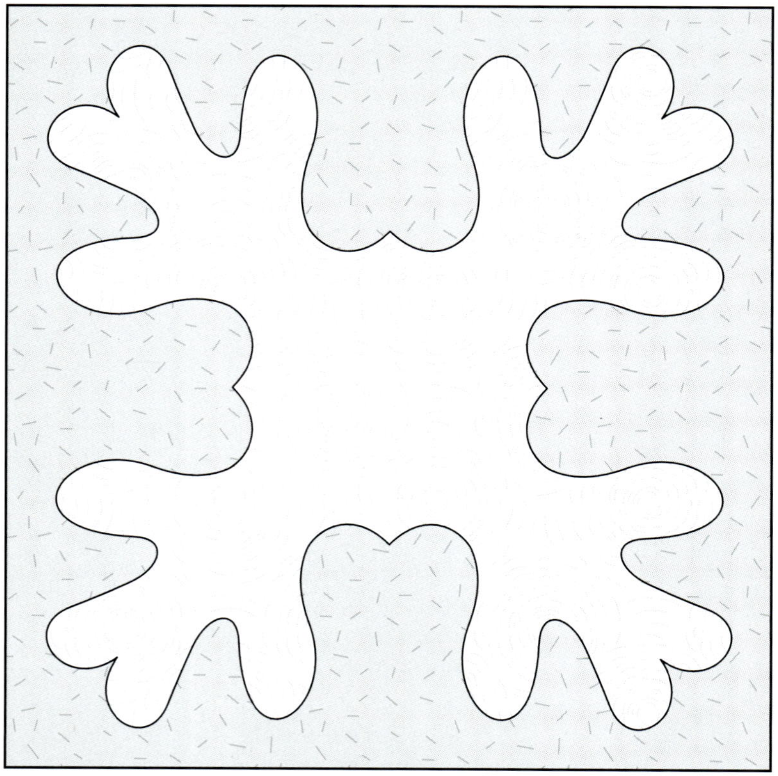

C37 Dieser Block ist appliziert. 4 in (10 cm) großes Quadrat aus Hintergrundstoff schneiden (plus Nahtzugabe) und die Schneeflocke applizieren.

Schneeflocke 1

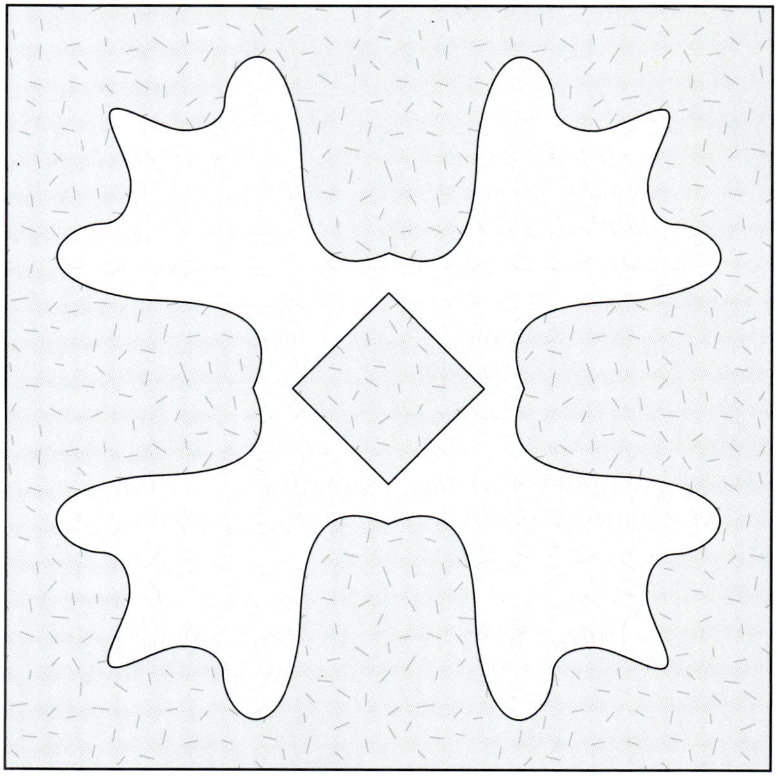

C38 Dieser Block ist appliziert. 4 in (10 cm) großes Quadrat aus Hintergrundstoff schneiden (plus Nahtzugabe) und die Schneeflocke applizieren.

Schneeflocke 2

C39 Dieser Block ist appliziert. 4 in (10 cm) großes Quadrat aus Hintergrundstoff schneiden (plus Nahtzugabe) und die Schneeflocke applizieren.

Schneeflocke 3

C40 Dieser Block ist appliziert. 4 in (10 cm) großes Quadrat aus Hintergrundstoff schneiden (plus Nahtzugabe) und die Schneeflocke applizieren.

Schneeflocke 4

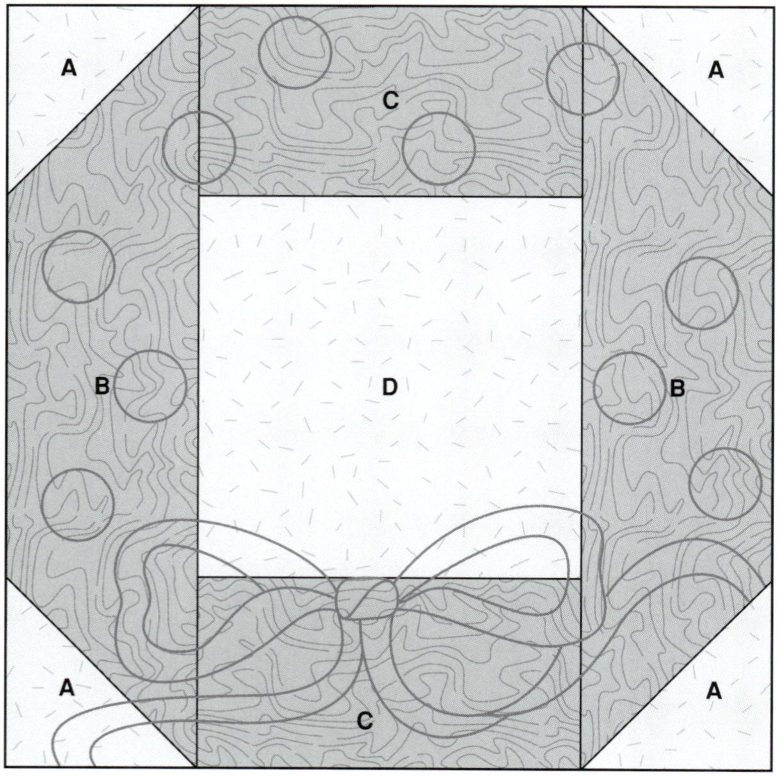

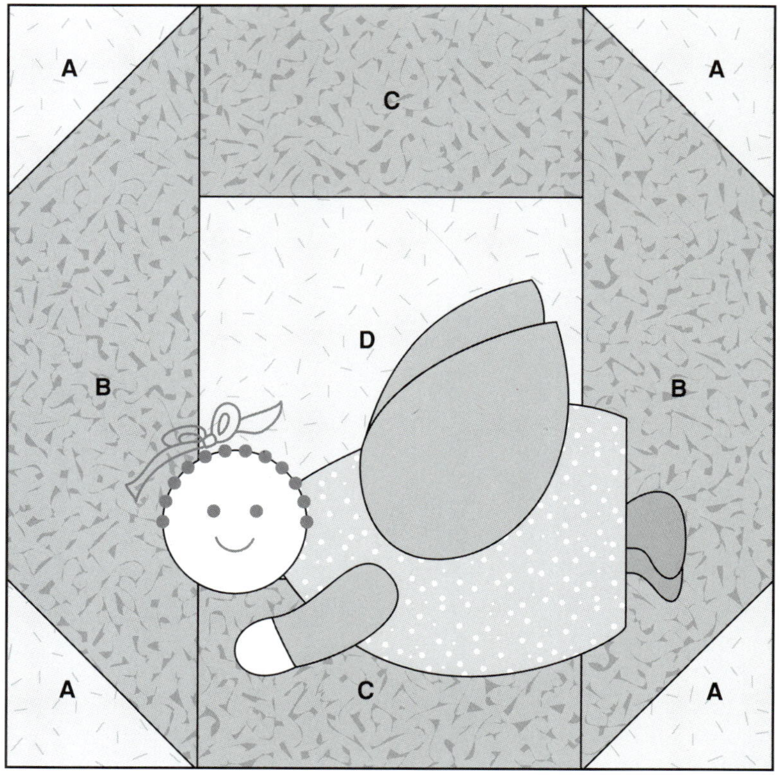

C41 ABA-Einheit (2mal) und die CDC-Einheit nähen. Die 3 Einheiten zusammensetzen. Knöpfe auf den Kranz nähen. Die Schleife kann appliziert werden, oder Sie nähen eine echte Schleife aus schmalem Band auf dem Kranz fest.

Kranz mit Schleife und Knöpfen

C42 ABA-Einheit (2mal) und die CDC-Einheit nähen. Die 3 Einheiten zusammensetzen. Engel applizieren. Das Gesicht und die Haarschleife sticken. Mit Knötchenstich oder Perlen die Löckchen bilden.

Kranz mit Engel

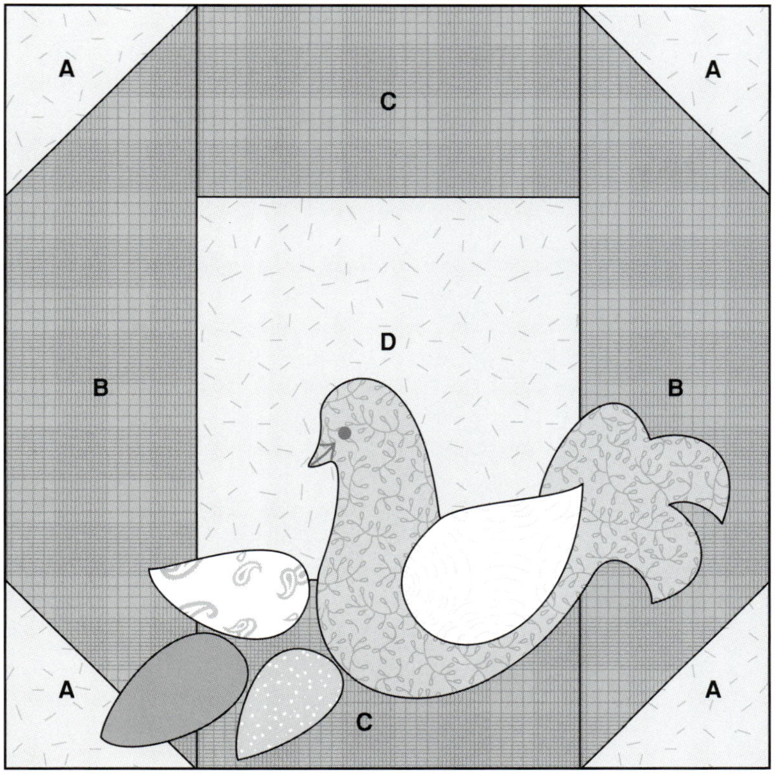

Kranz mit Täubchen

C43 ABA-Einheit (2mal) und die CDC-Einheit nähen. Die 3 Einheiten zusammensetzen. Applizieren Sie das Täubchen und die Blätter. Gestickt werden Schnabel und Auge, das aber auch eine Perle oder ein Knöpfchen sein kann.

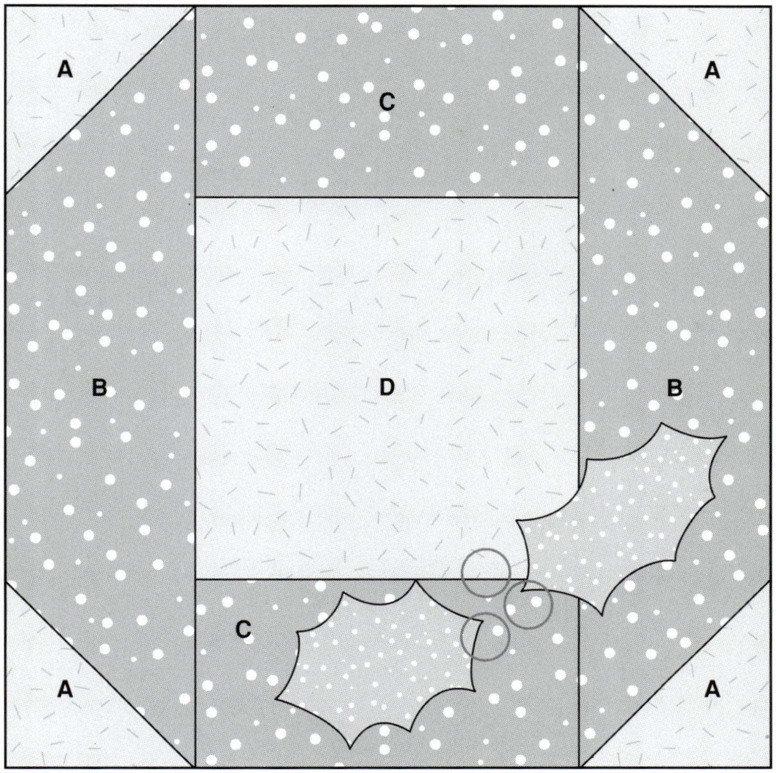

Kranz mit Stechpalme

C44 ABA-Einheit (2mal) und die CDC-Einheit nähen. Die 3 Einheiten zusammensetzen. Applizieren Sie die Stechpalmenblätter. Sie können auch die Beeren applizieren, oder Sie verwenden Perlen oder Knöpfe.

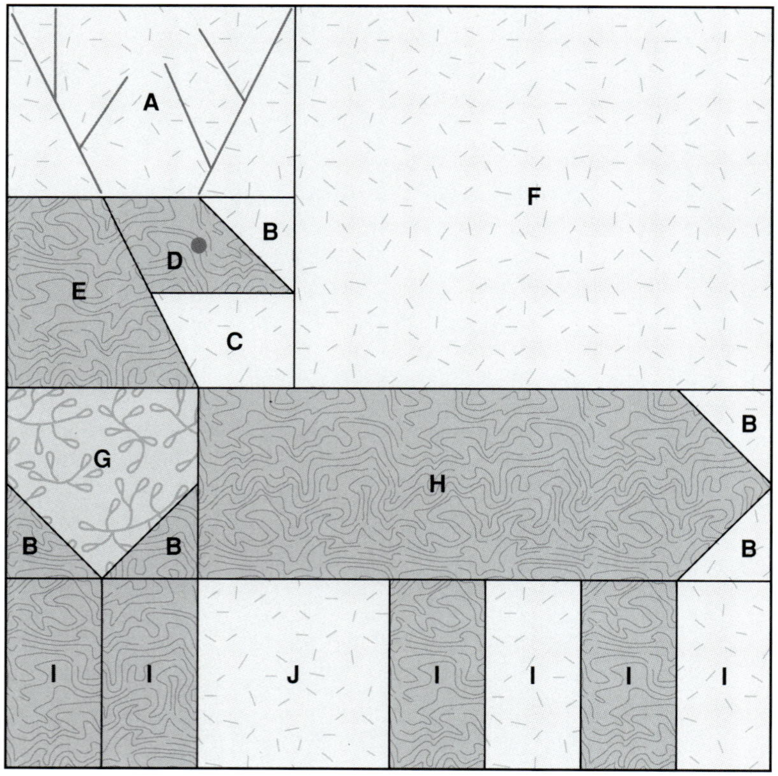

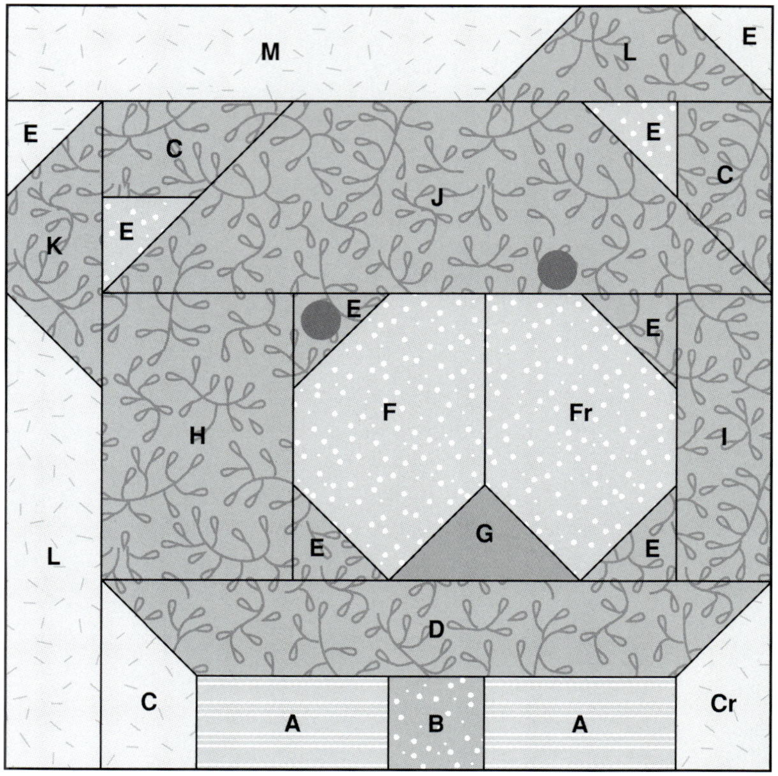

Rentier

C45 BCD-Einheit nähen, E-Teil ansetzen, dann das A-Teil. Diese Einheit an F anfügen. BGB- und HBB-Einheiten nähen und an das obere Segment ansetzen. Die Reihe IIJIIII zusammensetzen und ebenfalls an das obere Segment nähen. Das Geweih mit Stielstich sticken.

Teddybär

C46 EFE- und EFrE-Einheiten nähen und G mit einer Y-Naht einsetzen (Tips zum Nähen von Y-Nähten finden Sie auf Seite 309). Dann I- und H-Teile anfügen. ABA-Einheit nähen und mit Y-Nähten an C, D und Cr setzen. Diese Einheit an das Mittelteil nähen. EKL-Einheit nähen und links an das Mittelteil, MLE-Einheit nähen und oben anfügen. Knöpfe als Augen aufsetzen.

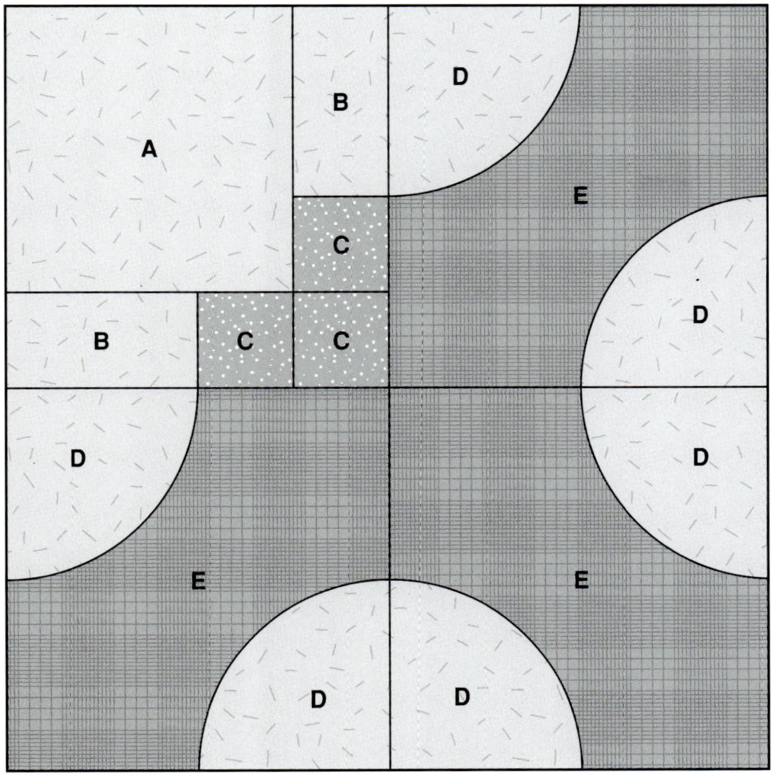

Stechpalmenblatt

C47 DED-Einheiten nähen (3mal). (Anleitung für Kurvennähte siehe Seite 309). BC- und BCC-Einheiten nähen und an A-Teil setzen. Kombinieren Sie die 4 Einheiten zu 1 Viererblock (siehe auch Seite 309 für das Nähen von Viererblöcken).

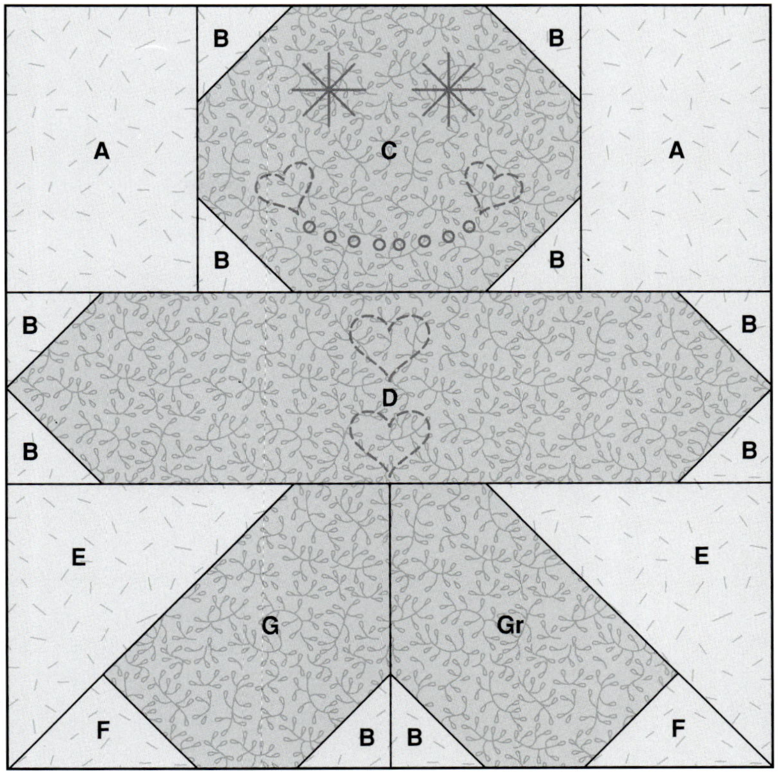

Lebkuchenmann

C48 BBBBC-Einheit nähen und an jede Seite 1 A-Teil anfügen. 1 BBBBD-Einheit nähen und an das obere Segment setzen. EFGB- und EFGrB-Einheiten nähen, zusammensetzen und an das obere Segment anfügen. Sticken Sie die Details mit Vorstichen, Stielstich und Satinstich, oder verwenden Sie Knöpfe.

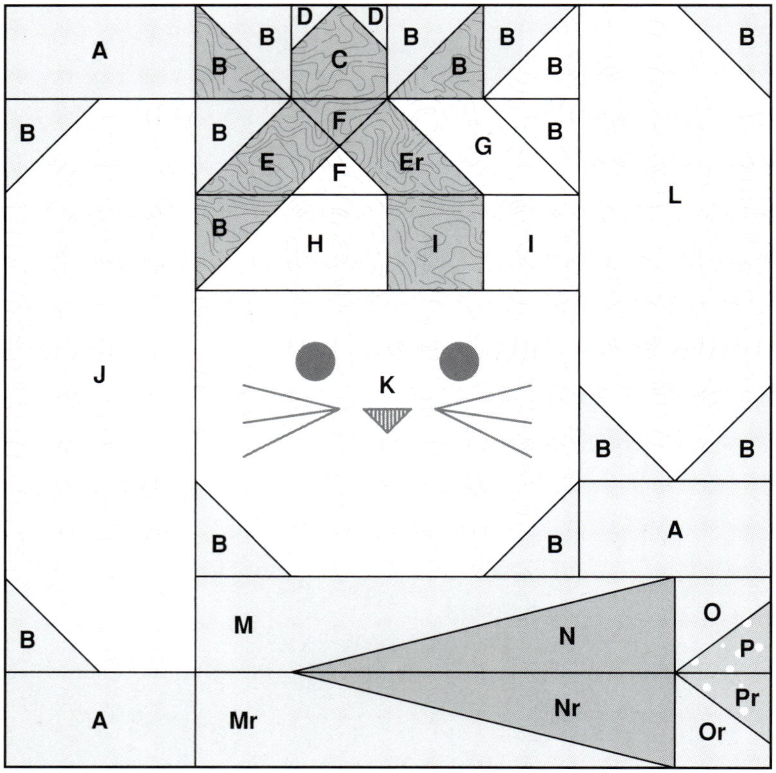

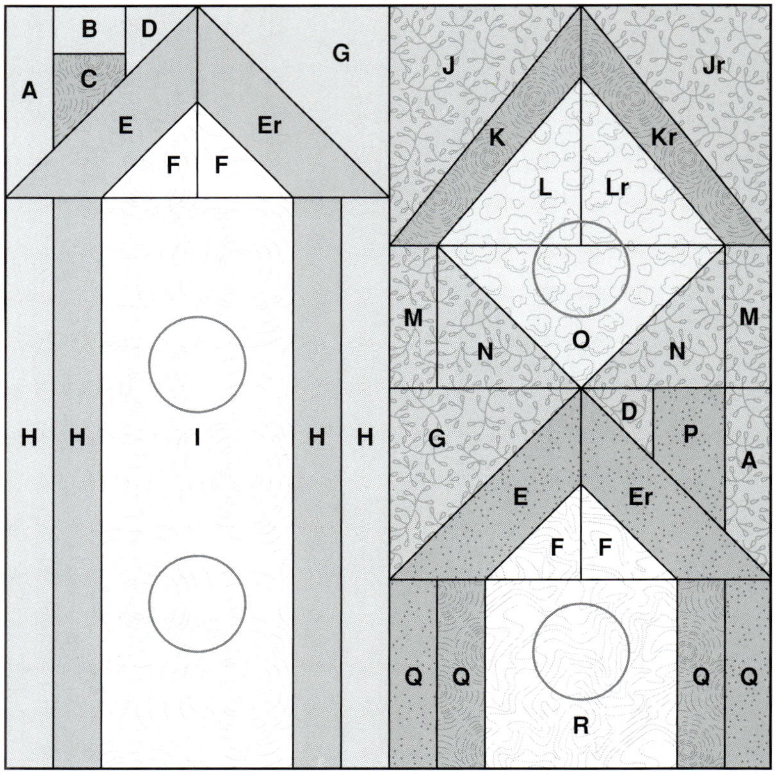

Häschen mit Möhre

C49 BB-Einheiten (3mal) und DCD-Einheit nähen und zur oberen Reihe verbinden. BEF- und FEr-Einheit nähen, G- und B-Teile anfügen und an die obere Reihe setzen. BHII und BKB-Einheiten nähen, zusammensetzen und an die erste Einheit nähen. BLBB-Einheit nähen, A-Teil ansetzen und an die rechte Seite der ersten Einheit nähen. MN und MrNr-Einheiten nähen, zusammensetzen; OP- und OrPr-Einheiten nähen, zusammensetzen und an die NNr-Kante annähen. Diese Einheit an das Hauptsegment anfügen. Das Gesicht mit Satinstich und Vorstichen gestalten, Knöpfe als Augen verwenden.

Vogelhäuser

C50 BC-Einheit nähen und A- und D-Teile ansetzen. EF-Einheit nähen und mit ABCD-Einheit verbinden. FErG-Einheit nähen und an das erste Segment ansetzen. HHIHH-Einheit nähen und ebenfalls an das erste Segment ansetzen. JKL- und LrKrJr-Einheit nähen und zusammensetzen. MNONM-Einheit nähen und an die JKL-Einheit setzen. DPA-Einheit nähen und Er- und F-Teile ansetzen. GEF-Einheit nähen, mit dem vorigen verbinden und an die MNNM-Kante setzen. QQRQQ-Einheit nähen, unten an das vorige Segment setzen und dann rechte und linke Blockhälfte zusammennähen. Die 4 Fluglöcher applizieren oder Knöpfe aufsetzen.

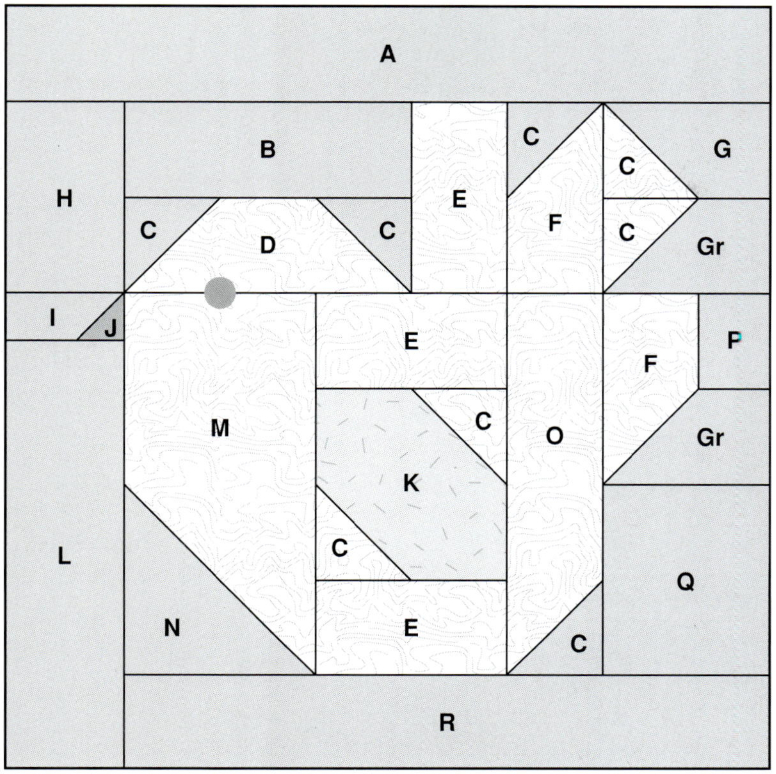

Küken

C51 Oberen Teil wie folgt arbeiten: CDC-Einheit nähen, B oben ansetzen, H links und E rechts. CF-Einheit nähen und an die E-Seite nähen. CG- und CGr-Einheiten nähen, zusammenfügen und rechts annähen. A ganz oben anfügen. Unteren Teil wie folgt arbeiten: CKC-Einheit nähen und oben und unten E ansetzen. MN an die linke Seite und OC an die rechte anfügen. An F- und Gr-Teil 1 P mit einer Y-Naht einsetzen, unten Q annähen und das Ganze rechts an das erste Segment anfügen; dann R unten. IJ-Einheit nähen, L ansetzen und an die linke Seite nähen. Oberes und unteres Segment zusammennähen. Kleine Perle oder Knötchenstich als Auge des Kükens anbringen.

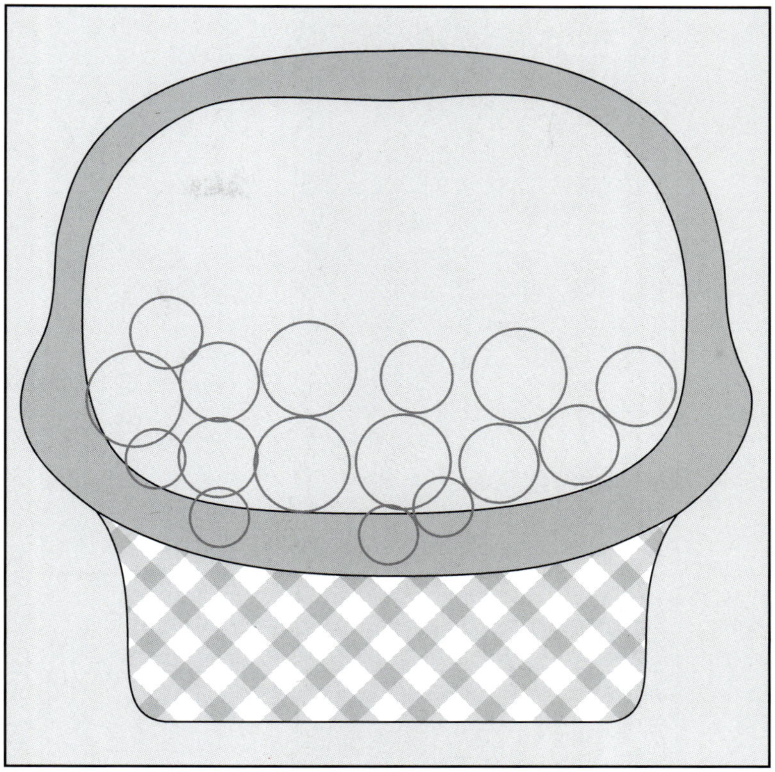

Korb

C52 4 in (10 cm) großes Quadrat aus Hintergrundstoff schneiden (plus Nahtzugabe). Applizieren Sie den Korb auf den Hintergrund und füllen Sie ihn mit Jo-Jos und Knöpfen (siehe auch die Anleitung für Jo-Jos Seite 308).

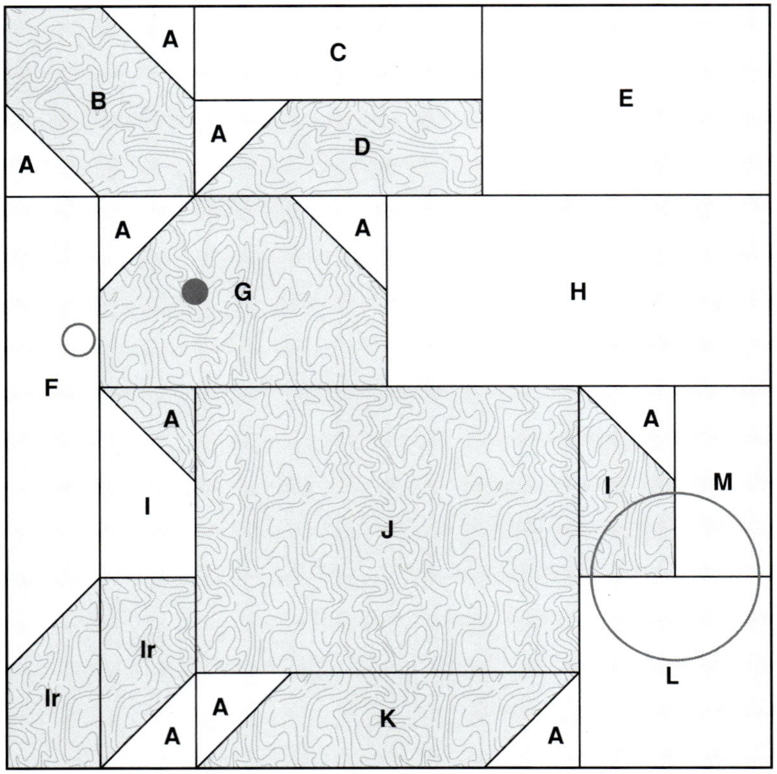

Hoppelhase

C53 AD-Einheit nähen und mit C verbinden. ABA-Einheit nähen und an die CA-Kante anfügen. E-Teil an die andere Seite nähen. AGA-Einheit nähen und H ansetzen. AI-Einheiten nähen (2mal), an 1 davon M- und L-Teile anfügen. AKA-Einheit nähen, J anfügen und an das AIML-Segment nähen. IrA-Einheit nähen, mit AI-Einheit zusammensetzen und an die JA-Kante nähen. Das Ganze an das AGAH-Segment setzen. FIr-Einheit nähen, links an das untere Segment nähen. Oberes und unteres Teil zusammensetzen. Jo-Jo-Schwänzchen aufnähen, Näschen und Augen sticken oder Perlen bzw. Knöpfchen aufsetzen.

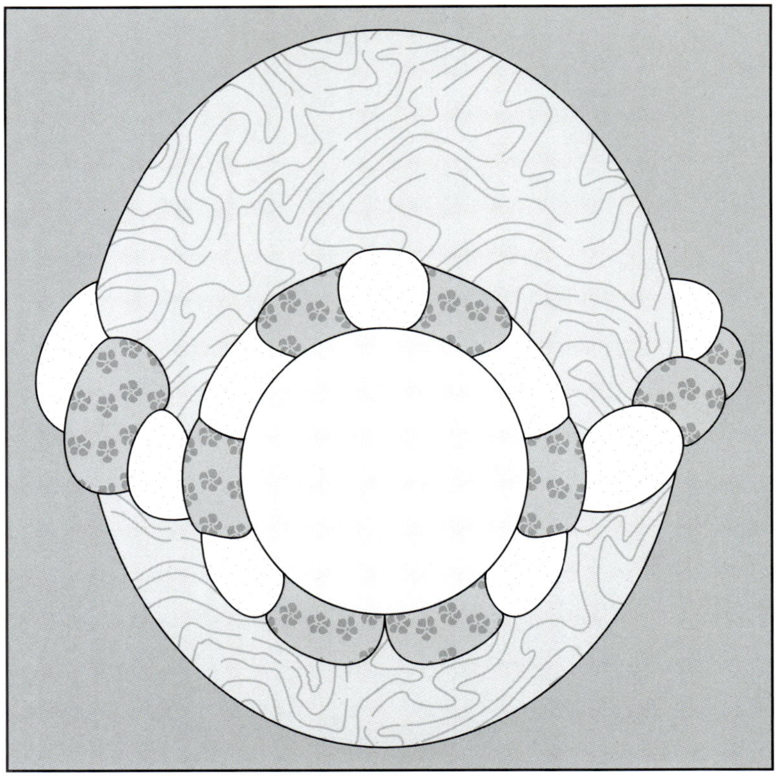

Osterei 1

C54 4 in (10 cm) großes Quadrat aus Hintergrundstoff schneiden (plus Nahtzugabe). Das Ei applizieren und besticken, z.B. mit Margeritenstich, Stielstich oder Knötchenstich. Verwenden Sie eine hübsche Szene oder ein Stoffmotiv für das Medaillon auf dem Ei.

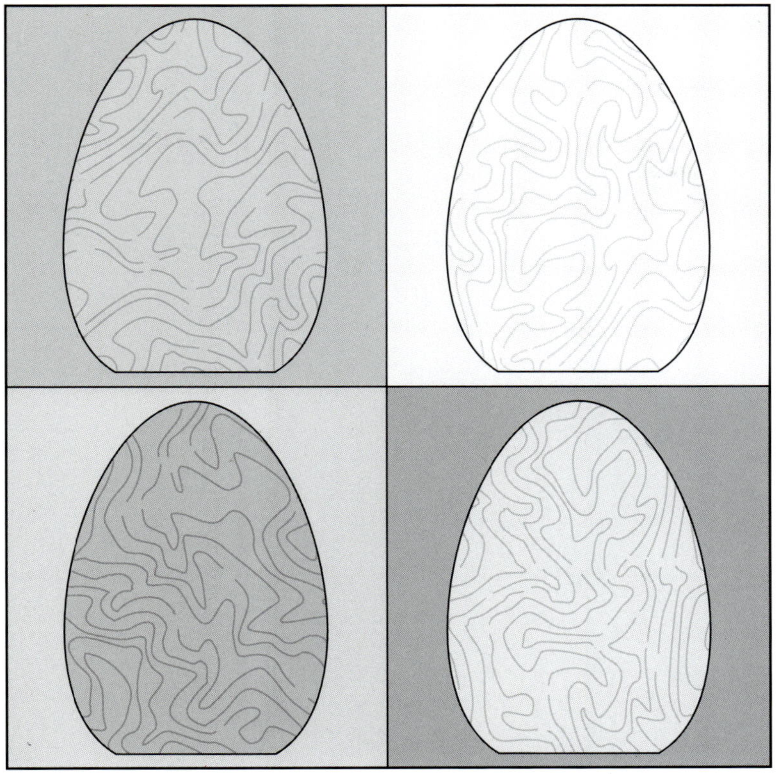

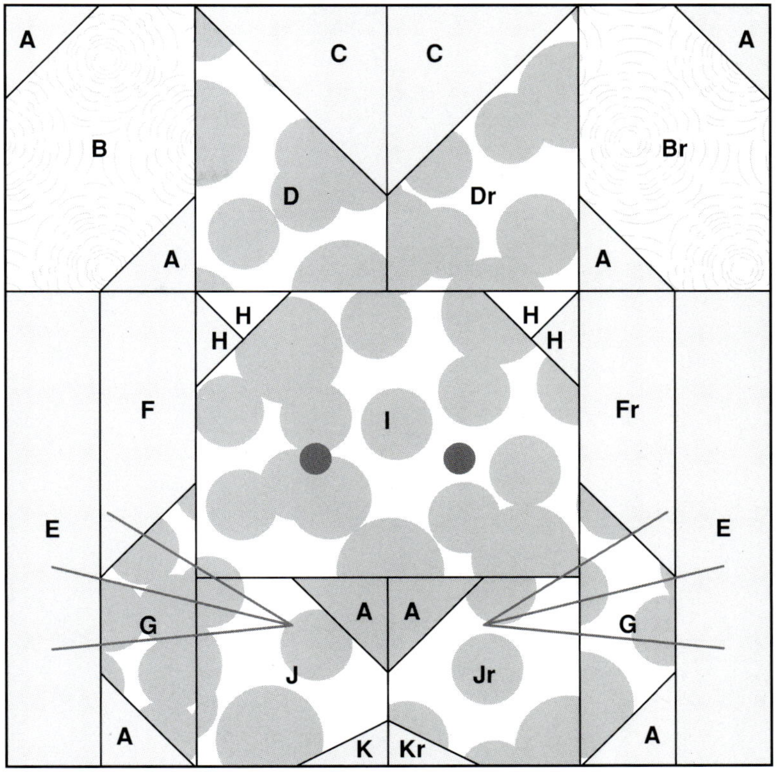

Osterei-Sampler

C55 4 2 in (5 cm) große Quadrate plus Nahtzugabe schneiden und als Viererblock zusammensetzen (siehe auch Seite 309 für das Nähen von Viererblöcken). Applizieren Sie die Eier und schmücken Sie sie mit Stickstichen und anderem, z. B. mit Bändern, Spitzen, Perlen, Knöpfen und Ihrer Phantasie.

Kaninchen

C56 ABA-, CD-, CDr- und ABrA-Einheiten nähen und zusammensetzen. HH-Einheiten (2mal) nähen und an I-Teil setzen. AJK- und AJrKr-Einheiten nähen, zusammensetzen und an die HI-Einheit anfügen. FGA- und FrGA-Einheiten machen und an beide Seiten des Mittelsegments anfügen, ebenso die E-Teile. Oberes Blockteil an das untere nähen. Gesichtchen des Kaninchens mit Satinstich (Augen) und Stielstich (Schnurrhaare) sticken.

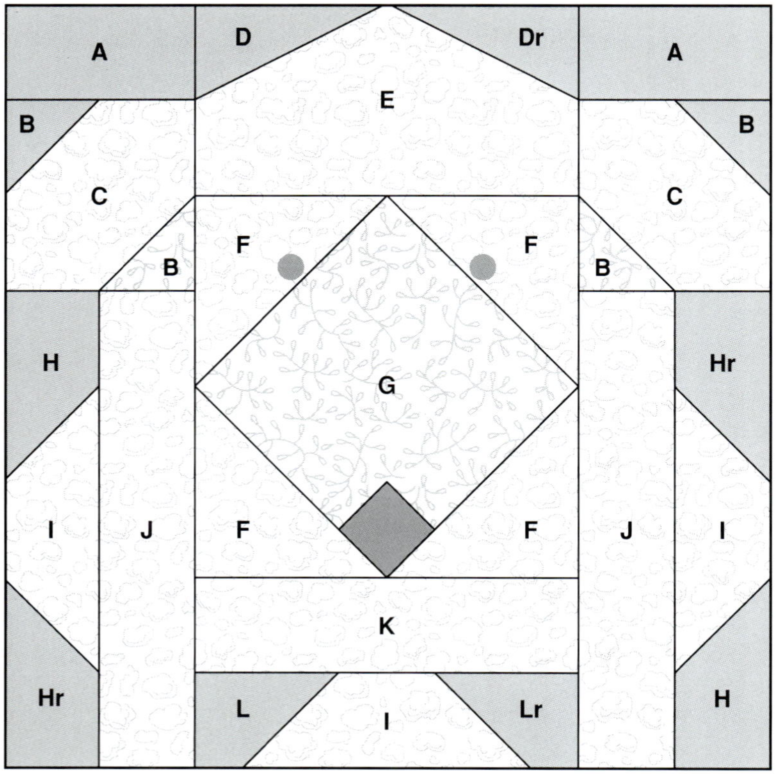

Lämmchen

C57 Nase auf G applizieren und dann F-Teile an alle Seiten von G nähen. DEDr-Einheiten nähen und oben an die FG-Einheit setzen. LILr-Einheit nähen, K anfügen und unten an die FG-Einheit anfügen. BCB-Einheit nähen (2mal) und an jede 1 A anfügen. HIHr- und HrIH-Einheit nähen, jeweils J-Teile anfügen und mit den ABC-Einheiten verbinden. Nähen Sie diese Segmente an das Mittelteil. Augen sticken oder Knöpfe aufnähen.

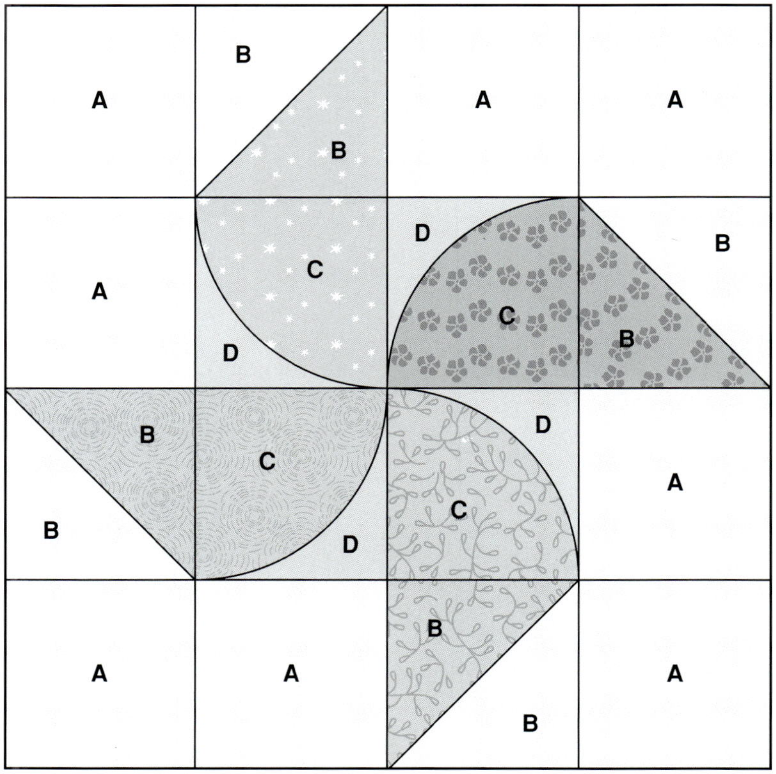

Gebogenes Windrad

C58 CD-Einheit nähen (4mal) (siehe auch die Anleitung für Kurvennähte Seite 309). BB-Einheiten nähen (4mal). Setzen Sie die BB-, CD- Einheiten und A-Teile zu Reihen zusammen und verbinden Sie die Reihen zum Block.

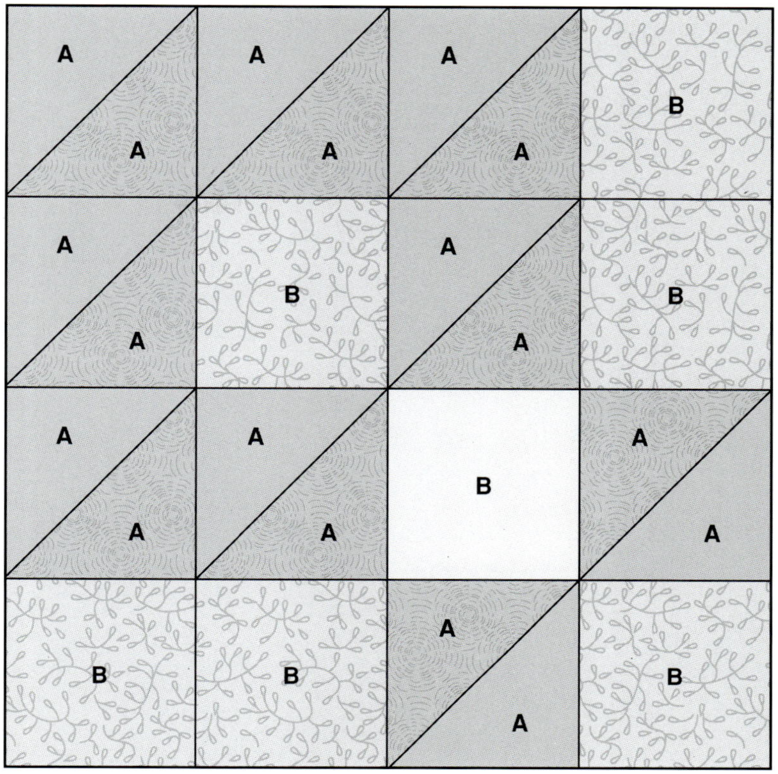

Osterei 2

C59 4 in (10 cm) großes Quadrat aus Hintergrundstoff schneiden (plus Nahtzugabe) Applizieren Sie Ei und Schleife oder verwenden Sie ein echtes Band.

Patchwork-Korb

C60 AA-Einheiten nähen (9mal). Die AA-Einheiten mit den B-Teilen zu Reihen zusammensetzen, dann die Reihen zum kompletten Block verbinden.

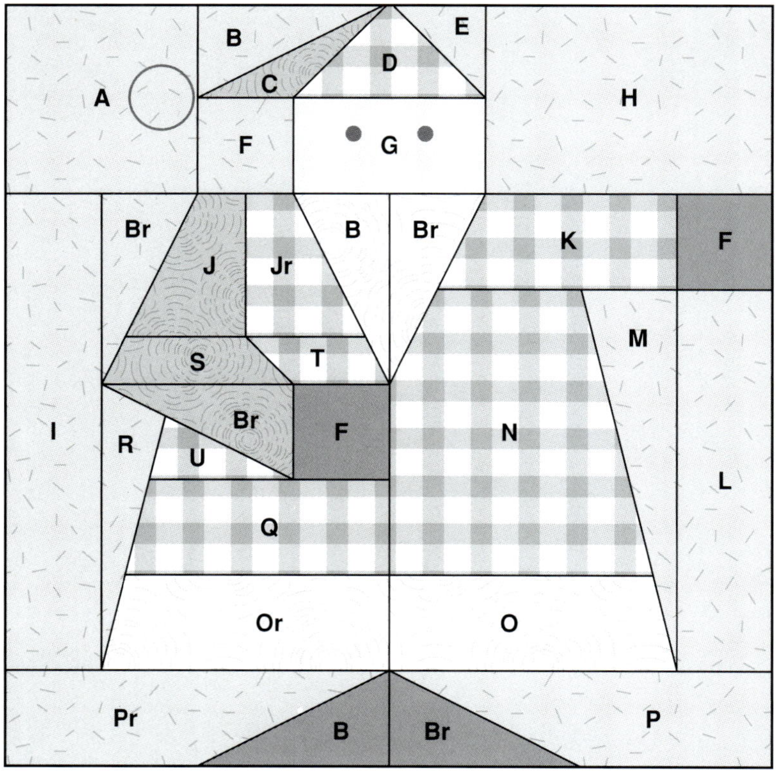

Weihnachtsmann

C61 ST- und JJr-Einheiten nähen und zusammensetzen, B und Br an die Seiten. UQOr-Einheit nähen, R seitlich ansetzen. BrF-Einheit nähen und mit Y-Naht in RUQ einsetzen. Dies an das erste Segment anfügen, links das I-Teil annähen. PrB-Einheit nähen, an das linke Segment unten anfügen. NO-Einheit nähen, M, K, dann Br anfügen. FL-Einheit nähen und an die KM-Kante ansetzen. BrP-Einheit nähen und unten an dieses Segment anfügen. Rechtes und linkes Segment verbinden. BCDE- und FG-Einheit nähen und zusammensetzen, A und H-Teile seitlich annähen und mit dem Hauptteil verbinden.

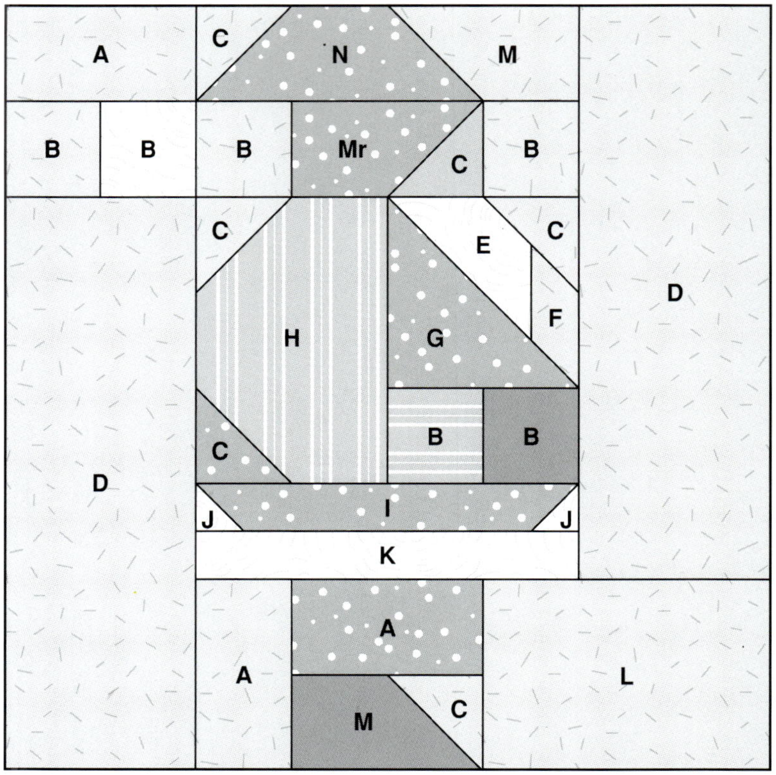

Weihnachtsmann im Profil

C62 BB-Einheit nähen, A oben, D unten ansetzen. CNM-Einheit und BMrCB-Einheit nähen und zusammensetzen. 2 C an H nähen. EF-Einheit nähen und G und C anfügen, dann BB nähen und unten ansetzen, die CHC-Einheit seitlich. JIJ-Einheit nähen, K ansetzen und unten an das Mittelsegment annähen. D-Teil rechts annähen. MC-Einheit nähen, 1 A oben und 1 A links sowie 1 L rechts anfügen. Diese Einheit unten an das Mittelsegment nähen und dann die beiden Abschnitte zum Block zusammenfügen.

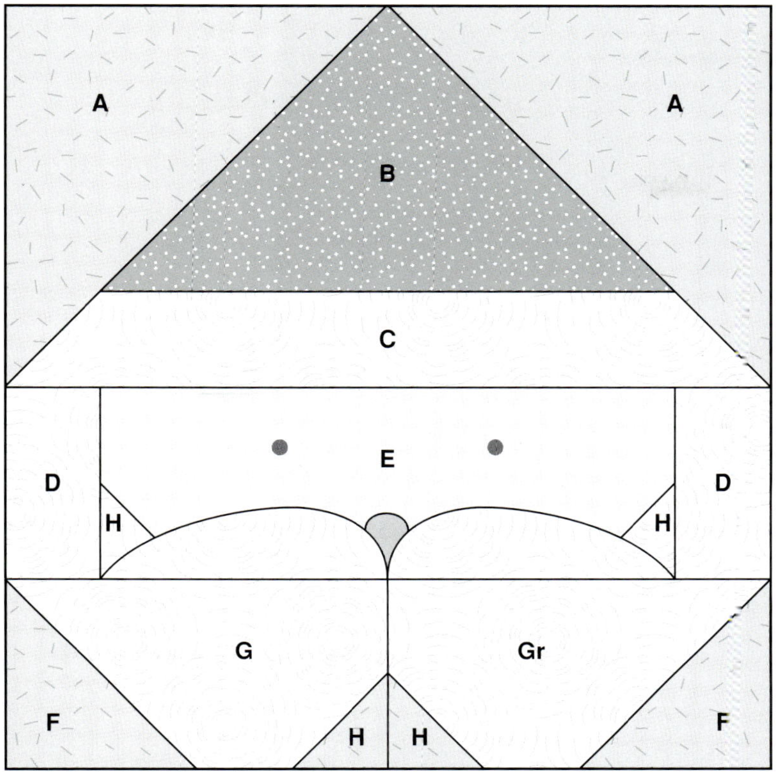

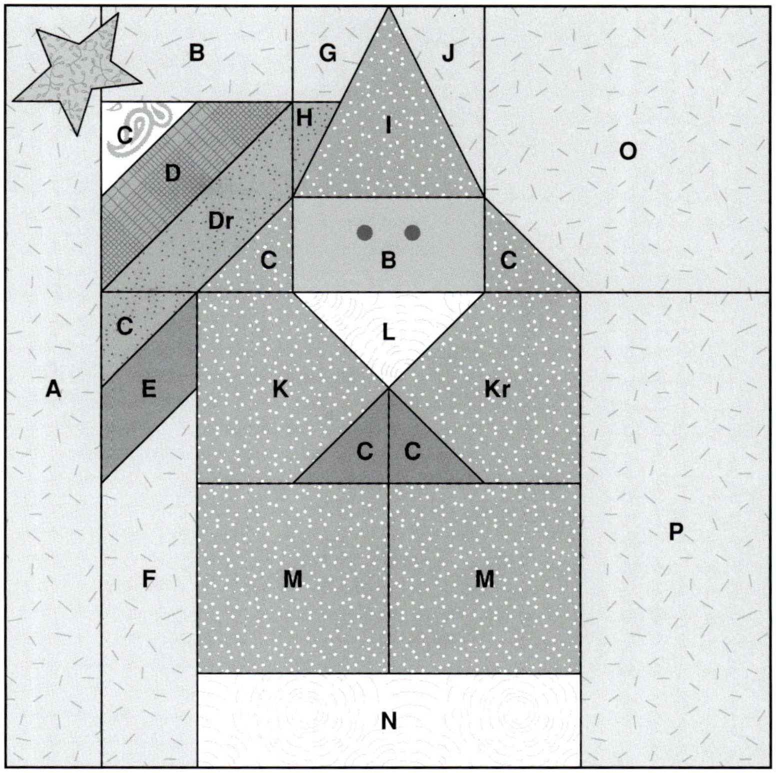

Weihnachtsmann in Herzform

C63 Dieser Block ist eine Kombination von Patchwork und Applikation. Schneiden Sie E und H-Teile in voller Größe aus, denn der Schnauzbart und die Nase werden darauf appliziert. BC-Einheit nähen und an jede Seite 1 A ansetzen. H an E nähen, an beide Seiten D anfügen und an das obere Segment annähen. FGH und HGrF-Einheiten nähen, zusammensetzen und an das obere Segment anfügen. Nun die Nase und den Schnauzbart applizieren. Knöpfe oder Perlen bilden die Augen.

Weihnachtsmann mit Tannenbaum

C64 KCC und LKr-Einheiten nähen und zusammensetzen. MM-Einheit nähen, an das CKL-Segment setzen, danach auch N annähen. CEF-Einheit nähen und links an das Mittelsegment anfügen, P-Teil rechts davon annähen. CDDrC-Einheit nähen und B-Teil ansetzen. GH-Einheit nähen, an das I-Teil setzen und dann J annähen. B-Teil an das GHIJ-Segment nähen und rechts an das BCD-Segment anfügen. CO-Einheit nähen und rechts an das obere Teil anfügen. Das Ganze mit dem unteren Teil zusammensetzen. Mit dem linken A-Teil den Block vervollständigen. Stern applizieren. Die Augen mit Knöpfen, Perlen oder Knötchenstich gestalten.

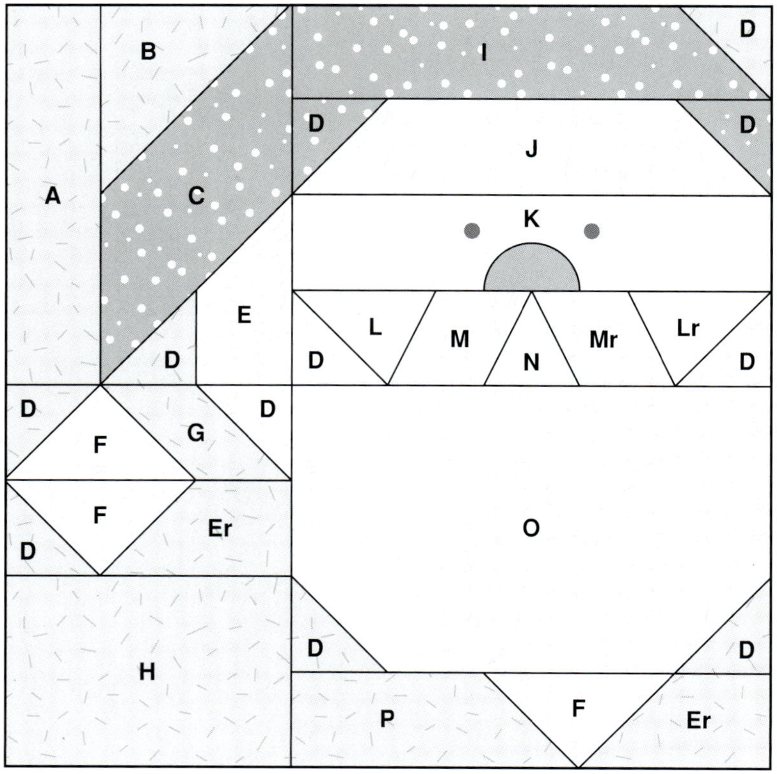

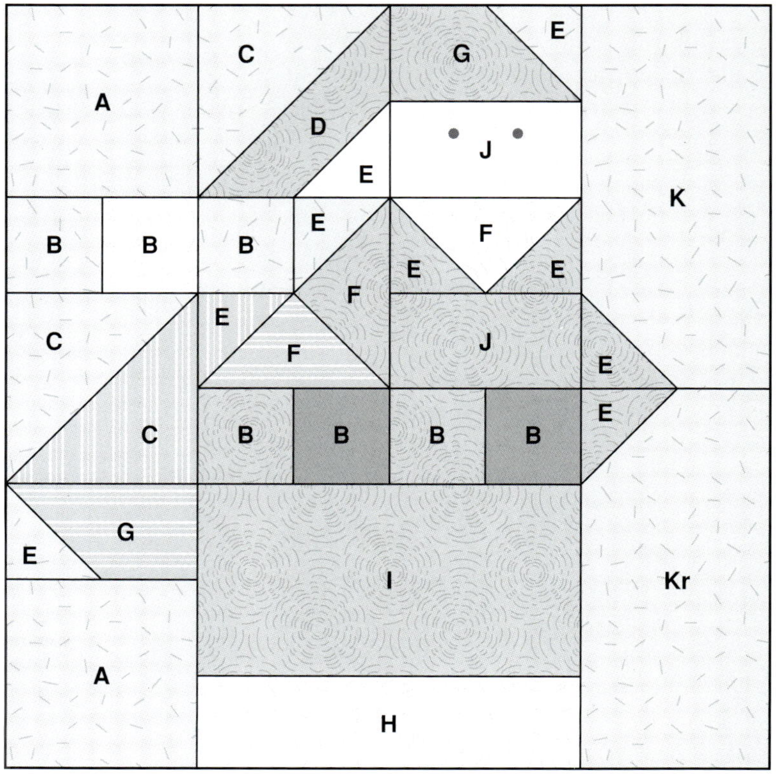

Weihnachts-mann-Gesicht

C65 ID- und DJD-Einheit nähen und zusammensetzen, dann K annähen. DLMNMrLrD-Einheit nähen und an die K-Kante anfügen. DOD-Einheit nähen und an das erste Segment unten annähen. PFEr nähen und an DOD anfügen. Dann DE-Einheit nähen, C anfügen und das B-Teil. A links ansetzen. DFGD-Einheit nähen, anfügen; DFEr-Einheit nähen und ebenfalls anfügen. H-Teil unten ansetzen und das Ganze mit dem rechten Segment verbinden. Nase applizieren und Perlen oder Knötchenstich als Augen aufnähen.

Weihnachts-mann mit Sack

C66 CDE- und EGJ-Einheiten nähen. EBE- und FF-Einheiten nähen und zusammensetzen. EFE nähen und J-Teil ansetzen. Diese Einheit mit dem BEF-Segment zusammenfügen. Dieses Segment an das erste nähen. BBBB-Einheit nähen, ebenfalls an das erste Segment nähen und I und H ansetzen. KE- und KrE-Einheiten nähen, zusammensetzen und rechts annähen. BB, CC und EG-Einheiten nähen, zusammenfügen und die A-Teile oben und unten annähen. Dieses Segment links an das Mittelteil setzen. Die Augen mit Knötchenstich arbeiten oder Knöpfchen aufsetzen.

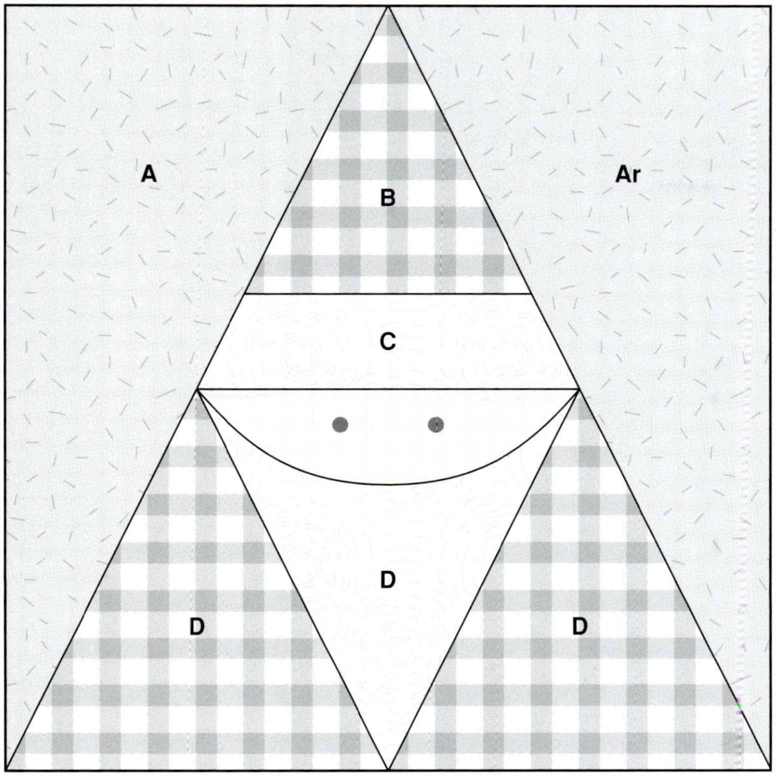

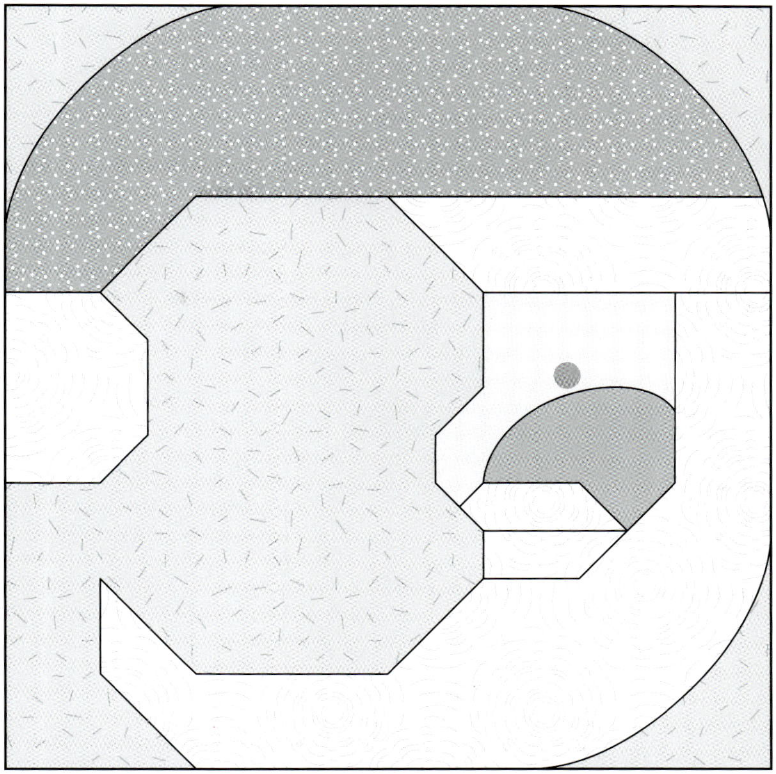

C67 DDD-Einheit nähen und das Gesicht applizieren. Dann die BC-Einheit nähen und oben anfügen. A und Ar-Teile an die Seiten nähen. Knötchenstich oder Perlen bilden die Augen.

Weihnachtsmann in Dreiecksform

C68 Dieser Block wurde appliziert. 1 4 in (10 cm) großes Quadrat aus Hintergrundstoff schneiden (plus Nahtzugabe). Applizieren Sie den Weihnachtsmann auf den Hintergrund und verwenden Sie Satinstich, Perle oder Knopf für das Auge.

Weihnachtsmann in Mondform

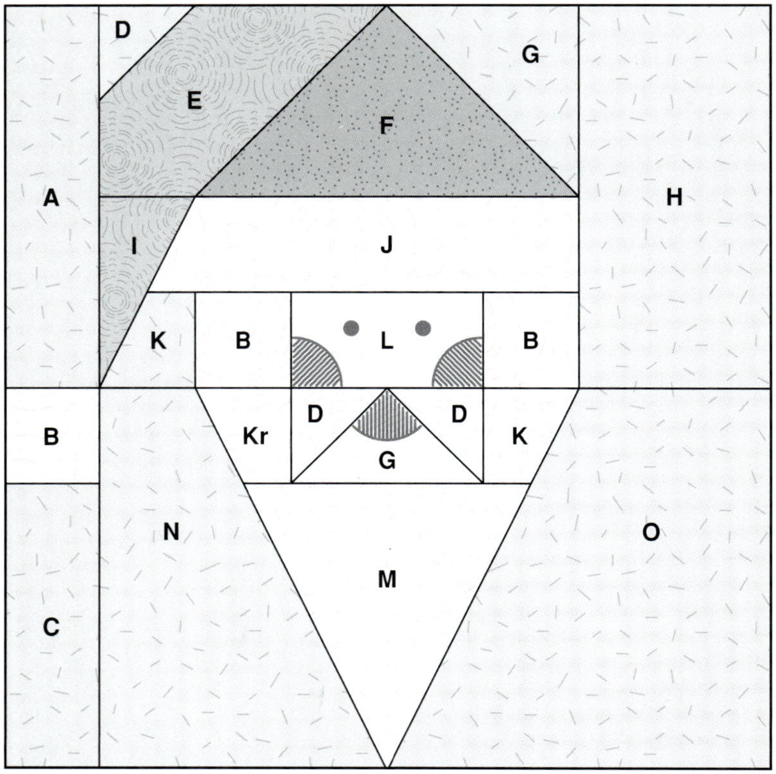

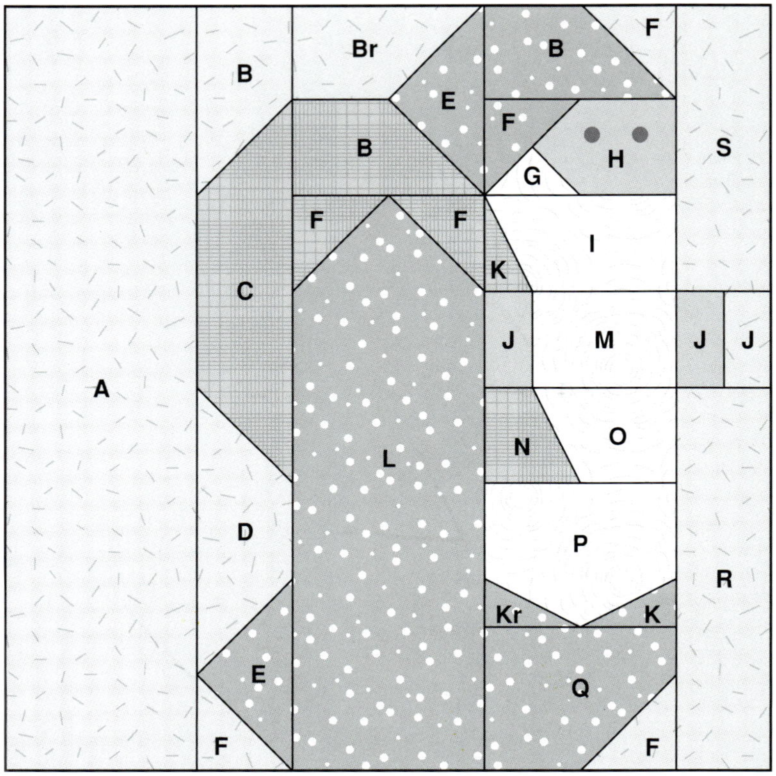

Weihnachtsmann in Rautenform

C69 DEFG-Einheit nähen. KBLB-Einheit nähen und J anfügen, dann I. DEFG-Einheit ansetzen und H-Teil rechts davon. DGD-Einheit nähen, K und Kr-Teile rechts und links anfügen, M-Teil unten. O und N-Teile rechts und links ansetzen und mit dem oberen Segment verbinden. ABC-Einheit nähen und links an den Block anfügen. Knötchenstich, Perlen oder Knöpfchen als Augen aufsetzen.

Alter Weihnachtsmann

C70 BF-, FGH-, KI-, JM-, NO-, KrPK- und QF-Einheiten nähen und untereinandersetzen. SJJR-Einheit nähen und rechts an das mittlere Segment anfügen. E mit einer Y-Naht in Br und B einsetzen (Tips zum Nähen von Y-Nähten finden Sie auf Seite 309). FFL-Einheit nähen, an die BBrE-Einheit ansetzen und links an das mittlere Segment anfügen. BCDEF-Einheit nähen und links an den Block ansetzen, gefolgt von A. Die Augen mit Knötchenstich oder mit Perlen arbeiten.

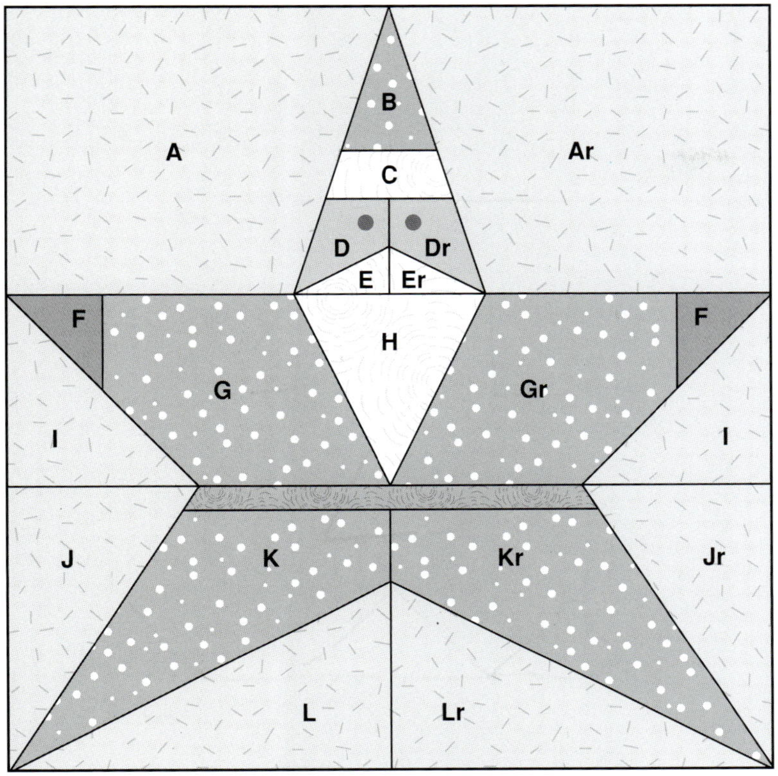

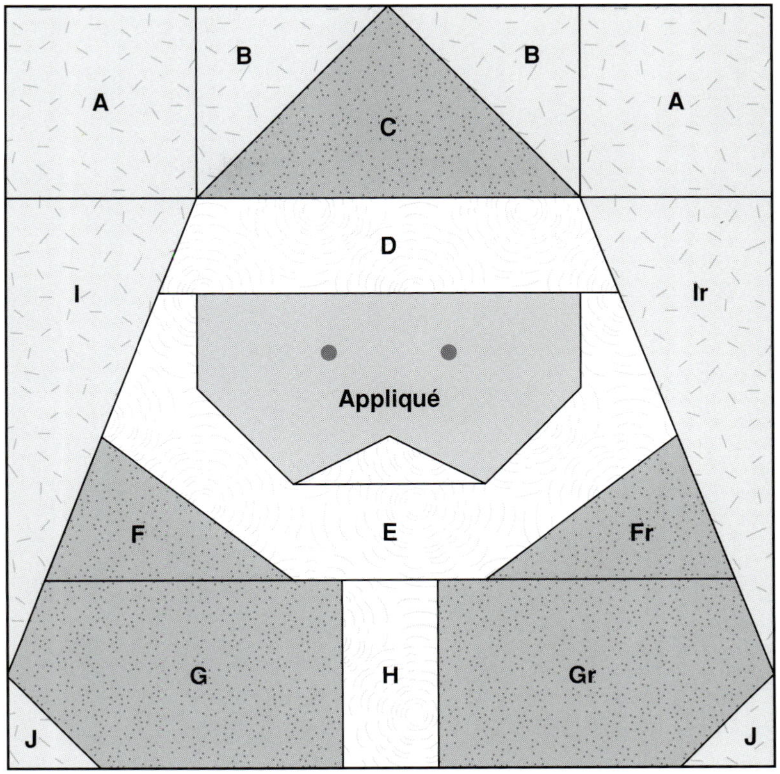

Weihnachtsmann in Sternform

C71 DE- und DrEr-Einheiten nähen und zusammensetzen. BC-Einheit nähen, oben anfügen und die Teile A und Ar rechts und links. FGHGrF-Einheit nähen, 1 I-Teil an jedes Ende setzen und an das obere Segment anfügen. JKL- und LrKrJ-Einheiten nähen, zusammensetzen und ebenfalls an das obere Segment anfügen. Applizieren Sie ein $^{1}/_{8}$ in (1,2 cm) breites Band als Gürtel. Knötchenstich oder Perlen als Augen aufsetzen und einen Knopf als Gürtelschließe.

Stehauf-Weihnachtsmann

C72 Das Gesicht des Weihnachtsmanns ist appliziert, schneiden Sie also E in voller Größe zu. BCB-Einheit nähen und an jedes Ende 1 A ansetzen. Gesicht und Schnauzbart auf das E-Teil applizieren und dann die Teile D, F und Fr anfügen. JGHGrJ-Einheit nähen und an die FEFr-Kante ansetzen. Das Ganze an das erste Segment anfügen. Perlen oder Knötchenstich als Augen verwenden.

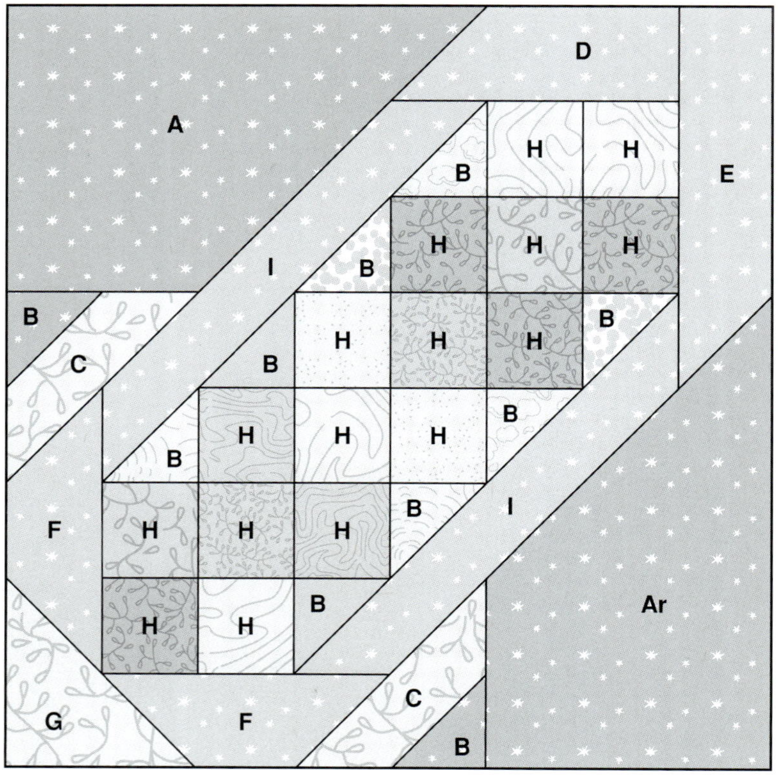

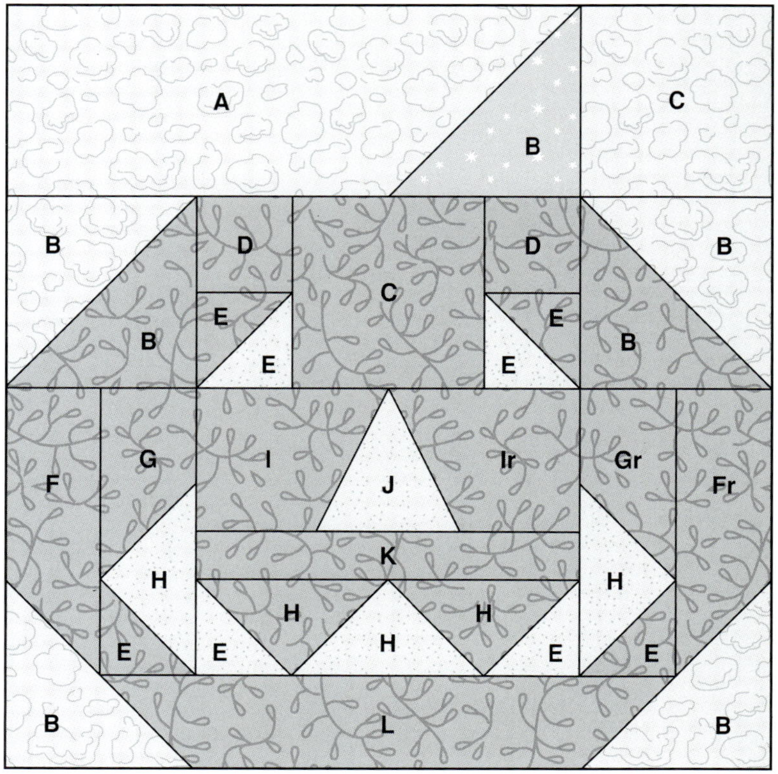

Maiskolben

C73 Beginnen Sie mit dem Mittelteil, indem Sie horizontale Reihen von Maiskörnern zusammensetzen (B- und H-Teile) und dann die Reihen aneinandernähen. I-Teile an jede Seite nähen, gefolgt von D, E und F. BC-Einheit nähen (2mal) und an das A- bzw. Ar-Teil anfügen. Diese Einheiten an das Mittelteil nähen und als letztes das G-Teil ansetzen.

Kürbislaterne

C74 ABC-Einheit nähen. EE-Einheit nähen (2mal), jeweils 1 D anfügen und C in die Mitte setzen. BB-Einheiten nähen (2mal) und an jede Seite des CDE-Segments ansetzen. BCDE-Segment an die ABC-Einheit nähen. EHHHHE- und IJIr-Einheit nähen und K dazwischensetzen. EHG- und EHGr-Einheiten nähen, an die EHIJK-Einheit setzen und F- bzw. Fr-Teil seitlich anfügen. L-Teil unten annähen und die B-Teile an den Ecken. Nähen Sie diesen Abschnitt an das obere Teil, um den Block zu vervollständigen.

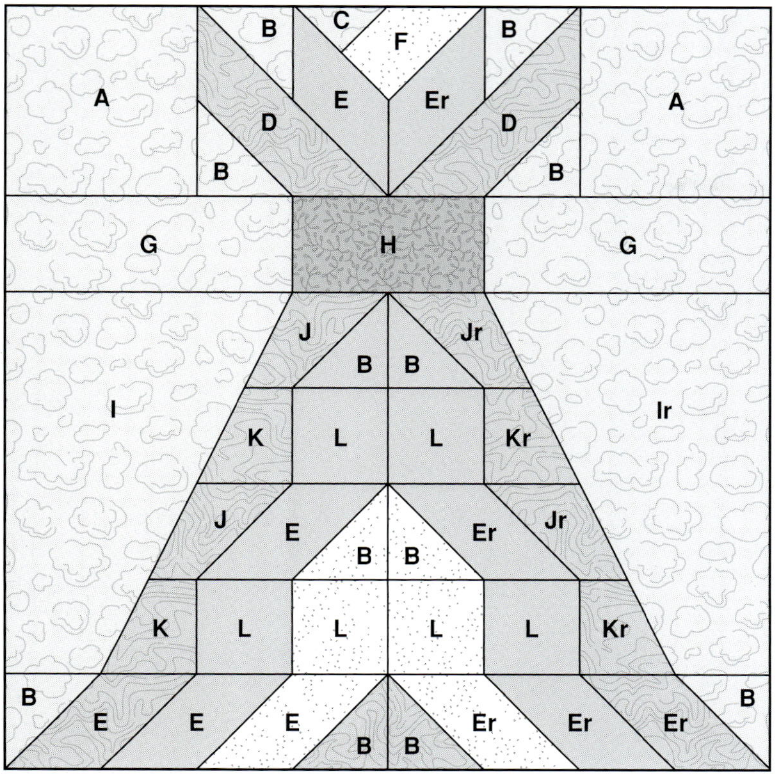

Weizengarbe

C75 BD-Einheiten nähen (2mal). BE- und BEr-Einheiten nähen und an die BD-Einheiten setzen. Die CF-Einheit mit einer Y-Naht in die BDEB-Einheiten einsetzen (Tips zum Nähen von Y-Nähten finden Sie auf Seite 309). A-Teile an die Seiten des ersten Segments ansetzen GHG-Einheit nähen und an das obere Segment anfügen. Horizontale Reihen arbeiten, beginnend mit JBBJr, bis zur Reihe KLLLLKr und diese Reihen untereinander nähen. Teile I und Ir an die Seiten nähen. Unterste Reihe BEEEBBErErErB nähen und an den vorigen Abschnitt ansetzen. Das Ganze mit dem oberen Segment zusammensetzen.

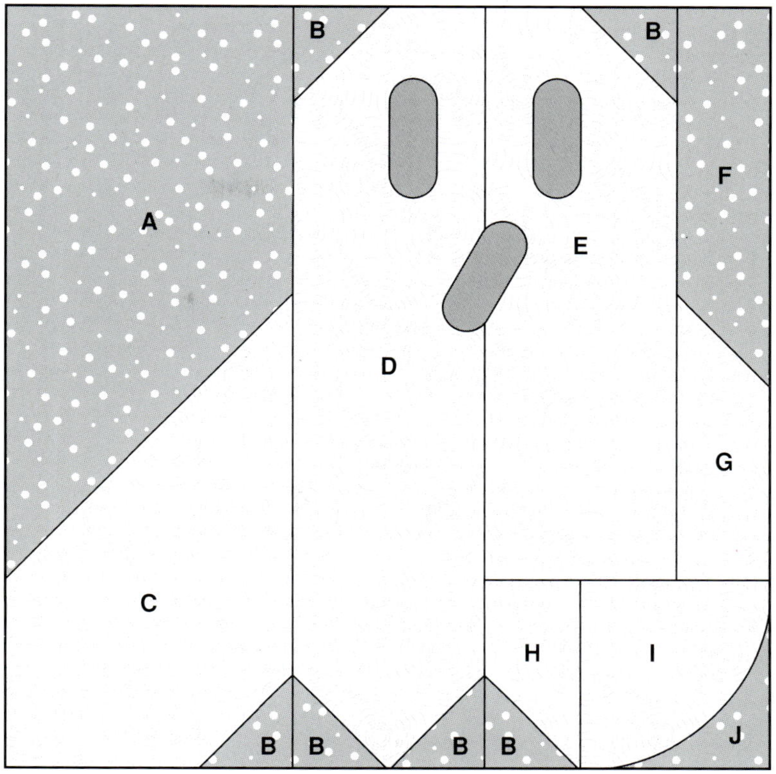

Gespenst

C76 ACB- und DBBB-Einheiten nähen und zusammensetzen. HB- und IJ-Einheiten nähen (siehe auch die Anleitung für Kurvennähte auf Seite 309), zusammensetzen und an das obere EBFG-Segment anfügen. Beide Abschnitte zum kompletten Block verbinden. Augen und Mund werden appliziert.

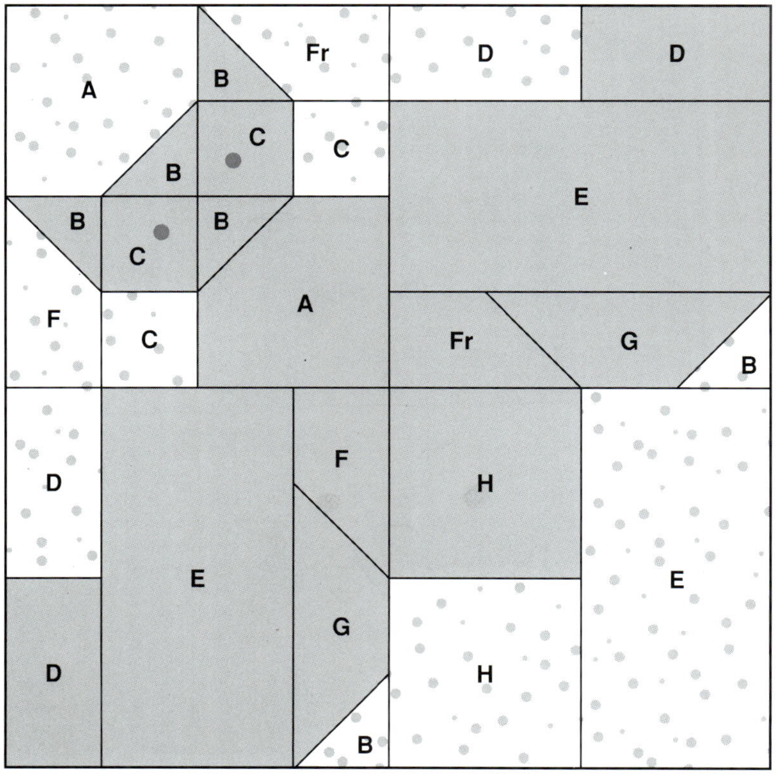

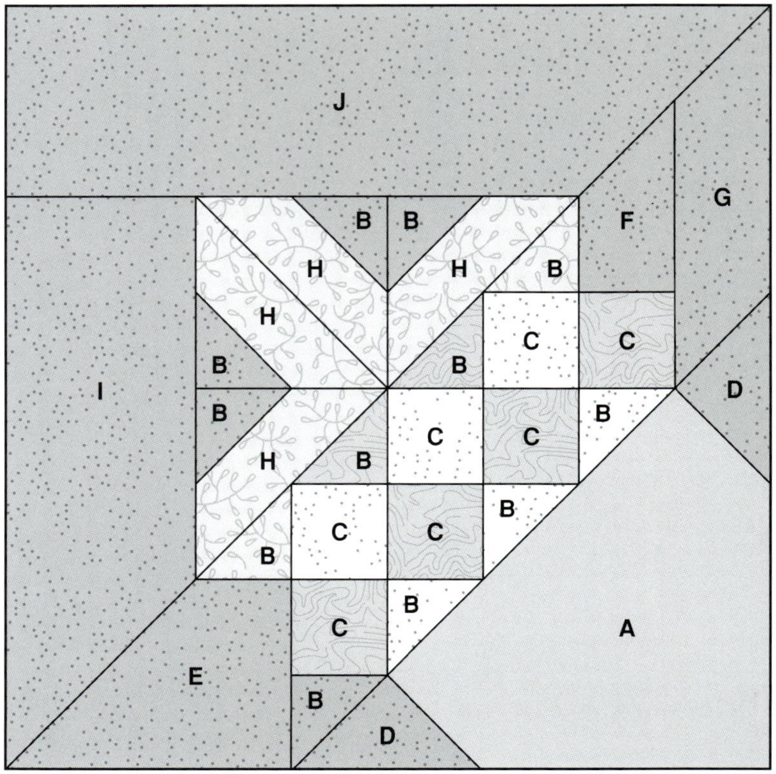

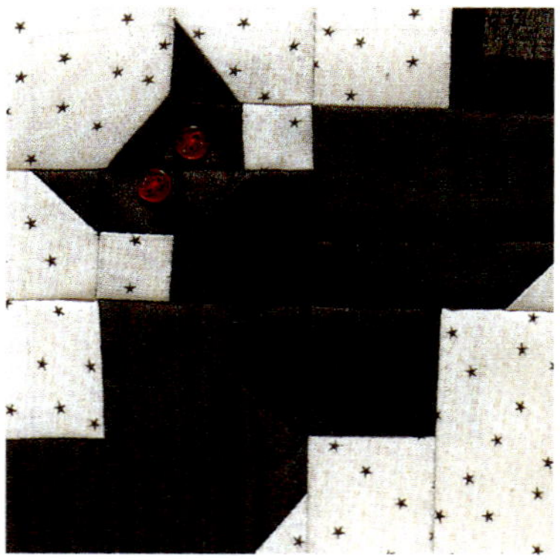

Fledermaus

C77 AB-Einheiten und CC-Einheiten nähen (je 2mal) und FB- und FrB-Einheiten nähen. FB und CC-Einheiten verbinden und dann die Einheiten zum Viererblock anordnen (siehe auch Seite 309 für das Nähen von Viererblöcken). BGF- und BGFr-Einheiten nähen, an E-Teil und DD-Einheit ansetzen. HH-Einheit nähen und an E-Teil anfügen. Die 4 Segmente zum Block zusammensetzen.

Eichel

C78 BCCB-Einheiten nähen (3mal) und zu Reihen aneinandersetzen. BE-Einheit nähen und links an das erste Segment setzen. BCF-Einheit nähen, rechts ansetzen und Teil G an die FC-Kante anfügen. DAD-Einheit nähen und an das erste Segment ansetzen. BH-Einheiten nähen (4mal), zur Dreiecksform arrangieren, Teil I links und Teil J oben anfügen. Beide Abschnitte an der diagonalen Kante zum kompletten Block verbinden.

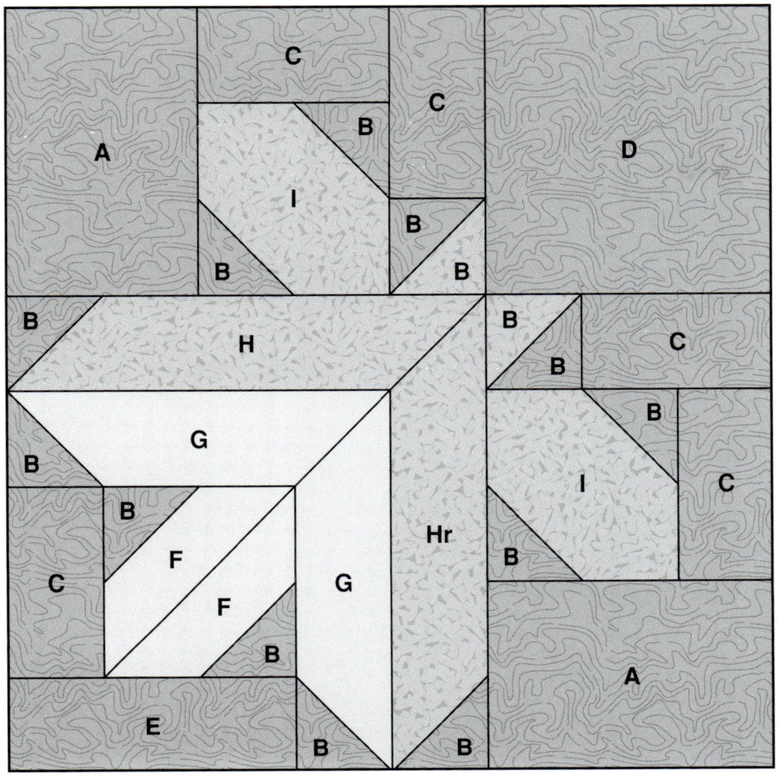

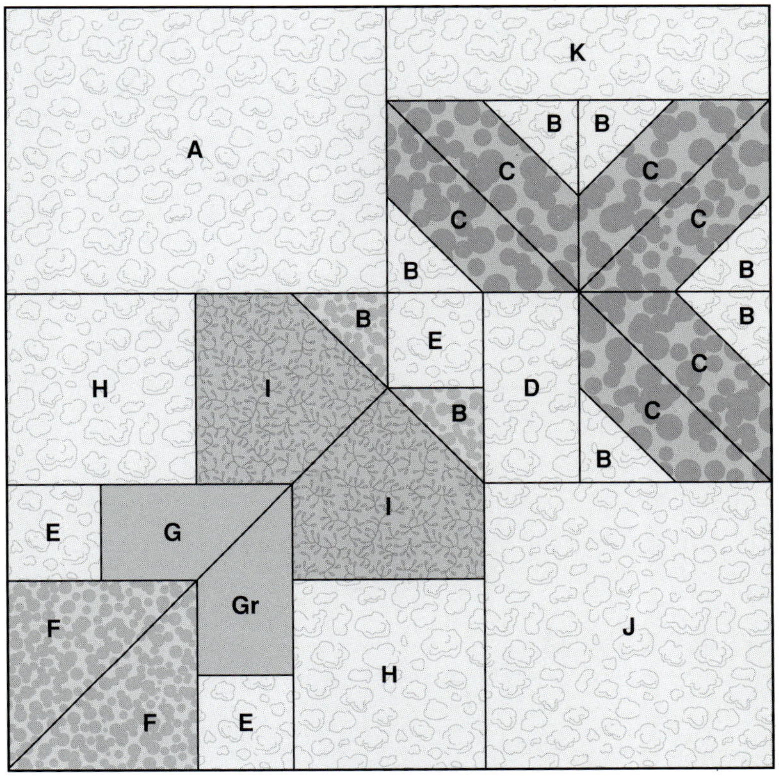

Herbstblatt

C79 BIB-Einheiten nähen (2mal) und jeweils C-Teil ansetzen. BB-Einheiten nähen (2mal) und jeweils C-Teil ansetzen. BIBC-Segment mit BBC-Segment verbinden (2mal) und jeweils 1 A-Teil anfügen. B-Teile an H, G (2mal) und Hr nähen. BH mit BG und HrB mit GB verbinden. BFFB-Einheit nähen und C-Teil links, E-Teil unten ansetzen. Dieses BCFE-Segment mit einer Y-Naht in die Ecke der BHG- und BHrG-Einheiten einsetzen (Tips zum Nähen von Y-Nähten finden Sie auf Seite 309). Arrangieren Sie diese 3 Abschnitte und Teil D zum kompletten Block.

Herbstlaub

C80 BCCB-Einheiten nähen (3mal), an eines davon Teil D und dann Teil A anbringen. Die anderen beiden BCCB-Einheiten zusammennähen und dann Teil K, gefolgt von Teil J anbringen. EG- und EGr-Einheiten nähen und jeweils F-Teil ansetzen. 2 HI-Einheiten nähen, jeweils EFG- und EFGr-Einheiten anfügen und diese beiden Abschnitte zusammensetzen. BEB-Einheit nähen und ebenfalls anfügen. Das BCDJ-Segment rechts ansetzen. Oberen und unteren Abschnitt zum kompletten Block verbinden.

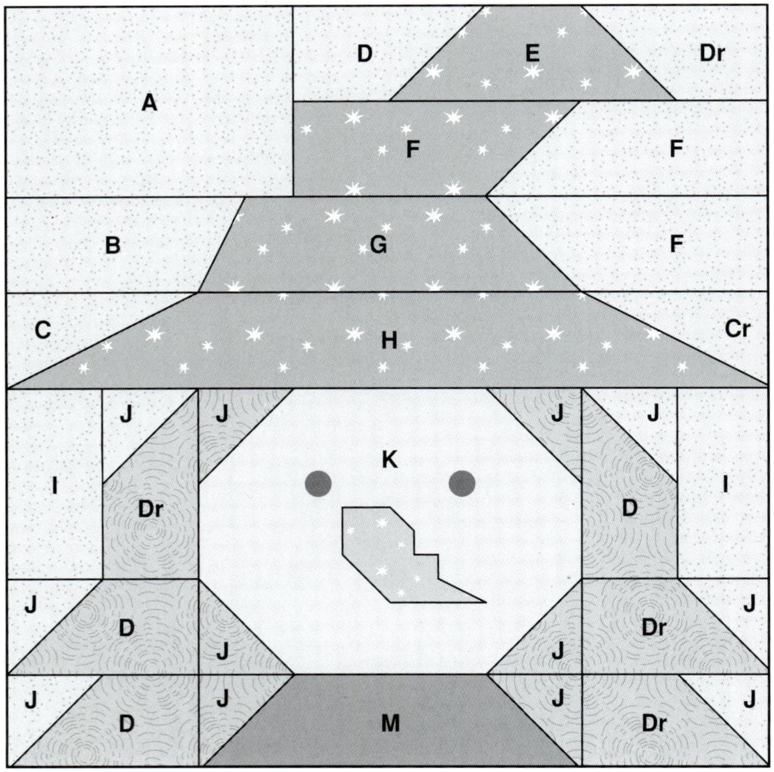

Hexe

C81 DEDr- und FE-Einheiten nähen und zusammensetzen. A an die linke Seite fügen. BGF-Einheit nähen und ansetzen. CHCr-Einheit nähen und ansetzen. JD-Einheiten nähen (2mal) und zusammenfügen. JDr-Einheit nähen, I-Teil annähen und an die JD-Kante setzen. DrJ-Einheiten nähen (2mal) und zusammenfügen. JD-Einheit nähen, I-Teil anfügen und an die DrJ-Kante setzen. 4 J-Teile an K nähen. JMJ-Einheit nähen und an die JKJ-Kanten setzen. Die 3 Segmente zum unteren Blockteil zusammensetzen und an das obere Segment anfügen.

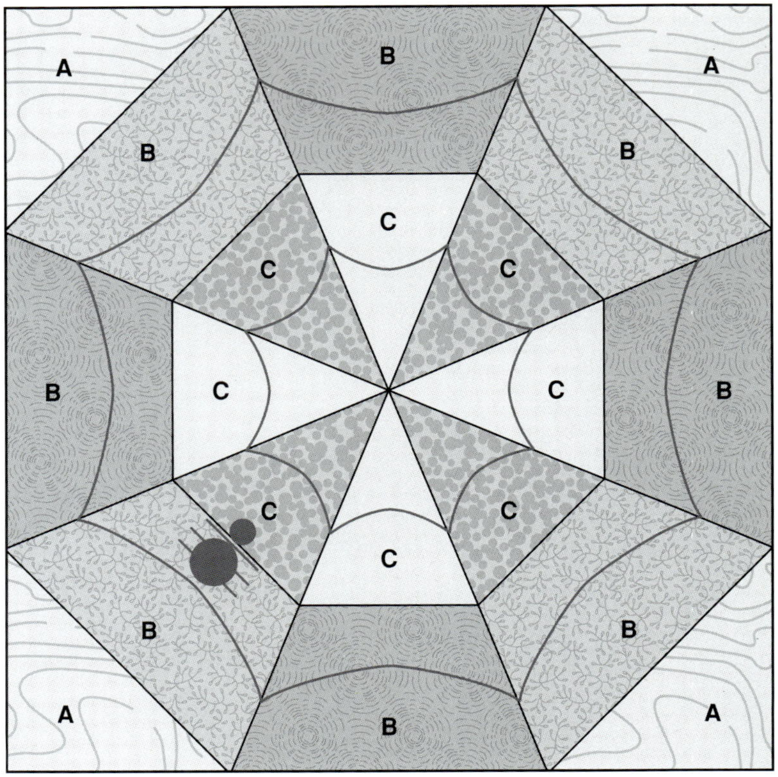

Spinnennetz

C82 BC-Einheiten nähen (8mal) und zu Paaren verbinden (4mal). Dann die Paare zusammensetzen (2mal). Die beiden Segmente zusammennähen und an die 4 Ecken die A-Teile anfügen. Sticken Sie die Einzelheiten mit Stielstich (Netz), Satinstich und Geradstich (Spinne).

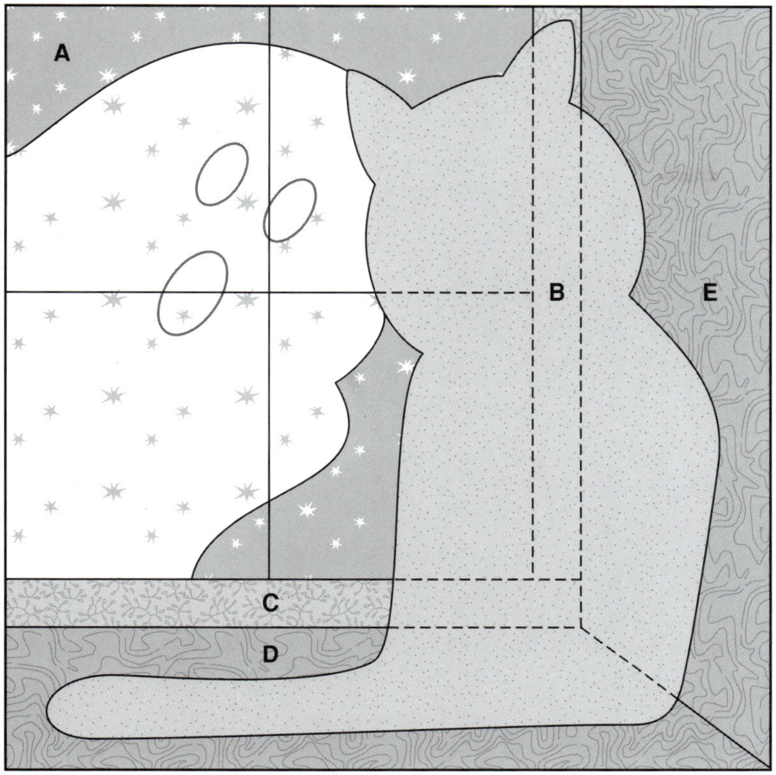

Schwarze Katze und Gespenst

C83 Applizieren Sie das Gespenst auf das A-Teil, dann B anfügen und dann C. Fügen Sie D- und E-Teile mit einer diagonalen Ecknaht an (Tips zum Nähen von diagonalen Ecken finden Sie auf Seite 309). Das Gesicht des Gespenstes wird mit Applikation oder Stickstich gestaltet. Applizieren Sie die Katze. Das Fensterkreuz mit Stielstichen über das Gespenst sticken.

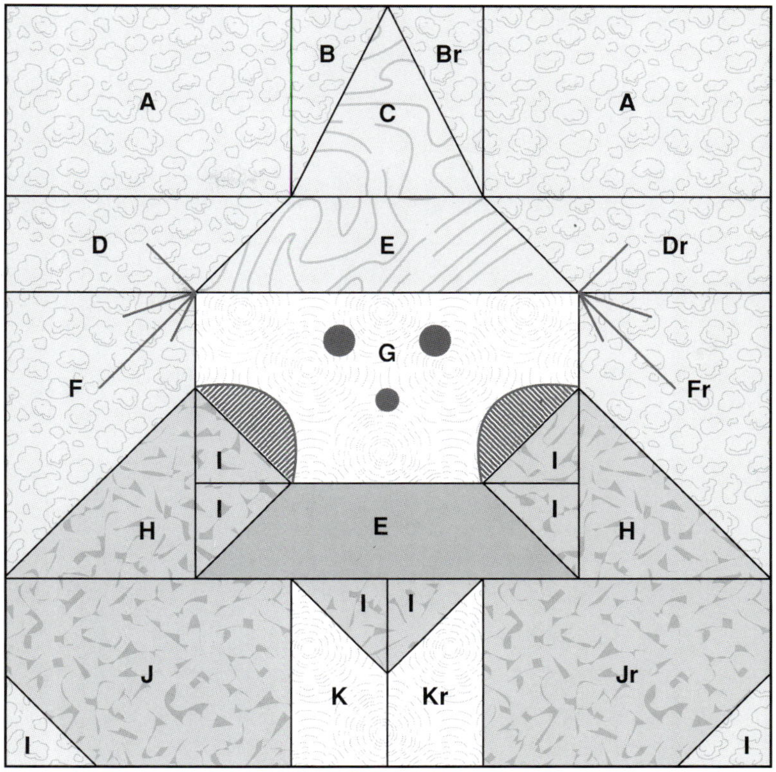

Vogelscheuche

C84 BCBr-Einheit nähen und A-Teile an beide Seiten setzen. Dann DEDr-Einheit nähen und darunter nähen. IGI und IEI-Einheiten nähen und zusammensetzen. FH- und FrH-Einheiten nähen und an die Seiten des Mittelteils anfügen. Mittelteil an das obere Teil nähen. JI-, KI-, KrI- und JrI-Einheiten nähen und zusammensetzen, dann an das große Teil unten anfügen. Für Augen und Mund Perlen aufnähen, die Hände mit Satinstich gestalten.

Album-Block

D1 Je 2 E-Teile an 2 gegenüberliegende Seiten von F nähen, dann an die beiden anderen Seiten. D-Teile an die gegenüberliegenden Seiten der EF-Einheit nähen. CDC-Einheiten nähen (2mal) und an die beiden anderen Seiten der EF-Einheit anfügen. 5 B-Teile zusammensetzen (4mal) und an alle Seiten des Mittelteils nähen. A-Teile an den 4 Ecken anfügen. Schreiben oder sticken Sie Namen oder Daten, wie gewünscht.

Album-Block

D2 Je 2 B-Teile an 2 gegenüberliegende Seiten von A nähen. CBC-Einheiten nähen (2mal) und an die AB-Einheit ansetzen. D-Teile an die 4 Ecken nähen. EEE-Einheit nähen (4mal), mit den F-Teilen verbinden (FEEEF) (4mal) und an 2 gegenüberliegende Seiten des Mittelteils nähen. F-Teil an jedes Ende der verbleibenden FEF-Einheiten setzen und an die beiden anderen Seiten des Mittelteils nähen. Name oder Daten in das Stoffquadrat der Mitte sticken oder schreiben.

Album-Block

D3 AA-Einheiten nähen (16mal). Je 4 AA-Einheiten zum Windrad arrangieren und zusammensetzen (siehe auch Seite 309 für das Nähen von Viererblöcken). 2 Windräder mit B verbinden (2mal). Die beiden Abschnitte mit 1 dazwischengenähten C-Teil zum Block verbinden. Verzieren Sie C mit Namen, -Initialen oder Daten.

Album-Block

D4 AA-Einheiten (8mal) und BB-Einheiten (2mal) nähen. 4 AA-Einheiten zum Viererblock in Windradform verbinden (2mal). Zusammen mit den BB-Einheiten einen Viererblock nähen. Mit persönlicher Inschrift versehen.

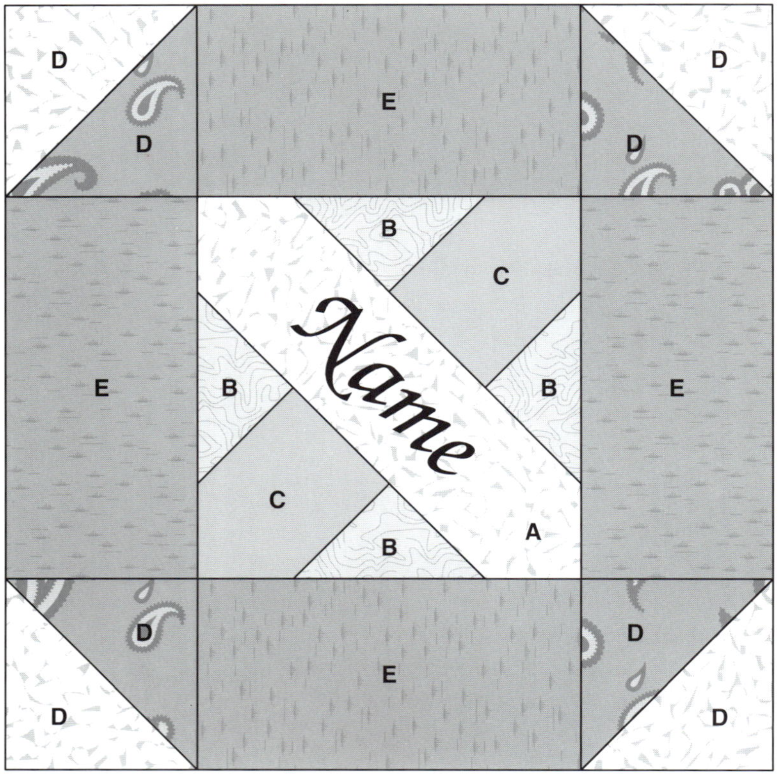

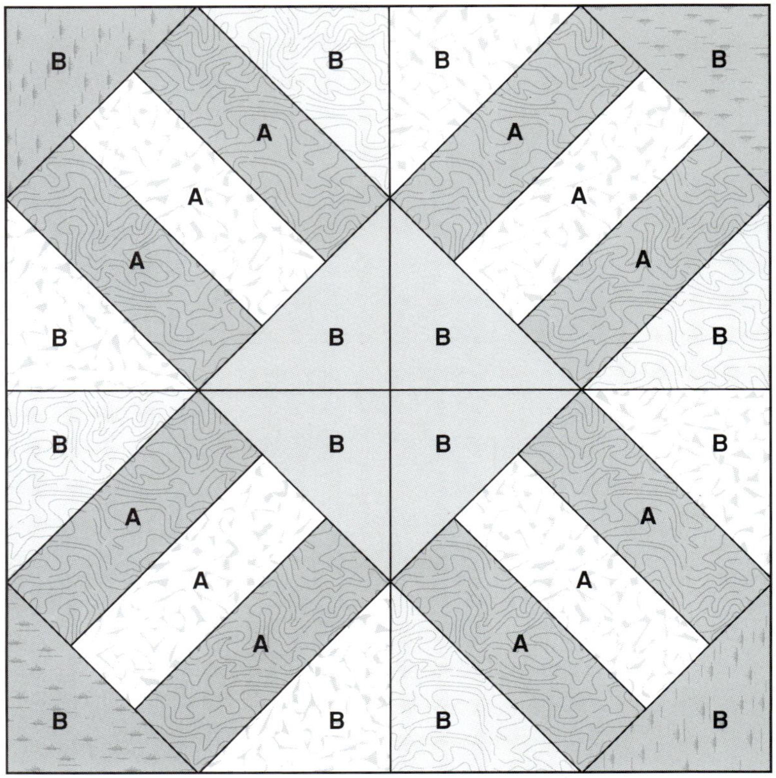

Album-Block

D5 BCB-Einheit nähen (2mal). Die Einheiten mit A zum Mittelteil verbinden. DD-Einheiten nähen (4mal). E-Teile an 2 gegenüberliegende Seiten des Mittelteils setzen. DD-Einheiten an jedes Ende der verbleibenden E-Teile (2mal) nähen und diese DED-Einheiten an die anderen Seiten des Mittelteils anfügen. Den fertigen Block auf dem A-Teil mit Namen besticken.

Album-Block

D6 AAA-Einheiten nähen (4mal). B-Teile an 2 gegenüberliegende Seiten von AAA anfügen, dann an die beiden anderen Seiten (4mal). Die 4 Segmente zum Viererblock verbinden (siehe auch Seite 309 für das Nähen von Viererblöcken).

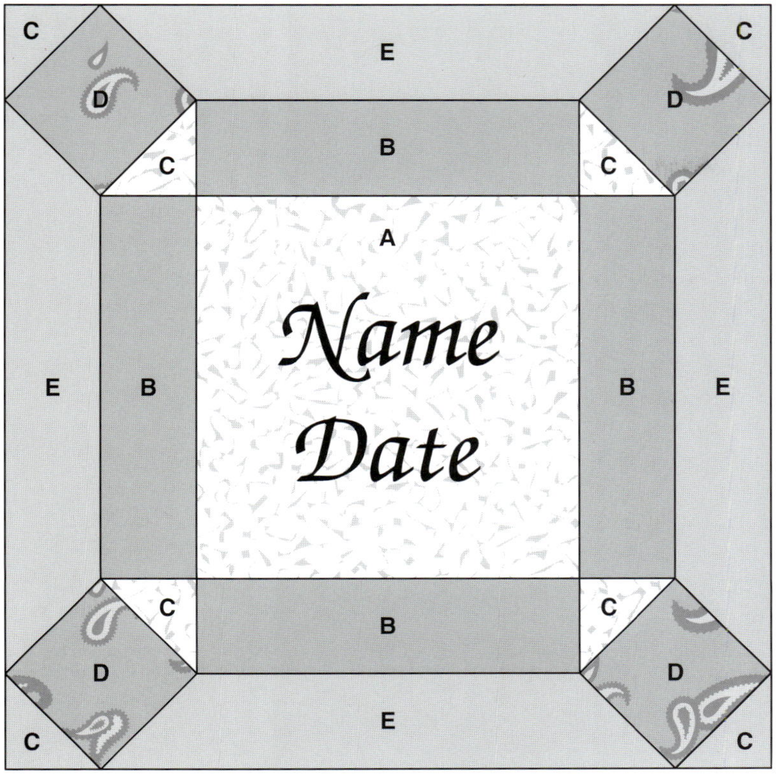

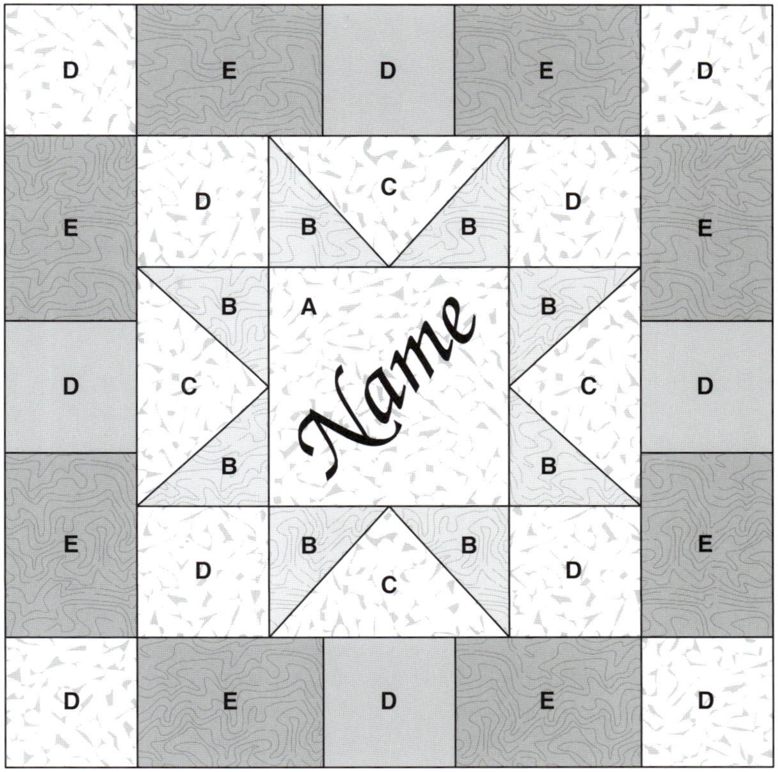

Album-Block

D7 B-Teile an 2 gegenüberliegende Seiten von A nähen. C-Teile an jedes Ende von B setzen (2mal) und diese Einheit an die anderen Seiten von A nähen. An alle 4 Seiten des Mittelteiles E-Teile anfügen. CD-Einheiten nähen (4mal), an die C-Kanten setzen und per Y-Naht mit den E-Kanten verbinden (Tips zum Nähen von Y-Nähten finden Sie auf Seite 309). Name und Daten in das Mittelquadrat schreiben oder sticken.

Album-Block

D8 BCB-Einheiten nähen (4mal). Je 1 BCB an 2 gegenüberliegende Seiten von A nähen. D an jedes Ende der restlichen BCB-Einheiten nähen und an die beiden anderen Seiten von A anfügen. EDE-Einheiten nähen (4mal) und an 2 gegenüberliegende Seiten des Mittelteils ansetzen. D-Teile an jedes Ende der verbleibenden EDE-Einheiten annähen und dann diese Einheiten an die beiden anderen Seiten des Mittelteils fügen. Mittelquadrat mit Widmung versehen.

Album-Block

D9 BAB-Einheit nähen. CBC-Einheit nähen (2mal) und an die Seiten der BAB-Einheit anfügen. Name oder Datum in das Zentrum arbeiten.

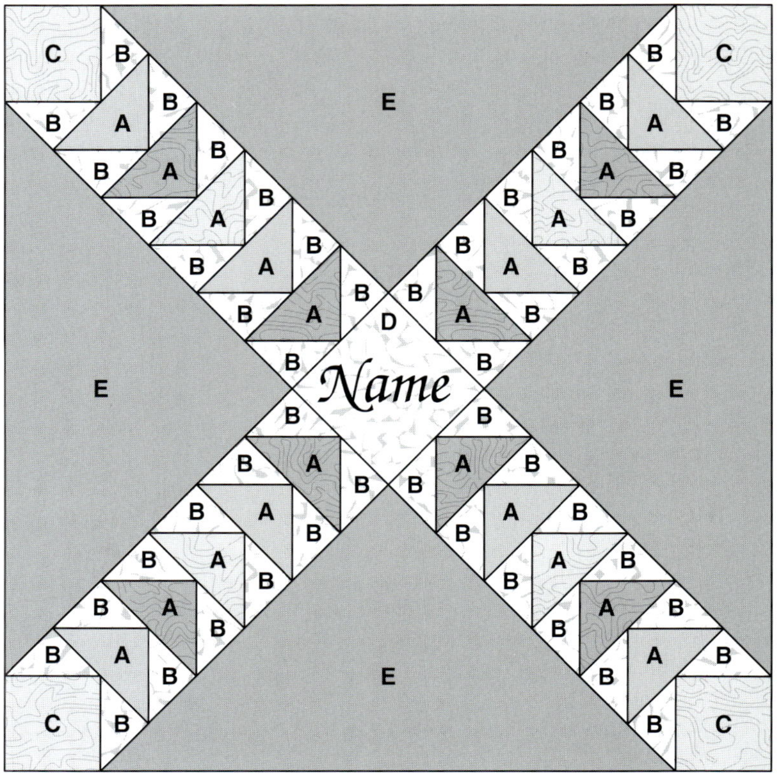

Album-Block

D10 BAB-Einheit nähen (20mal). BCB-Einheiten nähen (4mal). Fünf der ABA-Einheiten zusammensetzen und BCB-Einheit anfügen (4mal). 2 ABC-Einheiten mit 1 D-Teil verbinden. E-Teile an 2 Seiten der verbleibenden ABC-Einheiten nähen (2mal) und diese Segmente mit dem Mittelteil verbinden. Das winzige Mittelquadrat ist für Initialen gut geeignet.

Album-Block

D11 BB-Einheiten nähen (2mal) und zusammensetzen. BAB-Einheit nähen und an das BBB-Segment setzen. An alle 4 Seiten des Mittelteils 1 C anfügen, um den Block zu vervollständigen. Schmücken Sie das A-Dreieck mit Namen und/oder Daten.

Album-Block

D12 Dieser Block wird in diagonalen Reihen zusammengesetzt. Machen Sie 2 Reihen aus 3 A-Teilen und setzen sie B-Teile an jedes Ende. 1 Reihe aus 5 A-Teilen nähen und 1 C-Teil an jedes Ende setzen. Die 3 Reihen zusammenfügen. ABBC-Einheit nähen (2mal) und an jede Seite des Mittelteils nähen. Das mittlere Quadrat für die Widmung benutzen.

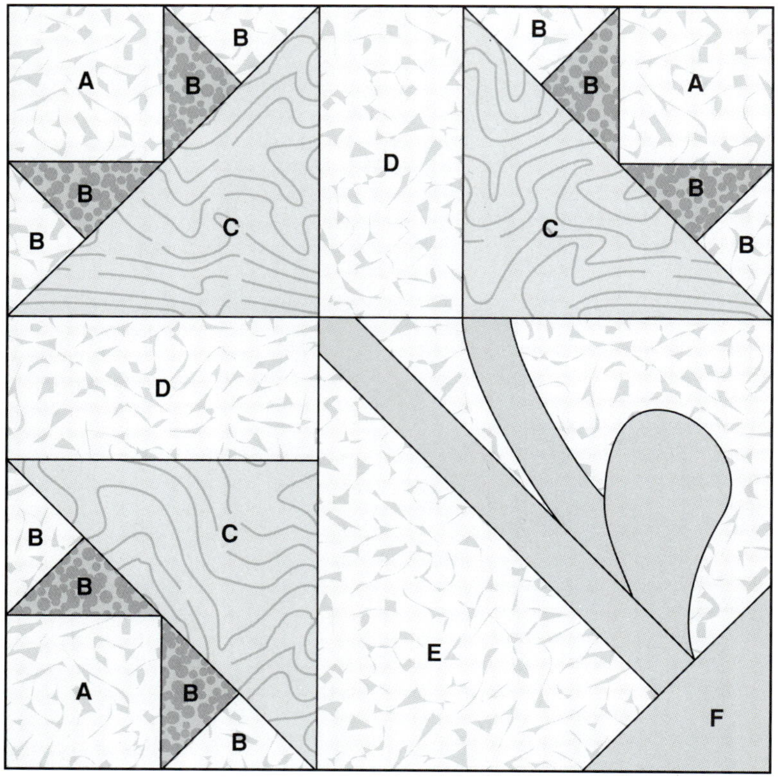

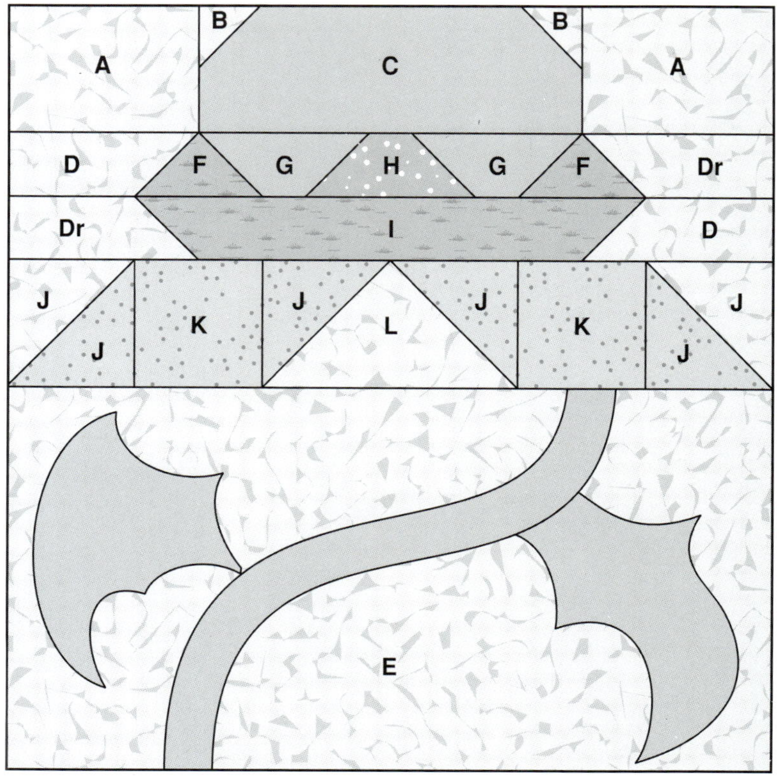

D13 Applizieren Sie Stiele und Blatt auf Teil E und fügen Sie F an. BB-Einheiten nähen (6mal). 2 BB-Einheiten an A nähen und C anfügen (3mal). Obere Reihe wie folgt nähen: ABC/D/ABC. Für die untere Reihe setzen Sie die verbleibende ABC-Einheit an D und fügen die EF-Einheit an. Reihen zum Block verbinden.

Lilie

Mohn

D14 Dieser Block wird in horizontalen Reihen aufgebaut. Sie beginnen mit der untersten Reihe und applizieren Blätter und Stiel darauf (siehe Seite 309 über das Arbeiten mit schräggeschnittenen Schläuchen für den Stiel). Konstruieren Sie nun die folgenden Reihen: JJ-Einheiten nähen (2mal) und JLJ-Einheit. Zusammen mit K die Reihe bilden und an das untere Segment ansetzen. DrID-Reihe nähen und an das vorige Teil anfügen. Nächste Reihe: DFGHGFDr. Für die oberste Reihe die B-Teile an C setzen und A an jedes Ende. Oberste Reihe an das bisherige Segment anfügen.

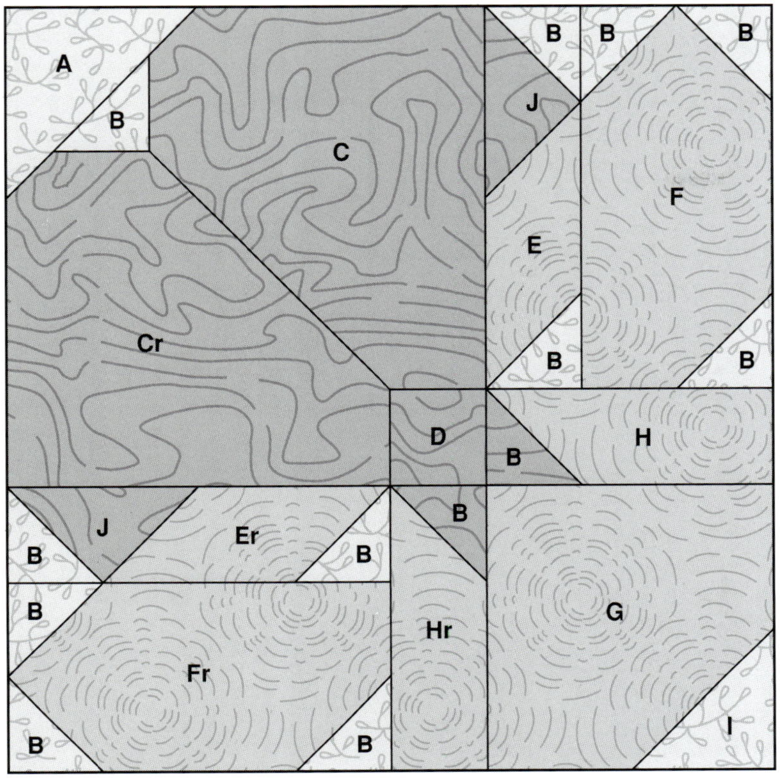

Stiefmütterchen

D15 C und Cr zusammenfügen und B und D mit einer Y-Naht einsetzen (Tips zum Nähen von Y-Nähten finden Sie auf Seite 309). Dann A anfügen. BJEB-Einheit nähen (einmal normal und einmal revers). FBBB-Einheiten nähen und an BJEB-Einheit anfügen (einmal normal und einmal revers). HB-Einheit nähen und an JEFB-Einheit setzen (einmal normal und einmal revers). I an G setzen. Die 4 Einheiten zum Viererblock verbinden (siehe auch Seite 309 für das Nähen von Viererblöcken).

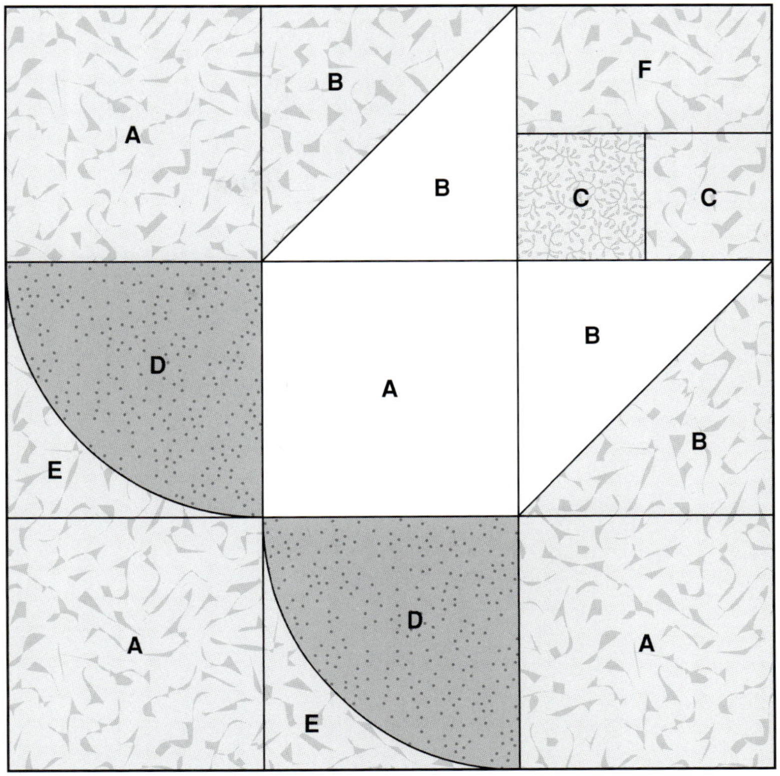

Magnolie

D16 D an E nähen (2mal) (Anleitung für Kurvennähte siehe Seite 309). BB-Einheiten nähen (2mal). 2 C-Teile zusammennähen und F ansetzen. Dann 1 BB-Einheit ansetzen und dann A. Dies ist die obere Reihe. Die mittlere Reihe besteht aus DE/A/BB. Die untere Reihe A/DE/A. Reihen zum Block verbinden.

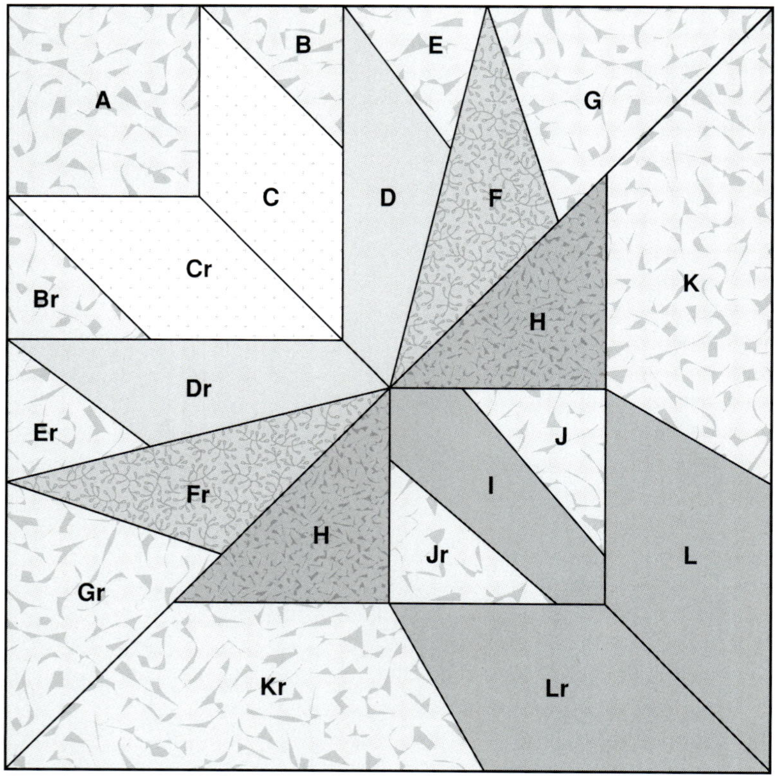

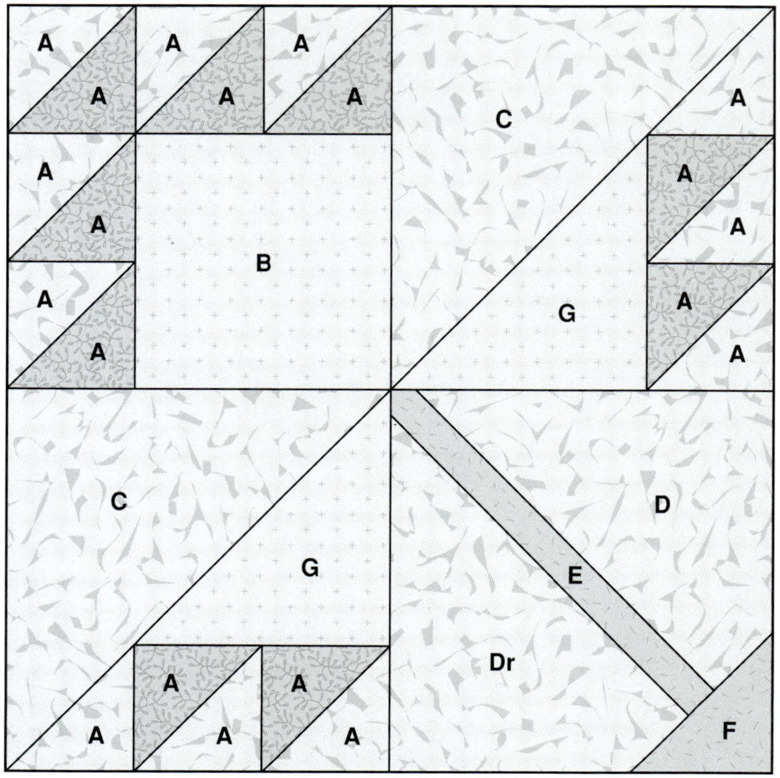

Nosegay

(Duftender Blumenstrauß)

D17 BC, ED und GF-Einheiten nähen, dann die 3 Einheiten auch revers arbeiten. Die Einheiten zu 2 Segmenten verbinden und A-Teil mit einer Y-Naht einsetzen (Tips zum Nähen von Y-Nähten finden Sie auf Seite 309). JIJr-Einheit nähen und 1 H an 2 Kanten setzen. KL und KrLr-Einheiten nähen und mit einer Y-Naht an die HIJ-Einheit anfügen. Beide Segmente zum Block verbinden.

Kleeblüte

D18 AA-Einheiten nähen (9mal). 2 AA-Einheiten verbinden und an B nähen; 3 AA-Einheiten verbinden und an das AB ansetzen. 1 A-Teil an 2 zusammengenähte AA-Einheiten setzen (einmal normal und einmal revers). D und Dr an E setzen, F anfügen. Die 4 Segmente zum Viererblock zusammensetzen.

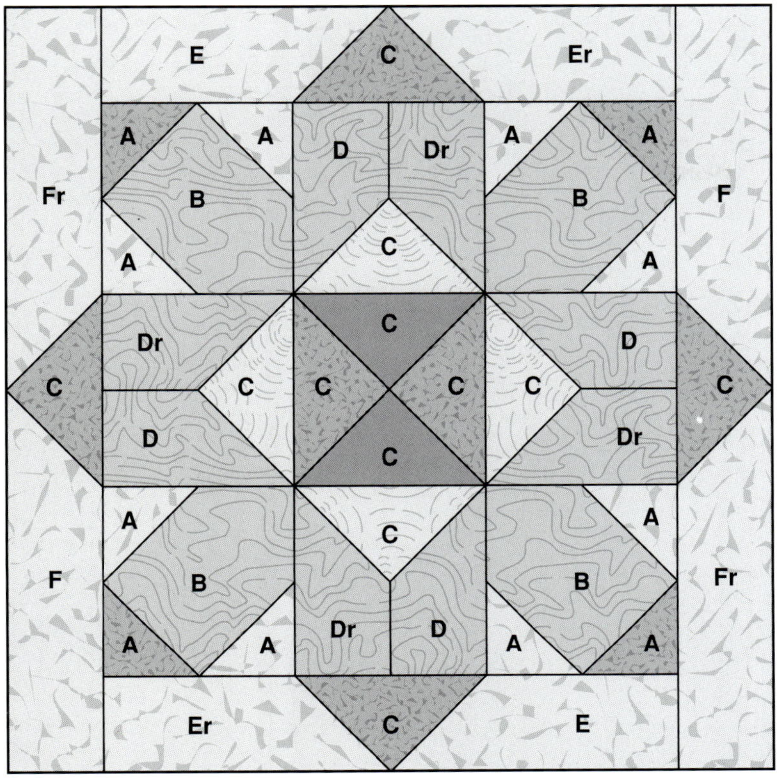

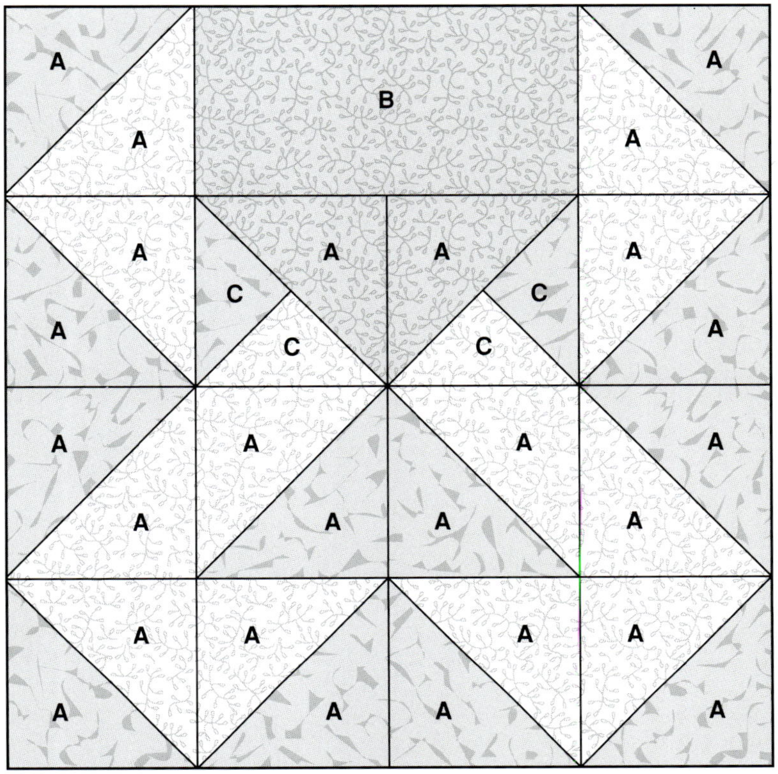

Feuerradblüte

D19 D und Dr an C mit einer Y-Naht nähen (Tips zum Nähen von Y-Nähten finden Sie auf Seite 309). A-Teile an 3 Seiten von B nähen (4mal). 4 C-Teile zum Mittelteil zusammensetzen. AB, CD und C-Zentrum zum Neunerblock verbinden (siehe auch Seite 309 für das Nähen von Neunerblöcken). E und Er an C setzen (2mal) und an die gegenüberliegenden Seiten des Mittelteils nähen. F und Fr an C setzen (2mal) und an die beiden restlichen Seiten des Blocks nähen.

Osterglocke

D20 AA-Einheiten nähen (12mal). 2 C-Teile zusammensetzen und an A fügen (2mal). AA-Einheit an jedes Ende von B ansetzen für die obere Reihe. Die anderen Einheiten zu Reihen zusammenfügen, wie abgebildet. Die Reihen zum Block verbinden.

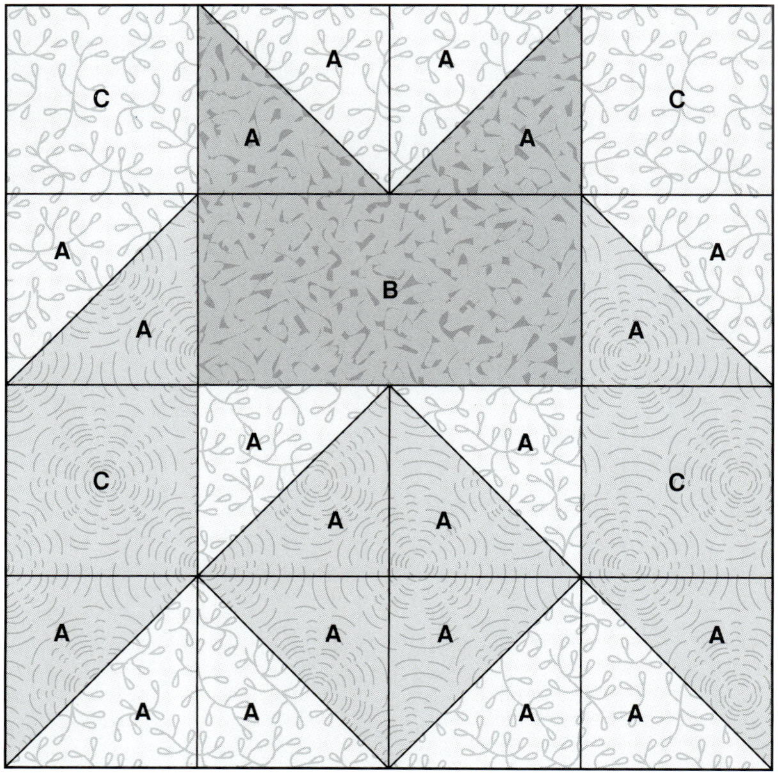

D21 AA-Einheiten nähen (10mal). Die Einheiten mit B und C-Teilen zu folgenden Reihen verbinden: C/AA/AA/C, AA/B/AA, C/AA/AA/C und AA/AA/AA/AA. Reihen zum Block zusammensetzen.

Iris

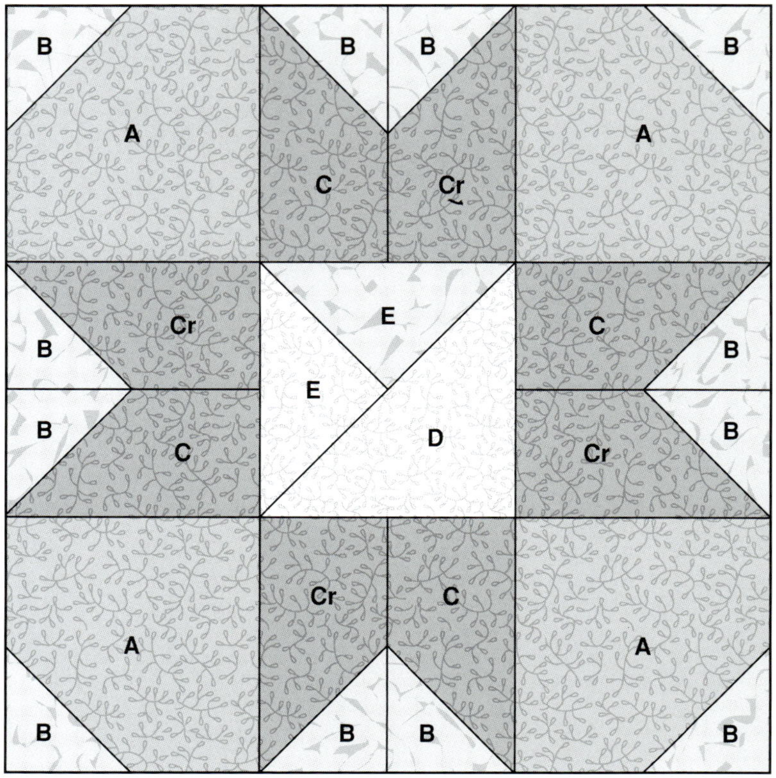

D22 Die mittlere EED-Einheit nähen. B an C setzen (4mal) und B an Cr (4mal). BC und BCr zusammenfügen (4mal). B an A nähen (4mal). Die Einheiten wie einen Neunerblock zusammensetzen (siehe auch Seite 309 für das Nähen von Neunerblöcken).

Primel

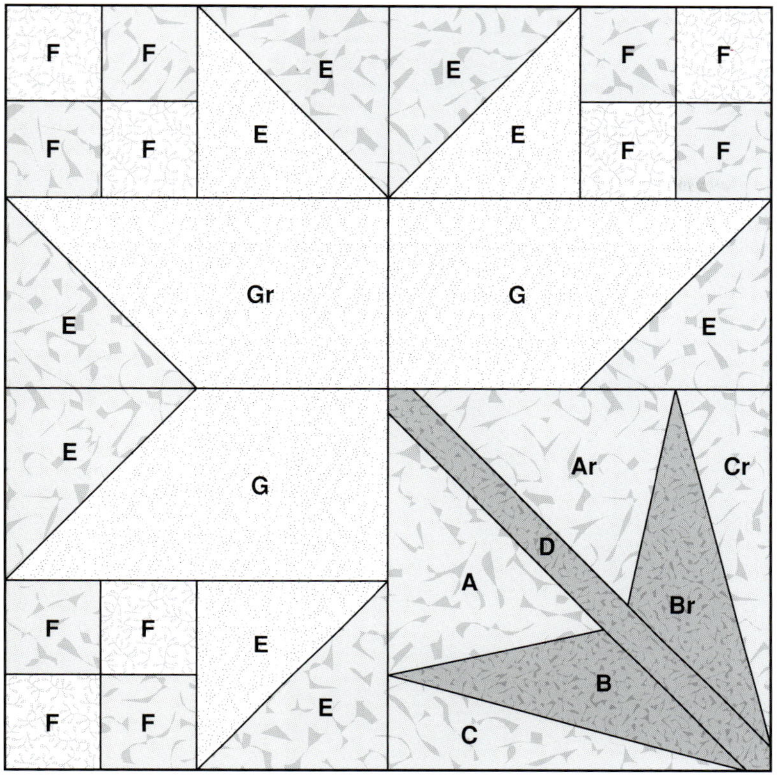

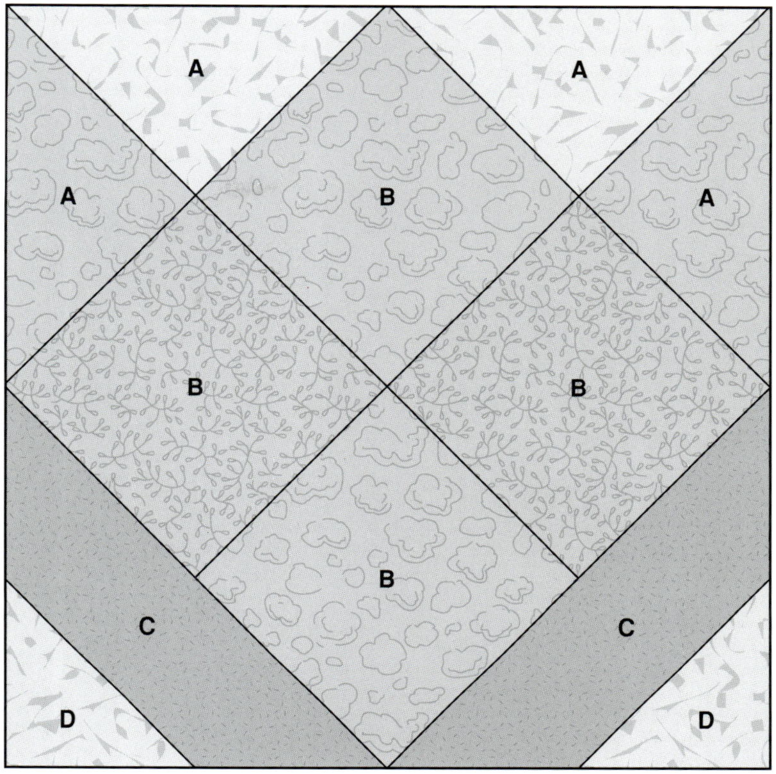

Tulpe

D23 A an B an C nähen, ebenso Ar an Br an Cr. Beide Einheiten an D anfügen. EE-Einheiten nähen (3mal). Viererblöcke aus den F-Teilen nähen (3mal). E an G setzen (2mal) und E an Gr (1mal). Nach Abbildung die Einheiten zu den 4 Abschnitten des Blocks zusammensetzen und dann die Abschnitte zum Block verbinden.

Schöne Tulpe

D24 Setzen Sie 4 B-Teile zum mittleren Viererblock zusammen. AA-Einheiten nähen (2mal). CD-Einheiten nähen (2mal). AA-Einheit an 2 angrenzende Kanten der B-Einheit setzen. Die CD-Einheiten an die beiden anderen Kanten nähen, um den Block zu vervollständigen.

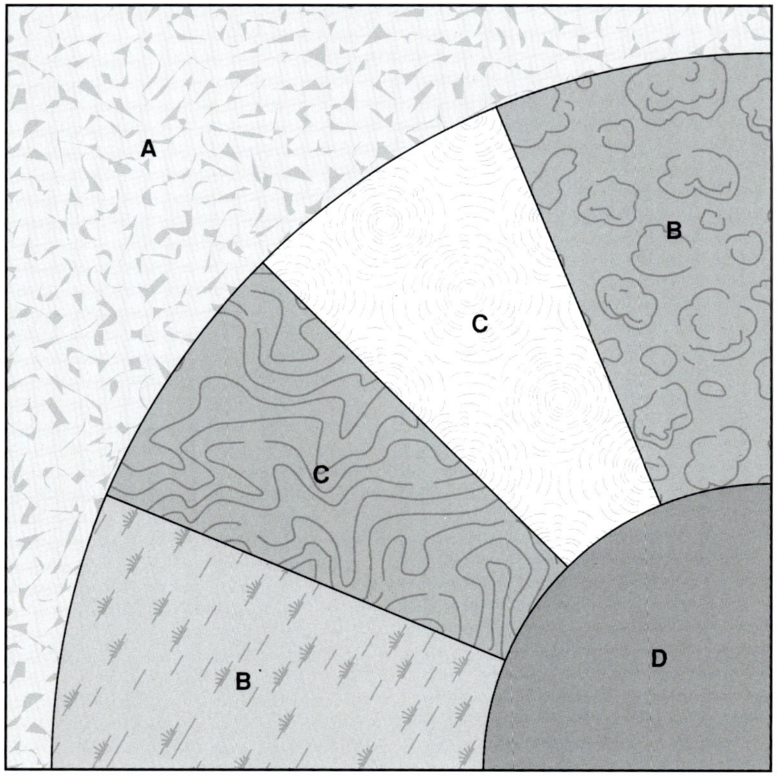

Großmutters Fächer

D25 4 in (10 cm) großes Quadrat (A) aus Hintergrundstoff schneiden (plus Nahtzugabe). B an C setzen (2mal), dann die C-Kanten zur Fächereinheit verbinden. Fächer auf den Hintergrundstoff applizieren. Am Schluß Teil D applizieren.

Susi mit Sonnenhut

D26 4 in (10 cm) großes Quadrat aus Hintergrundstoff schneiden (plus Nahtzugabe). Dieser Block wurde appliziert (lesen Sie auf Seite 308 über das Applizieren). Sticken Sie den Hutfalz mit Stielstich.

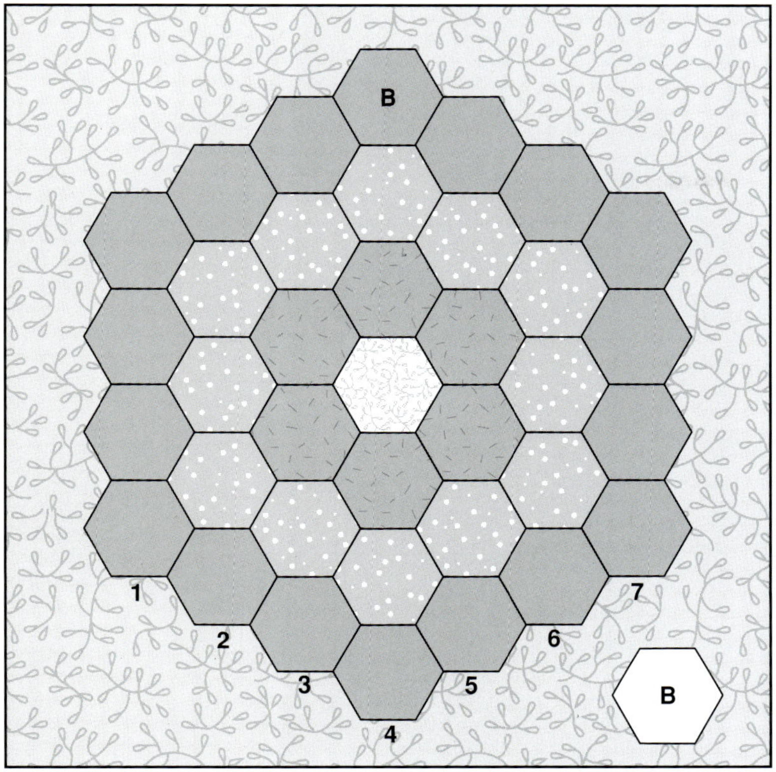

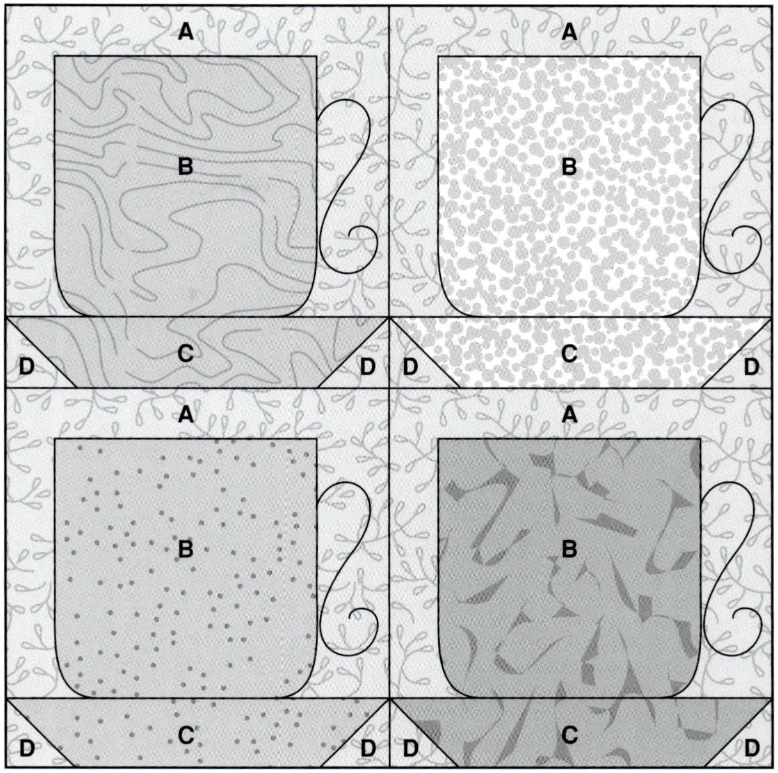

Großmutters Blumengarten

D27 4 in (10 cm) großes Quadrat aus Hintergrundstoff schneiden (plus Nahtzugabe). Dieser Block wurde von Hand zusammengesetzt und dann auf den Hintergrund appliziert. Wir haben vertikale Reihen genäht (wie abgebildet), dann die Reihen zusammengefügt, dabei die Naht immer an den Spitzen der Sechsecke um die Ecke geführt. Die Schablone für die Sechsecke (B) finden Sie hier in der rechten unteren Ecke des Blocks abgebildet.

Teetassen

D28 Für jede Untertasse 1 D an jedes Ende von C nähen (4mal). Die Tassen sind auf Stoff A appliziert (4mal). Sticken Sie die Henkel mit Stielstich. AB- mit CD-Einheit verbinden (4mal) und die 4 Abschnitte zum Viererblock nähen.

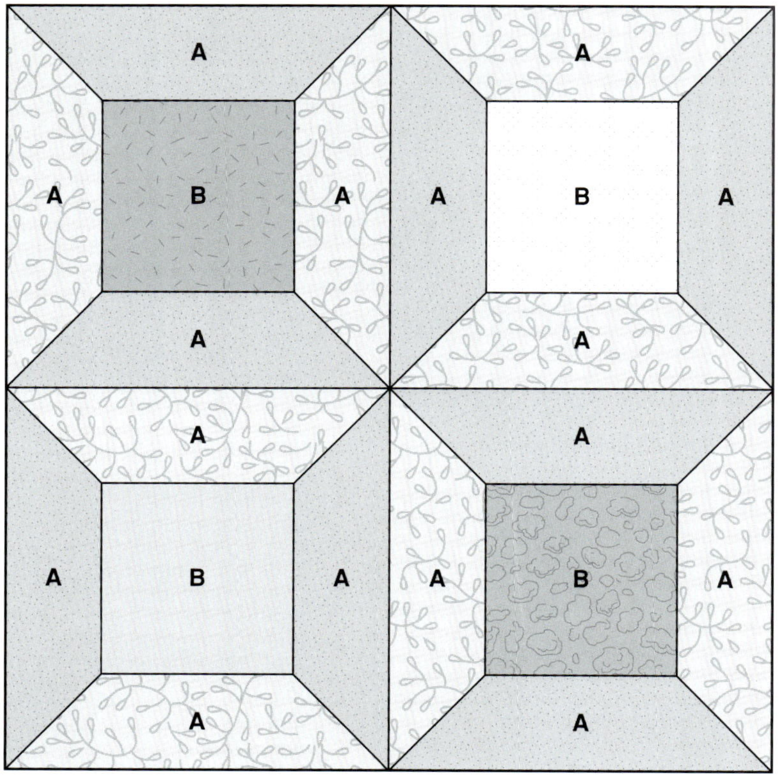

Spulen

D29 Immer 1 A-Teil an die gegenüberliegende Seite des B-Teils setzen, dabei nicht über die Nahtzugabe hinweg nähen. A-Teile an die anderen Seiten der B-Teile anfügen und die diagonalen Nähte schließen (Tips zum Nähen von diagonalen Nähten finden Sie auf Seite 309). Diese Einheit 4mal herstellen und zum kompletten Block verbinden.

Weltreise

D30 Für diesen Block benötigen Sie nur 1 Schablone. Die 49 Teile werden in Reihen zu je 7 Quadraten genäht, dann die Reihen zum fertigen Block verbunden.

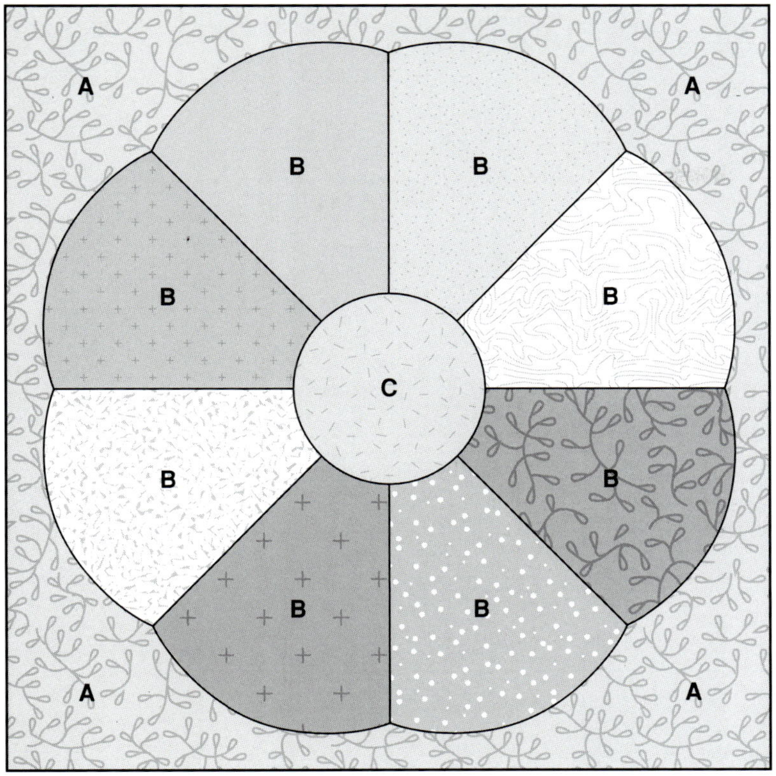

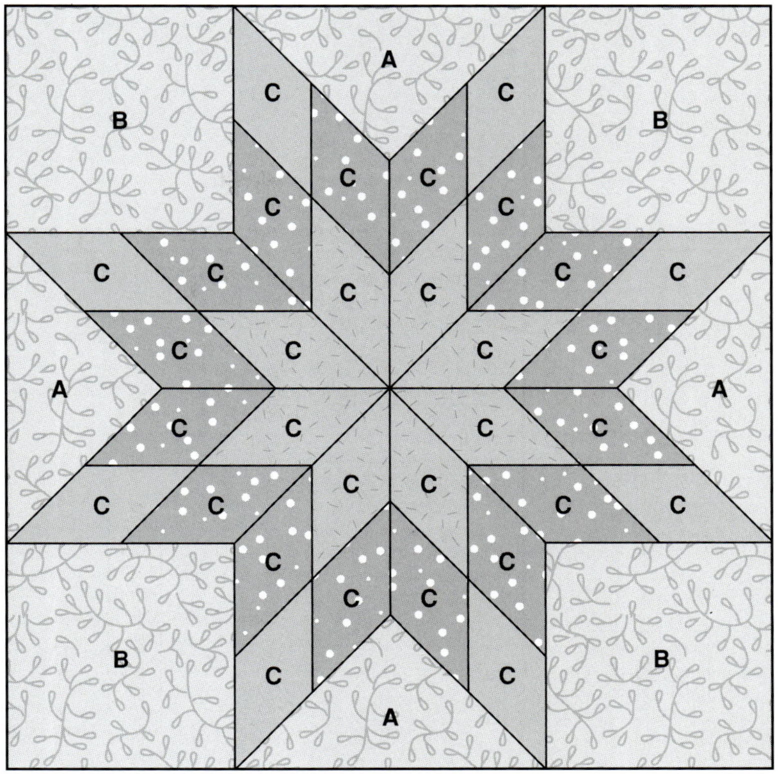

Dresdner Teller

D31 4 in (10 cm) großes Quadrat aus Hintergrundstoff schneiden (plus Nahtzugabe). B-Teile zu Paaren zusammensetzen, dann immer 2 Paare aneinandernähen, dann die beiden Hälften verbinden (nicht über die äußere Nahtzugabe nähen). Applizieren Sie die Außenkanten auf den Hintergrundstoff. Zum Schluß das C-Teil in die Mitte applizieren.

Lone Star

(Einsamer Stern)

D32 CCCC-Einheiten der Sternenspitzen wie einen Viererblock nähen (8mal, siehe auch Seite 309 für das Nähen von Viererblöcken). Die Sternenspitzen zu Paaren aneinandernähen, dabei nicht über die Nahtzugabe der äußeren Kante nähen. Die Paare verbinden und dann die beiden entstandenen Hälften zusammensetzen. Nun die A-Teile mit Y-Nähten einsetzen (Tips zum Nähen von Y-Nähten finden Sie auf Seite 309) und dann die B-Teile ebenso.

D33 4 in (10 cm) großes Quadrat aus Hintergrundstoff schneiden (plus Nahtzugabe). Applizieren Sie die Figur (lesen Sie auf Seite 308 über das Applizieren). Versuchen Sie, ob Sie die linke Stoffseite als Hosenaufschlag verwenden können. Sticken Sie den Hutfalz mit Stielstich.

Overall-Andy

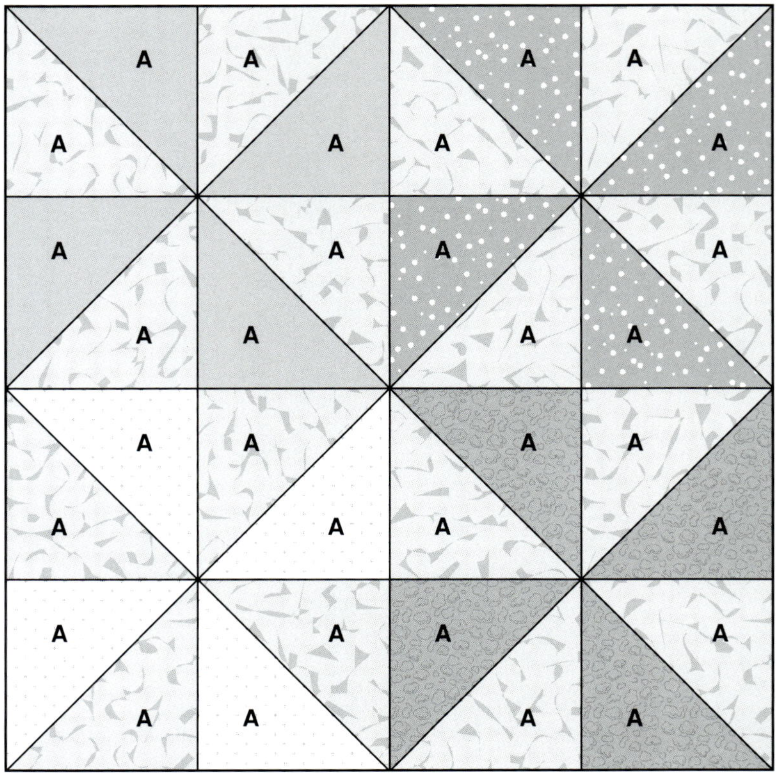

D34 AA-Einheiten nähen (6mal). Die Einheiten zu Reihen zusammensetzen und dann die Reihen zum kompletten Block verbinden.

Pinwheel
(Windrad)

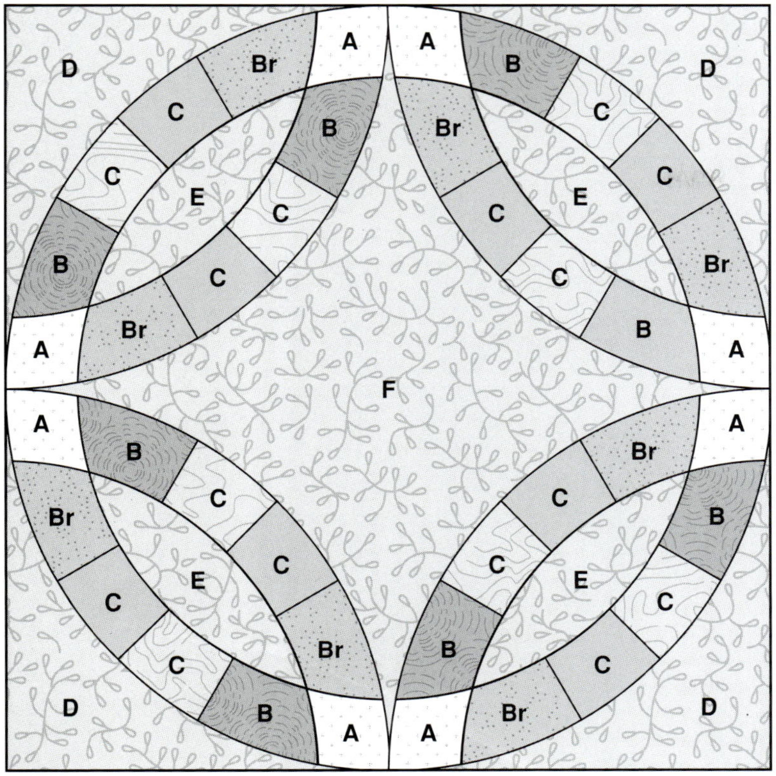

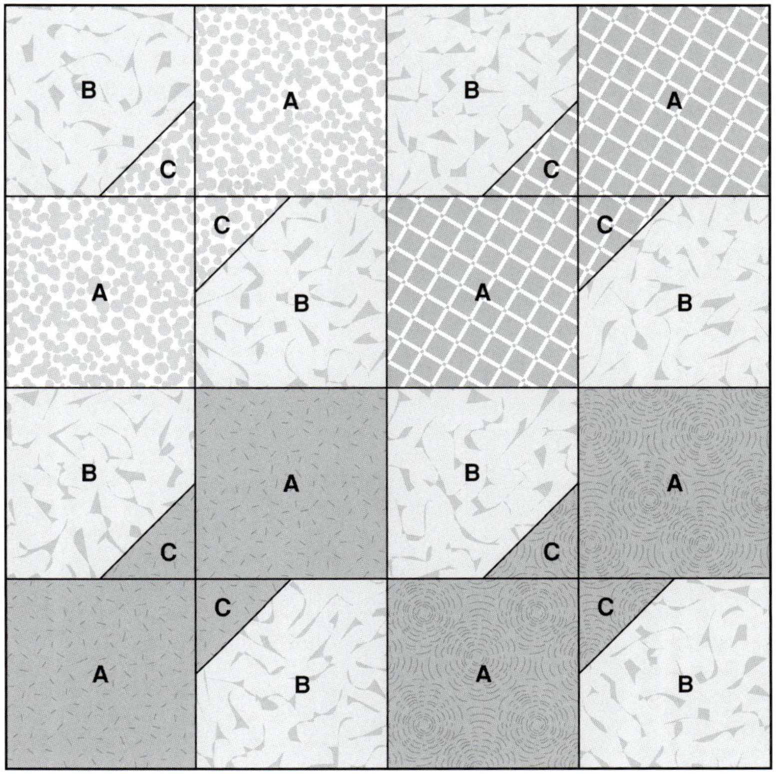

Double Wedding Ring

(Doppelte Eheringe)

D35 Ehrlich, dieser Block wurde auf der Nähmaschine zusammengesetzt! (Anleitung für Kurvennähte siehe Seite 309). Nähen Sie den Bogen BCCBr (4mal). Setzen Sie 1 Einheit an E und nähen Sie nicht über die Nahtzugabe am Rand. Dann Bogen ABCCBrA nähen und an die andere Seite von E setzen (4mal). Nähen Sie jede Bogeneinheit an F und fügen Sie zum Schluß die D-Eckteile an.

Bow Tie

(Krawattenschleife)

D36 BC-Einheiten nähen (8mal). BC-Einheiten mit den A-Teilen zu Reihen arbeiten, dann die Reihen zum kompletten Block verbinden.

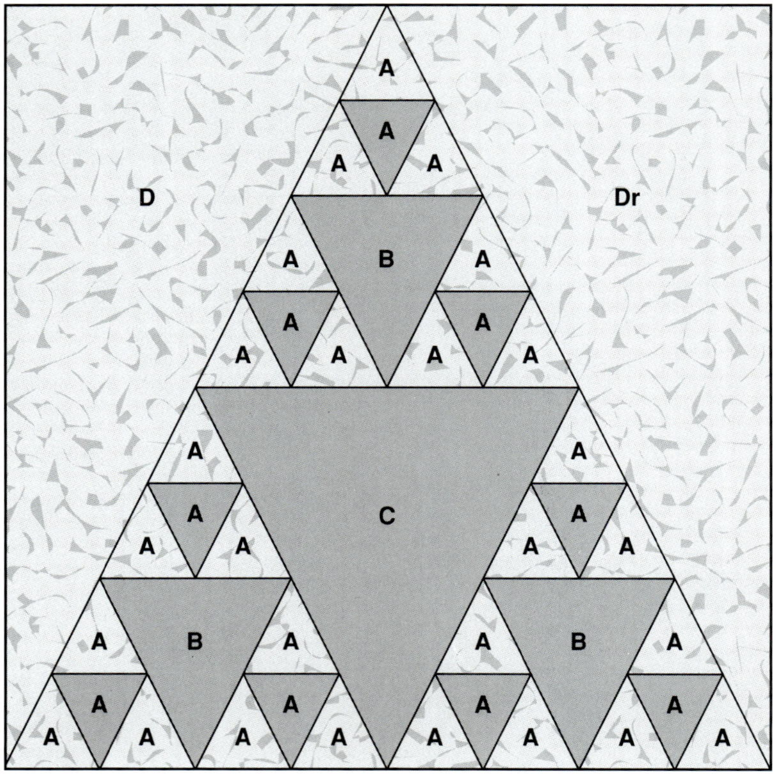

Rottanne

D37 AAAA-Dreieckseinheiten nähen (9mal). 3 A-Einheiten an jede Seite von B ansetzen (3mal). Dann die AB-Einheiten an alle Seiten von C setzen und mit D und Dr den Block vervollständigen.

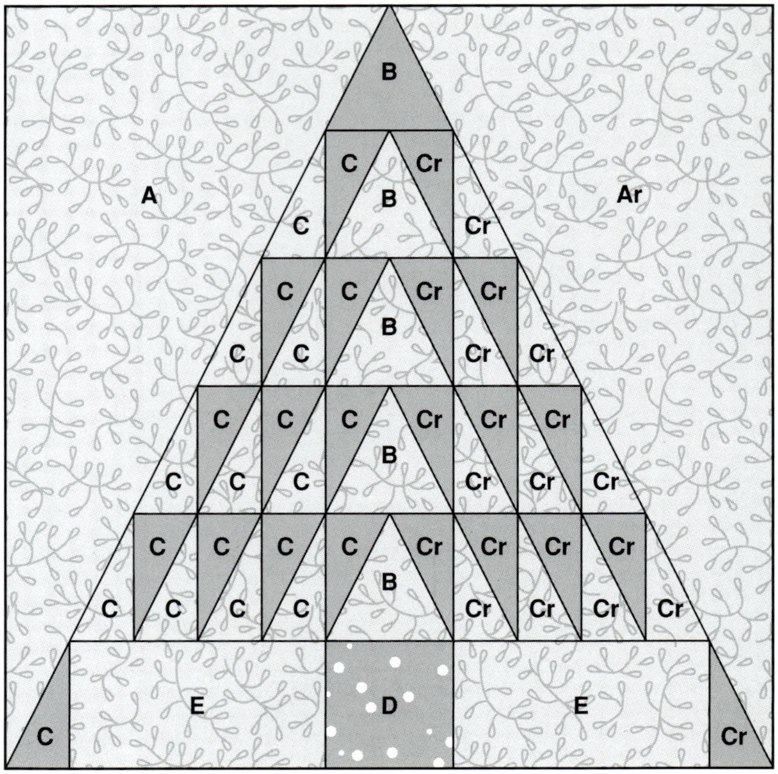

Fichte

D38 CC-Einheiten (10mal) und CrCr-Einheiten nähen (10mal). Mit den B-Teilen in der Mitte zu Reihen zusammenfügen. CEDECr-Reihe nähen und unten an den Baum setzen. A und Ar-Teile an jede Seite des Baumes nähen.

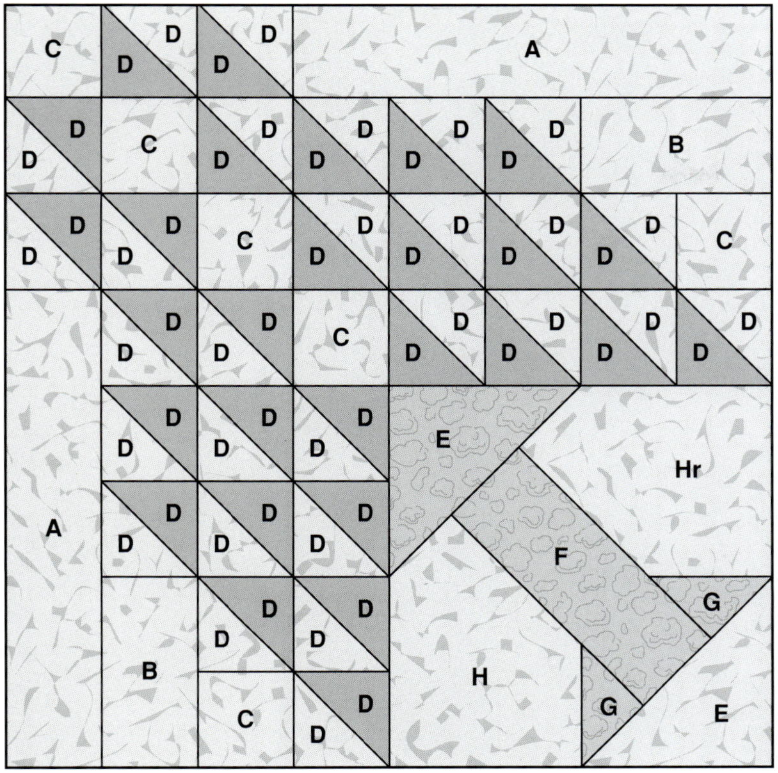

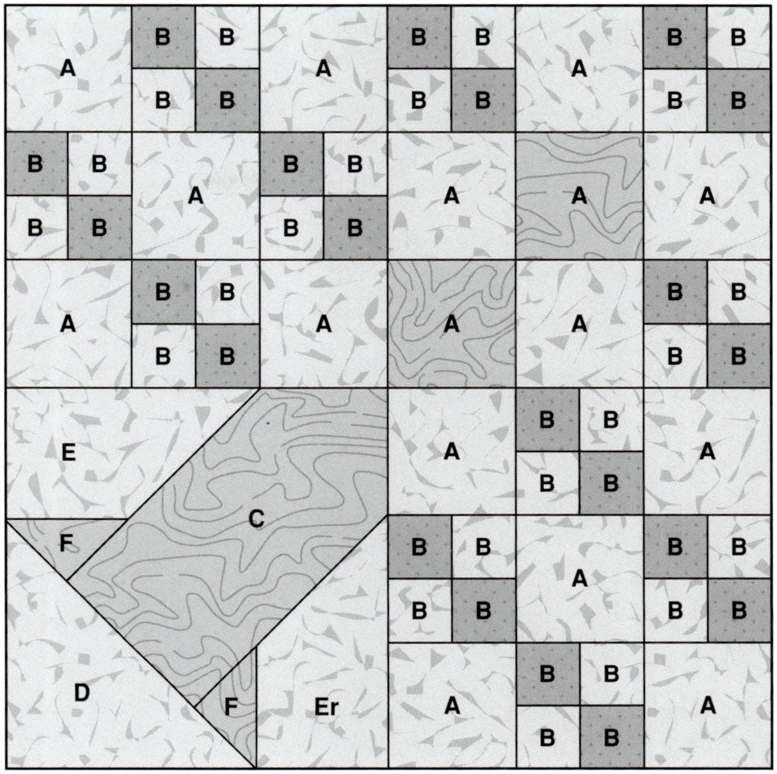

Lebensbaum

D39 DD-Einheiten nähen (28mal). G an H und G an Hr setzen. Diese Einheiten rechts und links an F nähen, je 1 E unten und oben anfügen. Dies ist der Baumstamm. DD-Einheiten mit C, A und B-Teilen zu den 3 oberen Reihen verbinden, diese Reihen zum oberen Segment zusammennähen. Linkes Segment in 4 vertikalen Reihen arbeiten, die dann zusammengesetzt werden. Rechts 1 Reihe von DD-Einheiten an das Baumstamm-Segment anfügen und dann mit dem oberen Segment zum kompletten Block verbinden.

Baum der Versuchung

D40 Aus den B-Teilen Viererblöcke nähen (11mal). F und E zusammensetzen, ebenso F und Er. C in die Mitte dieser Einheiten setzen und unten das D-Dreieck anfügen. Dies ist der Baumstamm. Die B-Einheiten mit den A-Teilen zu Neunerblöcken verbinden. Kombinieren Sie die 4 Segmente zum kompletten Block.

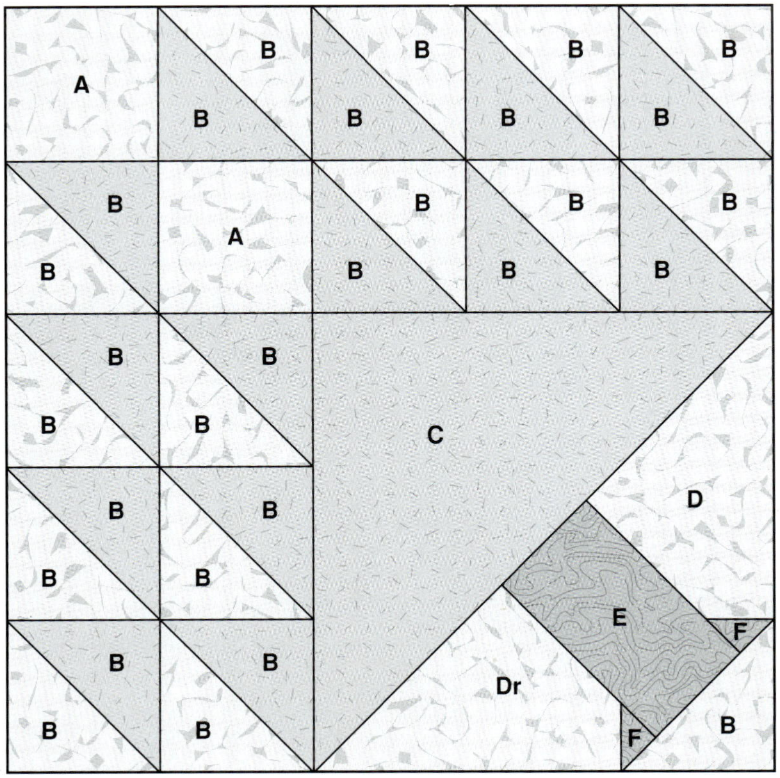

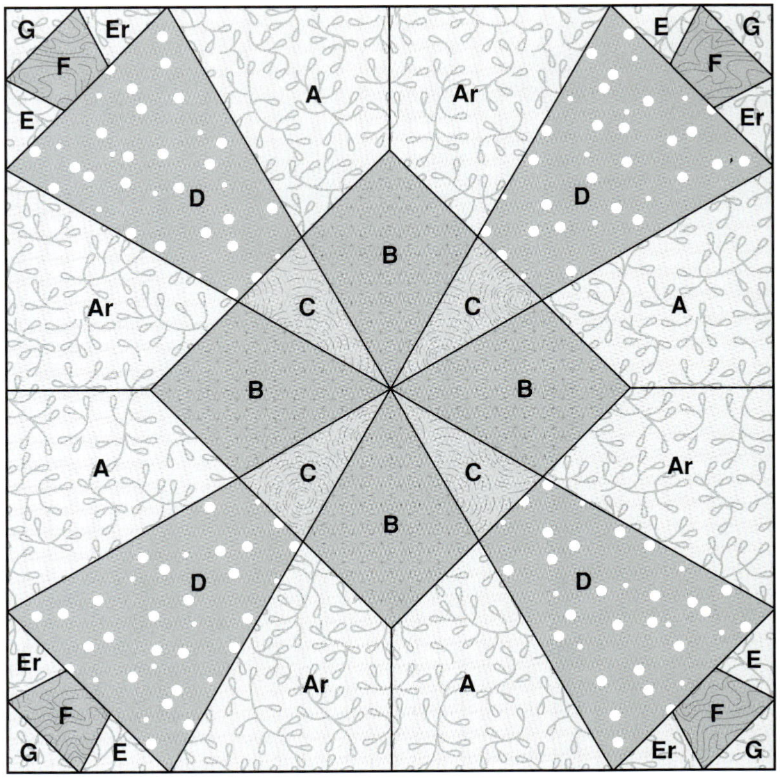

Baum der Enthaltsamkeit

D41 BB-Einheiten nähen (14mal). F und D zusammensetzen, ebenso F und Dr. E in die Mitte davon nähen und unten das B-Dreieck anfügen. Dies ist der Baumstamm. BB-Einheiten und A-Teile zu den beiden oberen Reihen anordnen. Das linke Segment aus BB-Einheiten nähen und dann an den CDEFB-Baumstammteil ansetzen. Das Ganze mit dem oberen Segment zum fertigen Block verbinden.

Baum von Lancaster

D42 A und Ar verbinden und B mit einer Y-Naht einsetzen (4mal). E und Er an F nähen und G-Teil anfügen. Dann folgt D und danach C (4mal). AB-Einheiten mit den CDEFG-Einheiten verbinden (4mal) und die beiden Teile zum fertigen Block zusammennähen.

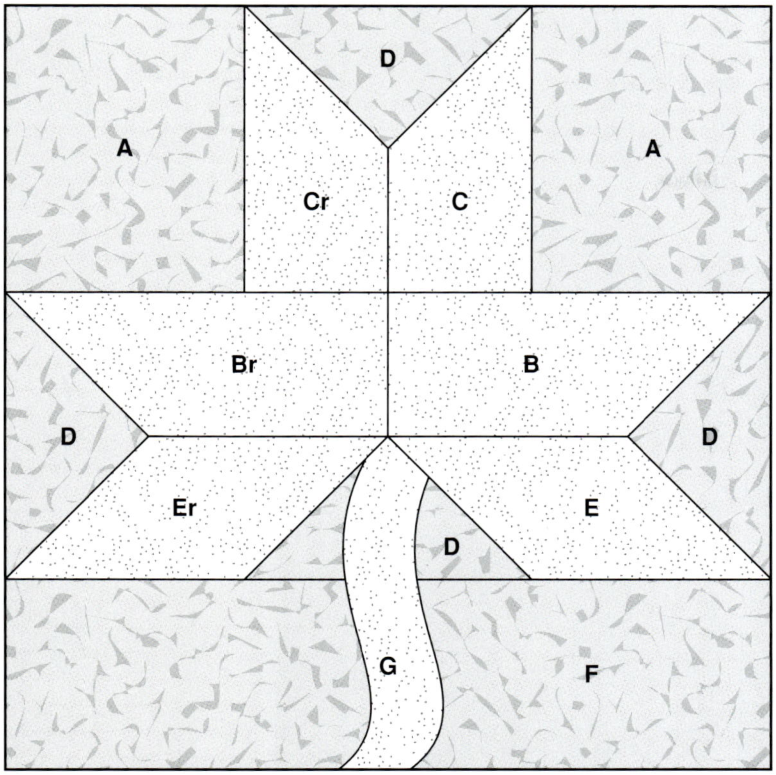

Sweet Gum-Blatt

D43 C und Cr verbinden und D mit einer Y-Naht einsetzen (Tips zum Nähen von Y-Nähten finden Sie auf Seite 309). A an jede Seite anfügen. B und E verbinden und D mit einer Y-Naht einsetzen. Ebenso Br und Er verbinden und D einsetzen. Diese beiden Einheiten verbinden und das mittlere D mit einer Y-Naht einsetzen. Segment mit dem oberen zusammensetzen und dann das F-Teil anfügen. Blattstiel G applizieren.

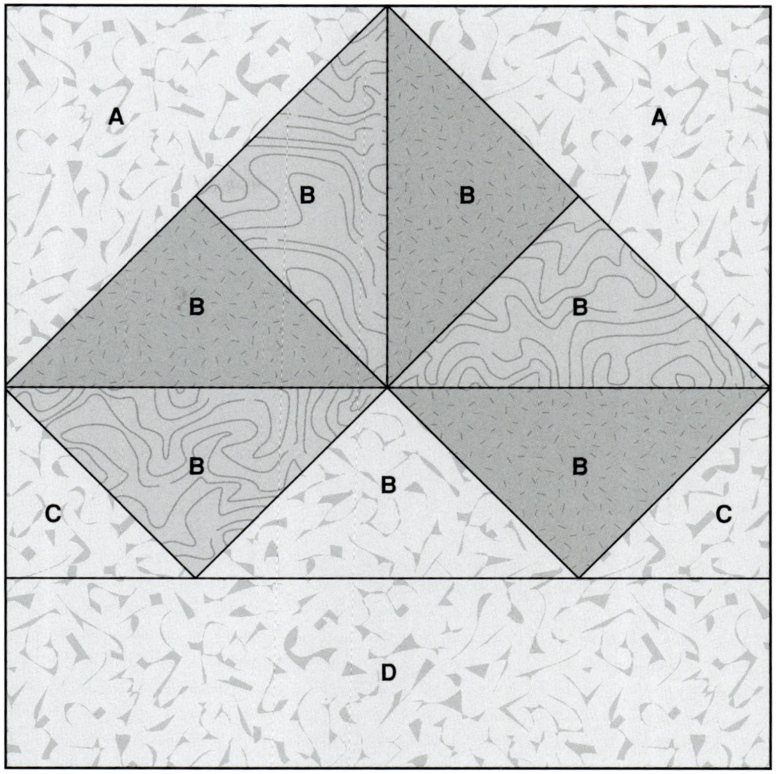

Efeublatt

D44 BB-Einheiten nähen und A ansetzen (2mal). Diese beiden Einheiten zur oberen Reihe verbinden. Die zweite Reihe entsteht aus CBBBC. An die obere Reihe anfügen. D unten ansetzen, um den Block zu vervollständigen.

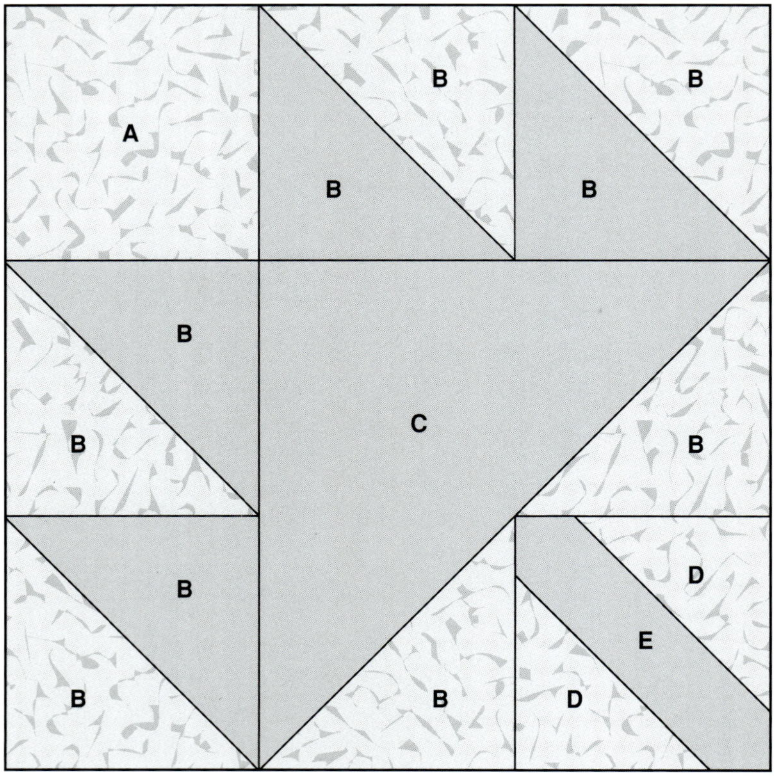

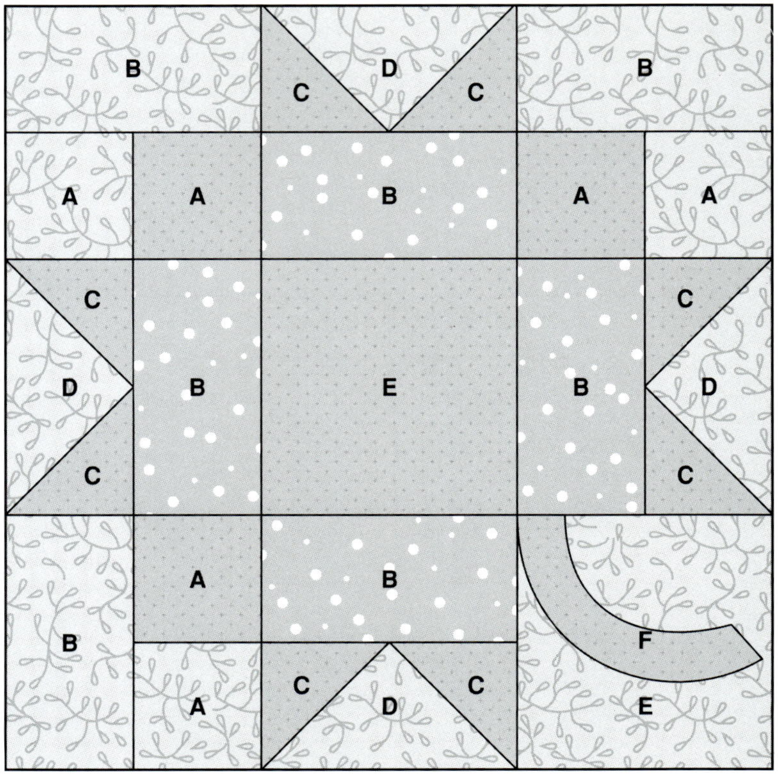

Apfelblatt

D45 BB-Einheiten nähen (4mal). D an beide Seiten von E ansetzen, dann 2 B-Teile anfügen. Mit Teil C zu einem Quadrat formen. Obere Reihe nähen: A/BB/BB. 2 BB-Einheiten aneinandernähen und an das untere Segment mit dem Blattstiel nähen. Mit der oberen Reihe zum kompletten Block verbinden.

Ahornblatt

D46 Applizieren Sie Teil F auf E. CDC-Einheit nähen und B ansetzen (4mal): AA-Einheiten nähen und B anfügen (3mal). Die Einheiten zu 3 Reihen verbinden, wie auf der Abbildung gezeigt. Dann die Reihen zum Block zusammensetzen.

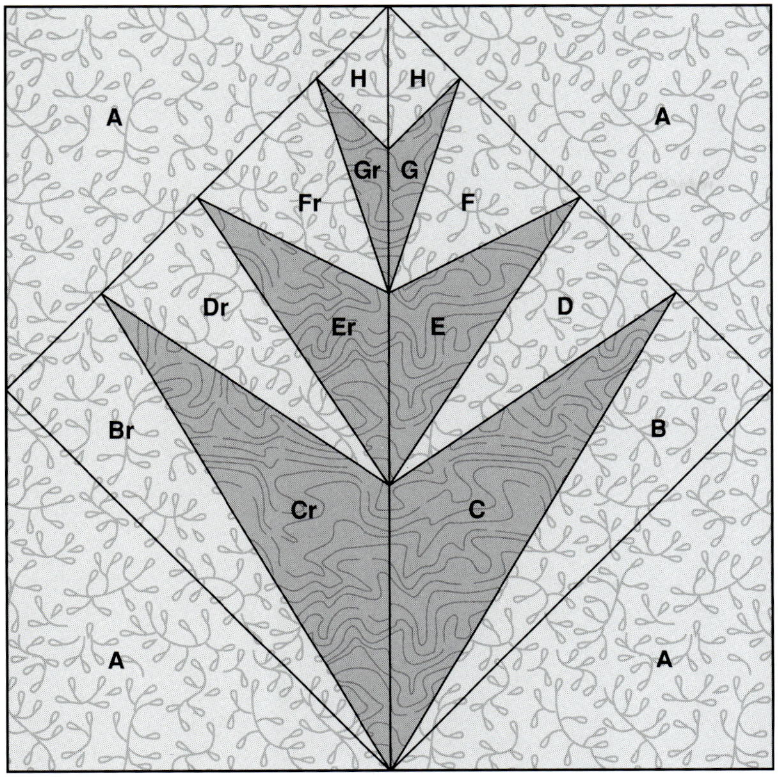

Palmblatt

D47 Die BCDEFGH-Einheit nähen, dann die entsprechende Revers-Einheit. Beide Einheiten zusammensetzen und je 1 A an alle 4 Seiten nähen.

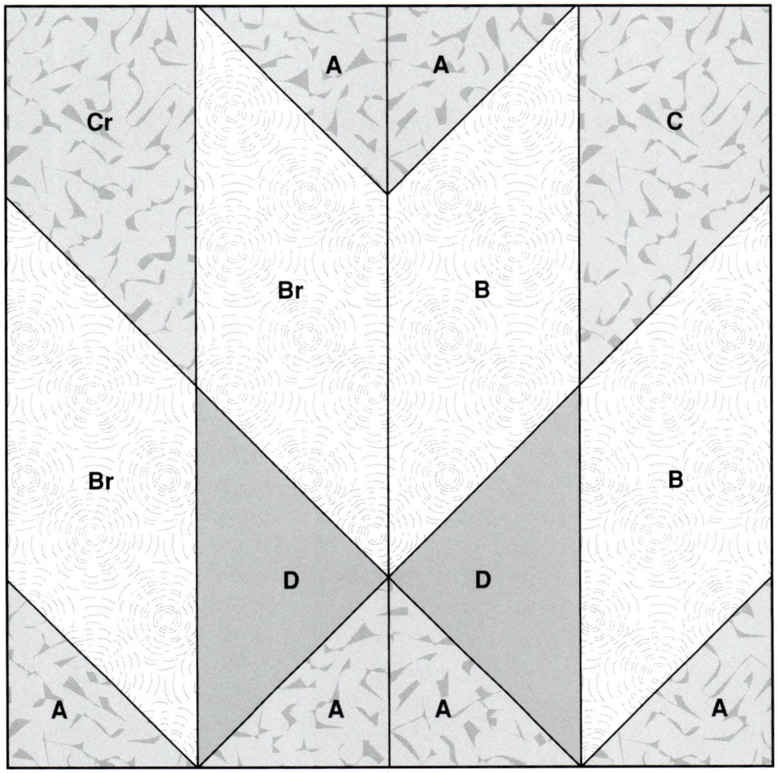

Teeblatt

D48 Dieser Block wird in vertikalen Reihen zusammengefügt. CBA-Einheit und die entsprechende Revers-Einheit nähen. ABDA-Einheit und die entsprechende Revers-Einheit nähen. Die 4 Reihen zum kompletten Block zusammensetzen.

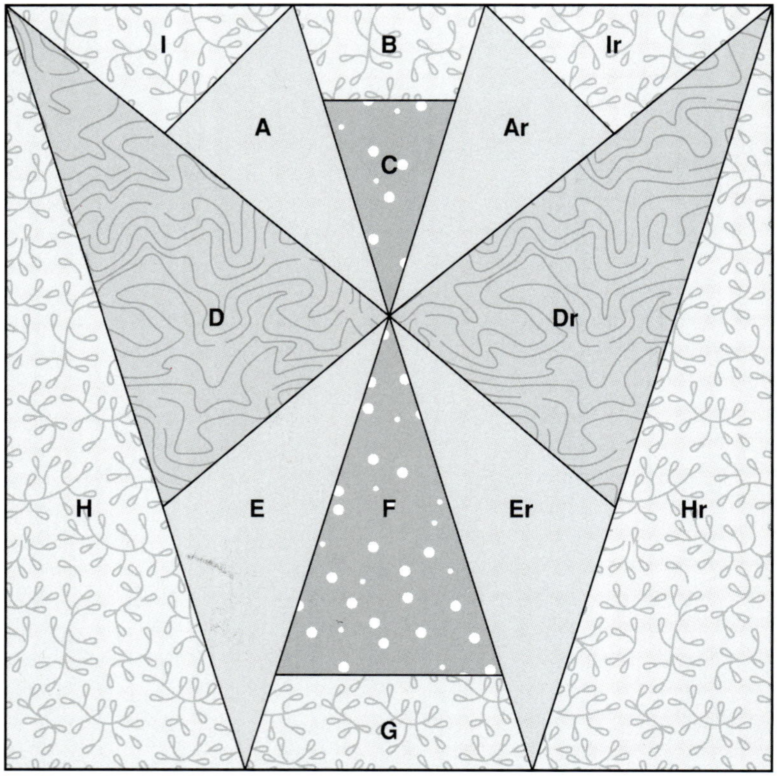

Altmodischer Schmetterling

D49 Dieser Block wird aus 2 asymmetrischen Abschnitten zusammengefügt. Linker Teil: B an C nähen, I an A; D an E. Diese Einheiten zusammensetzen und H anfügen. Rechter Teil: Ar an Ir nähen, Dr an Er, F an G. Diese Einheiten zusammensetzen und HR anfügen. Beide Teile zum fertigen Block verbinden.

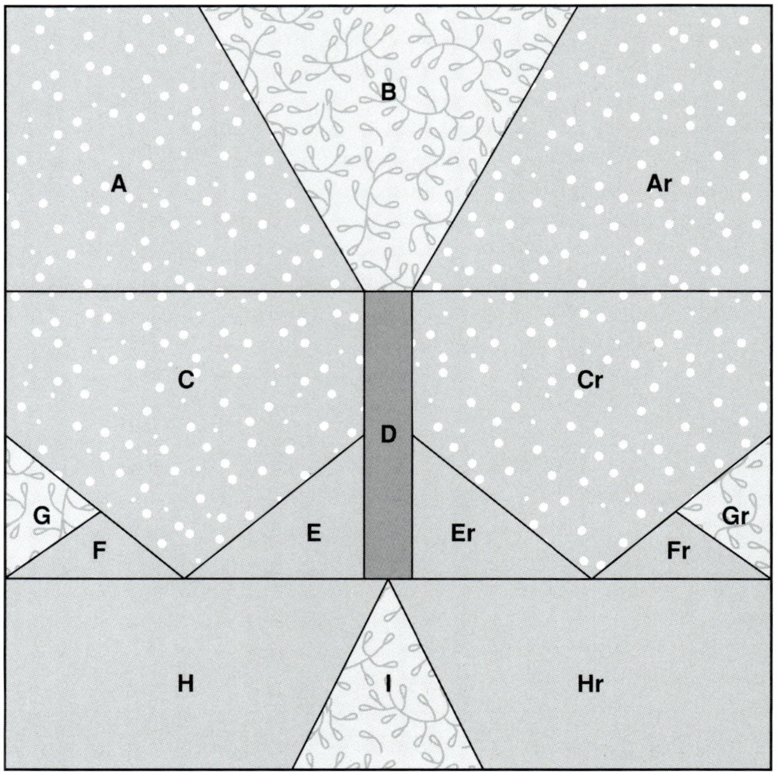

Schmetterling 1

D50 Bauen Sie den Block in horizontalen Reihen auf. Reihe 1: A und Ar an B nähen. Reihe 2: G an F nähen, GF an C setzen und die E-Teile anfügen. In spiegelbildlicher Anordnung für die Revers-Seite nähen. Beide Teile mit D verbinden. Reihe 3: H und Hr an I nähen. Die 3 Reihen zum kompletten Block verbinden.

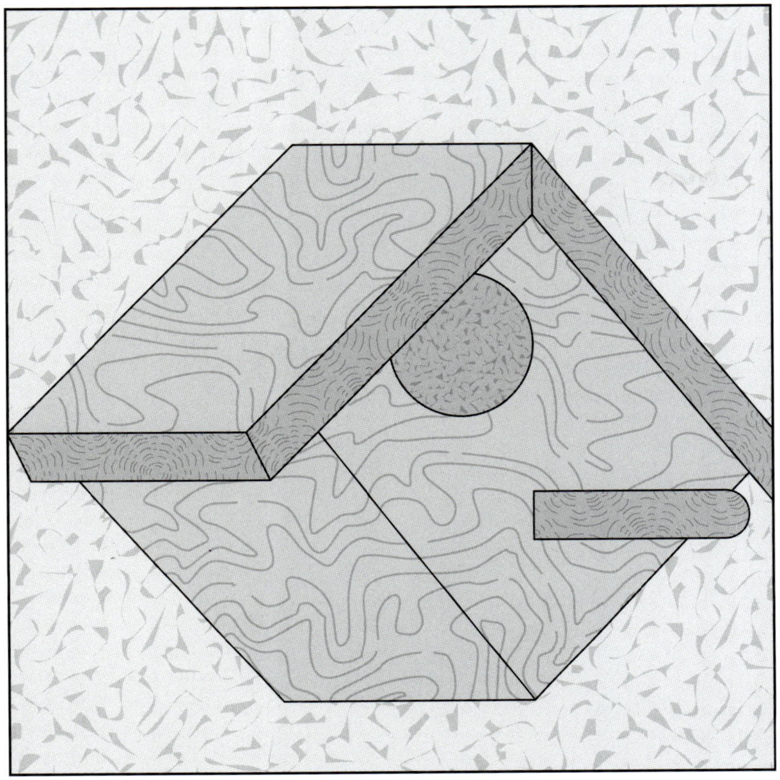

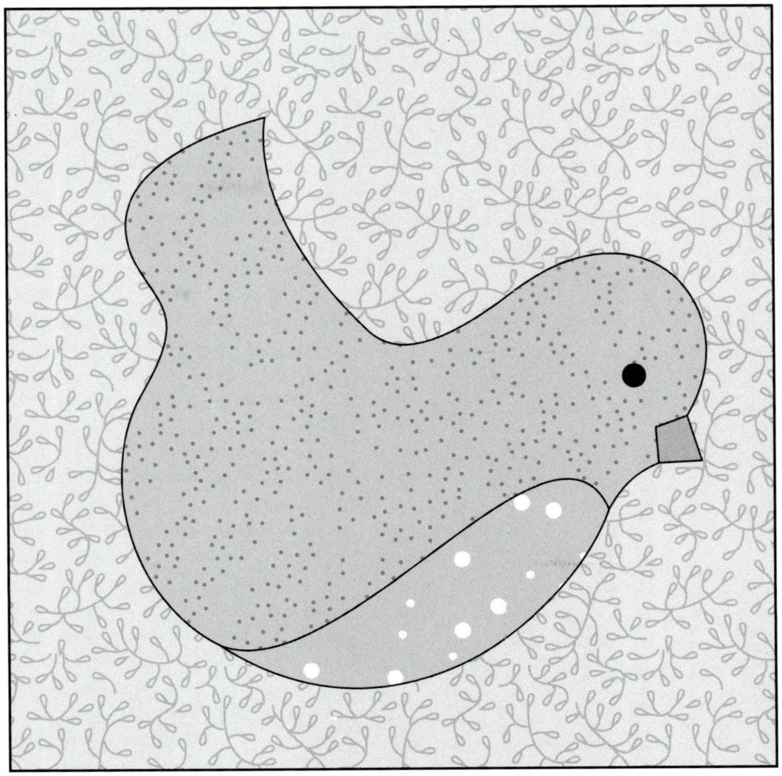

Nistkasten 1

D51 4 in (10 cm) großes Quadrat aus Hintergrundstoff schneiden (plus Nahtzugabe). Nähen Sie das Haus und das Dach in Patchworktechnik. Den Giebel mit einer diagonalen Naht verbinden (Tips zum Nähen von diagonalen Nähten finden Sie auf Seite 309). Applizieren Sie Dach und Haus auf das Hintergrundstoff-Quadrat. Zuletzt Flugloch und Sitzstange applizieren.

Rotkehlchen

D52 4 in (10 cm) großes Quadrat aus Hintergrundstoff schneiden (plus Nahtzugabe). Applizieren Sie den Vogel an seinen Platz (lesen Sie auch auf Seite 308 über die Applikationstechnik). Mit einer kleinen schwarzen Perle oder Knötchenstich das Auge gestalten. Sticken Sie eine kleine Linie auf den Schnabel.

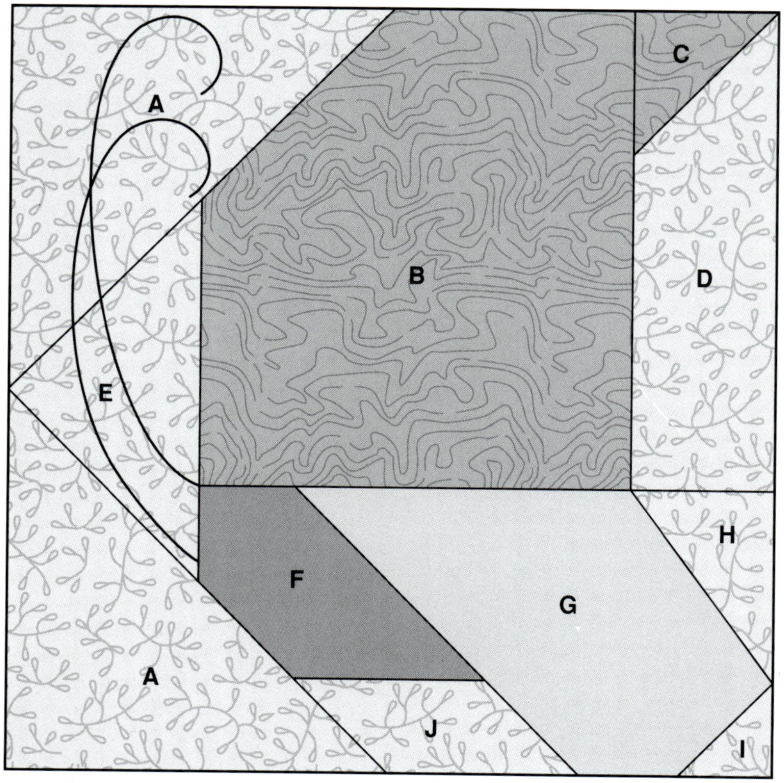

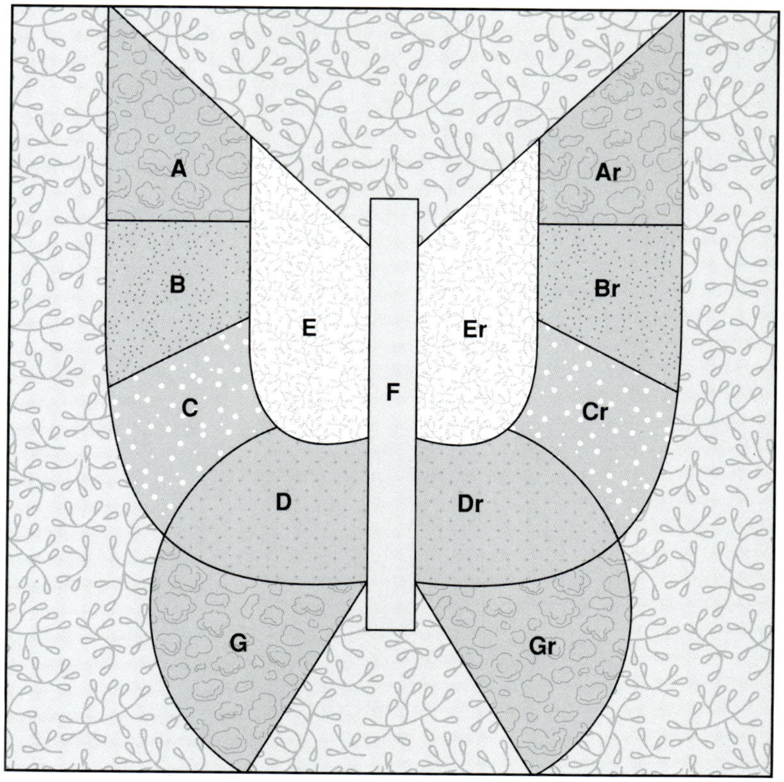

Schmetterling 2

D53 C an D nähen und an B anfügen. F und J verbinden, die FJ-Einheit, sowie I und H an G setzen. BCD und FGHIJ-Einheiten verbinden und E anfügen. Mit den beiden A-Teilen den Block vervollständigen. Sticken Sie die langen Fühler mit Stielstich.

Schmetterling 3

D54 4 in (10 cm) großes Quadrat aus Hintergrundstoff schneiden (plus Nahtzugabe). Setzen Sie die Flügeleinheit AB-CD zusammen und die entsprechende Revers-Einheit. Applizieren Sie E und G an die linke Seite, Er und Gr auf die rechte Seite. Applizieren Sie nun beide Segmente auf den Hintergrundstoff und setzen Sie zum Schluß F auf.

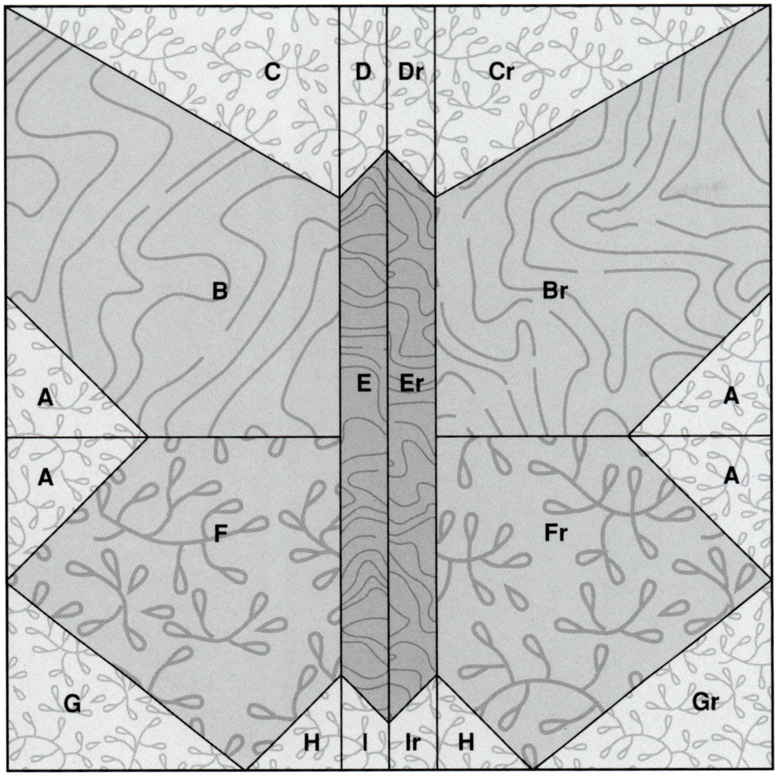

Schmetterling 4

D55 ABC- und ABrCr-Einheiten nähen. FGHA- und FrGrHA-Einheiten nähen. Die beiden linken Segmente und die beiden rechten zusammensetzen. DEI- und DrErIr-Einheiten nähen und zusammenfügen, dann die linke und rechte Schmetterlingshälfte ansetzen.

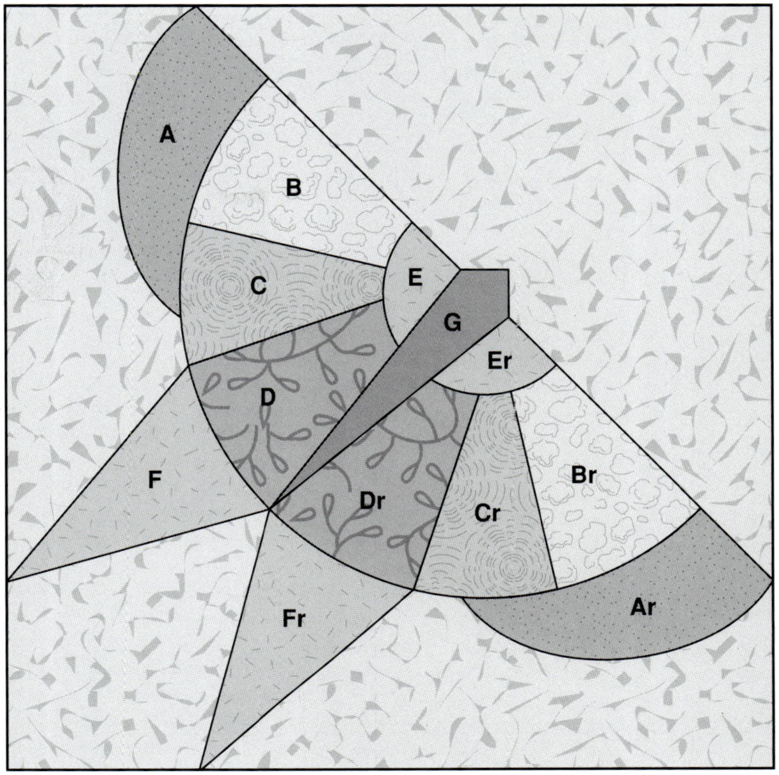

Schmetterling 5

D56 4 in (10 cm) großes Quadrat aus Hintergrundstoff schneiden (plus Nahtzugabe). BCD- und BrCrDr-Einheiten nähen. A und Ar, F und Fr sowie E und Er und G auf die BCD-Einheiten applizieren. Nun den gesamten Schmetterling auf das Hintergrundquadrat applizieren.

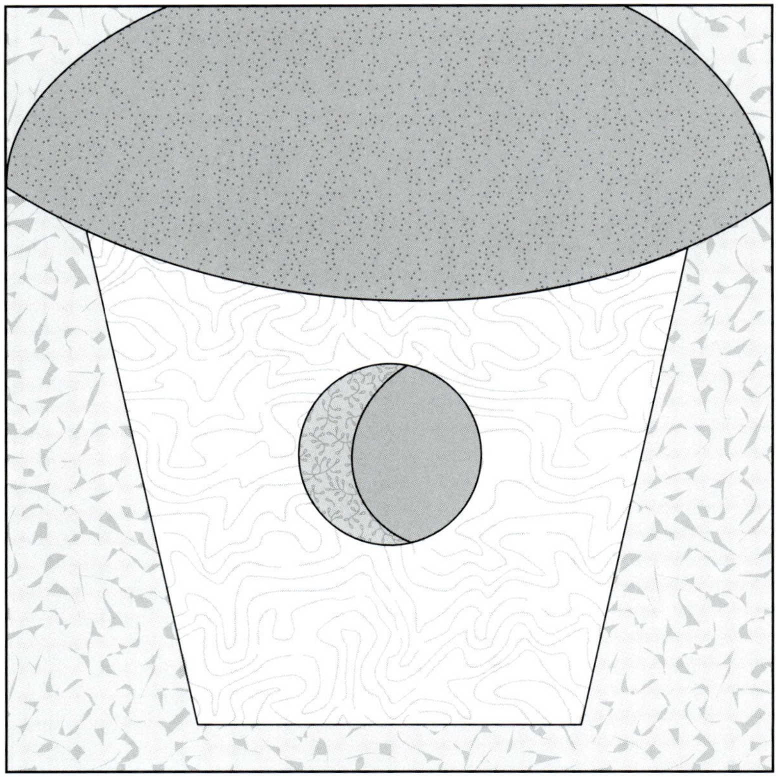

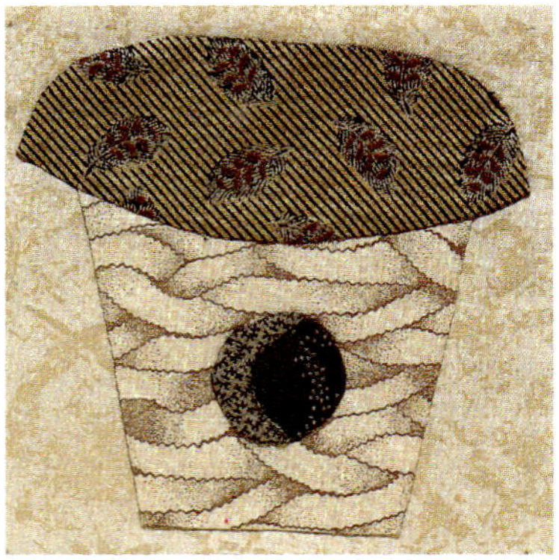

D57 4 in (10 cm) großes Quadrat aus Hintergrundstoff schneiden (plus Nahtzugabe). Applizieren Sie alle Teile an ihren Platz.

Nistkasten 2

D58 4 in (10 cm) großes Quadrat aus Hintergrundstoff schneiden (plus Nahtzugabe). Applizieren Sie den Vogel auf den Hintergrund. Verwenden Sie eine schwarze Perle oder einen Knötchenstich als Auge.

Meise

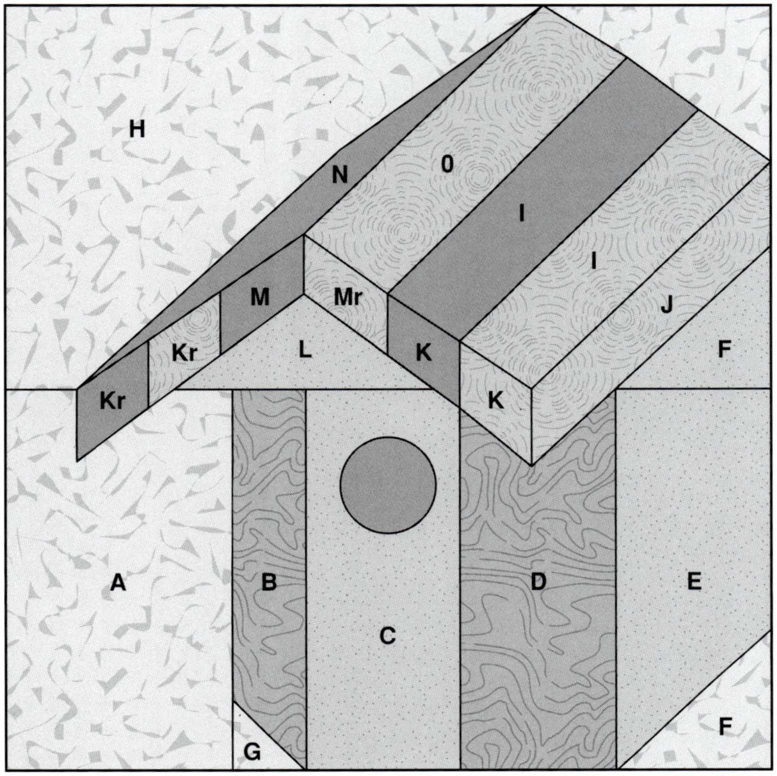

Nistkasten 3

D59 G an B und E an F nähen. Diesen Abschnitt zusammenfügen: A/BG/C/D/EF. Beachten Sie, daß der obere Abschnitt (H) 2 x 4 inch (5 x 10 cm) groß ist (plus Nahtzugaben). H an den unteren Abschnitt nähen und dann das Dach zusammensetzen: OIIJF- und MrKK-Einheiten nähen. Die MKrKr-Einheit nähen und N anfügen. L-Teil mit einer Y-Naht an die beiden Dachteile setzen (Tips zum Nähen von Y-Nähten finden Sie auf Seite 309). Applizieren Sie das Dach an seinen Platz und den C-Stoffkreis auf die Giebelseite, so daß die Vögel aus und einfliegen können.

Roter Kardinal

D60 4 in (10 cm) großes Quadrat aus Hintergrundstoff schneiden (plus Nahtzugabe). Applizieren Sie den Vogel auf das Hintergrundquadrat und nähen Sie eine schwarze Perle oder einen Knötchenstich als Auge auf.

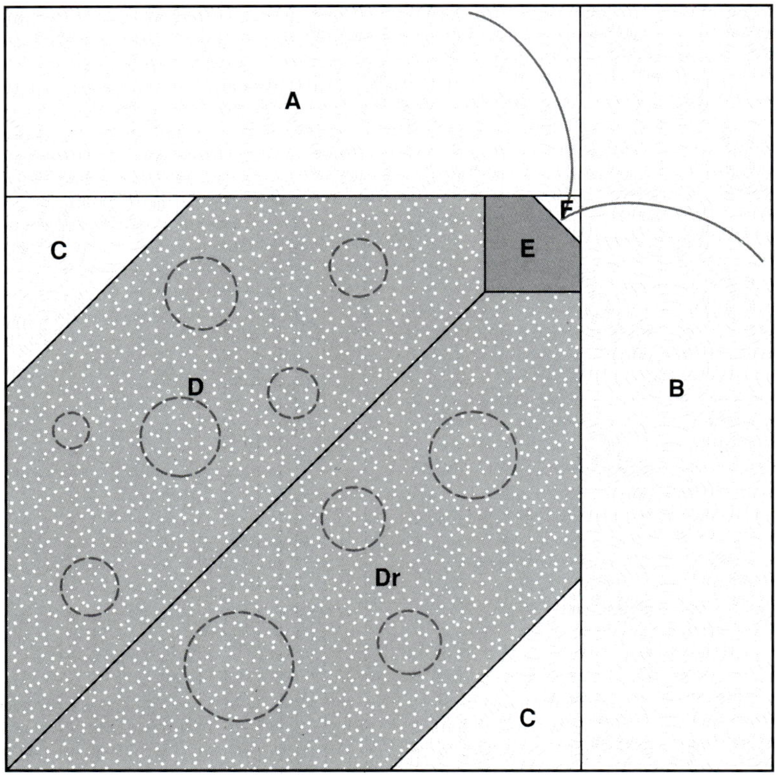

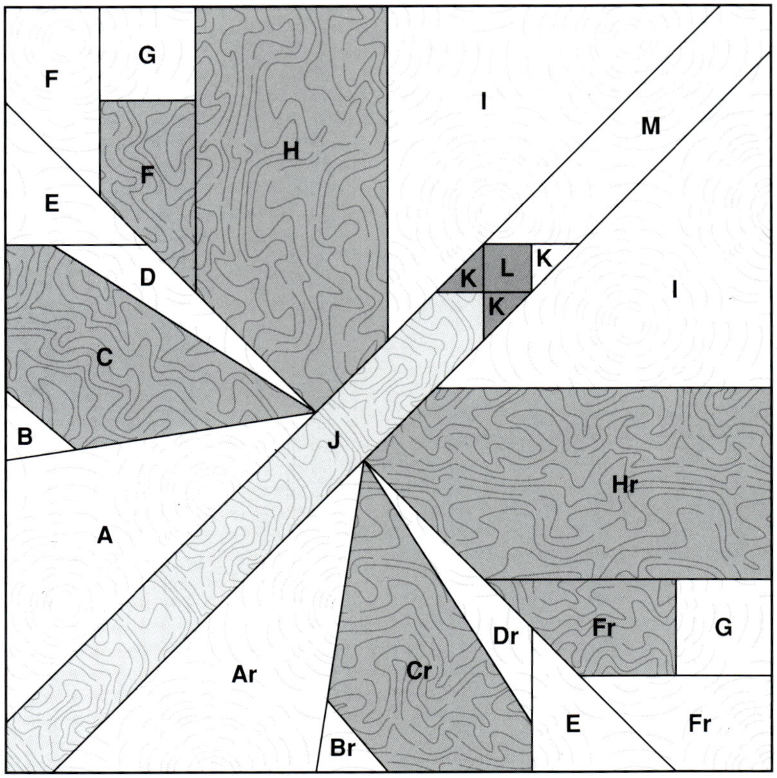

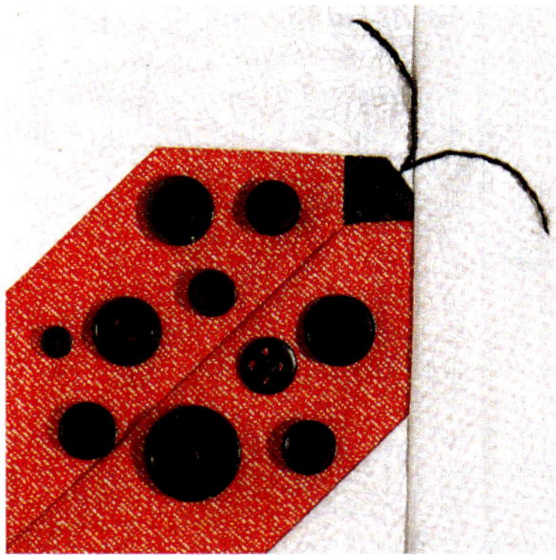

Marienkäfer

D61 CD- und CDr-Einheit nähen. EF-Einheit nähen und mit einer Y-Naht an CDCDr einsetzen (Tips zum Nähen von Y-Nähten finden Sie auf Seite 309). Teil A an die obere Kante des Käfer-Teiles ansetzen, B an die seitliche Kante. Applizieren Sie die Punkte auf den Käferrücken und arbeiten Sie die Fühler mit Stielstich. Sie können anstelle der applizierten Punkte auch schwarze Knöpfe aufsetzen.

Libelle

D62 BCD-Einheit nähen und A und E anfügen. FG-Einheit nähen, F an eine Seite und H und I an die andere. Beide Abschnitte zusammensetzen. Wiederholen Sie dies auch für die Revers-Einheiten der anderen Seite. Den Körper der Libelle gestalten: KLK-Einheit nähen, an M anfügen. K an J setzen und mit der KLM-Einheit verbinden. Den Körper mit den beiden Flügelsegmenten zusammensetzen.

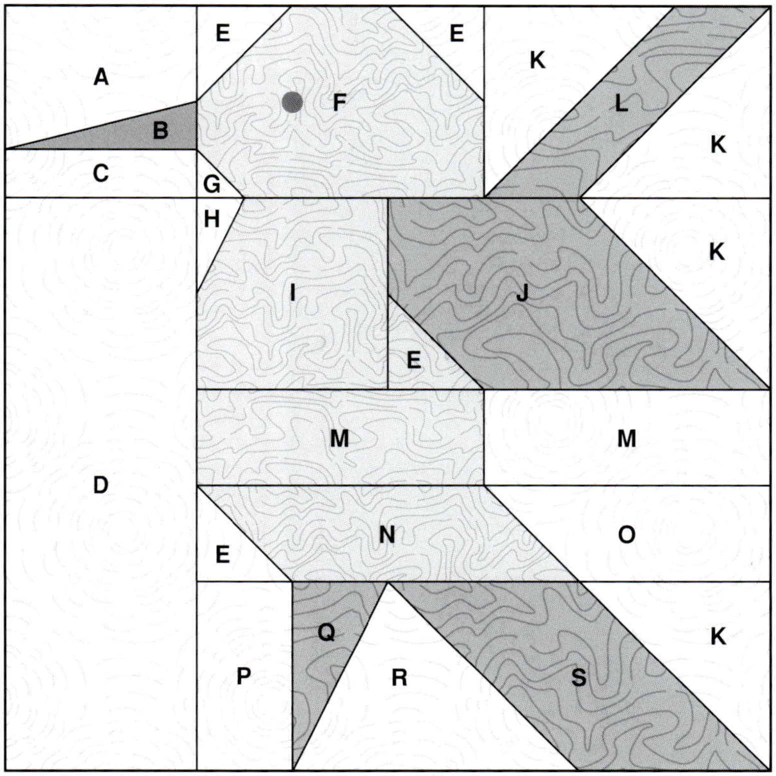

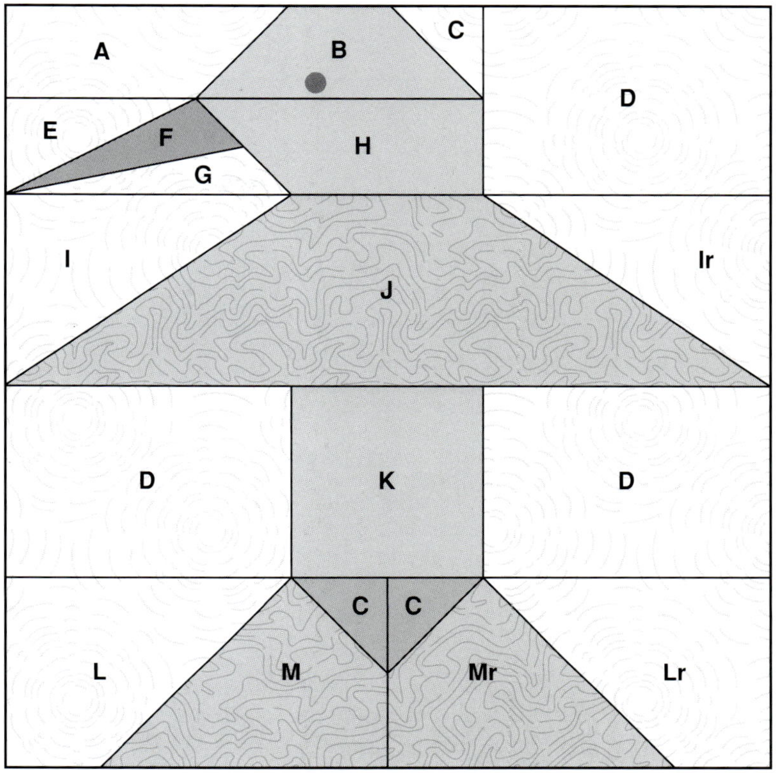

Kolibri 1

D63 ABC-Einheit, EEFG-Einheit und KLK-Einheit nähen. Die 3 Einheiten zur oberen Reihe verbinden. HI- und EJK-Einheit nähen und zusammensetzen. MM-Einheit nähen und an das vorige Segment anfügen. ENO-Einheit nähen und an die MM-Kante setzen. PQRSK-Einheit nähen und an die ENO-Kante anfügen. D-Teil links an das Segment ansetzen. Dann das Ganze an das obere Teil nähen. Das Auge mit einem Knötchenstich oder einer kleinen Perle arbeiten.

Kolibri 2

D64 ABC-Einheit nähen. EFG-Einheit nähen und H ansetzen. Diese Einheit mit der ABC-Einheit zusammensetzen und D anfügen. IJIr-Einheit nähen und an die obere Reihe ansetzen. DKD-Einheit nähen und ebenfalls an das obere Segment ansetzen. LMC-Einheit und LrMrC-Einheit nähen und zusammenfügen, dann an das Hauptteil ansetzen, um den Block zu vervollständigen. Verwenden Sie einen Knötchenstich oder eine winzige Perle als Auge.

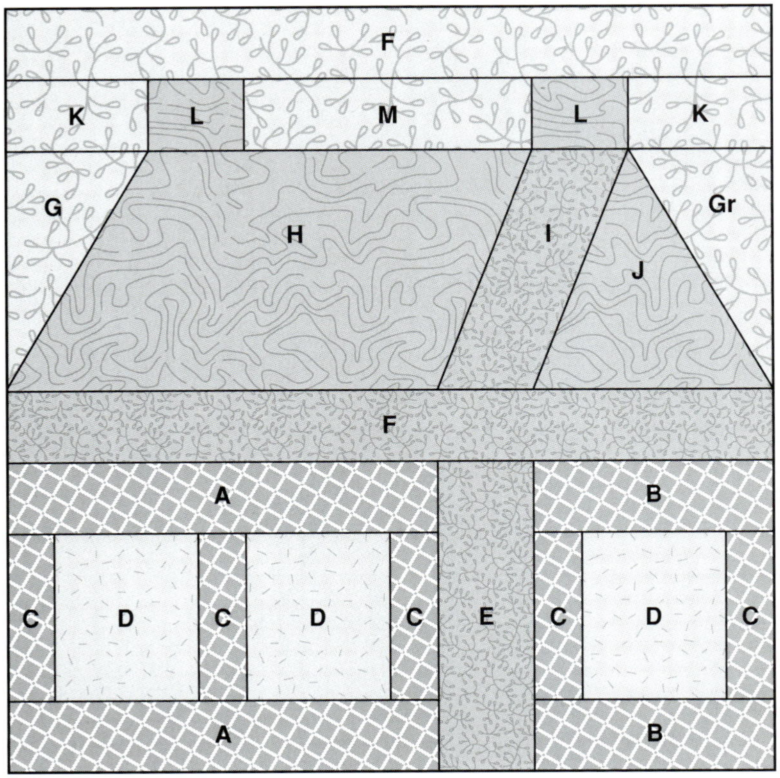

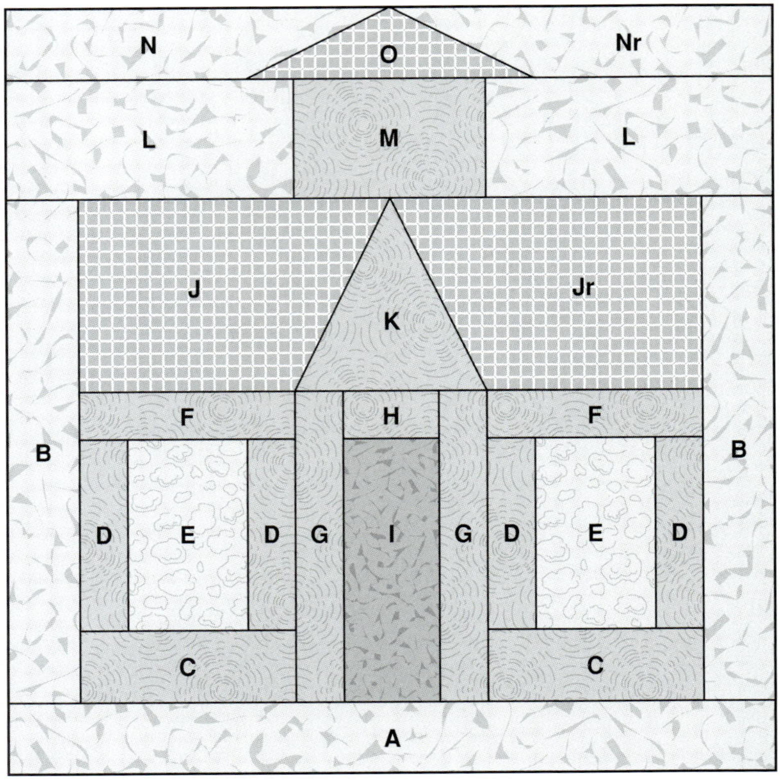

Haus 1

D65 KLMLK-Einheit nähen und oben Teil F ansetzen. GHIJGr zur Reihe nähen und an das obere Segment ansetzen. 1 weiteres F unten ansetzen. CDCDC-Einheit nähen, A-Teile anfügen und mit E verbinden. CDC-Einheit nähen, B-Teile anfügen und an die andere Seite von E nähen. Dieses Segment mit dem oberen zum fertigen Block zusammensetzen.

Kapelle 1

D66 NONr-Einheit und LML-Einheit nähen und zusammensetzen. J und Jr an K nähen. DED-Einheit nähen und F und C ansetzen (2mal). H an I nähen und an beide Seiten 1 G und die CDEF-Einheit anfügen. Diesen Abschnitt mit dem Dachteil verbinden. Die B-Teile seitlich ansetzen und an die oberste Reihe anfügen. Mit 1 A-Streifen als Boden ist der Block komplett.

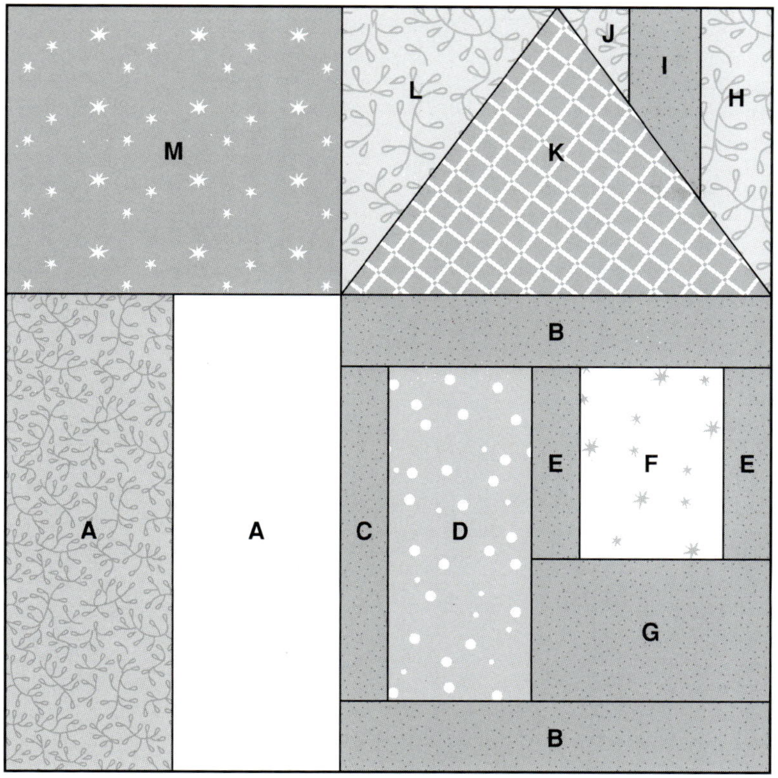

Gerichtsplatz

D67 A-Teile zusammensetzen und mit M verbinden (dieses Segment bildet eine Flagge – Sie können natürlich Ihre eigene Flagge verwenden). EFE-Einheit nähen, G anfügen und dann D und C ansetzen. B-Teile an die CDEFG-Eineit ansetzen. J und H an I nähen, diese Einheit an K ansetzen, danach Teil L an die andere Seite von K anfügen. Verbinden Sie den HIJKL-Abschnitt mit dem BCDEFG-Abschnitt und nähen Sie dieses Segment an die MAA-Flagge.

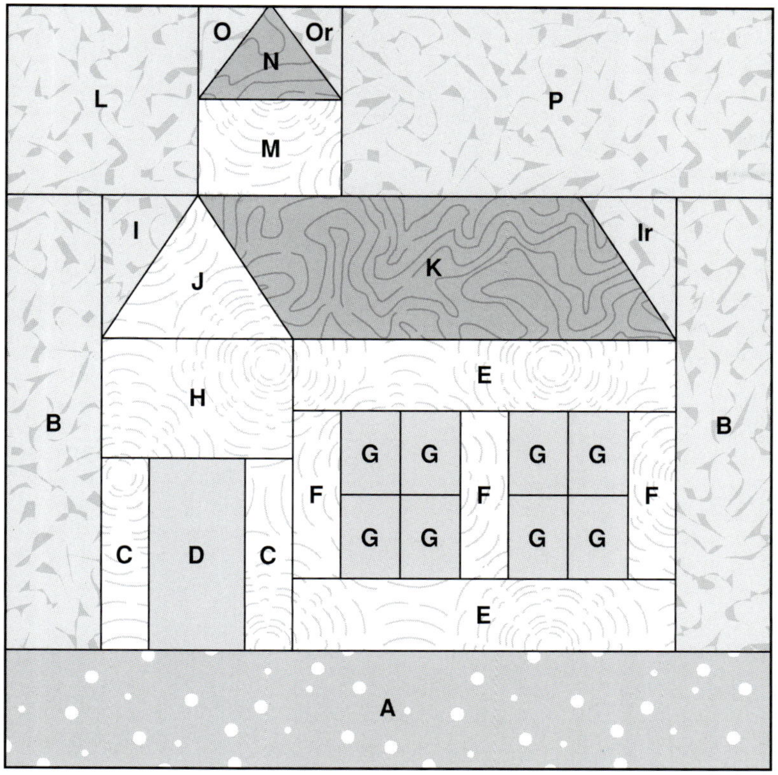

Kapelle 2

D68 O und Or mit N verbinden und M anfügen, danach L und P. J an K nähen und die I- und Ir-Teile rechts und links ansetzen. Die G-Segmente arbeiten (oder ein Stück Stoff in der Größe von 4 G-Teilen schneiden und das Fensterkreuz aufsticken), mit den F-Teilen zusammensetzen und dann die E-Teile anfügen. C-Teile an jede Seite von D nähen und H oben anfügen. CDH- und FGE-Einheiten zusammensetzen und die JKI-Einheit anfügen. B-Teile links und rechts ansetzen und dann A. Unteres und oberes Segment zum fertigen Block zusammensetzen.

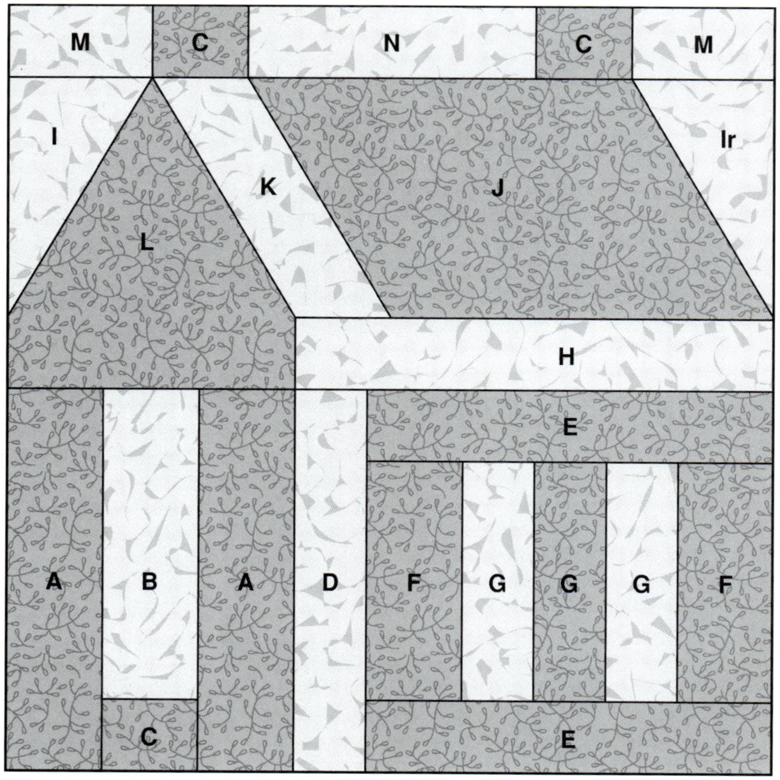

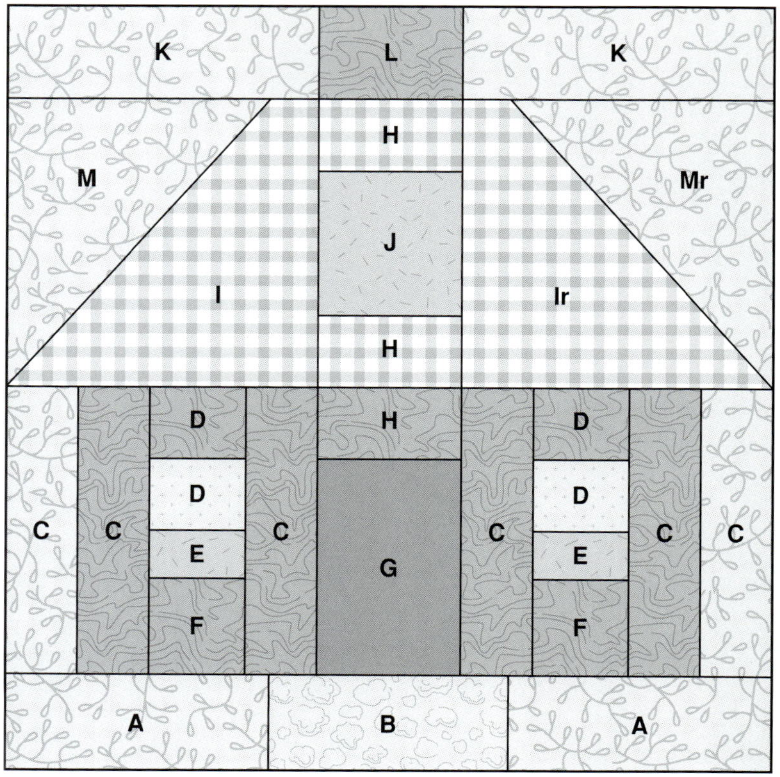

Schule

D69 K und Ir an J nähen und dann an H anfügen. I an L nähen und mit einer Y-Naht in die HIrJK-Einheit einsetzen (Tips zum Nähen von Y-Nähten finden Sie auf Seite 309). FGGGF-Einheit nähen. E-Teile oben und unten ansetzen. B und C zusammensetzen und an jede Seite 1 A nähen, danach D anfügen und mit der FGE-Einheit verbinden. Das Ganze mit dem Dachteil verbinden. MCNCM-Einheit nähen und oben ansetzen.

Haus 2

D70 K Teile an L nähen. M an I und Mr an Ir nähen. Die H-Teile an J setzen und MI und MrIr-Einheiten anfügen. Mit der oberen KLK-Reihe verbinden. DDEF-Einheit nähen und 3 C-Teile ansetzen, wie in der Abbildung gezeigt (2mal). G und H zusammensetzen und zwischen die CDEF-Einheiten nähen. Das Ganze an das Dachsegment anfügen. ABA-Einheit nähen und unten an den Block ansetzen.

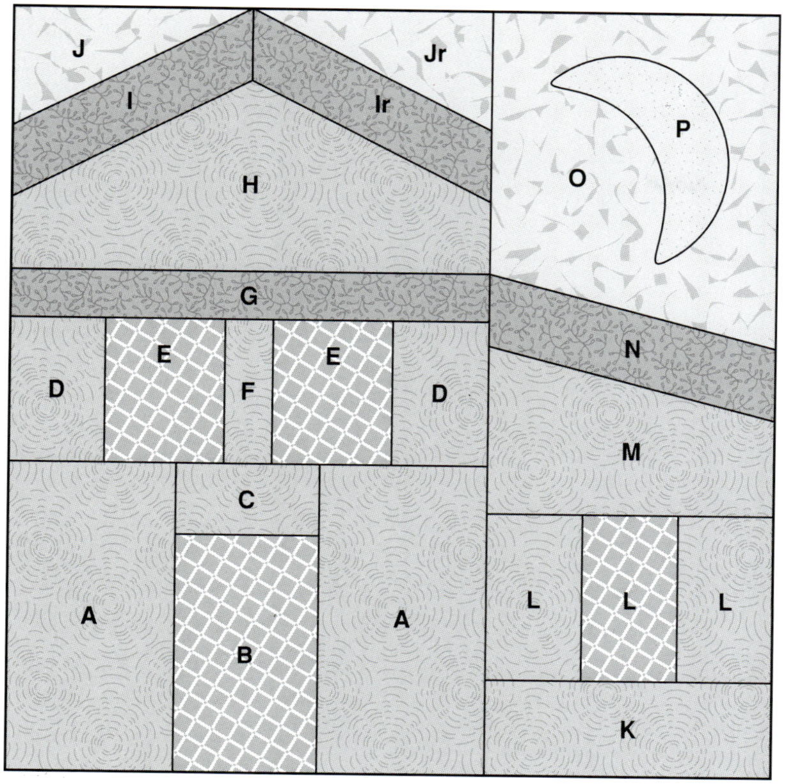

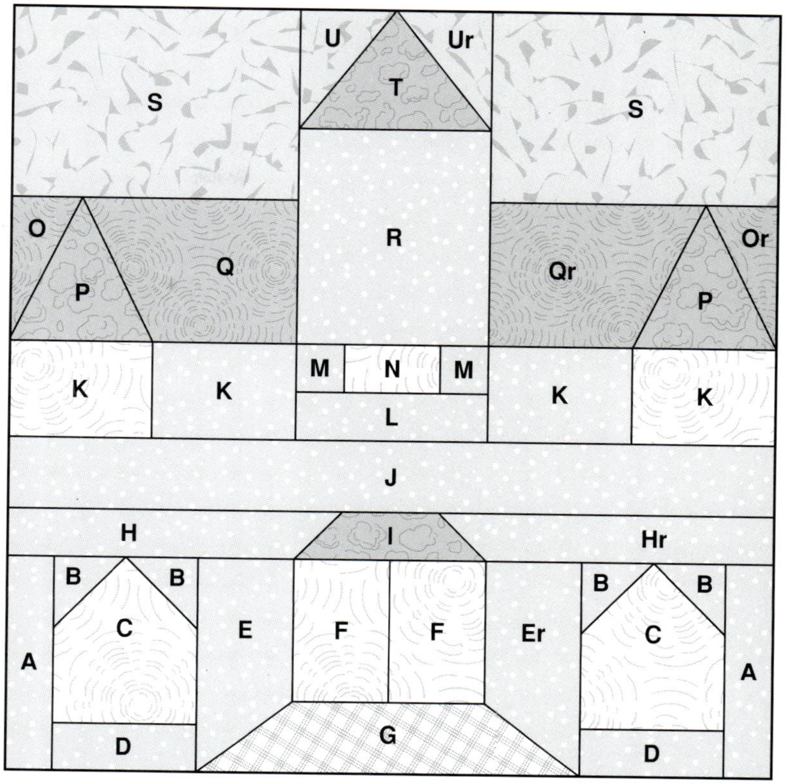

Scheune

D71 I und Ir an H ansetzen und die I-Ir-Nähte diagonal schließen (Tips zum Nähen von diagonalen Nähten finden Sie auf Seite 309). J- und Jr-Teile oben anfügen, G unten. DEFED-Einheit nähen und an das Dachsegment setzen. B und C verbinden und A-Teile anfügen. An das obere Segment ansetzen. LLL-Einheit nähen. K, M, N und O anfügen und an das linke Teil nähen. P-Teil als Mond auf O applizieren.

Gericht

D72 U und Ur an T setzen und R anfügen. MNM-Einheit nähen und an UTR ansetzen, L unten anfügen. OPQ- und QrPOr-Einheiten nähen sowie 2 KK-Einheiten, die an die OPQ-Einheiten angefügt werden, dann S oben annähen. Die Abschnitte KPQOS an das LMNRTU-Segment nähen, unten J anfügen. H und Hr an I setzen und an das Dachsegment nähen. BBCD-Einheit nähen und A anfügen (2mal). F-Teile zusammensetzen und an 2 Seiten davon E und Er anfügen. G mit 2 Y-Nähten einsetzen (Tips zum Nähen von Y-Nähten auf Seite 309). Die ABCD-Einheiten an die Seiten der GEF-Einheit nähen. Oberen und unteren Abschnitt zum fertigen Block verbinden.

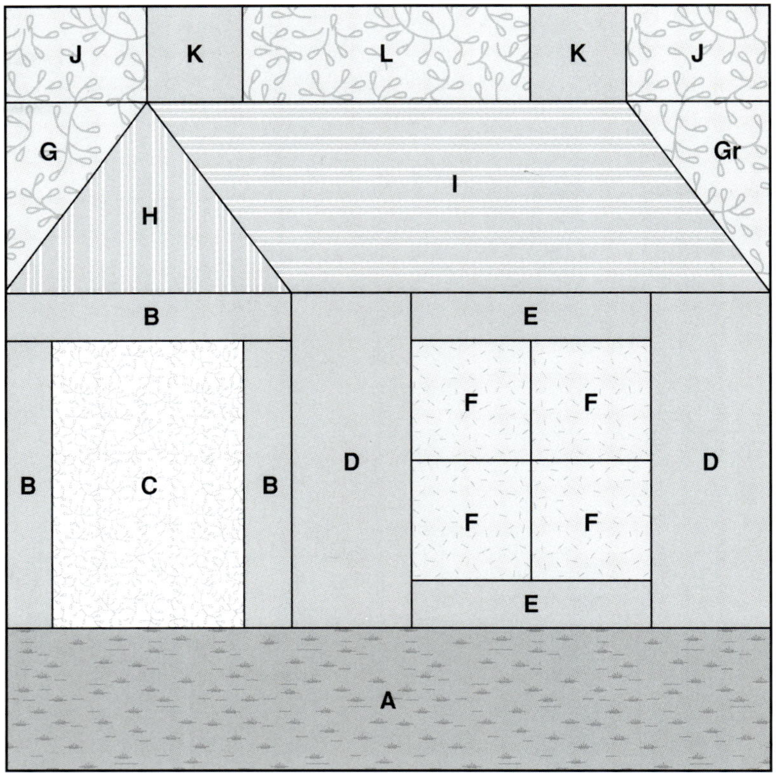

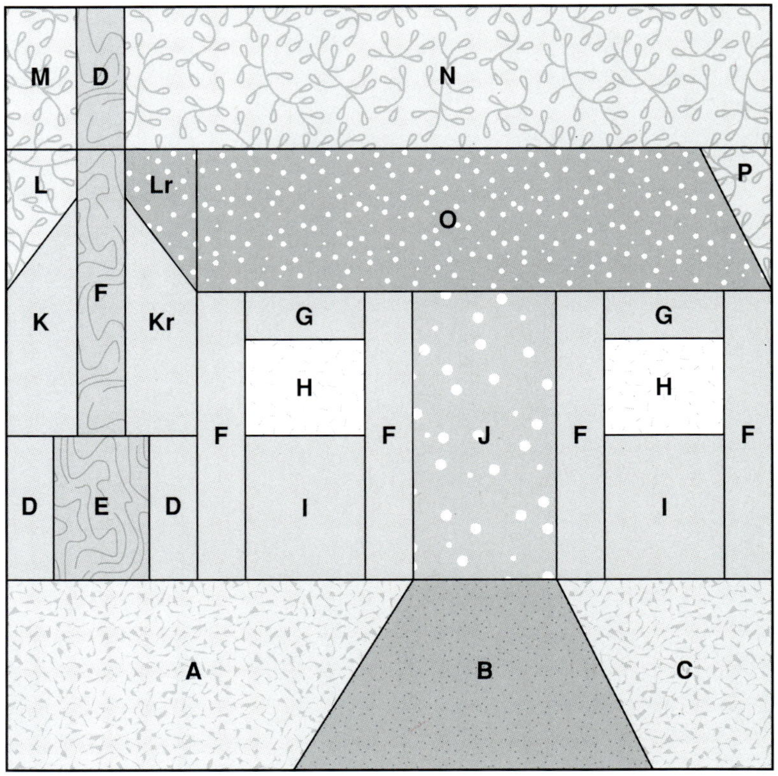

Haus auf dem Hügel

D73 JKLKJ-Einheit nähen. H an I setzen und G und Gr anfügen. Die beiden Reihen untereinandersetzen. F-Einheit nähen, E-Teile ansetzen, gefolgt von den D-Teilen. 2 B-Teile an C nähen, das dritte B oben ansetzen. BC-Einheit an die DEF-Einheit nähen und A anfügen. Beide Abschnitte zum fertigen Block verbinden.

Häuschen für Flitterwochen

D74 MDN-Einheit nähen. LK- und LrKr-Einheiten nähen und mit F verbinden. DED-Einheit nähen und an LKF setzen, O an P nähen. GHI-Einheiten nähen (2mal), mit den F-Teilen verbinden, dann J dazwischensetzen und das Ganze an OP nähen. Linken und rechten Abschnitt verbinden und mit dem oberen Segment zusammensetzen. A, B und C zusammennähen und an die untere Kante des Blocks anfügen.

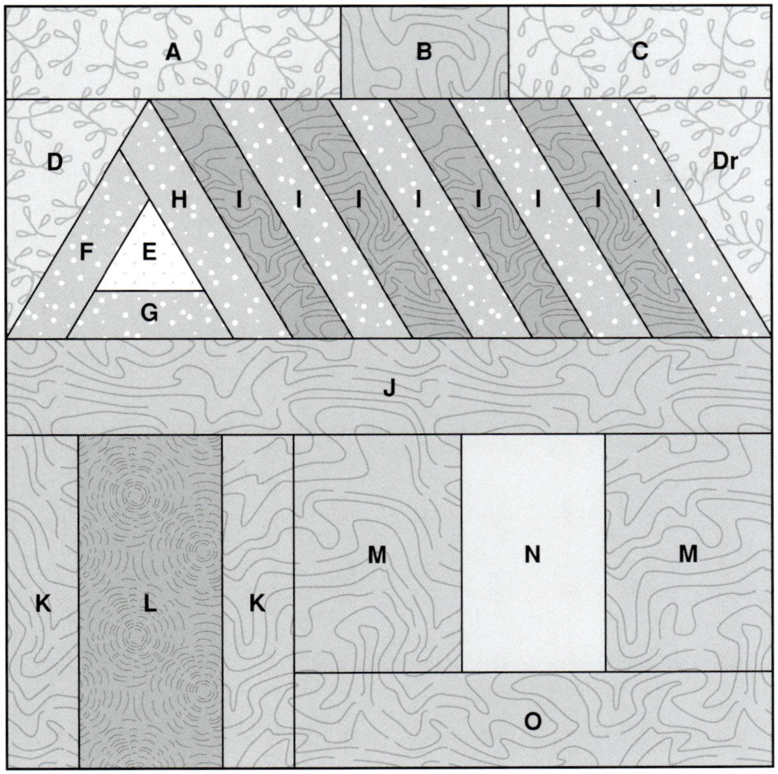

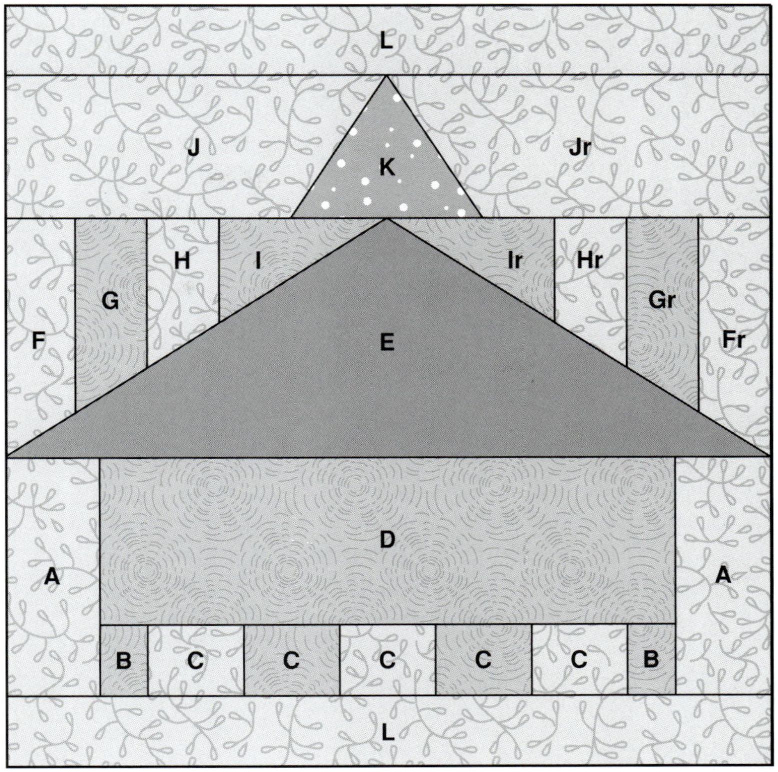

Blockhaus

D75 A, B und C zusammensetzen. An das E die Teile G, F und H in dieser Reihenfolge nähen, dann die I-Teile zusammensetzen. EFGH-Einheit an die I-Einheit nähen, D und Dr links und rechts anfügen. ABC-Einheit an das Dach nähen, J unten anfügen. M-Teile an N nähen, O anfügen. K an L setzen und mit der MNO-Einheit verbinden. Untere Hälfte mit dem Dachteil zusammennähen.

Dorfkirche

D76 J und Jr an K nähen und L oben anfügen. FGHI- und FrGrHrIr-Einheit nähen und an E setzen. JKL-Segment oben anfügen. B und C-Teile zusammensetzen, D oben anfügen und die A-Teile an den Seiten. L an die untere Kante nähen.

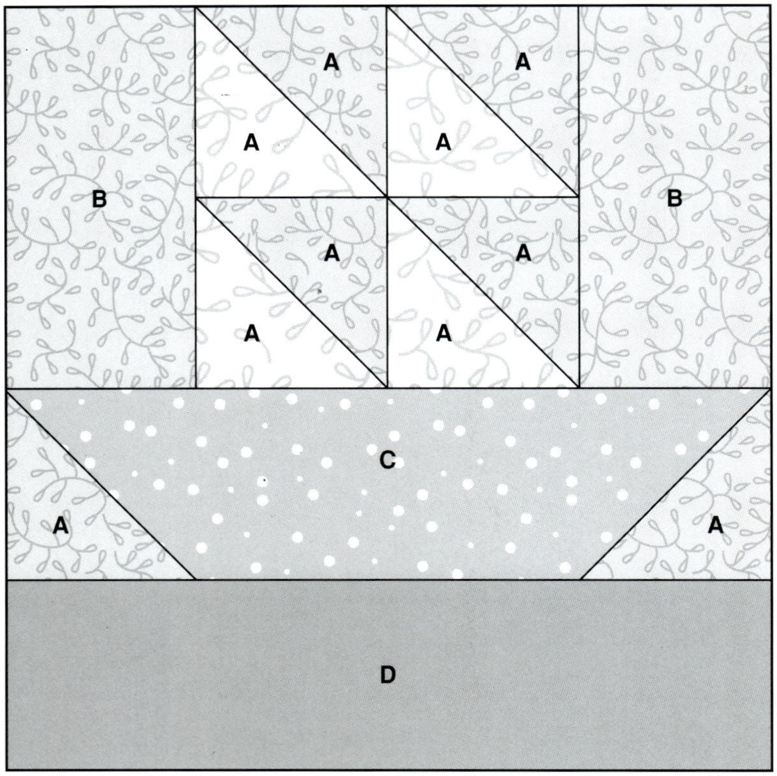

D77 AA-Einheiten nähen (4mal) und zum Viererblock verbinden (siehe auch Seite 309 für das Nähen von Viererblöcken). Die B-Teile an den Seiten anfügen. A-Teile an C nähen, diese Reihe an das obere Segment anfügen, D-Teil unten.

Mayflower

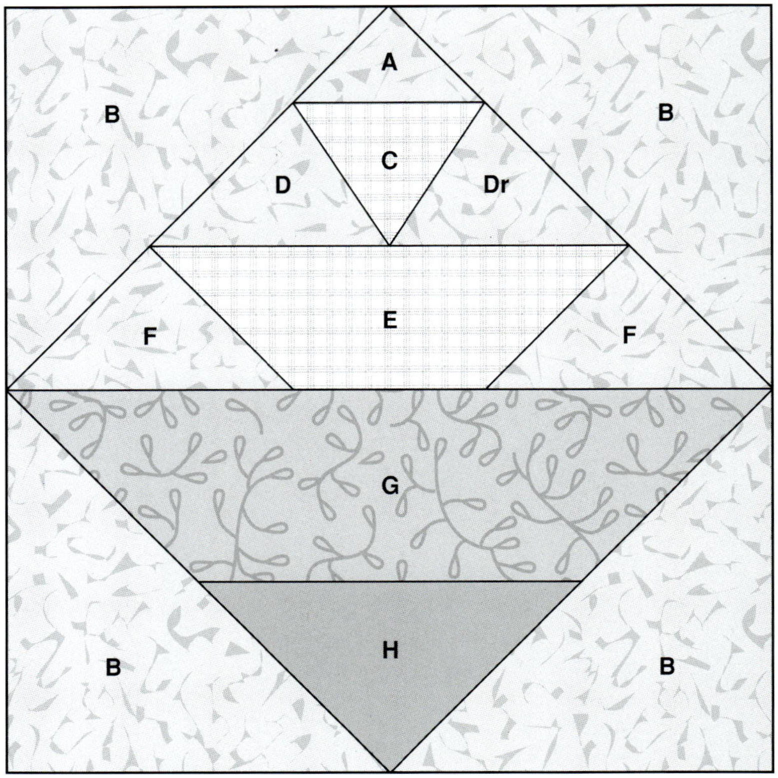

D78 F-Teile an E nähen und D und Dr an C. A oben an die DCDr-Einheit anfügen, FEF unten. Dann auch G und H. Am Schluß die 4 B-Teile an alle 4 Ecken setzen.

Segelboote

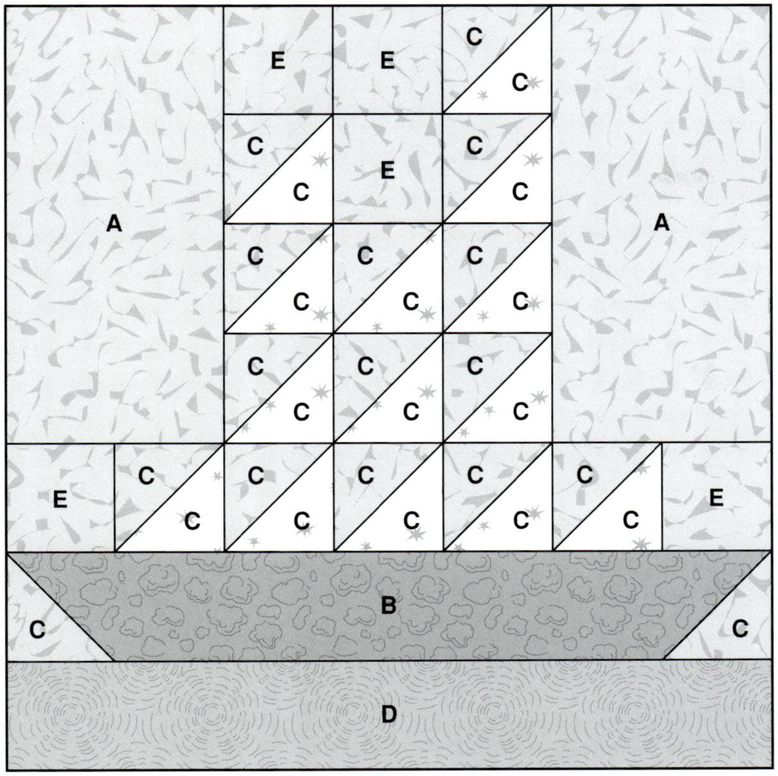

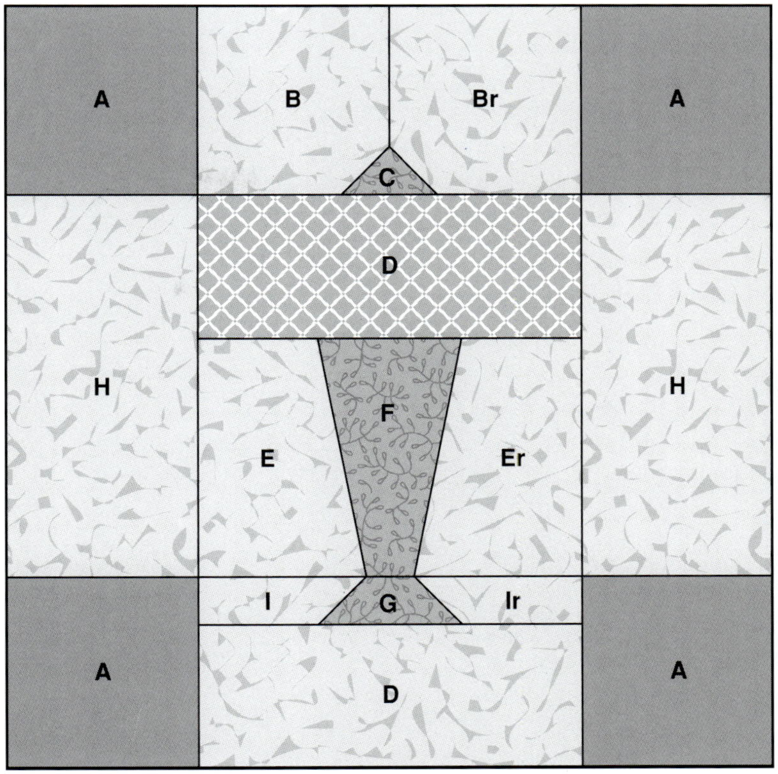

Dreimaster

D79 CC-Einheiten nähen (14mal) und mit den E-Teilen zu horizontalen Reihen anordnen. Die oberen 4 Reihen zusammensetzen und an jede Seite 1 A anfügen. Darunter die nächste Reihe der E und CC-Einheiten nähen. C-Teile an B setzen und mit dem Hauptsegment verbinden. Mit 1 D an der unteren Kante ist der Block komplett.

Flugzeug 2

D80 B an Br nähen und C mit einer Y-Naht einsetzen (Tips zum Nähen von Y-Nähten finden Sie auf Seite 309). An jede Seite A-Teile anfügen. E und Er an F nähen, D oben ansetzen und je 1 H an die Seite. I und Ir-Teile an G nähen, D anfügen und je 1 A an jede Seite. Die 3 Abschnitte zum fertigen Block verbinden.

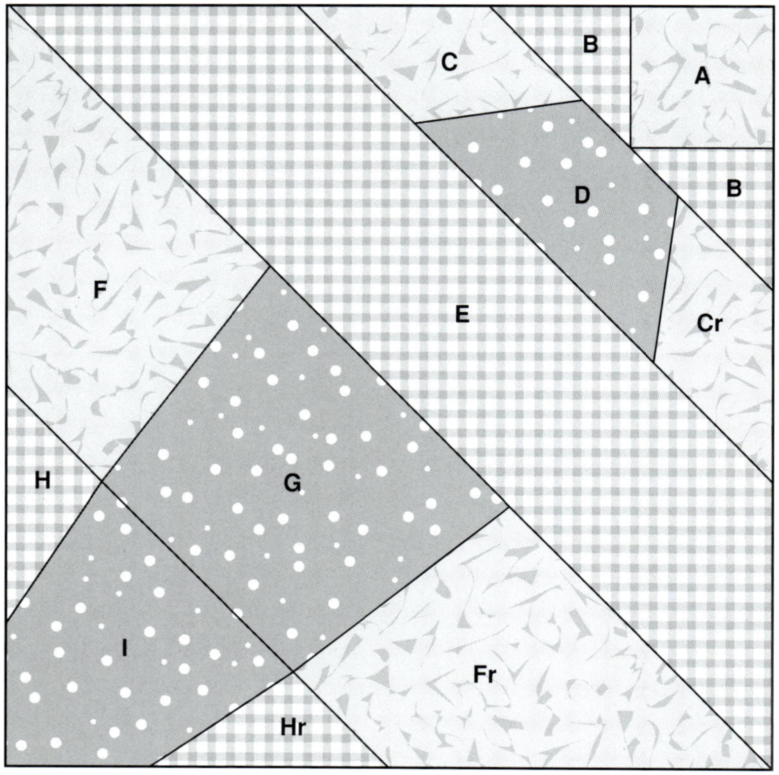

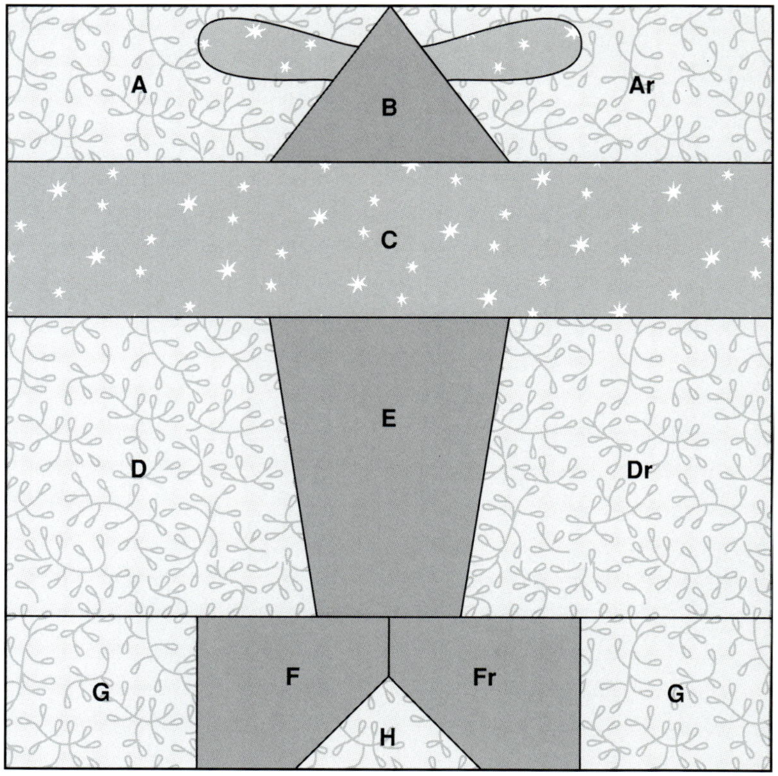

Flugzeug 3

D81 FH- und FrHr-Einheiten nähen. GI-Einheit nähen. FH-, GI- und FrHr-Einheiten zusammensetzen. ABA und CDCr-Einheiten nähen. Das FGHI-Segment an E setzen, an die andere Seite davon CDCr- und BAB.

Flugzeug 4

D82 Die Propeller auf A und Ar applizieren und diese dann an B nähen, dann C anfügen. DEDr-Einheit nähen und an das erste Segment setzen. F- und Fr-Teile verbinden und H mit einer Y-Naht einsetzen (Tips zum Nähen von Y-Nähten finden Sie auf Seite 309). G-Teile an beide Seiten nähen und mit dem oberen Abschnitt zum Block verbinden.

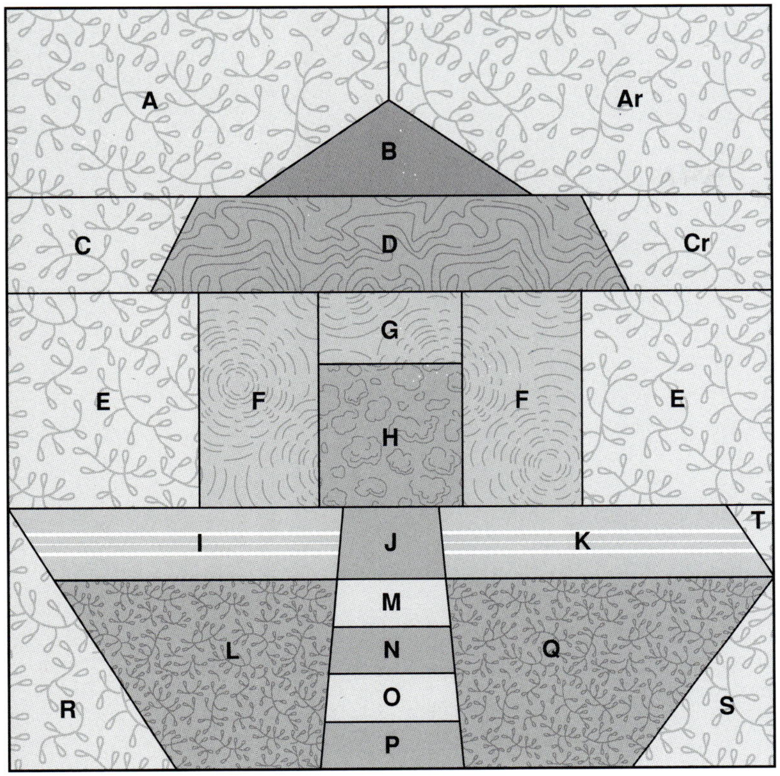

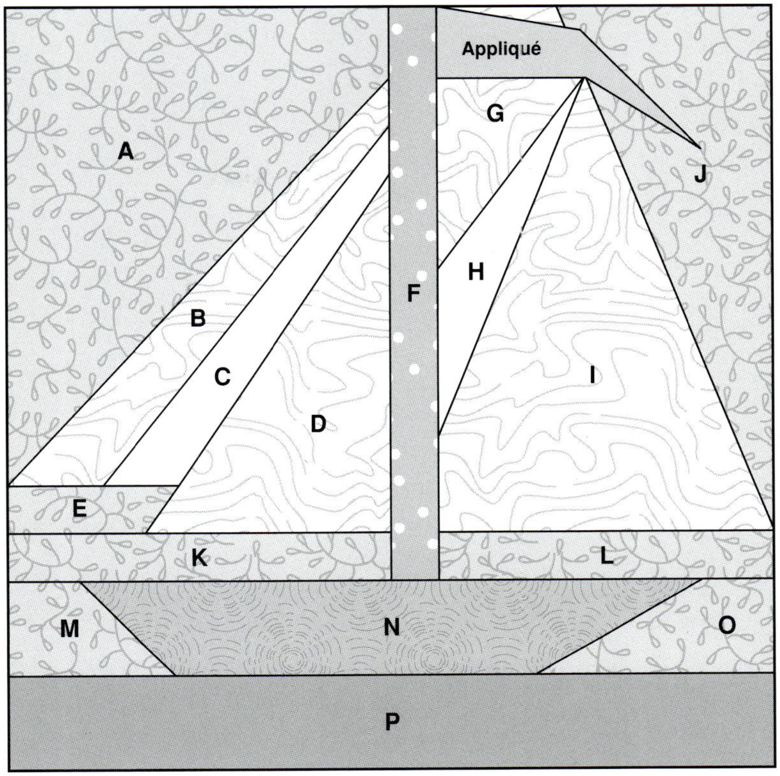

Arche Noah

D83 A und Ar verbinden und B mit einer Y-Naht einsetzen (Tips zum Nähen von Y-Nähten finden Sie auf Seite 309). C und Cr-Teile an D nähen und an die ABAr-Reihe anfügen. G und H verbinden, die F-Teile an die Seiten nähen, gefolgt von den E-Teilen. Das Ganze an das obere Segment nähen. JMNOP zusammensetzen oder einen gestreiften Stoff als komplette Einheit benutzen. T an K und Q an S setzen und zusammenfügen. Rechts an JMNOP nähen. I und L verbinden, R ansetzen und links an JMNOPQKST nähen. Das untere Segment mit dem oberen zusammennähen.

Segelschiff 1

D84 A, B und C verbinden, dann E ansetzen, gefolgt von D und K. G, H und I verbinden, dann J und dann L ansetzen und die Flagge applizieren (zur Applikation siehe Seite 308). Die beiden Segel-Einheiten mit F zusammensetzen. M und O an N nähen, P unten anfügen und das Ganze mit dem oberen Segment zum Block verbinden.

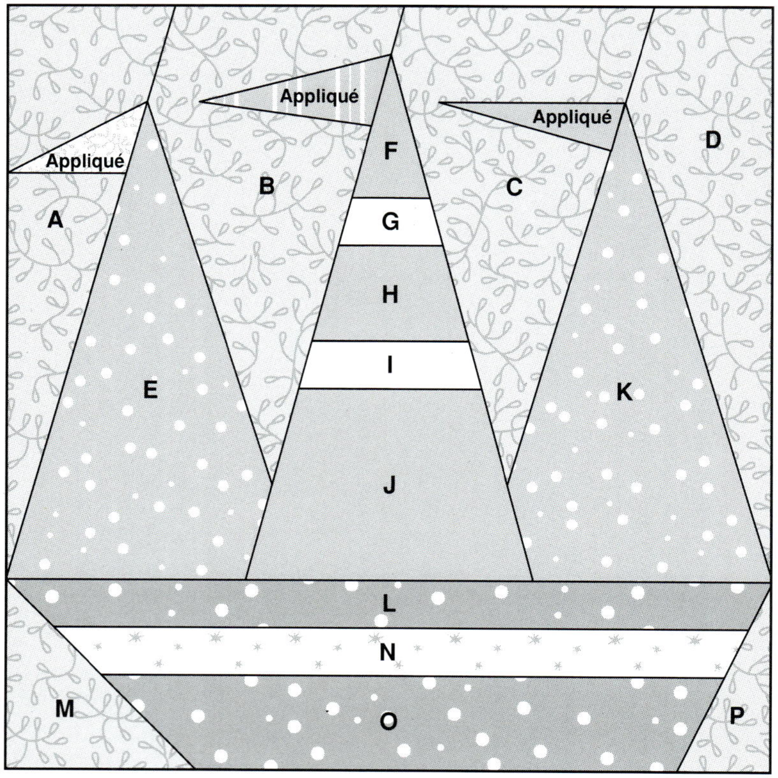

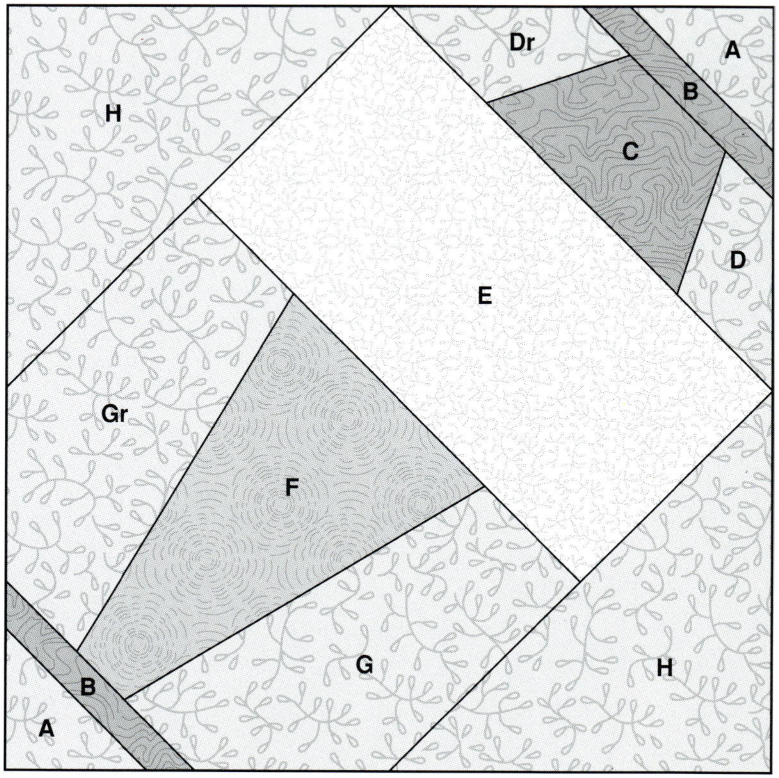

Segelschiff 2

D85 Die Flaggen auf die Teile A, B und C applizieren. Aus FGHIJ das mittlere Segel zusammensetzen oder einen gestreiften Stoff als komplette Einheit verwenden. Dann D an K nähen und C anfügen. Das Ganze an das mittlere Segel ansetzen. B an E nähen und A anfügen. Ebenfalls an das mittlere Segel nähen. LNO-Einheit nähen, M und OP an den Seiten anfügen und mit dem Segelabschnitt zum fertigen Block verbinden.

Flugzeug 1

D86 AB-Einheiten nähen (2mal). GrFG-Einheit nähen, E anfügen und 1 AB-Einheit ansetzen. DrCD-Einheit nähen, AB-Einheit ansetzen und mit E verbinden. Mit den H-Teilen rechts und links zum Block vervollständigen.

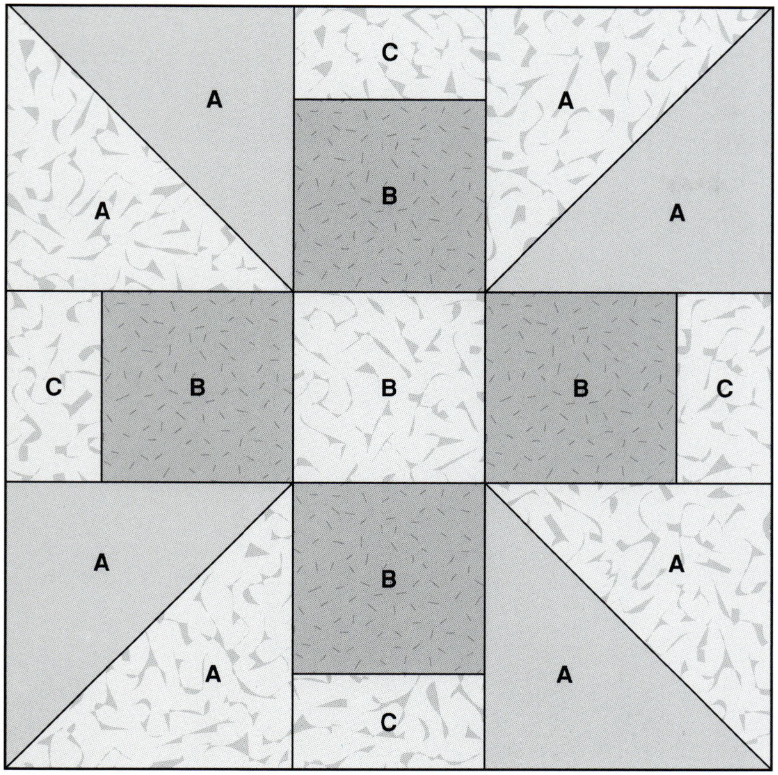

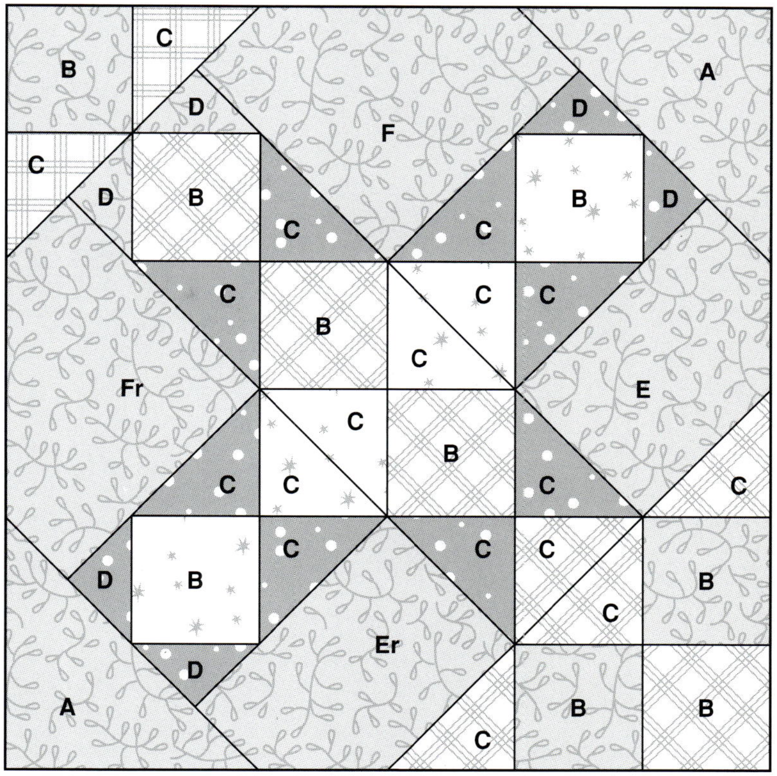

D87 AA-Einheiten (4mal) und BC-Einheiten nähen (4mal). 2 Reihen in der Folge AA/BC/AA und 1 Reihe CB/B/BC nähen. Reihen zum Block verbinden.

Propeller-flugzeug

Kunstflieger

D88 DDBCCC-Einheiten nähen (2mal). An die 1 Einheit E und F nähen, an die andere Er und Fr. Mittelteil aus D-, B- und C-Teilen zusammensetzen und mit den Flügelsegmenten verbinden. C und B-Teile zusammenfügen und an die linke obere Ecke nähen. Das Heck aus B- und C-Teilen zusammensetzen und an das Mittelteil nähen. Mit 2 A-Teilen an den restlichen Kanten ist der Block komplett.

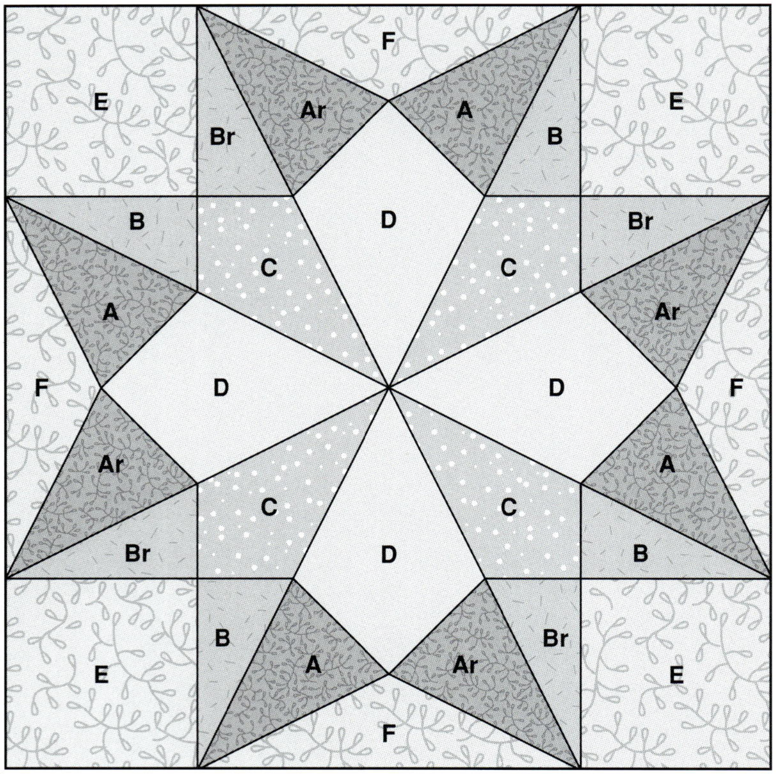

Kristall

D89 A und Ar an D nähen und F mit einer Y-Naht an die AAr-Kante einsetzen (4mal, Tips zum Nähen von Y-Nähten finden Sie auf Seite 309). B an E und Br an C nähen und wie einen Viererblock zusammensetzen (4mal). ADF-Einheit mit der BCE-Einheit verbinden (4mal) um 4 Segmente zu erhalten. Die Segmente zu Paaren und die Paare zum fertigen Block verbinden.

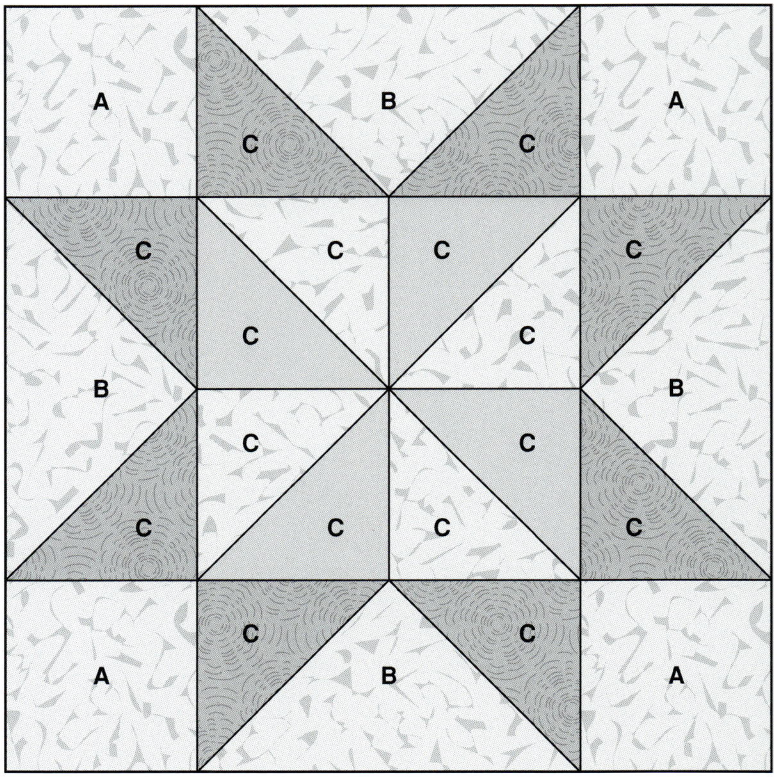

Stern des Westens

D90 CBC-Einheiten nähen (4mal). CC-Einheiten nähen (4mal) und zum Mittelquadrat verbinden. CBC-Einheiten an 2 gegenüberliegende Seiten nähen, als mittlere Reihe. Je 1 A-Teil an jedes Ende der CBC-Einheiten nähen (2mal), als obere und untere Reihe. Die Reihen zum Block zusammenfügen.

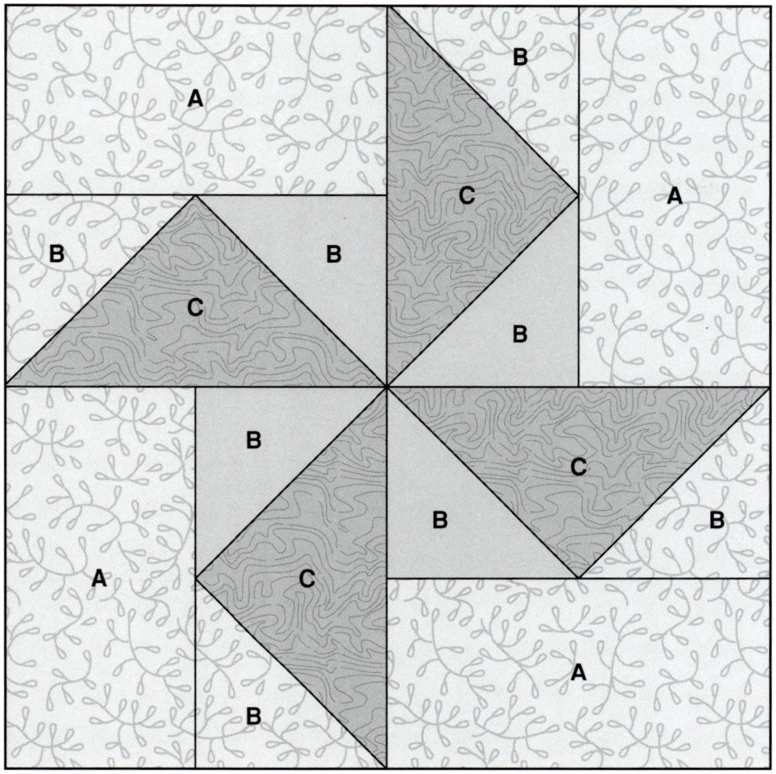

Louisiana

D91 BCB-Einheiten nähen und jeweils A anfügen (4mal). Die ABCB-Einheiten wie einen Viererblock zusammensetzen (siehe auch Seite 309 für das Nähen von Neuner- und Viererblöcken).

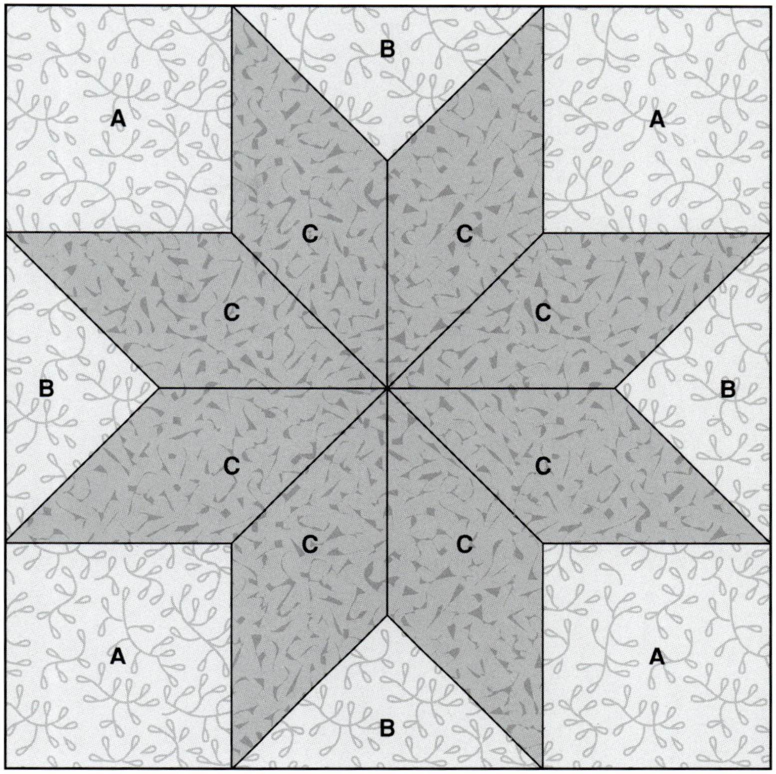

Achtzackiger Stern

D92 C-Teile zu Paaren zusammensetzen, dann die Paare zu 2 Einheiten und diese dann zum Stern verbinden (Achtung, nähen Sie nicht über die äußeren Nahtzugaben hinweg, wo die A- und B-Teile eingesetzt werden sollen). Zuerst die B-Teile einsetzen und dann die A-Teile, jeweils mit einer Y-Naht (Tips zum Nähen von Y-Nähten finden Sie auf Seite 309).

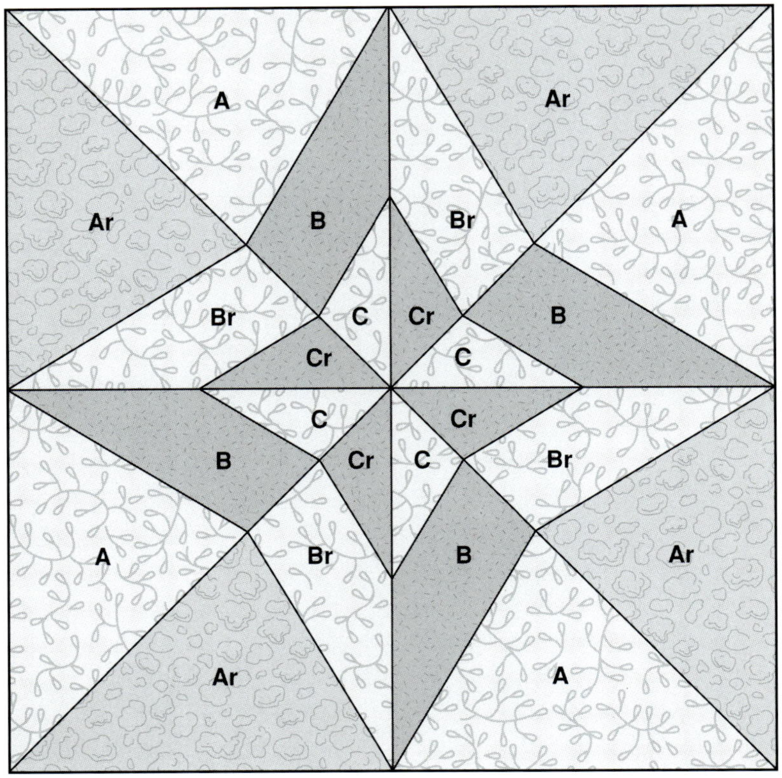

D93 ABC-Einheiten (4mal) und ArBrCr-Einheiten (4mal) nähen. ABC-Einheiten mit ArBrCr-Einheiten zum Quadrat verbinden (4mal) und die 4 Quadrate zum Viererblock zusammensetzen.

Polarstern

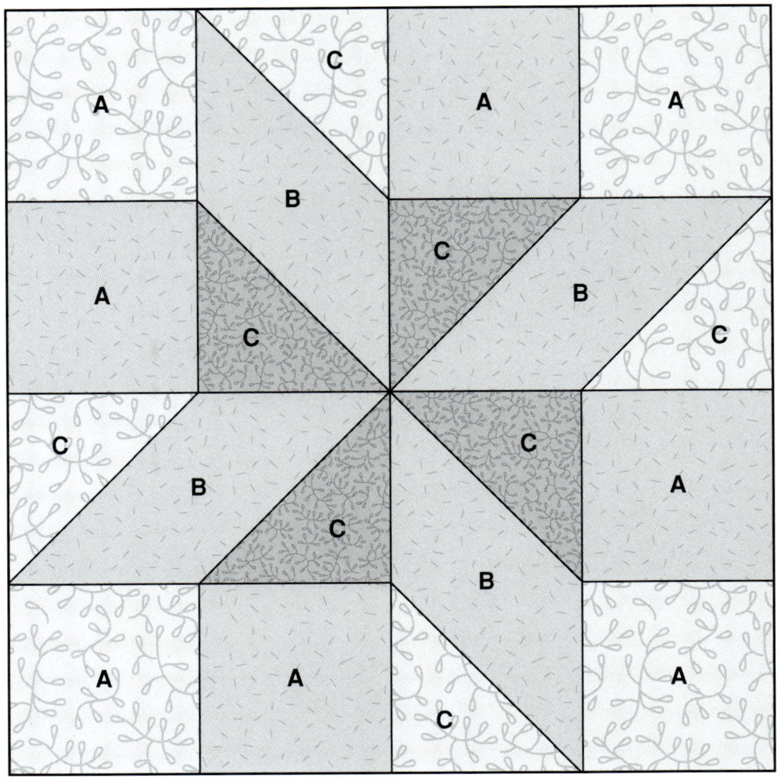

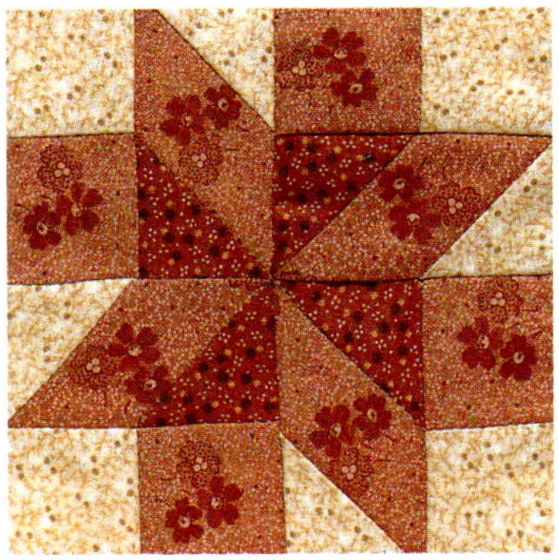

D94 AA-Einheiten (4mal) und CBC-Einheiten (4mal) nähen. AA und CBC-Einheiten zum Quadrat verbinden (4mal) und die 4 Quadrate zum Viererblock zusammensetzen.

Clay's Choice

(Clays Wahl)

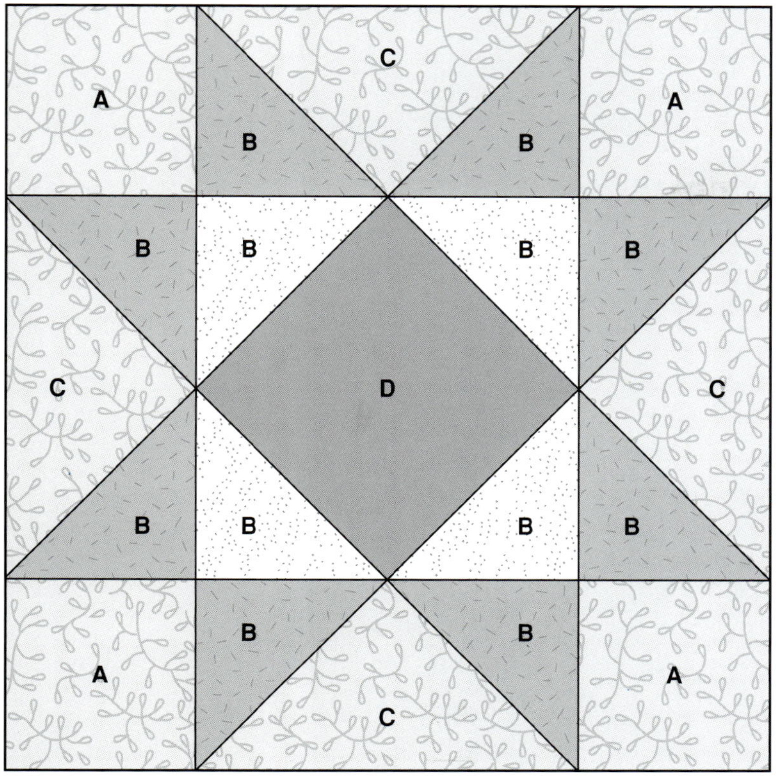

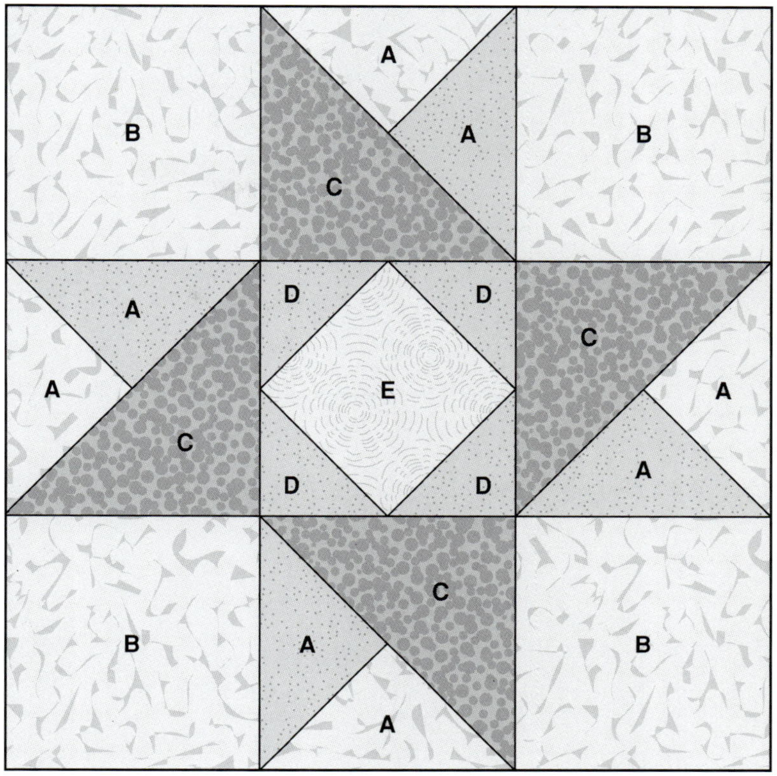

Variabler Stern

D95 BCB-Einheiten nähen (4mal). B-Teile an 2 gegenüberliegende Seiten von D nähen, dann an die beiden anderen Seiten. BCB-Einheiten an 2 gegenüberliegende Seiten von BD nähen, als mittlere Reihe. A-Teile an jedes Ende der BCB-Einheiten nähen (2mal) als obere und untere Reihe. Die Reihen zum Block verbinden.

Twisted Star

(Gedrehter Stern)

D96 AA-Einheit nähen und mit C verbinden (4mal). D an 2 gegenüberliegende Seiten von E nähen, dann an die beiden anderen Seiten. AAC-Einheiten an 2 gegenüberliegende Seiten von DDEDD nähen, als mittlere Reihe. B-Teile an jedes Ende der restlichen AAC-Einheiten setzen (2mal), als obere und untere Reihe. Die Reihen zum Block verbinden.

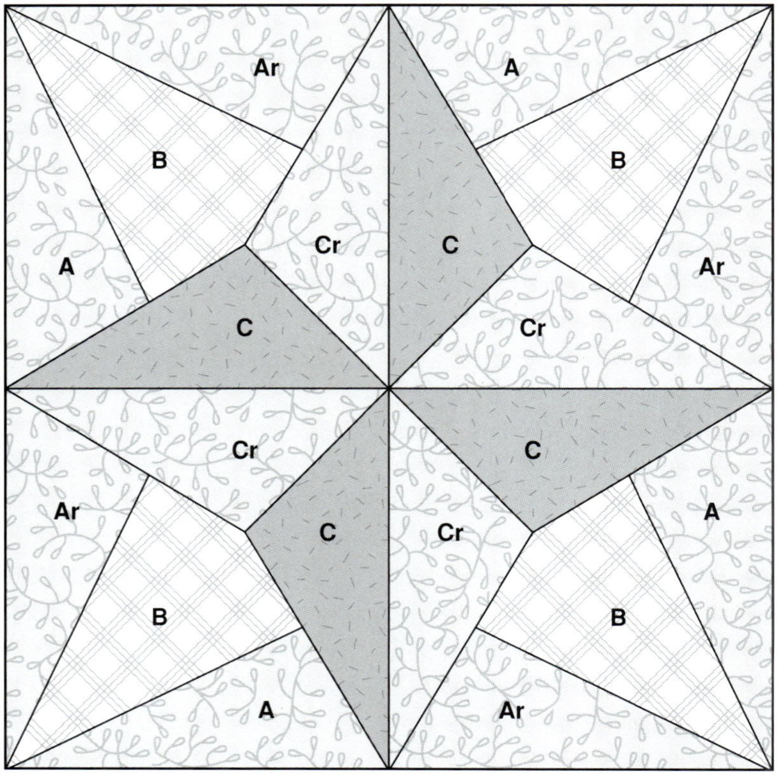

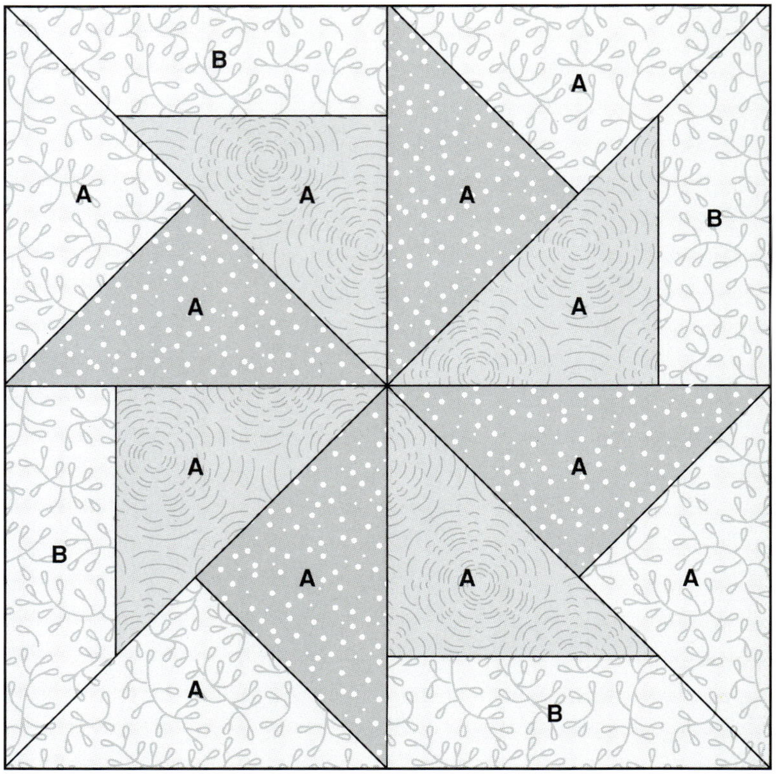

D97 ABAr-Einheiten (4mal) und CCr-Einheiten nähen (4mal). ABAr mit einer flachen Y-Naht in CCr einsetzen, um ein Quadrat zu erhalten (4mal). Nähen Sie die Quadrate wie einen Viererblock zusammen (siehe auch Seite 309 über das Nähen von Neuner- und Viererblöcken).

Achtzackiger Stern-Variation

D98 AA-Einheiten (4mal) und AB-Einheiten (4mal) nähen. AA und AB zum Quadrat zusammensetzen (4mal). Die Quadrate zum Viererblock verbinden (siehe auch Seite 309 über das Nähen von Neuner- und Viererblöcken).

Windmühle

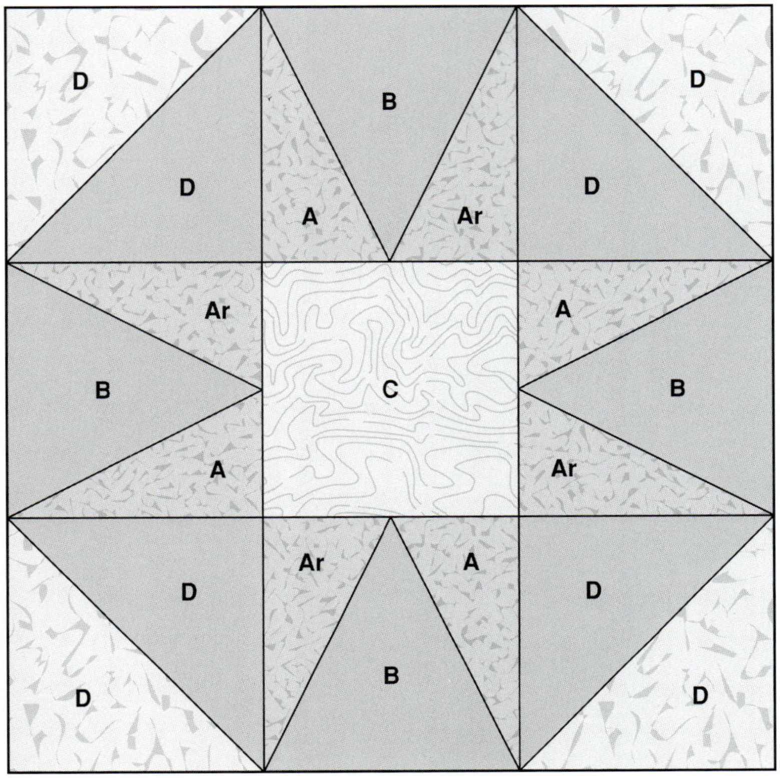

D99 DD-Einheiten (4mal) und ABAr-Einheiten nähen (4mal). DD an 2 Seiten von ABAr setzen (2mal), als obere und untere Reihe. ABAr an 2 Seiten von C anfügen (2mal), als mittlere Reihe. Die Reihen zum Block verbinden.

Judith in Arabien

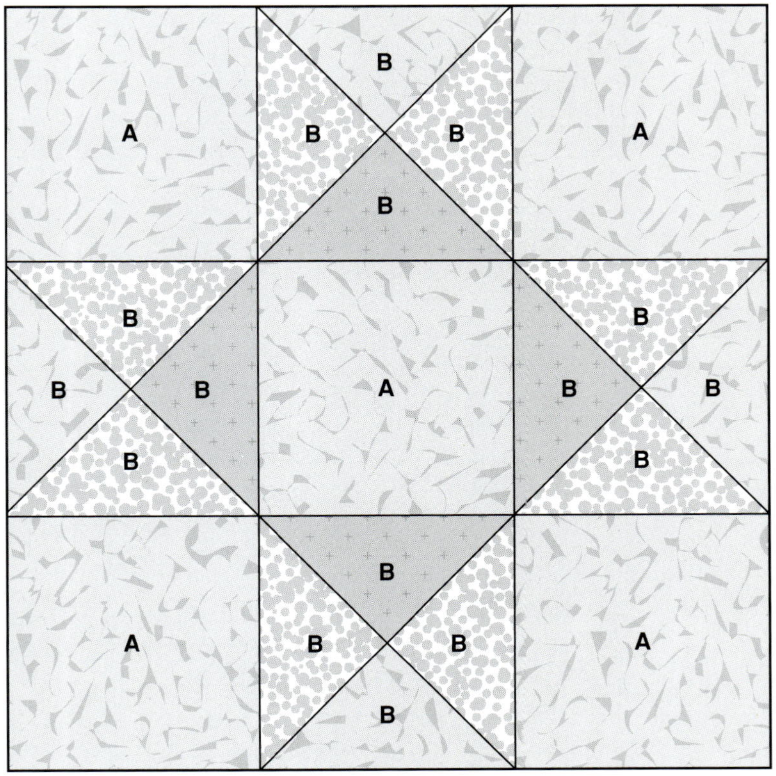

D100 BBBB-Einheiten nähen (4mal) und mit den A-Teilen wie einen Neunerblock verbinden (siehe auch Seite 309 über das Nähen von Neuner- und Viererblöcken).

Ohio-Stern

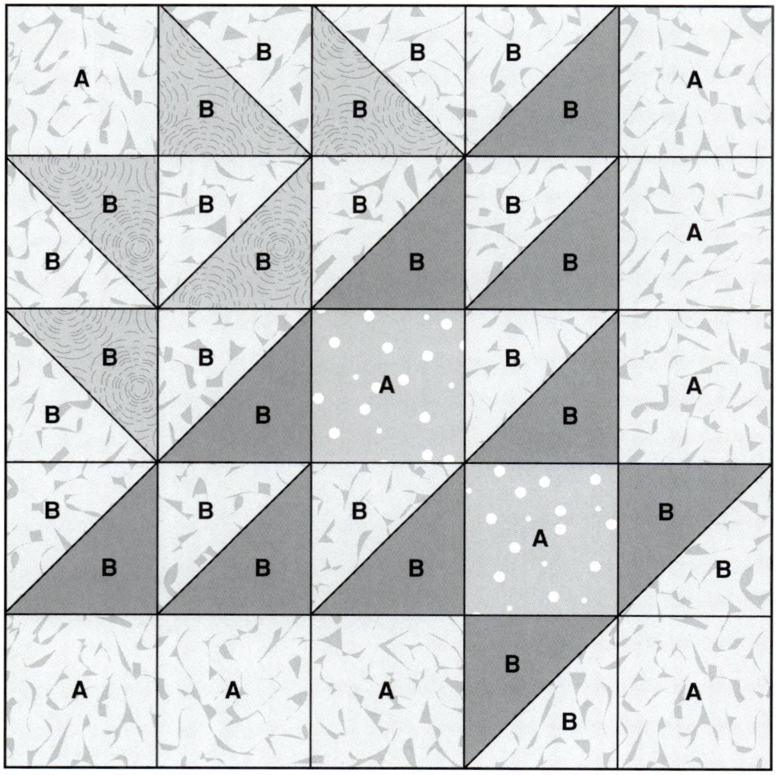

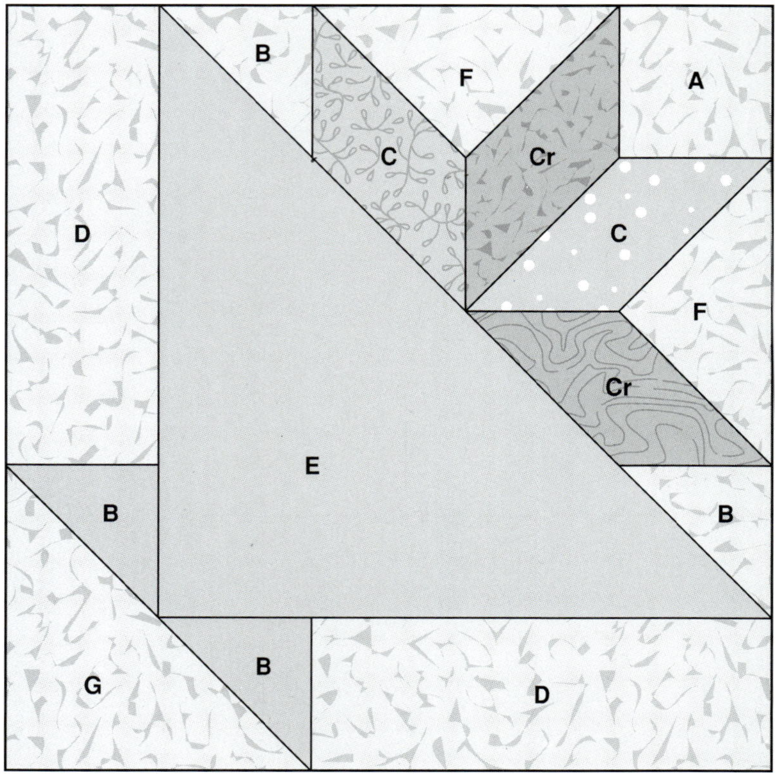

Obstkorb

D101 BB-Einheiten nähen (15mal). BB-Einheiten mit den A-Teilen zu 5 Reihen anordnen. Die Reihen zum kompletten Block verbinden.

Blumentopf

D102 Alle C- und Cr-Teile verbinden, dabei nicht über die Nahtzugaben nähen, wo später F und A eingesetzt werden. F-Teile und A mit einer Y-Naht einsetzen (Tips zum Nähen von Y-Nähten finden Sie auf Seite 309). B-Teile anfügen. Dies an Teil E nähen. DB-Einheiten nähen und an die Seiten des Korbes setzen. Mit G den Block vervollständigen.

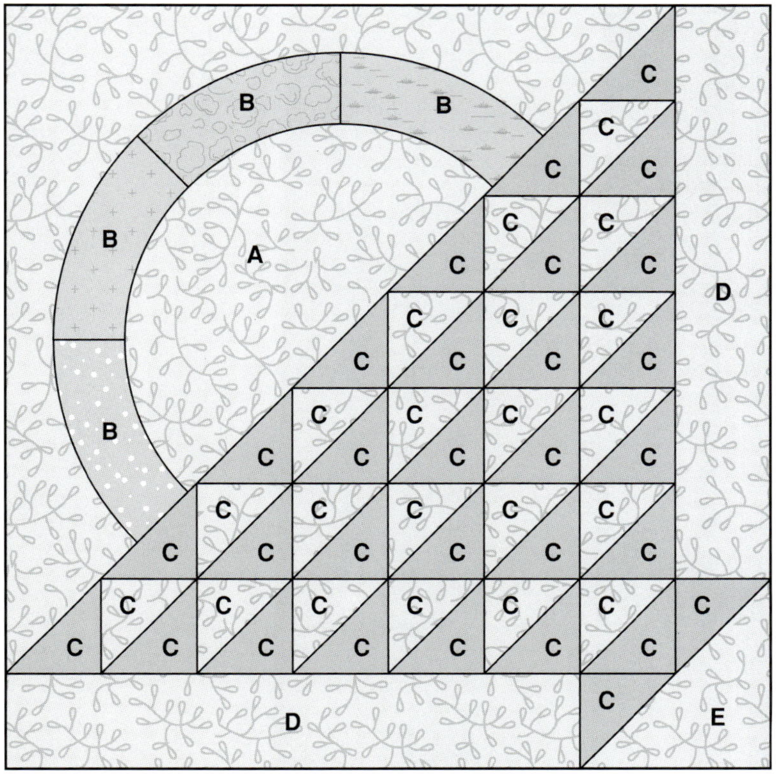

Blumenkorb 1

D103 CC-Einheiten nähen (21mal). In vertikalen Reihen anordnen, immer kürzer werdend, mit jeweils einem einzelnen C am Ende jeder Reihe. Die Reihen zum Korb zusammensetzen. B-Teile zusammennähen und als Henkel auf A applizieren. AB-Einheit mit dem Korb verbinden. CD-Einheiten nähen (2mal) und an die Seiten setzen. Mit E den Block vervollständigen.

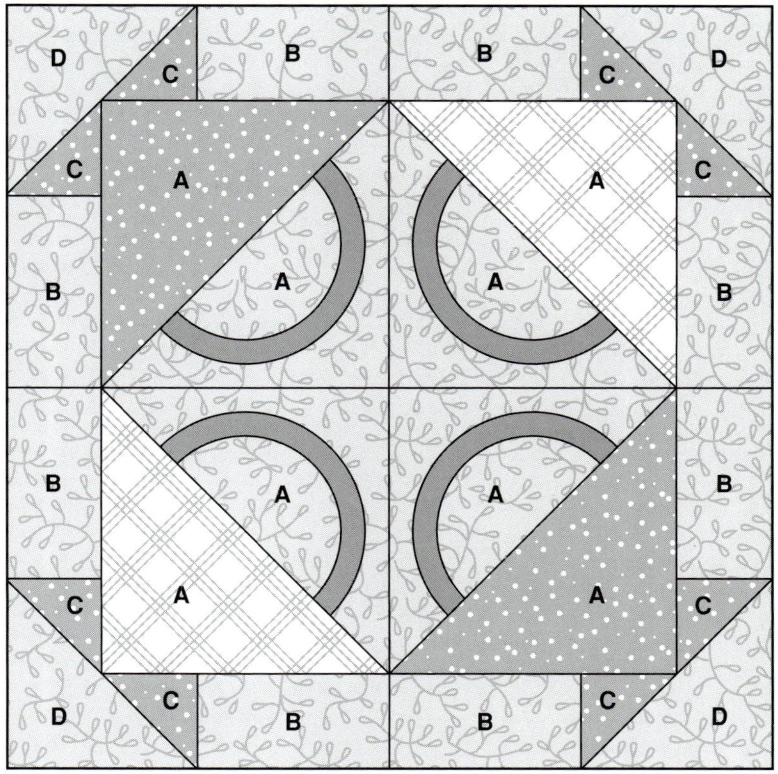

Briefmarkenkorb

D104 Die Henkel können mit Kettstich gestickt werden (wie auf dem Foto erkennbar), oder sie werden mit Schrägstreifenschläuchen geformt (siehe Seite 308 über das Arbeiten mit schräggeschnittenen Schläuchen). Dafür werden 7/8 x 3 in (2,2 x 7,6 cm) große Schrägstreifen pro Henkel geschnitten. Henkel auf A applizieren und überstehende Schrägstreifenenden zurückschneiden. A-Teil und Körbchenteil zusammensetzen (4mal). BC-Einheiten nähen (8mal) und je 2 davon an 2 angrenzende Kanten von AA setzen (4mal). D anfügen (4mal). Die 4 Segmente zum Viererblock zusammensetzen (siehe auch Seite 309 für das Nähen von Neuner- und Viererblöcken).

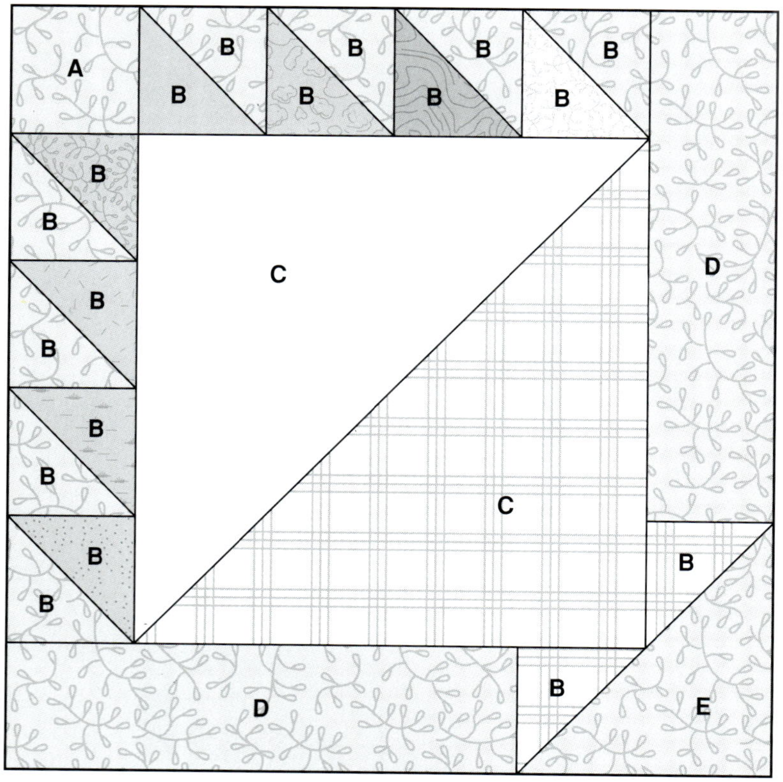

D105 CC-Einheit und BB-Einheiten (8mal) nähen. 4 BB-Einheiten aneinandersetzen und an CC anfügen. 4 BB-Einheiten aneinandersetzen und 1 A an das eine Ende nähen. Dies an CC annähen. DB-Einheiten nähen (2mal) und an jede Seite des Körbchens anfügen. Mit E wird der Block komplett.

Kuchenplatte

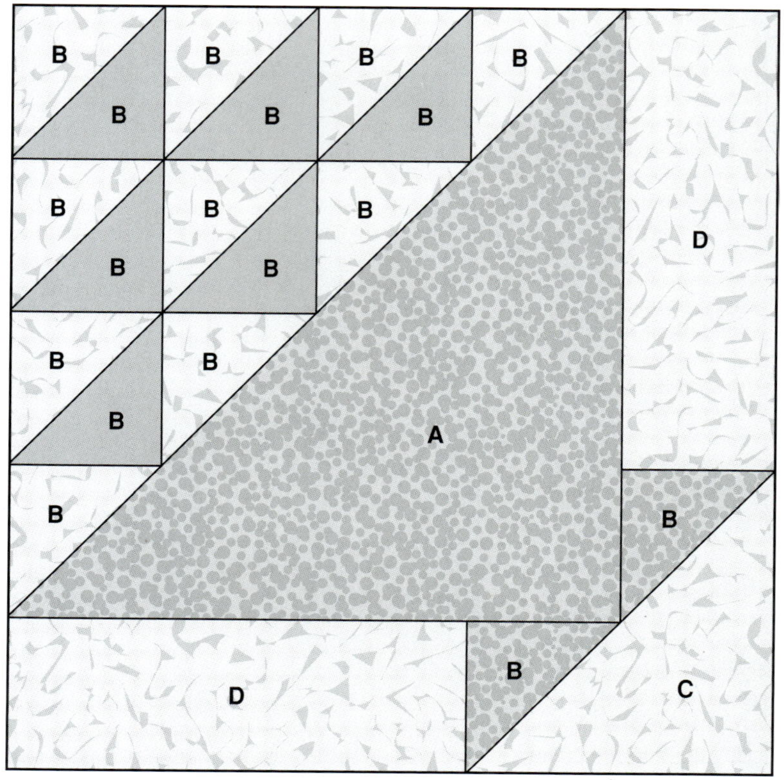

D106 BB-Einheiten nähen (6mal) und in vertikalen Reihen zusammensetzen, mit jeweils einem einzelnen B am unteren Ende. Reihen zusammennähen und an A anfügen. DB-Einheiten nähen (2mal) und an die Seiten des Korbes setzen. C anfügen.

Korb

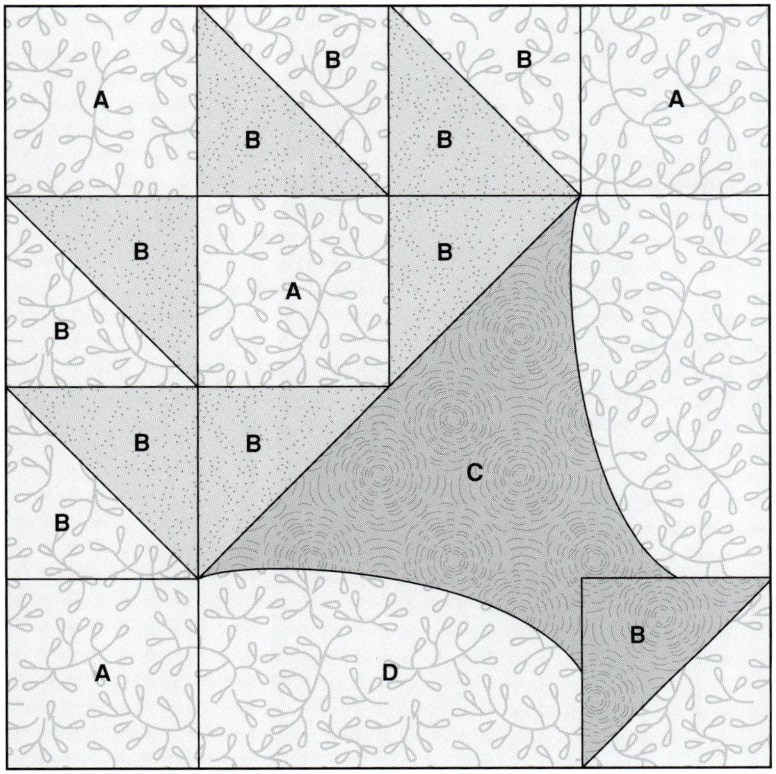

Teekörbchen

D107 Die Teile B und C auf Teil D applizieren. BAB-Einheit nähen und an BCD-Einheit anfügen. BB-Einheit nähen (4mal). 2 BB-Einheiten mit 1 A verbinden und an den ABCD-Abschnitt nähen. Reihe aus 2 A-Teilen und 2 BB-Einheiten bilden und zum Block zusammensetzen.

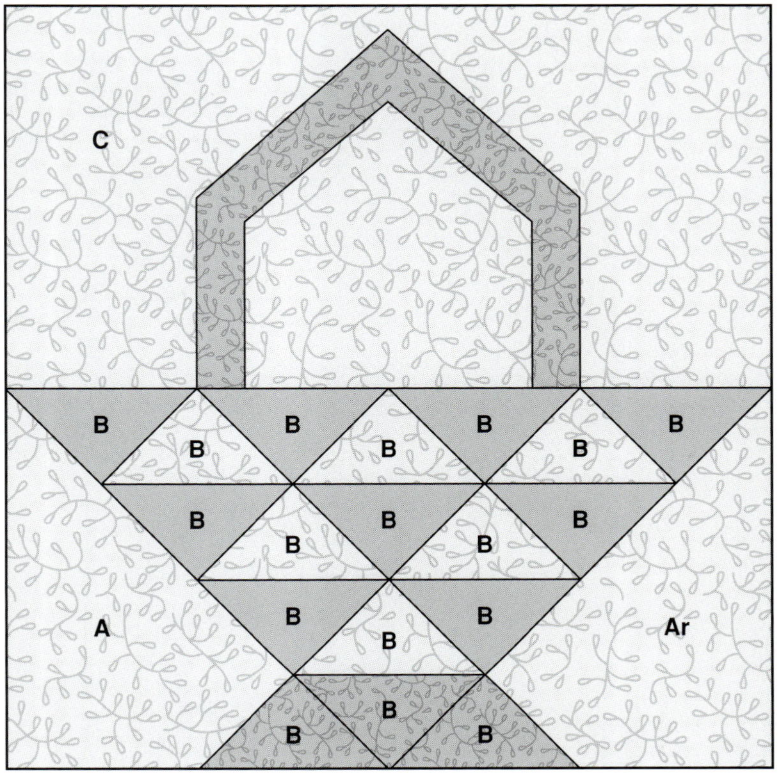

Einkaufskorb

D108 Der Henkel kann mit Schablone zugeschnitten und appliziert werden oder aus einem Schrägstreifenschlauch (6 x 1 in/15 x 2,5 cm) geformt werden (siehe Seite 308 über das Arbeiten mit schräggeschnittenen Schläuchen, obwohl dieses Teil nicht unbedingt schräg geschnitten werden muß). Henkel auf Teil C applizieren. BB-Einheiten nähen (6mal) und in diagonalen Reihen anordnen, mit jeweils einem einzelnen B am Ende. Reihen zusammensetzen und mit 1 B den Korb vervollständigen. AB- und ArB-Einheiten nähen und an das Körbchenteil setzen. Henkelabschnitt und Körbchenteil zum fertigen Block zusammensetzen.

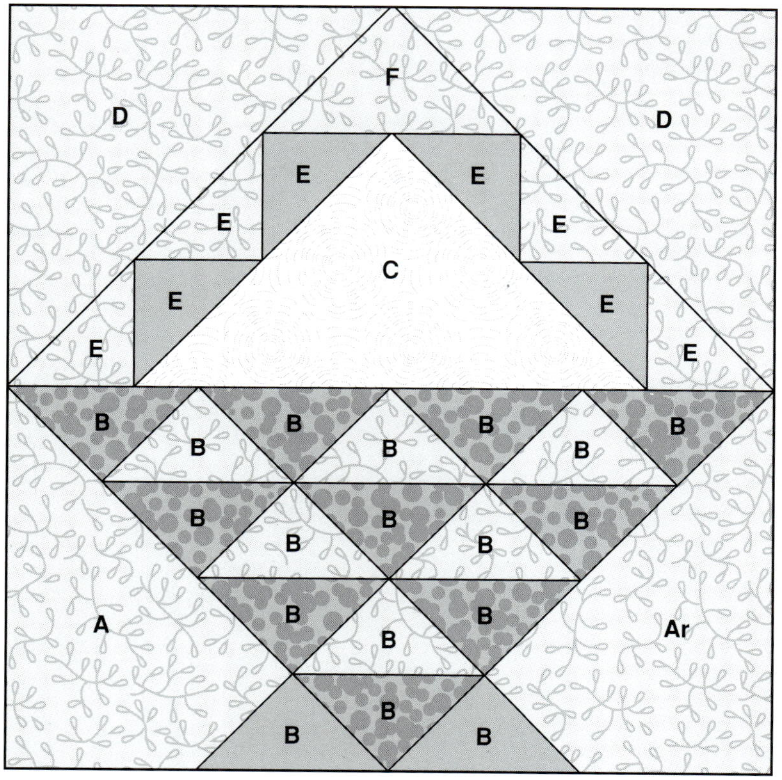

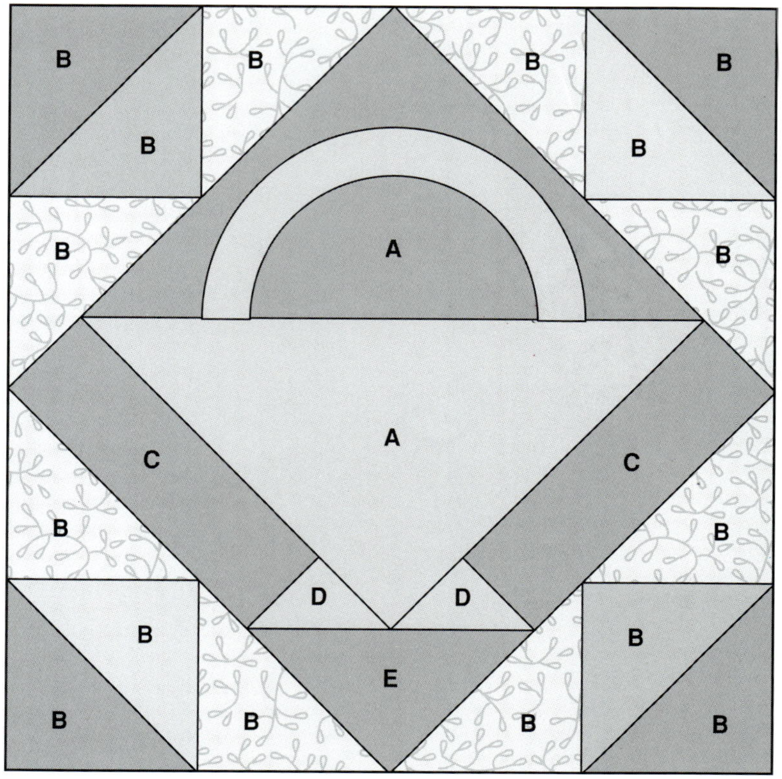

Blumenkorb 2

D109 BB-Einheiten (6mal) nähen und in diagonalen Reihen zusammensetzen, jeweils mit einem einzelnen B am Ende. Reihen verbinden und 1 letztes B anfügen. AB- und ArB-Einheiten nähen und an die Korbseiten ansetzen. 4 E-Teile für den Henkel zusammensetzen (2mal) und an die Seiten von C nähen. F oben ansetzen und dann die D-Teile. Obere und untere Hälfte zum fertigen Block verbinden.

Amischer Korb

D110 Applizieren Sie den Henkel, der aus einem 1 x 4 1/4 in (2,5 x 15 cm) großen Schrägstreifen besteht, auf Teil A (siehe Seite 308 über das Arbeiten mit schräggeschnittenen Schläuchen). A-Korbteil an das Henkelteil nähen. CD-Einheiten nähen (2mal) und an die Seiten des Korbs anfügen; gefolgt von E. BBBB-Einheiten nähen (4mal) und an alle 4 Seiten des mittleren Korbsegments anfügen.

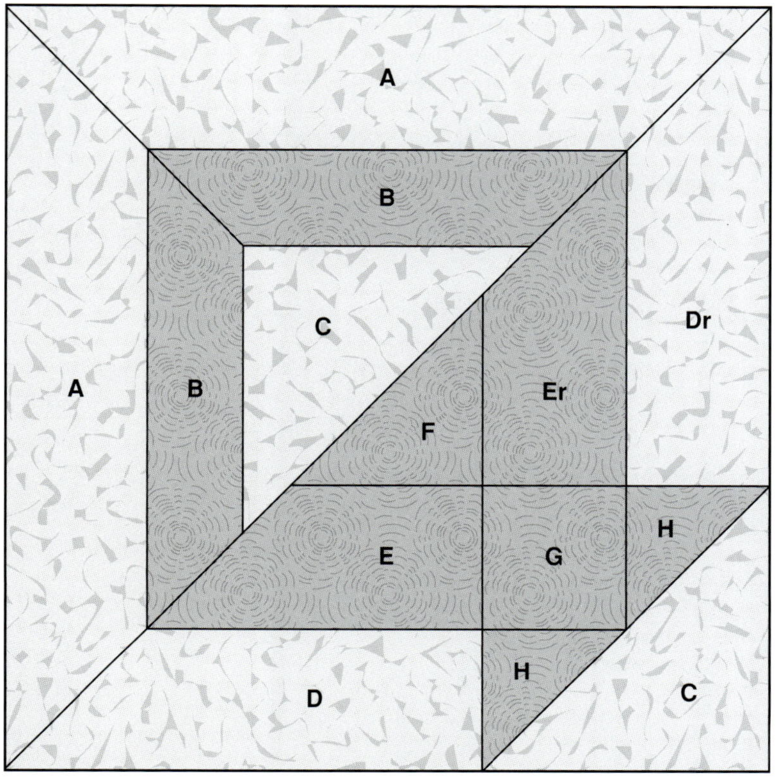

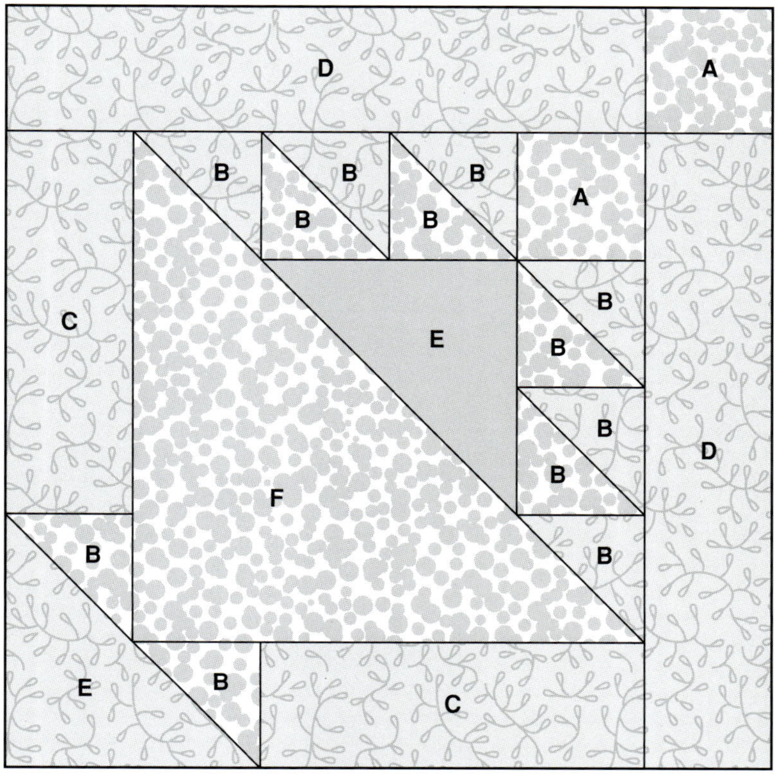

Geometrischer Korb

D111 AB-Einheiten nähen (2mal) und Teil C mit einer Y-Naht einsetzen (Tips zum Nähen von Y-Nähten finden Sie auf Seite 309). DE und DrEr-Einheiten nähen. GHH-Einheiten nähen und an DrEr setzen, dann C anfügen. F an DE nähen und diese DEF-Einheit mit der DrErGHHC verbinden. Die beiden Hälften zum Block zusammennähen.

Hängekorb

D112 BB-Einheiten nähen (4mal). 2 BB-Einheiten mit 1 zusätzlichen einzelnen B zusammenfügen und an E setzen. 2 BB-Einheiten und 1 einzelnes B und das A an den ersten Abschnitt anfügen. Das Ganze an F nähen. BC-Einheiten nähen (2mal), an F nähen und E anfügen. D an die eine Seite des Blocks nähen. A und D verbinden und an die zweite Seite des Blocks nähen.

E1 Es werden nur 2 Schablonen benötigt. Setzen Sie den Buchstaben in horizontalen Reihen zusammen. Verbinden Sie die Reihen zum Mittelteil und nähen Sie an jede Seite einen Streifen aus dem Hintergrundstoff.

Buchstabe A

E2 In horizontalen Reihen zusammensetzen und die Reihen zum Mittelteil arrangieren. Streifen an jede Seite nähen.

Buchstabe B

Alphabet

Buchstabe C

E3 Das C aus 5 horizontalen Reihen zu je 3 Quadraten zusammensetzen. Reihen untereinandernähen und an jede Seite einen Streifen setzen.

Buchstabe D

E4 Mittelteil aus horizontalen Reihen bilden, die untereinandergenäht werden. Streifen aus Hintergrundstoff an jede Seite nähen.

Buchstabe E

E5 Es werden nur 2 Schablonen benötigt. Setzen Sie den Buchstaben in horizontalen Reihen zusammen. Verbinden Sie die Reihen zum Mittelteil und nähen Sie an jede Seite einen Streifen aus dem Hintergrundstoff.

Buchstabe F

E6 Fünf Reihen zu je 3 Quadraten zum Mittelteil zusammensetzen. Mit einem Streifen an jeder Seite den Block vervollständigen.

Buchstabe G

E7 Es werden nur 2 Schablonen benötigt. Setzen Sie den Buchstaben in horizontalen Reihen zusammen. Verbinden Sie die Reihen zum Mittelteil und nähen Sie an jede Seite einen Streifen aus dem Hintergrundstoff.

Buchstabe H

E8 Mit den quadratischen Schablonen das H in Reihen zu je 3 Quadraten zusammensetzen. Reihen verbinden und an jede Seite einen Streifen nähen.

Buchstabe I

E9 Mittelteil in horizontalen Reihen aufbauen. Reihen verbinden und Streifen aus Hintergrundstoff an jede Seite nähen.

Buchstabe J

E10 J in horizontalen Reihen aufbauen, Reihen zum Mittelteil verbinden und an beide Seiten einen Streifen nähen.

Buchstabe K

E11 Es werden nur 2 Schablonen benötigt. Setzen Sie den Buchstaben in horizontalen Reihen zusammen. Verbinden Sie die Reihen zum Mittelteil und nähen Sie an jede Seite einen Streifen aus dem Hintergrundstoff.

Buchstabe L

E12 Das L aus 5 horizontalen Reihen zu je 3 Quadraten zusammensetzen. Reihen untereinandernähen und an jede Seite einen Streifen setzen.

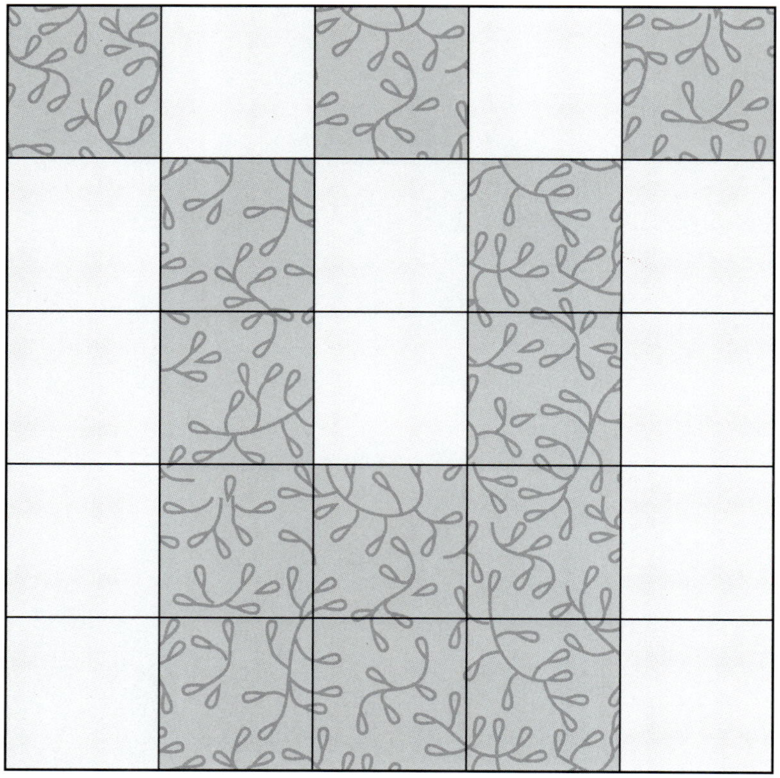

Buchstabe M

E13 Für das M benötigt man nur 1 Schablone. Quadrate in horizontalen Reihen anordnen und dann die Reihen zum Block verbinden.

Buchstabe N

E14 Nähen Sie 5 Reihen zu je 3 Quadraten zum Mittelteil und fügen Sie an jede Seite einen Streifen aus Hintergrundstoff.

Buchstabe O

E15 Es werden nur 2 Schablonen benötigt. Setzen Sie den Buchstaben in horizontalen Reihen zusammen. Verbinden Sie die Reihen zum Mittelteil und nähen Sie an jede Seite einen Streifen aus dem Hintergrundstoff.

Buchstabe P

E16 Das P aus 5 horizontalen Reihen zu je 3 Quadraten zusammensetzen. Reihen untereinandernähen und an jede Seite einen Streifen setzen.

Buchstabe Q

E17 Dieser Buchstabe entsteht aus 5 Reihen zu je 4 Quadraten und einem Streifen aus Hintergrundstoff.

Buchstabe R

E18 Mittelteil aus horizontalen Reihen bilden, die untereinandergenäht werden. Hintergrundstoffstreifen an jede Seite nähen.

Alphabet

Buchstabe S

E19 Es werden nur 2 Schablonen benötigt. Setzen Sie den Buchstaben in horizontalen Reihen zusammen. Verbinden Sie die Reihen zum Mittelteil und nähen Sie an jede Seite einen Streifen aus dem Hintergrundstoff.

Buchstabe T

E20 Das T aus 5 horizontalen Reihen zu je 3 Quadraten zusammensetzen. Reihen untereinandernähen und an jede Seite einen Streifen setzen.

E21 In horizontalen Reihen arbeiten. Die Reihen zum Mittelteil untereinandersetzen und einen Streifen an jede Seite nähen.

Buchstabe U

E22 Mittelteil aus horizontalen Reihen bilden, die untereinandergenäht werden. Hintergrundstoffstreifen an jede Seite nähen.

Buchstabe V

E23 Für das W benötigt man nur 1 Schablone. Quadrate in horizontalen Reihen anordnen und dann die Reihen zum Block verbinden.

Buchstabe W

E24 Es werden nur 2 Schablonen benötigt. Setzen Sie den Buchstaben in horizontalen Reihen zusammen. Verbinden Sie die Reihen zum Mittelteil und nähen Sie an jede Seite einen Streifen aus dem Hintergrundstoff.

Buchstabe X

Buchstabe Y

E25 Das Y aus 5 horizontalen Reihen zu je 3 Quadraten zusammensetzen. Reihen untereinandernähen und an jede Seite einen Streifen setzen.

Buchstabe Z

E26 In horizontalen Reihen arbeiten. Die Reihen zum Mittelteil untereinandersetzen und einen Streifen an jede Seite nähen.

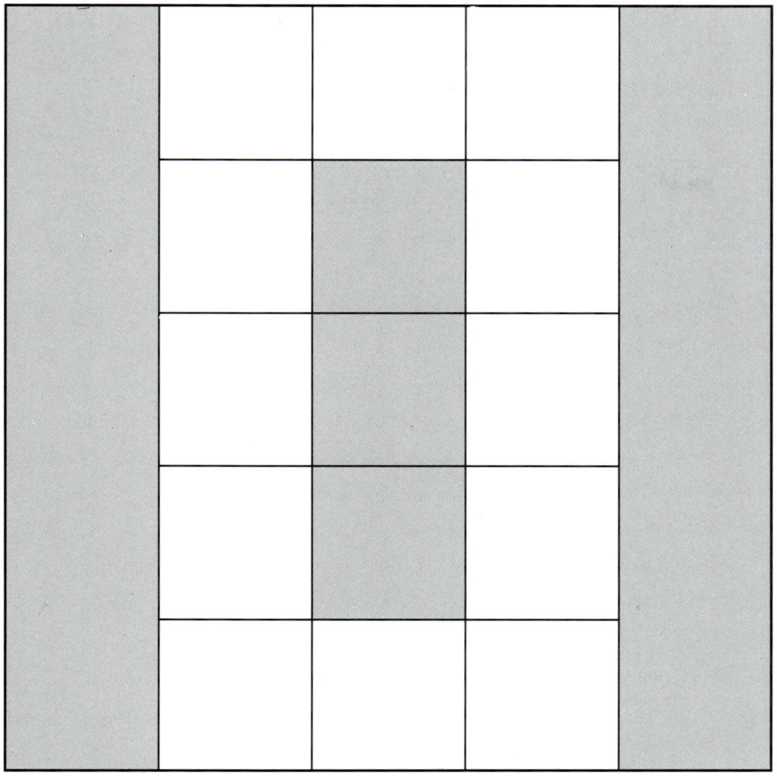

E27 Es werden nur 2 Schablonen benötigt. Setzen Sie die Null in horizontalen Reihen zusammen. Verbinden Sie die Reihen zum Mittelteil, und nähen Sie an jede Seite einen Streifen aus Hintergrundstoff.

Ziffer 0

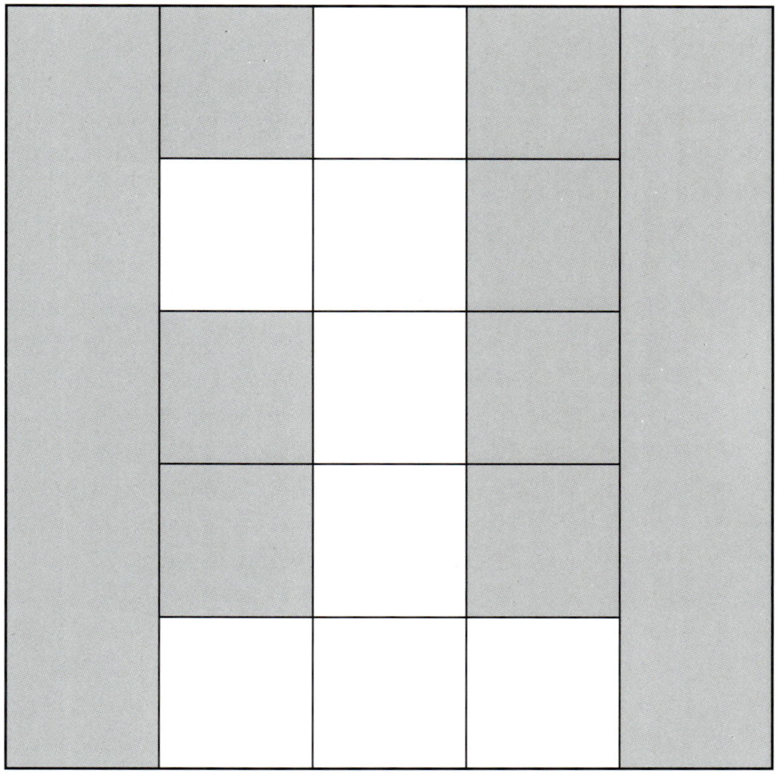

E28 Die Ziffer 1 aus 5 horizontalen Reihen zu je 3 Quadraten zusammensetzen. Reihen untereinandernähen und an jede Seite einen Streifen setzen.

Ziffer 1

Ziffern

E29 Die Ziffer 2 aus 5 horizontalen Reihen zu je 3 Quadraten zusammensetzen. Reihen untereinandernähen und an jede Seite einen Streifen setzen.

Ziffer 2

E30 Mittelteil aus horizontalen Reihen bilden, die untereinandergenäht werden. Hintergrund-Stoffstreifen an jede Seite nähen.

Ziffer 3

Ziffern

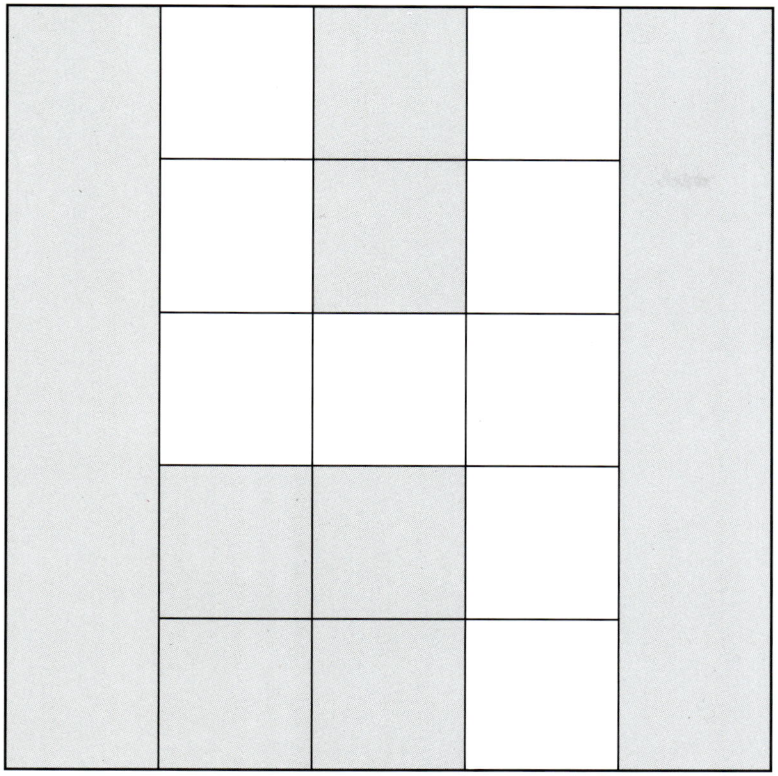

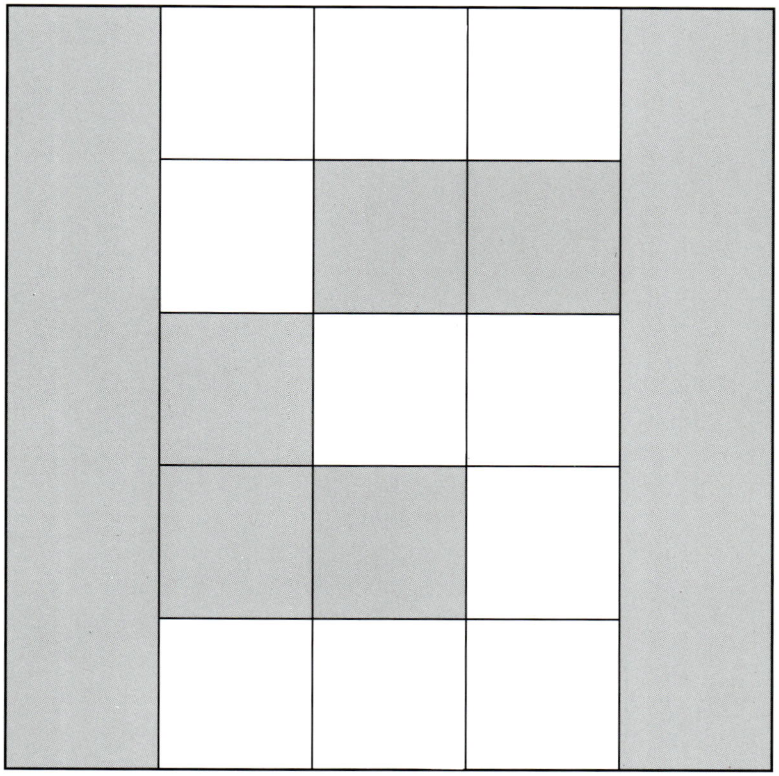

Ziffer 4

E31 Die Quadrate zu Reihen setzen, die Reihen untereinander nähen und die Seitenstreifen anfügen.

Ziffer 5

E32 Es werden nur 2 Schablonen benötigt. Setzen Sie die Ziffer in horizontalen Reihen zusammen. Verbinden Sie die Reihen zum Mittelteil und nähen Sie an jede Seite einen Streifen aus dem Hintergrundstoff.

E33 Die Ziffer 6 aus 5 horizontalen Reihen zu je 3 Quadraten zusammensetzen. Reihen untereinandernähen und an jede Seite einen Streifen setzen.

Ziffer 6

E34 Die Ziffer 7 aus 5 horizontalen Reihen zu je 3 Quadraten zusammensetzen. Reihen untereinandernähen und an jede Seite einen Streifen setzen.

Ziffer 7

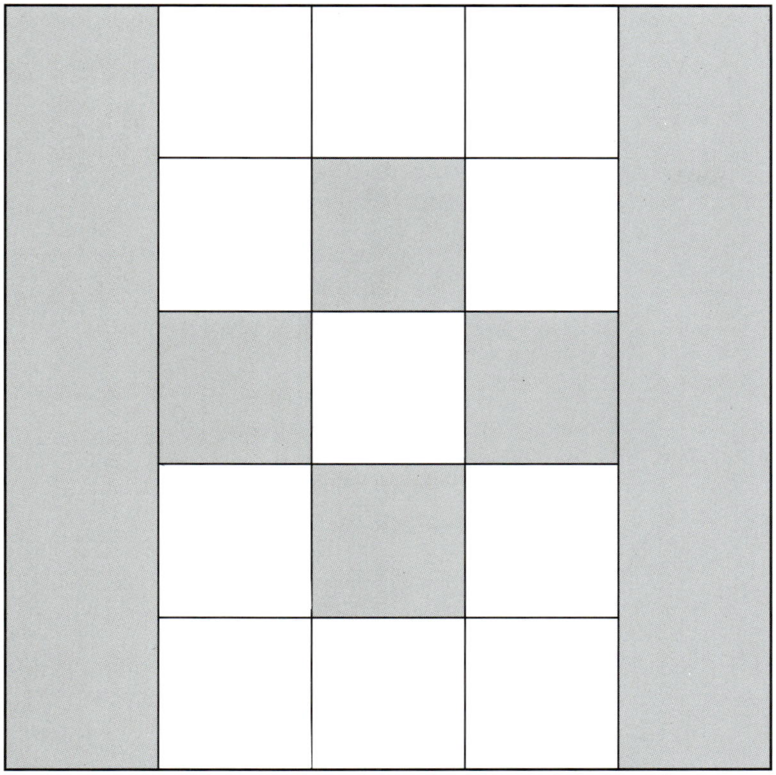

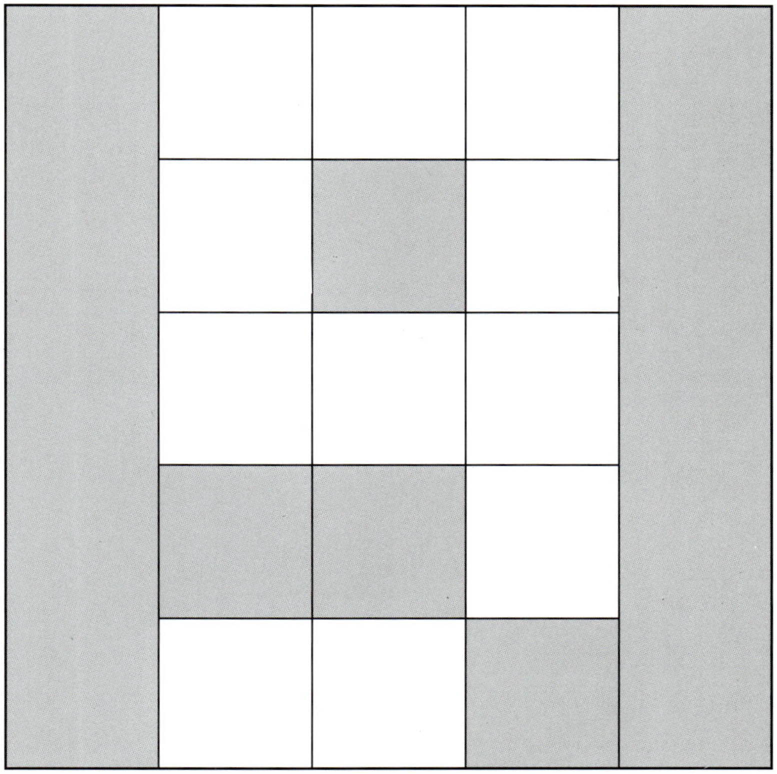

Ziffer 8

E35 Das Mittelteil aus horizontalen Reihen bilden, die untereinandergenäht werden. Hintergrundstoffstreifen an jede Seite nähen.

Ziffer 9

E36 Nähen Sie die Quadrate in Reihen, um die Ziffer 9 zu bilden. Reihen untereinandersetzen und die Seitenteile anfügen.

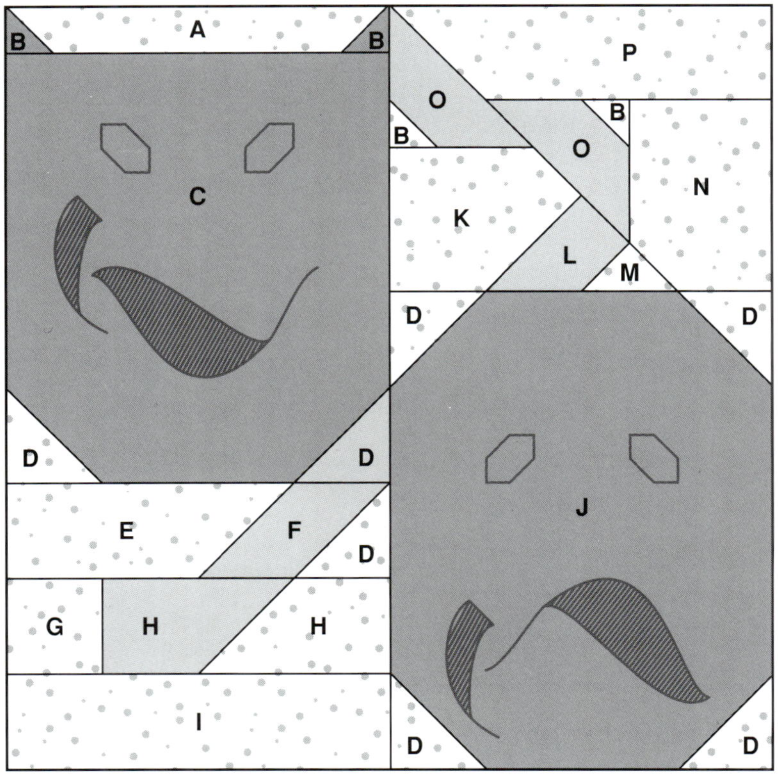

Theater

F1 Linke Blockseite arbeiten: BAB- und DCD-Einheiten nähen und zusammensetzen. EFD-Einheit nähen und an das Segment ansetzen. GHH-Einheit nähen und ebenfalls ansetzen. I als unterstes Teil anfügen. Rechte Blockseite arbeiten: D-Teile an alle Ecken von J nähen. BO-Einheit nähen (2mal). N an die BO-Einheit nähen und P anfügen. KLM-Einheit nähen und an die zweite BO-Einheit setzen, dann an POBN nähen und an das zweite Segment unten anfügen. Beide Blockhälften verbinden und die Gesichter sticken.

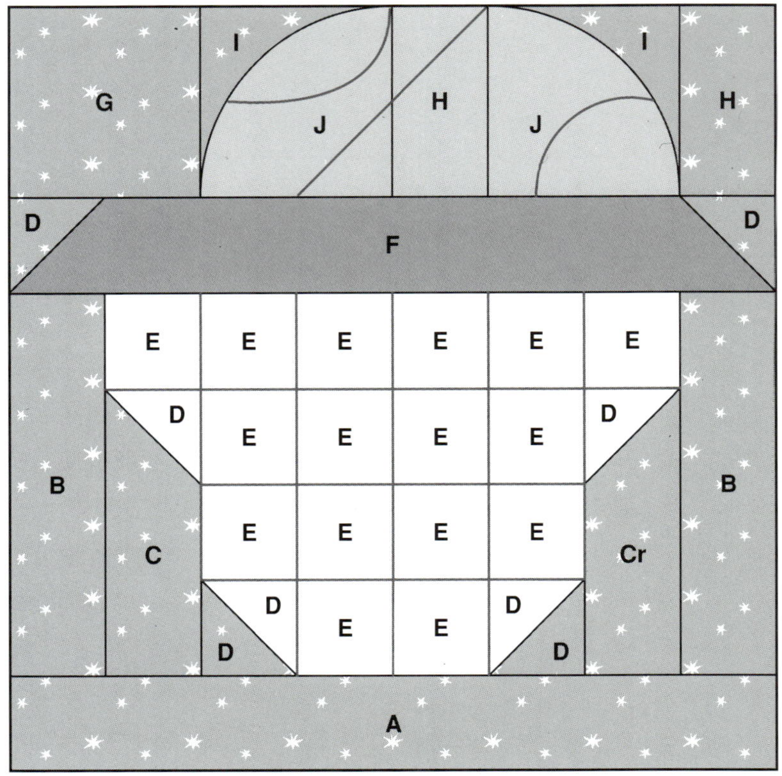

Basketball

F2 IJ-Einheiten nähen (2mal) (Anleitung für Kurvennähte siehe Seite 309). IJ-Einheiten mit den H- und G-Teilen zur ersten Reihe vervollständigen. DFD-Einheit nähen und an die obere Reihe setzen. DD-Einheiten nähen (2mal) und mit den E-Teilen zu 4 Reihen zu je 4 Quadraten anordnen, dann die Reihen zum Quadrat zusammensetzen. EDC- und EDCr-Einheiten nähen und an beide Seiten des Quadrats anfügen. Mit dem oberen Teil des Segments verbinden und A unten anfügen. Netz mit Kettstich und die Linien auf dem Ball mit Stielstich sticken.

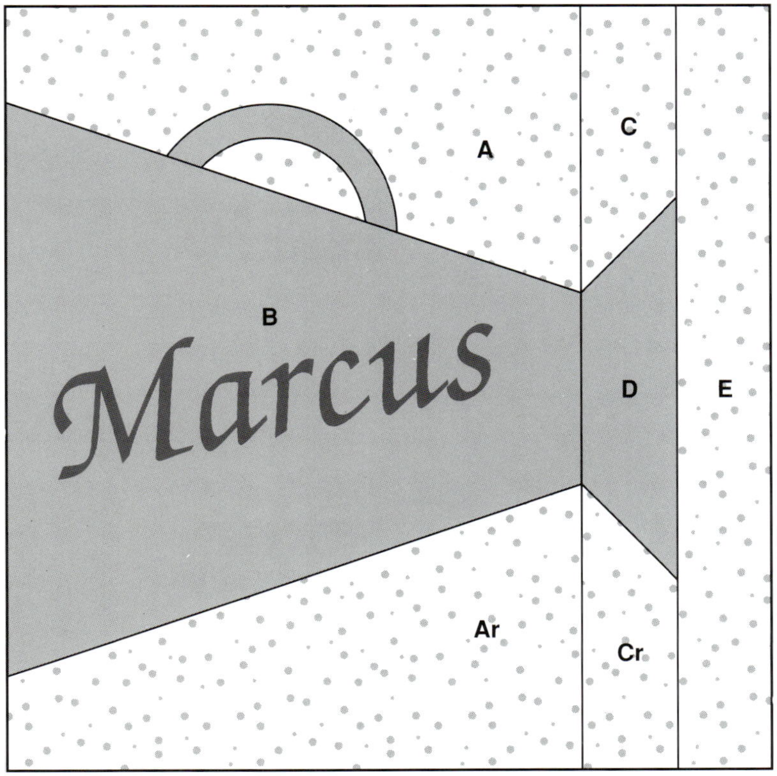

Megaphon

F3 Den Griff auf Teil A applizieren. ABAr- und CDCr-Einheiten nähen, zusammensetzen und E anfügen. Auf das Megaphon einen Namen sticken.

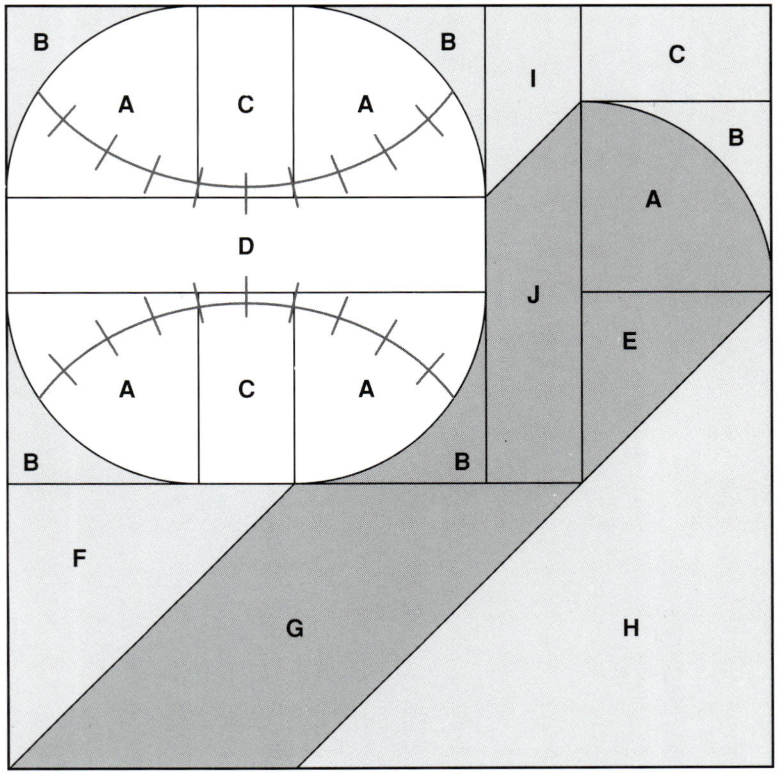

Baseball

F4 AB-Einheiten nähen (5mal) (Anleitung für Kurvennähte siehe Seite 309). AB und C an AB nähen (2mal) und die beiden Abschnitte mit 1 D verbinden. IJ-Einheit nähen und rechts ansetzen. FG-Einheit nähen und unten anfügen. CABE-Einheit nähen und rechts anfügen, anschließend H ansetzen. Die Details auf dem Baseball mit Stielstich und Geradstich sticken.

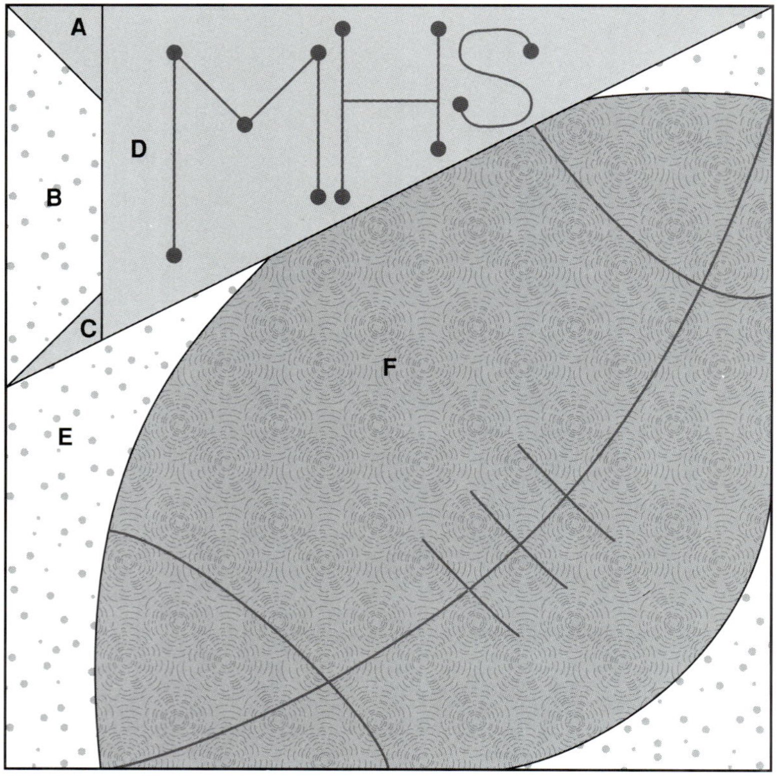

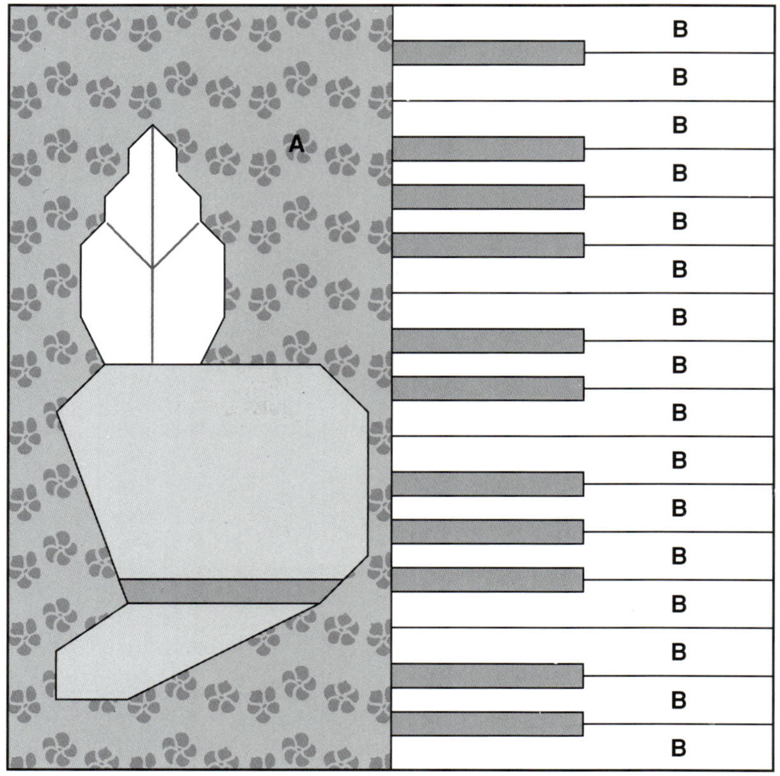

F5 ABC-Einheit nähen und D anfügen. Applizieren Sie F (Ball) auf E und nähen Sie die beiden Segmente zusammen. Die Einzelheiten auf dem Ball und dem Wimpel mit Stielstich und Knötchenstich sticken.

American Football

F6 16 B-Teile zusammensetzen. Die schwarzen Tasten entweder mit Satinstich arbeiten oder schmales Satinband applizieren. A-Teil links anfügen und den Hut darauf applizieren.

Musikparade

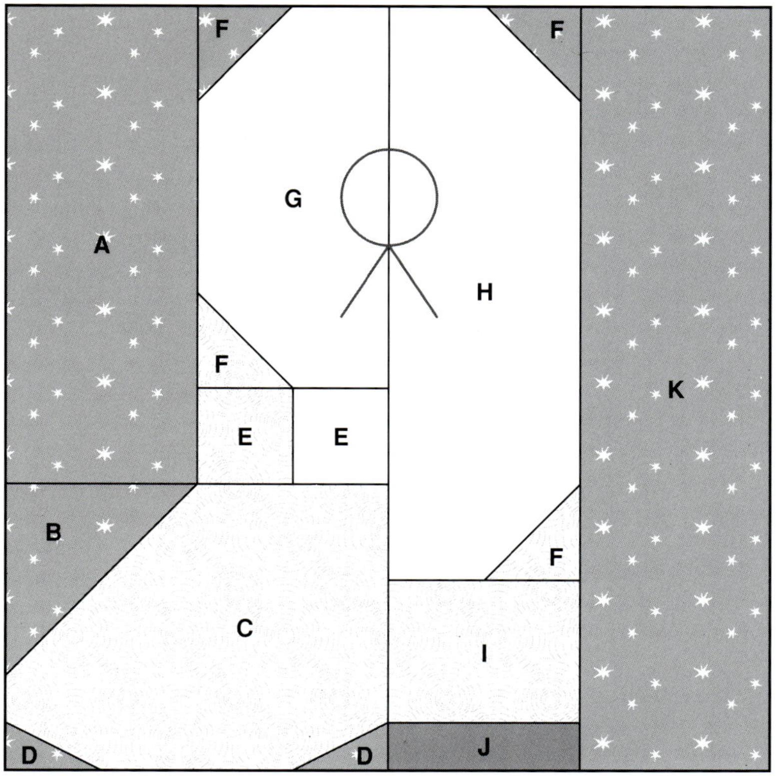

Gardestiefel

F7 FGF- und EE-Einheiten nähen und zusammensetzen, dann A anfügen. BCDD-Einheit nähen und an das erste Segment annähen. FHF-Einheit nähen, danach I, dann J unten und K an die rechte Seite anfügen. Die beiden Segmente zusammensetzen. Die Details sticken oder einen kleinen Silberknopf auf den Stiefel nähen.

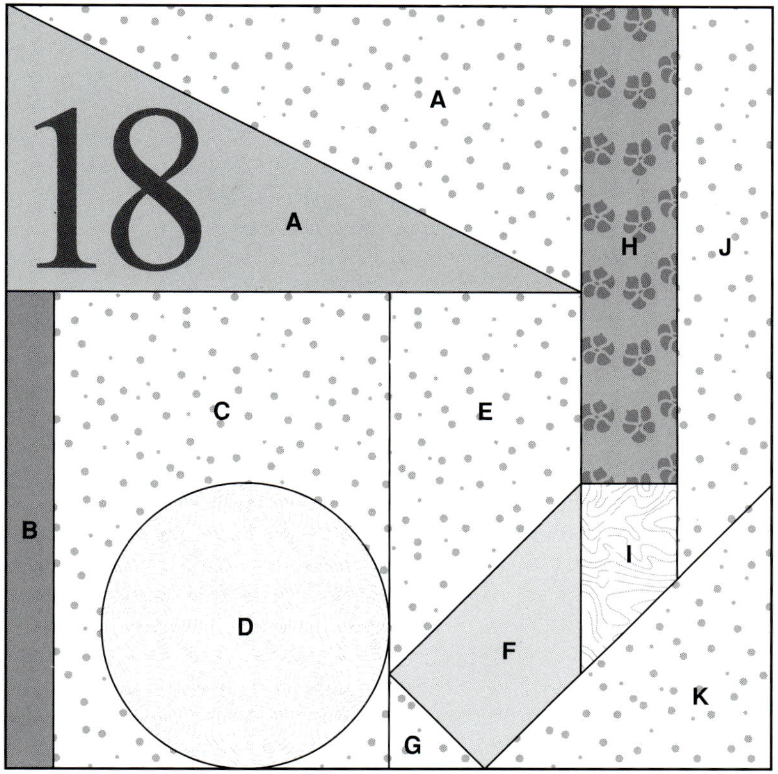

Golf

F8 EFG-Einheit nähen und B und C an die linke Seite setzen. AA-Einheit nähen und oben anfügen. HIJ-Einheit nähen und an die rechte Seite des bisherigen Segments anfügen, danach K. Golfball D applizieren. Die Einzelheiten sticken: die Ziffer mit Stielstich und den Golfball mit Knötchenstich ausarbeiten.

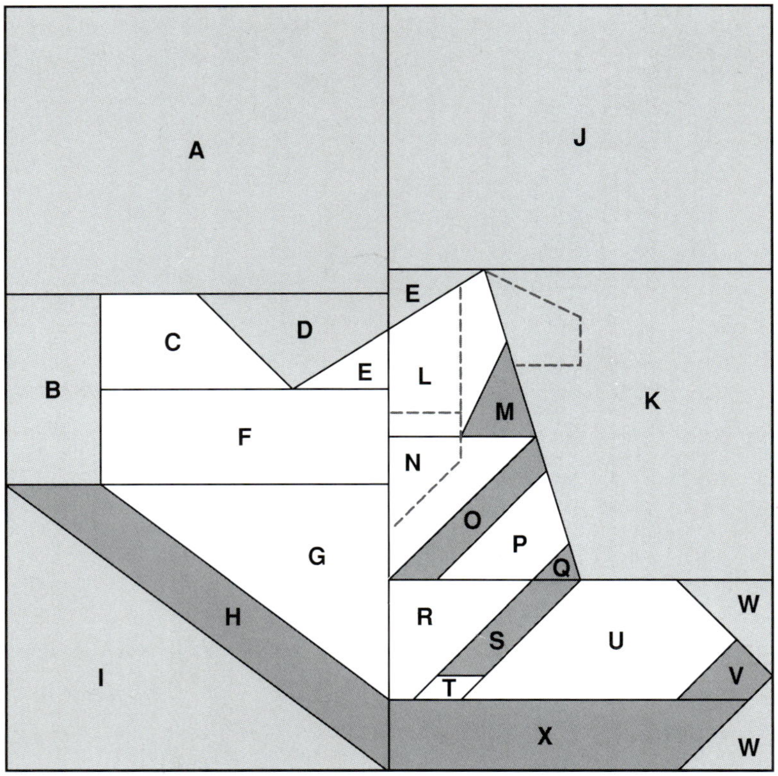

Sportschuh

F9 GHI-Einheit nähen. CDE-Einheit nähen, F unten anfügen und B an der Seite. Dann an die GHI-Einheit anfügen und A oben ansetzen. ELM- und NOPQ-Einheiten nähen und zusammensetzen, mit K verbinden und J anfügen. ST-Einheit nähen, R und U anfügen und dann V. Teil X unten annähen und die beiden W-Teile an den Ecken. Diese Einheit an das obere Segment anfügen. Rechte und linke Blockseite zusammensetzen. Die Schuhbänder sticken, wie hier mit einer gestrichelten Linie angedeutet.

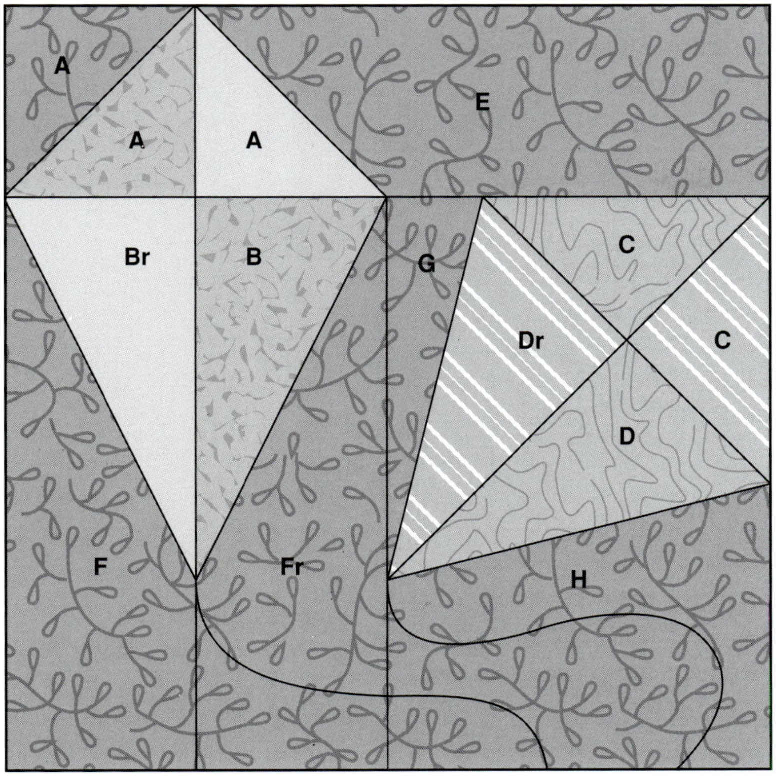

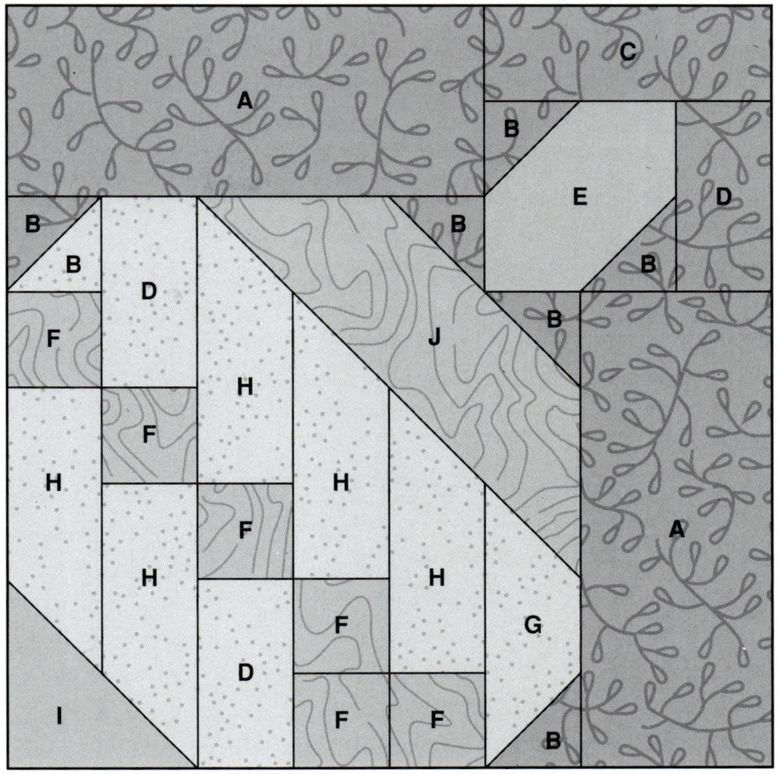

Drachen

F10 AA- und AE-Einheiten nähen und zum oberen Segment zusammensetzen. FBr- und FrB-Einheiten nähen und zusammensetzen. GDr- und DH-Einheiten nähen und zusammensetzen. CC-Einheit nähen und an GHD setzen. Dieses Segment an das FBrBFr-Segment anfügen und an die obere Reihe nähen. Die Schwänze der Drachen mit Stielstich arbeiten.

Kreisel

F11 B-Teile an E nähen, anschließend D und dann C anfügen. Der Kreisel entsteht aus vertikalen Reihen (BBFH ist die erste Reihe). Die sechs Reihen nähen und zusammensetzen, dann I an die HH-Kante setzen. BBJ-Einheit nähen und an die HHHG-Kante nähen. An 2 Kanten die A-Teile anfügen. Die BCDE-Einheit mit einer Y-Naht einsetzen (Tips zum Nähen von Y-Nähten finden Sie auf Seite 309).

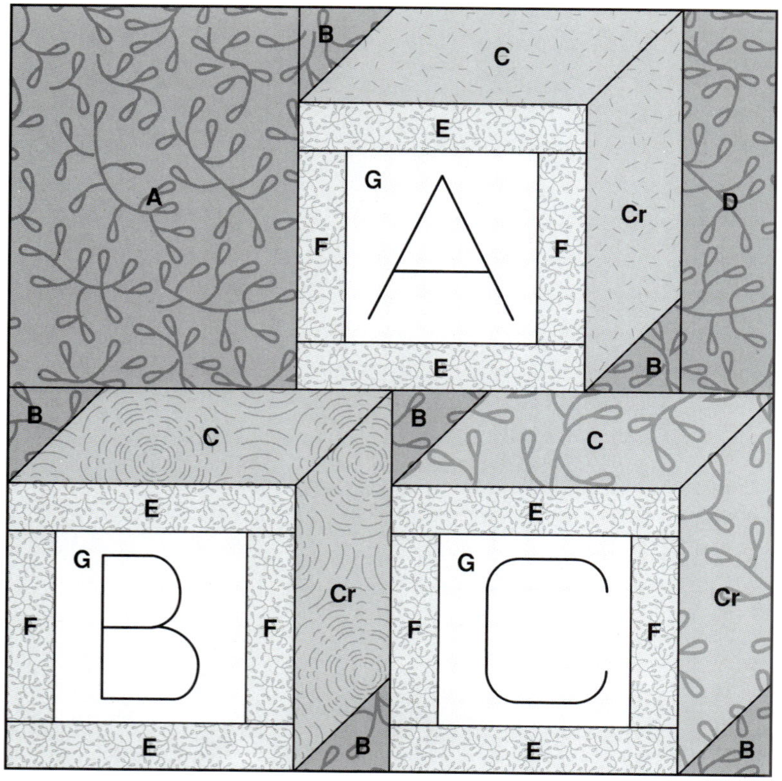

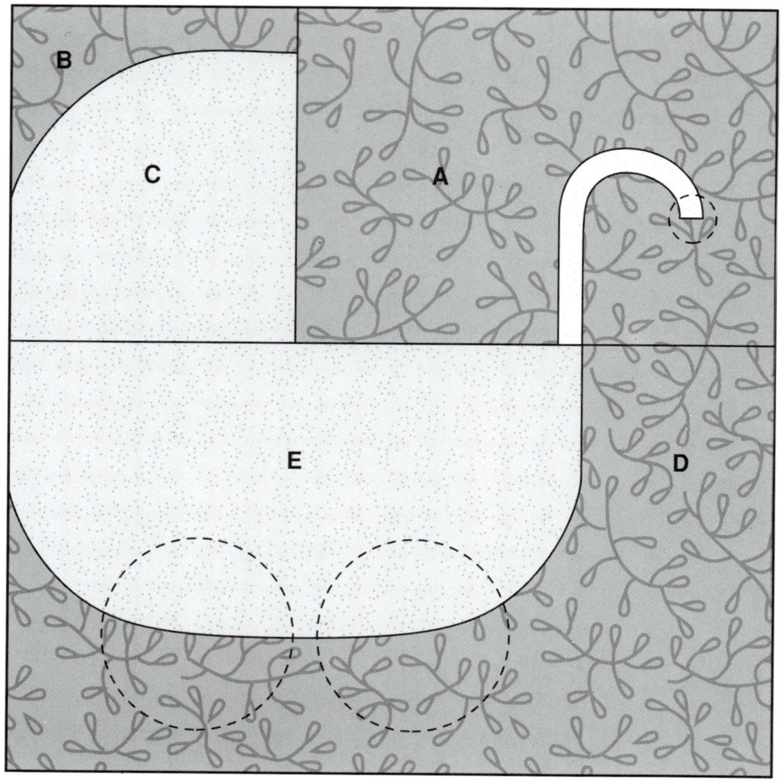

Bauklötze (Würfel)

F12 F-Teile an 2 gegenüberliegende Seiten von G nähen (3mal), dann E an die beiden anderen Seiten (3mal). BC-Einheit (3mal) und BCr-Einheit (3mal) nähen und mit einer Y-Naht an die EFG-Einheiten ansetzen. 2 Würfel-Einheiten als unteren Teil zusammensetzen. A und D an den restlichen Würfel nähen. Oberes und unteres Segment zum fertigen Block verbinden. Buchstaben mit Stielstich sticken.

Kinderwagen

F13 2 1/4 x 4 in (5,7 x 10 cm) großes Stück Hintergrundstoff plus Nahtzugaben schneiden (D) und E applizieren. C-Teil auf Teil B applizieren (die ist ein 1 3/4 x 1 1/2 in (4,4 x 3,8 cm) großer Stoff plus Nahtzugabe. A an BC setzen und das untere Teil ebenfalls anfügen. Applizieren Sie den Lenker aus einem Schrägstreifenschlauch (siehe Seite 308 über das Arbeiten mit schräggeschnittenen Schläuchen). Einen kleinen Knopf an das Ende des Lenkers nähen. 2 Jo-Jos arbeiten und als Räder an den Wagen applizieren (eine Anleitung für Jo-Jos finden Sie auf Seite 308).

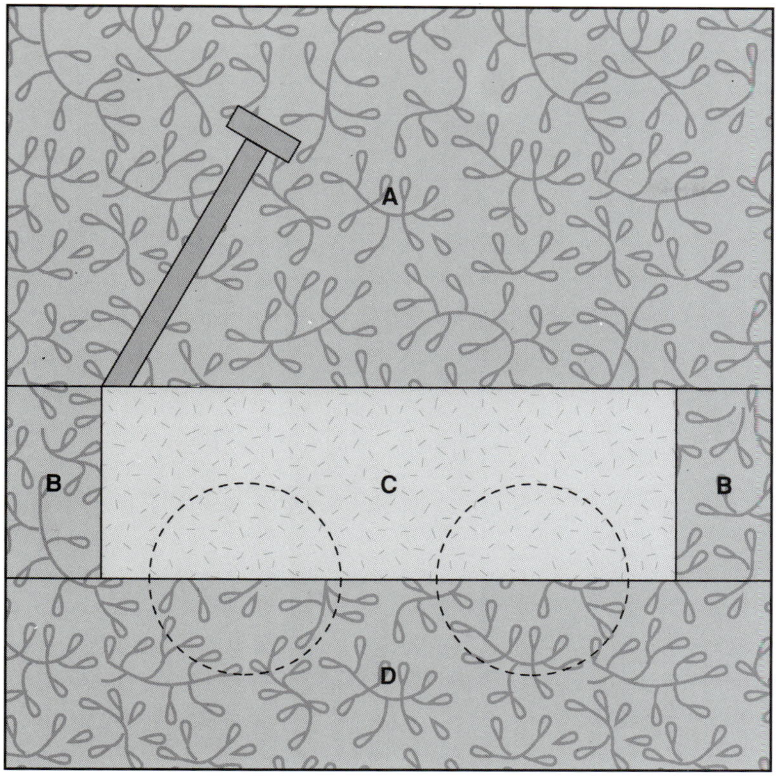

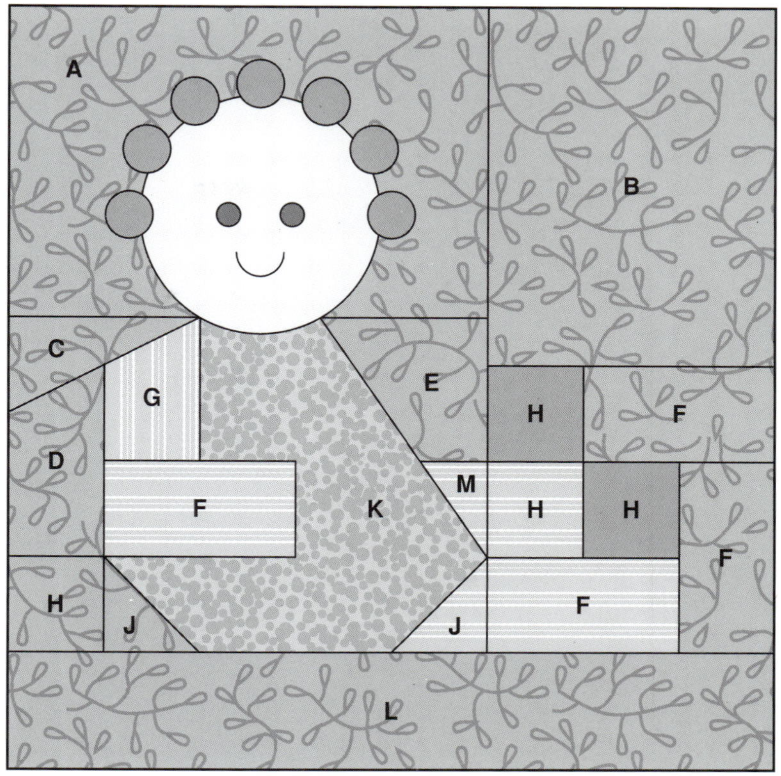

F14 B-Teile an jedes Ende von C nähen. A oben und D unten anfügen. Lenker in Form eines Schrägstreifens applizieren (siehe Seite 308 über das Arbeiten mit schräggeschnittenen Schläuchen). 2 Jo-Jos als Räder machen und festnähten (eine Anleitung für Jo-Jos finden Sie auf Seite 308).

Wagen

Puppe

F15 GF-Einheit nähen und auf K applizieren. EM-Einheit nähen und mit GFK verbinden. J-Teile anfügen. Dann die DH-Einheit nähen und ebenfalls anfügen. C und A an dieses Segment ansetzen. HF-Einheit und HHF-Einheit nähen und zusammensetzen. B oben anfügen. Linkes und rechtes Teilstück zusammennähen und an die untere Kante Teil L anfügen. Applizieren Sie den Kopf und gestalten Sie das Gesicht mit Knötchenstich oder Perlen für die Augen. Die „Löckchen" sind Druckknöpfe oder kleine Knöpfe.

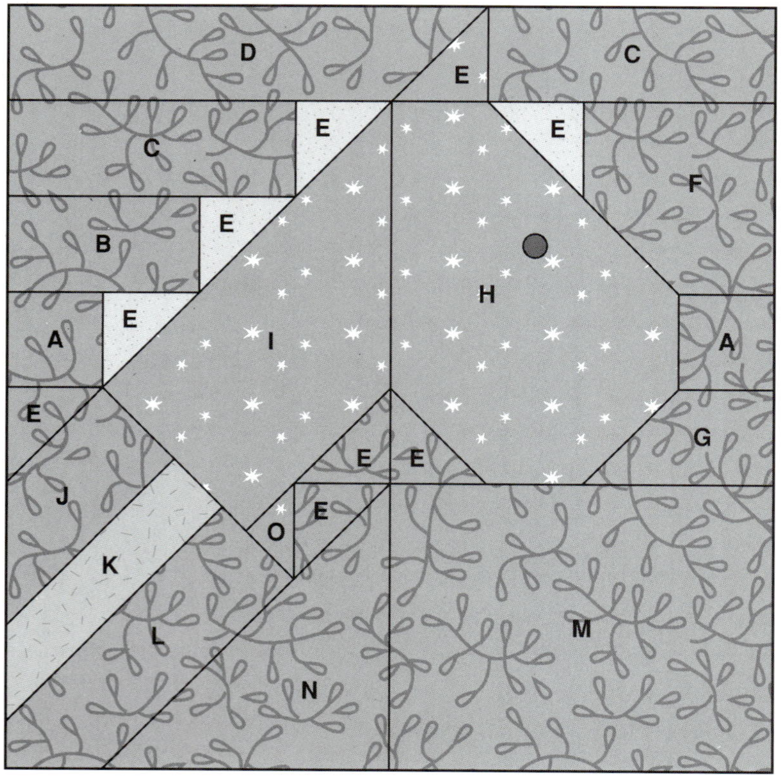

Steckenpferd

F16 AE-, BE- und CE-Einheiten nähen, zusammensetzen und unten E anfügen. JKL zusammenfügen. OEE-Einhheit nähen und an I setzen, dann mit JLKL verbinden und N ansetzen. Diese Einheit mit der oberen verbinden. Rechte Seite nähen: E und F zusammensetzen und H anfügen. A an G setzen und mit einer Y-Naht an H nähen (Tips zum Nähen von Y-Nähten finden Sie auf Seite 309). Zuerst E anfügen, dann M. Rechte und linke Seite zusammensetzen. DEC-Einheit nähen und oben ansetzen. Mit Knopf, Perle oder Stickerei das Auge arbeiten.

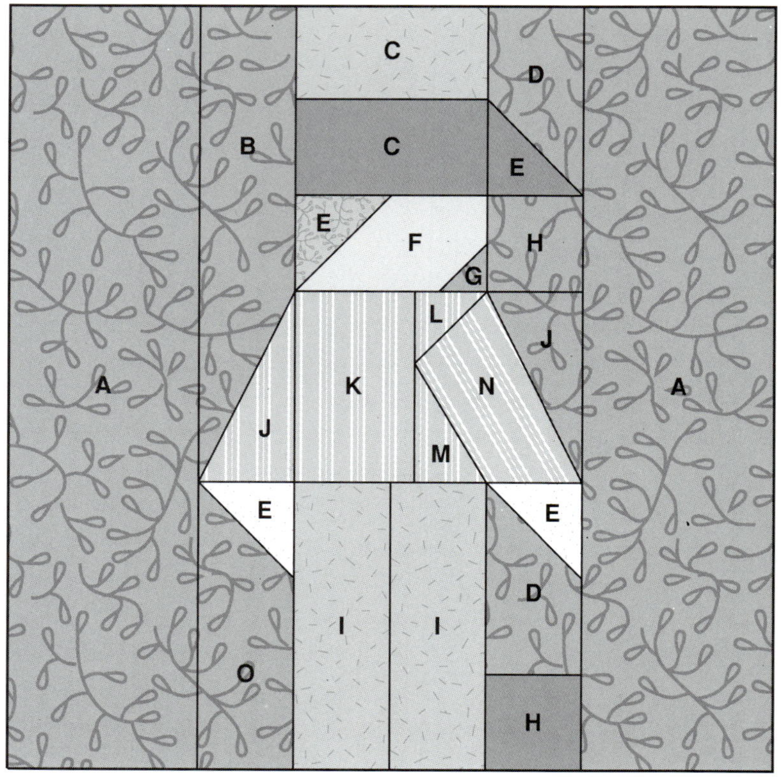

Spielzeugsoldat

F17 Oben beginnen. C an C nähen. DE-Einheit nähen und an CC setzen. EFG-Einheit nähen, H anfügen und an das erste Teil ansetzen. NJLM-Einheit nähen, K anfügen und ebenfalls an das erste Teil ansetzen. EDH-Einheit nähen, 2 I-Teile anfügen und an das erste Teil nähen. BJ-Einheit und OE-Einheit nähen, zusammensetzen und an die linke Seite des Mittelteils nähen. A an jede Seite des Mittelteils nähen, um den Block zu vervollständigen.

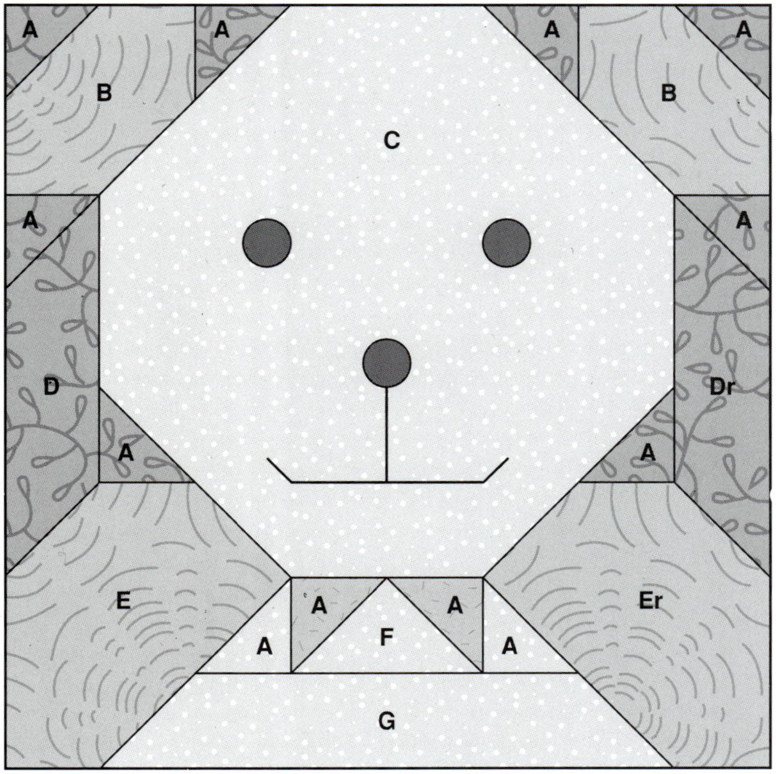

Teddybär

F18 AAFAA-Einheit nähen, G anfügen, dann C. A an E und A an Er nähen und mit einer Y-Naht an die CAFG-Einheit einsetzen (Tips zum Nähen von Y-Nähten finden Sie auf Seite 309). Auch D- und Dr-Teile mit Y-Nähten anfügen. AAAB-Einheiten nähen (2mal) und an die CD-Kanten ansetzen. Sticken Sie das Gesicht: Schnauze mit Stielstich arbeiten und Satinstich oder Knöpfe für Nase und Augen verwenden.

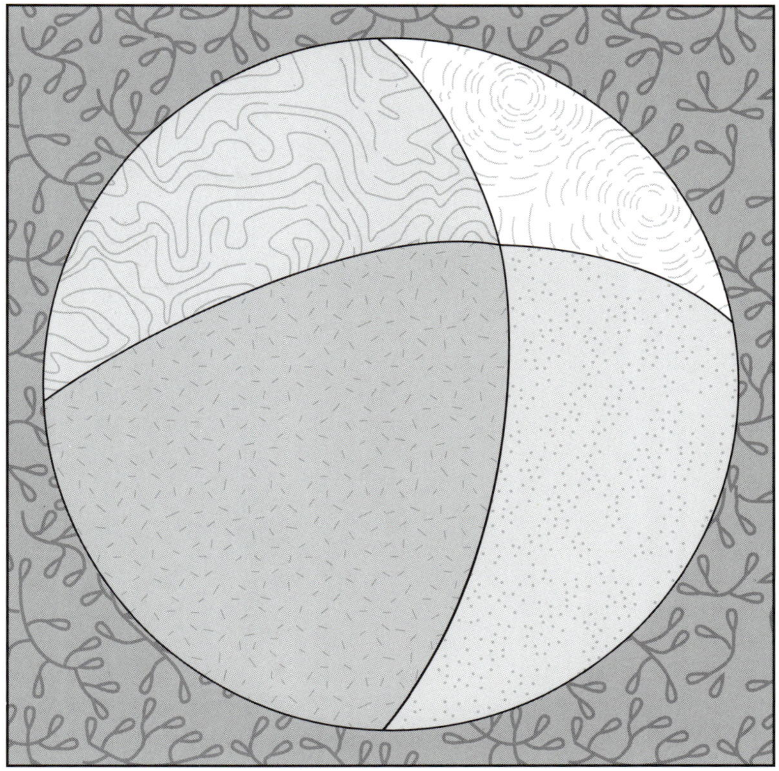

Ball

F19 4 in (10 cm) großes Quadrat aus Hintergrundstoff schneiden (plus Nahtzugabe). Den Ball applizieren (lesen Sie auf Seite 308 über das Applizieren).

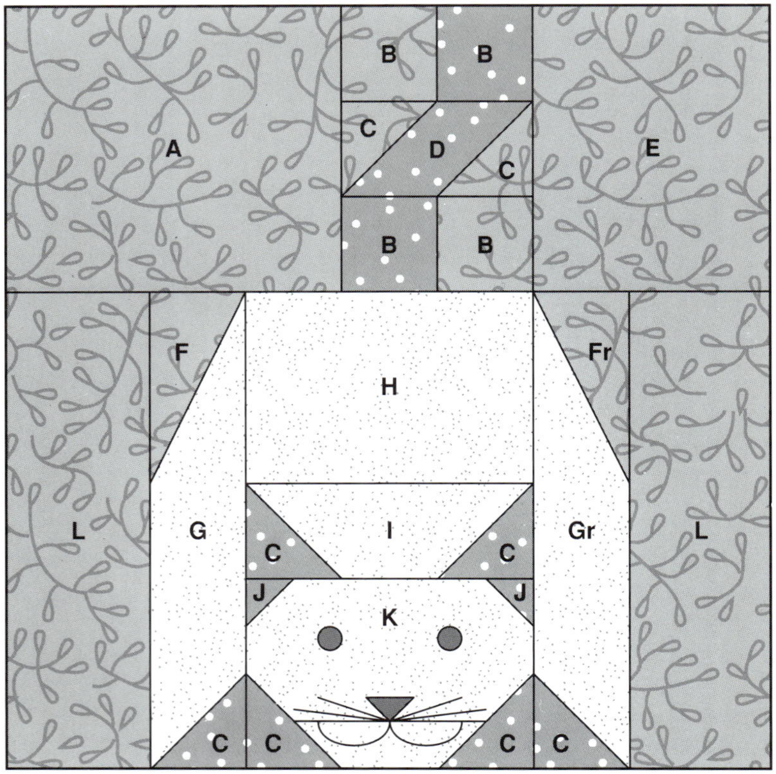

Katze

F20 J- und C-Teile an K anfügen. CIC-Einheit nähen, an die JK-Kante ansetzen und H annähen. FGC- und FrGrC-Einheiten nähen und an die Seiten des ersten Teilbereichs setzen, gefolgt von den L-Teilen. BB-Einheiten nähen (2mal). CDC-Einheit nähen und oben und unten die BB-Einheiten setzen. A und E an die Seiten dieser Einheit nähen. Oberes und unteres Segment verbinden. Gesicht und Schnurrhaare sticken und die Augen mit Perlen gestalten.

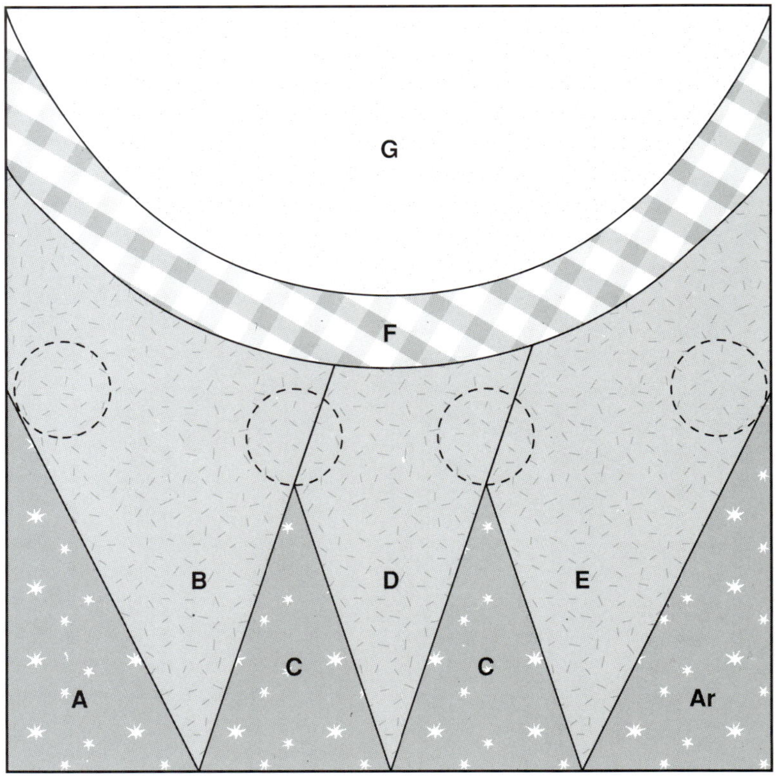

Trommel

F21 G an F applizieren. AB, CD und CEAr-Einheiten nähen und daraus den unteren Teil der Trommel zusammensetzen. F an den unteren Teil applizieren. 4 Jo-Jos arbeiten und aufnähen (eine Anleitung für Jo-Jos finden Sie auf Seite 308).

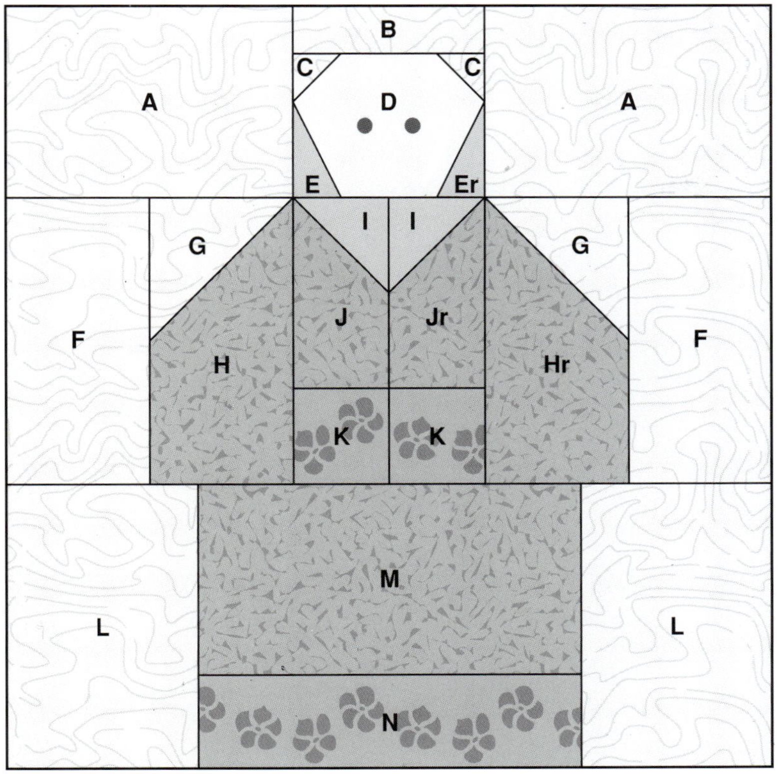

Noah

F22 Erste Reihe: CCDEEr-Einheit nähen, B oben anfügen und die beiden A-Teile rechts und links ansetzen. Mittlere Reihe: GH-, IJK-, IJrK- und GHr-Einheiten nähen, alle 4 aneinandersetzen und rechts und links 1 F annähen. Untere Reihe: M und N zusammensetzen und 1 L an jedes Ende nähen. Die 3 Reihen zum Block verbinden. Knötchenstich oder Perlen als Augen verwenden.

Regenbogen

F23 4 in (10 cm) großes Quadrat aus Hintergrundstoff schneiden (plus Nahtzugabe). Regenbogen und Stern auf den Hintergrund applizieren (lesen Sie auf Seite 308 über das Applizieren).

Im Herzen jung Arche Noah

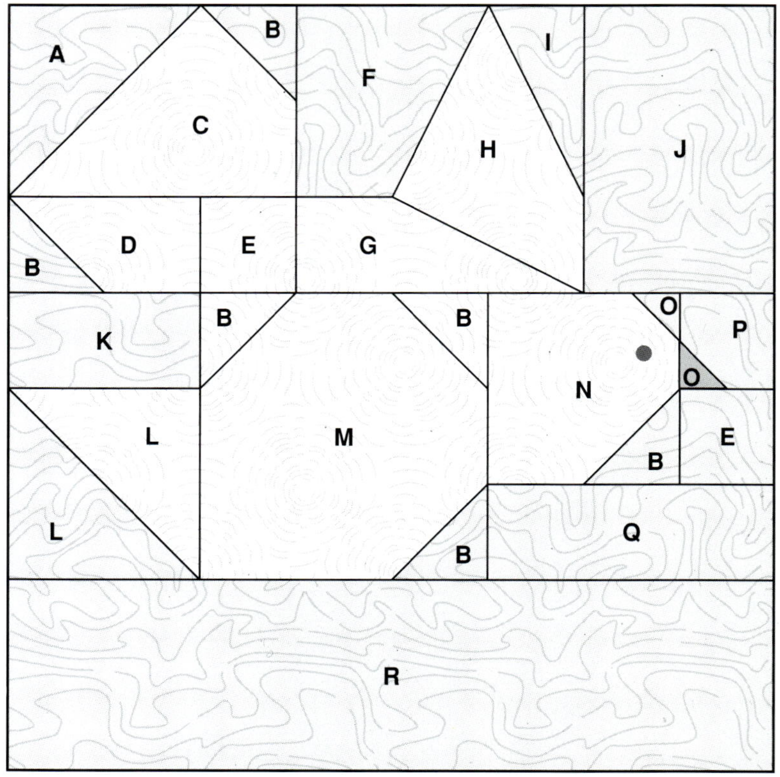

F24 4 in (10 cm) großes Quadrat aus Hintergrundstoff schneiden (plus Nahtzugabe). Die beiden Wolkenteile und den Blitzstrahl auf den Hintergrund applizieren.

Wolke und Blitz

F25 ABC-Einheit nähen. BD-Einheit nähen, E anfügen und mit ABC verbinden. F- und G-Teile mit einer Y-Naht an H setzen (Tips zum Nähen von Y-Nähten finden Sie auf Seite 309). I an H nähen, J anfügen und an das erste Segment ansetzen. LL-Einheit nähen und an K ansetzen. BBBM-Einheit nähen und an das KLL anfügen. NOB-Einheit nähen. O an P setzen, E anfügen; diese Einheit an NOB setzen und Q anfügen. Das Ganze an die BMB-Kante nähen und mit dem oberen Abschnitt verbinden. R unten anfügen. Das Auge ist eine Perle oder ein Knötchenstich, der Olivenzweig wird mit Stielstich gestickt.

Taube

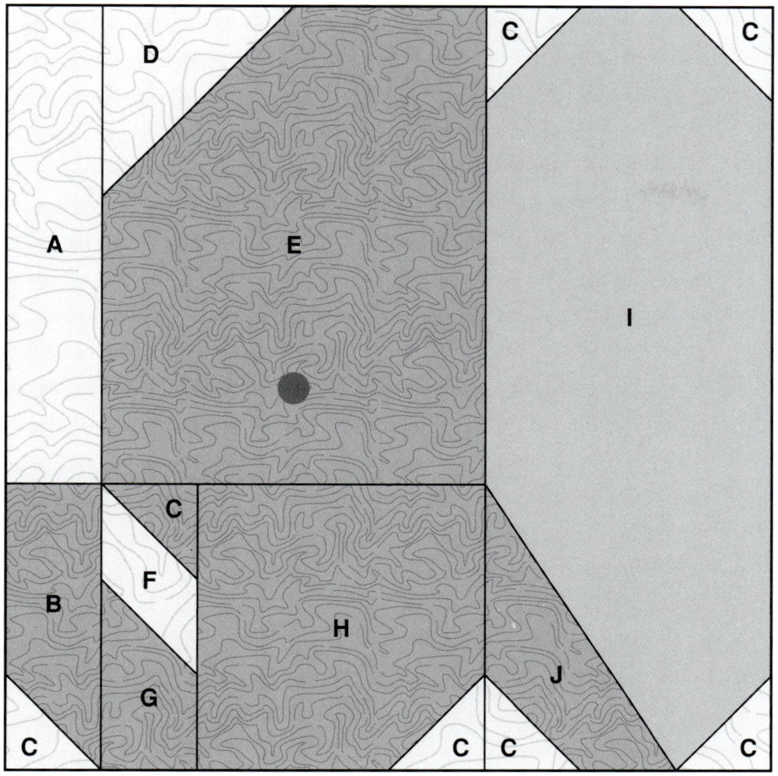

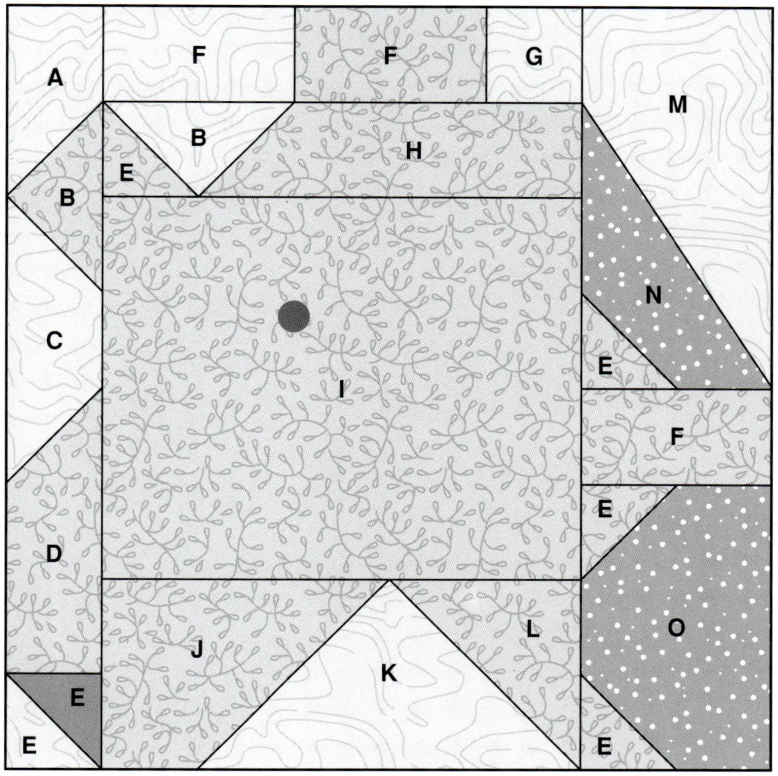

Elefant

F26 J an I nähen und dann je 1 C an alle 4 Ecken. DE-Einheit nähen. CFG-Einheit und HC-Einheit nähen und zusammensetzen; mit DE verbinden und an den oberen Abschnitt anfügen. ABC-Einheit nähen und an die linke Seite des Blocks setzen. Das Auge des Elefanten ist ein Knopf.

Giraffe

F27 FFG- und EBH-Einheiten nähen und zusammensetzen, dann I anfügen. JKL-Einheit nähen und unten an I setzen. MNE-Einheit und EOE-Einheit nähen, mit 1 F verbinden und an die rechte Seite des Blocks anfügen. ABCDEE-Einheit nähen und links anfügen. Knopf oder Perle als Auge verwenden.

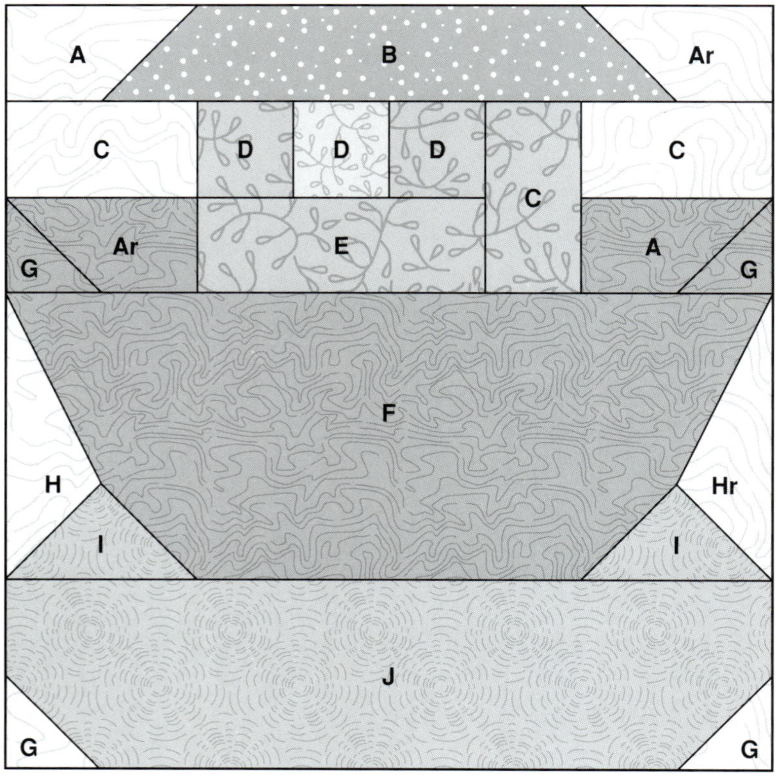

Arche

F28 ABAr-Einheit nähen. ArG- und AG-Einheiten nähen und jeweils 1 C ansetzen. DDD-Einheit nähen und E anfügen, dann 1 C. Das Ganze mit den CAG- und CArG-Einheiten verbinden und an die oberste Reihe setzen. Die H- und I-Teile mit einer Y-Naht an F setzen und an das obere Segment anfügen (Tips zum Nähen von Y-Nähten finden Sie auf Seite 309). GJG-Einheit nähen und unten anfügen.

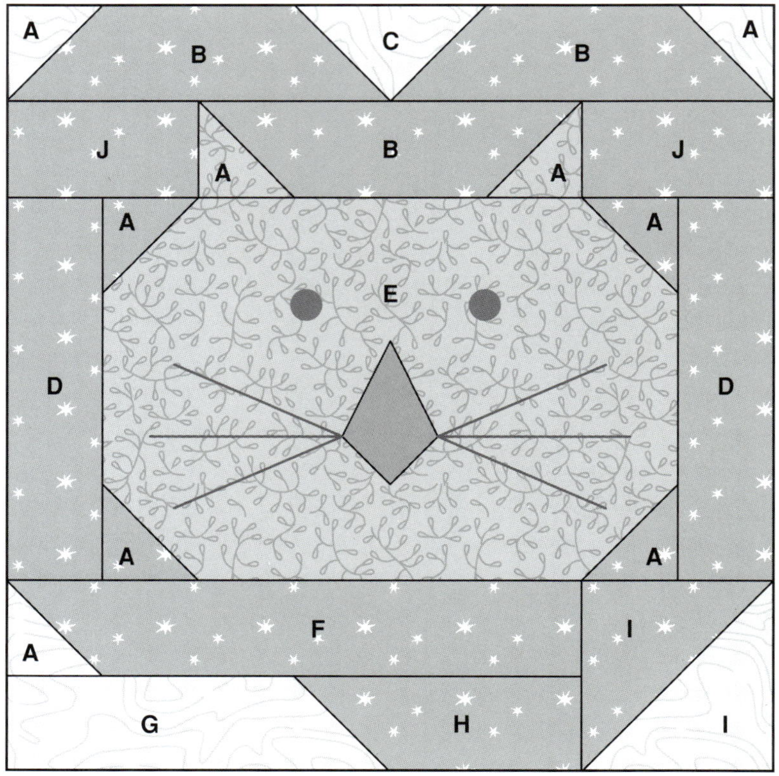

Löwe

F29 ABCBA- und JABAJ-Einheiten nähen und zusammensetzen. A-Teile an die 4 Ecken von E nähen und je 1 D an die beiden Seiten. Diese Einheit an das obere Segment setzen. AF- und GH-Einheiten nähen und zusammenfügen, dann die II-Einheit nähen, an die FH-Kante setzen und das Ganze mit dem oberen Teil verbinden. Nase applizieren, Schnurrhaare sticken und für die Augen Perlen oder Knöpfe aufsetzen.

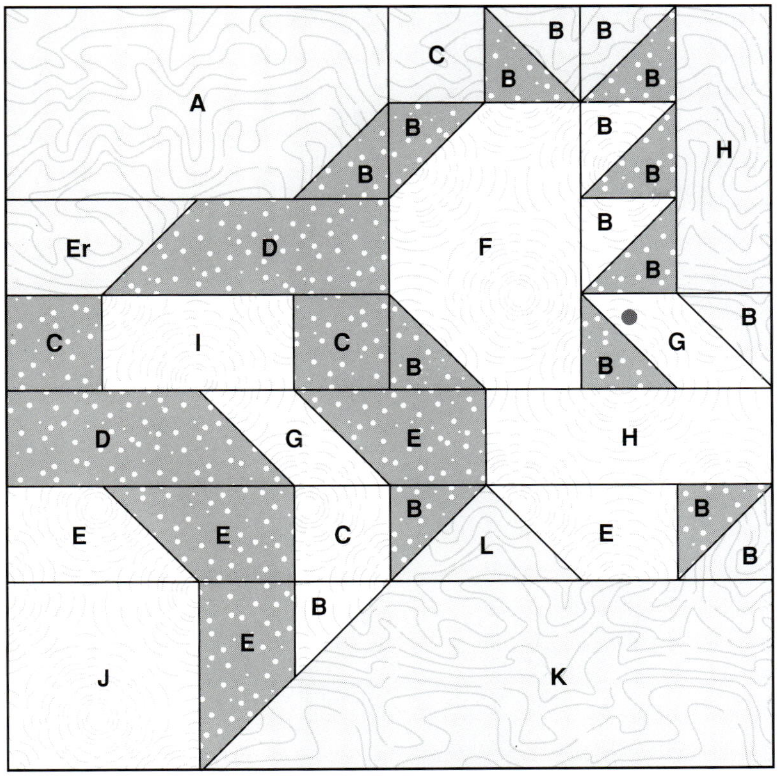

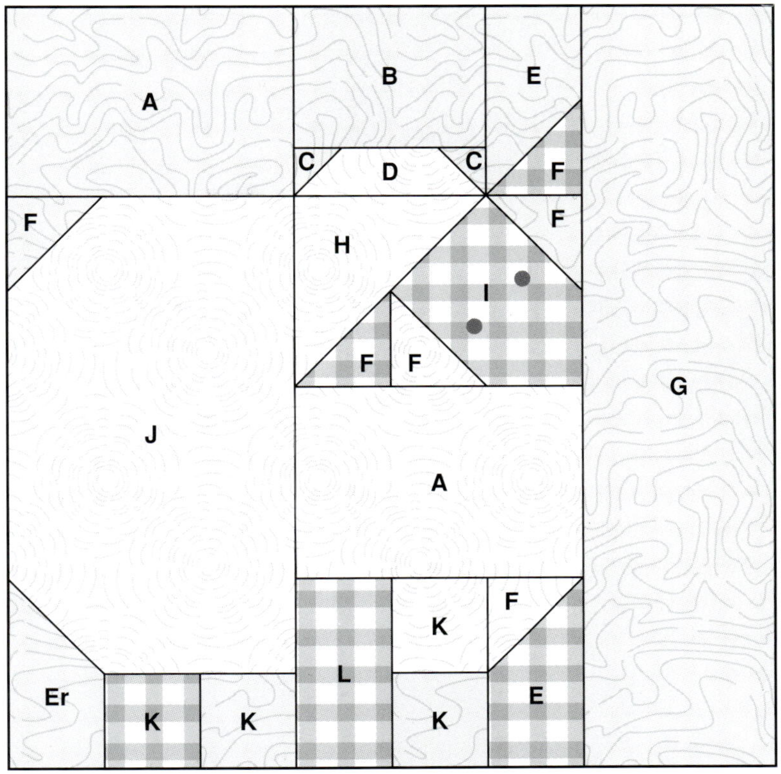

Zebra

F30 JEB-Einheit nähen und K anfügen. EECBLEBB-Reihe nähen und auf die untere setzen. DGEH-Einheit nähen und an das untere Segment anfügen. CIC-, ErD- und AB-Einheiten nähen und als linkes oberes Segment zusammensetzen. BB-Einheiten (4mal) nähen. BFB-Einheit nähen, 1 BB an C setzen und oben an BFB fügen. Das Ganze rechts an das obere Segment setzen. BGB-Einheit nähen. 3 BB-Einheiten nähen, H ansetzen, mit der BGB-Einheit verbinden und an das vorige Segment ansetzen. Oberen und unteren Abschnitt zum fertigen Block verbinden. Knopf oder Perle als Auge verwenden.

Schaf

F31 KK-Einheit nähen und J ansetzen. F an J nähen. Er-Teil mit einer Y-Naht an die JK-Kante einsetzen (Tips zum Nähen von Y-Nähten finden Sie auf Seite 309). A an JF nähen, um die linke Blockseite zu vervollständigen. FE- und KK-Einheiten nähen, zusammensetzen, L anfügen und an A nähen. FFIF-Einheit nähen, H anfügen und an das A-Teil oben setzen. CDC-Einheit nähen und B anfügen. EF-Einheit nähen und an die BC-Kante setzen. Dann die gesamte Einheit an die vorige anfügen. Beide Teile des Blocks zusammensetzen und mit 1 G an der rechten Seite vervollständigen. Perlen als Augen aufnähen.

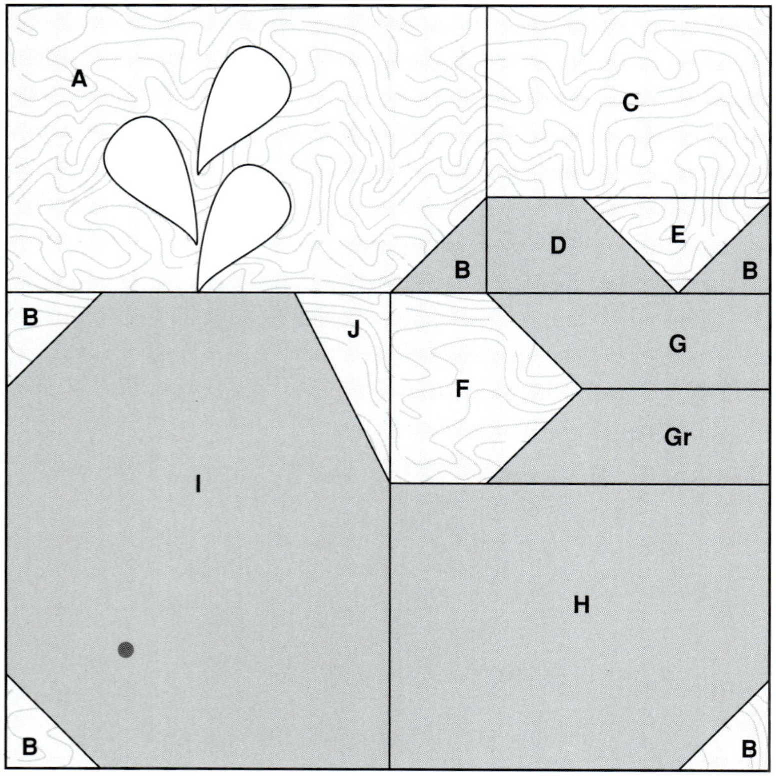

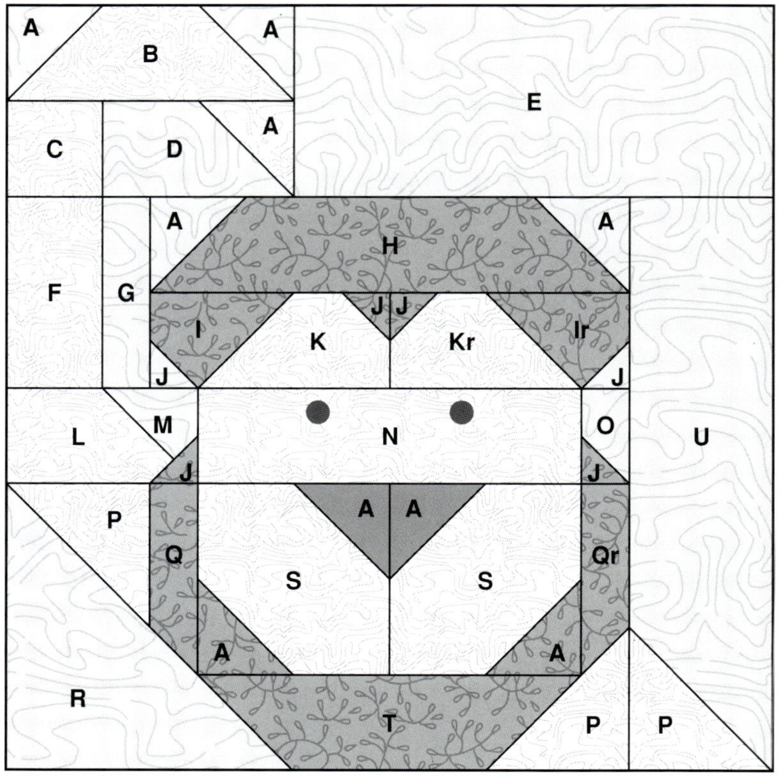

Wal

F32 DEB-Einheit nähen und C ansetzen. AB-Einheit nähen und an die CD-Kante anfügen. F-Teil mit einer Y-Naht in G und Gr einsetzen (Tips zum Nähen von Y-Nähten finden Sie auf Seite 309). HB-Einheit nähen und an das FGGr-Teil anfügen. BBIJ-Einheit nähen und an die FH-Kante setzen. Das Ganze mit dem oberen Segment verbinden. Die Wasserfontäne applizieren und eine Perle oder einen Knopf als Auge aufnähen.

Affe

F33 ABA- und CDA-Einheit nähen, zusammensetzen und E anfügen. AHA-Einheit nähen, JIKJ und JKrIrJ nähen und an AHA anfügen. G und F an die AIJ-Kante nähen. LM-Einheit nähen und J anfügen. OJ-Einheit nähen und mit LMJ und N zusammensetzen. Dieses Segment an das obere nähen. ASA-Einheiten nähen (2mal), zusammenfügen und das T unten ansetzen. Q und Qr an die Seiten von ASA nähen, P und Q anfügen und danach R. P an die TQr-Kante setzen und das Segment an das vorige nähen. PU-Einheit nähen und seitlich anfügen. Zuletzt oberes und unteres Segment zum Block verbinden. Perlen oder Knöpfe als Augen aufsetzen.

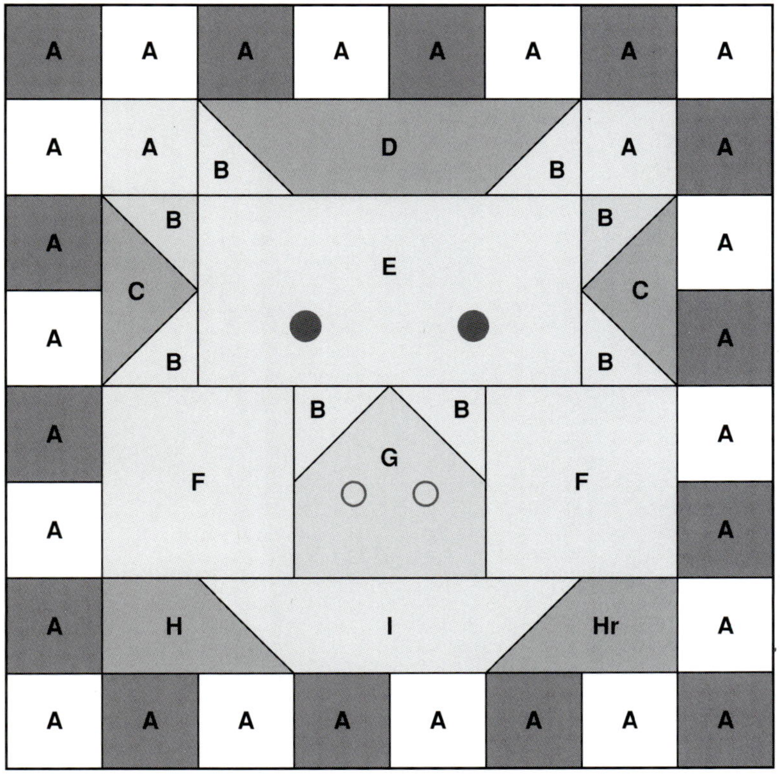

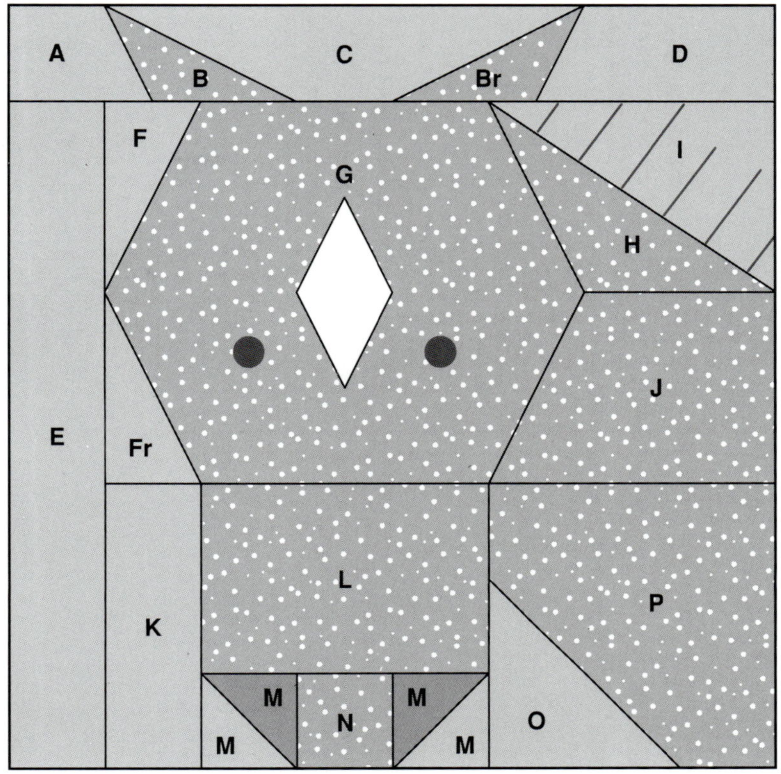

Schwein

F34 BDB-Einheit nähen und 1 A an jedes Ende setzen. BCB-Einheiten nähen (2mal) und an beide Seiten von E setzen. BGB-Einheit nähen und an jede Seite 1 F anfügen. HIHr-Einheit nähen. Die 4 entstandenen Reihen untereinandersetzen. Den schwarzweißen Schweinestall nähen: 6 A-Teile (2mal) und 8 A-Teile (2mal) aneinandernähen. Die Einheiten mit 6 A-Teilen rechts und links des Mittelquadrats ansetzen, die Einheiten mit 8 A-Teilen oben und unten. Rüssel und Augen arbeiten Sie mit Knöpfen, Perlen oder Stickerei.

Pferd

F35 HI-Einheit nähen und an G setzen. Das J-Teil mit einer Y-Naht an HI und G einsetzen (Tips zum Nähen von Y-Nähten finden Sie auf Seite 309). F und Fr an G nähen. MM-Einheiten nähen (2mal) und mit N verbinden. An L anfügen. OP-Einheit nähen und an LMN rechts anfügen, Teil K an die linke Seite. Dieses Segment mit dem ersten verbinden. E ganz links anfügen. ABCBrD-Einheit nähen und an den Block oben ansetzen. Mähne mit geraden Stichen sticken. Blesse auf die Stirn applizieren. Augen sticken oder Knöpfe aufnähen.

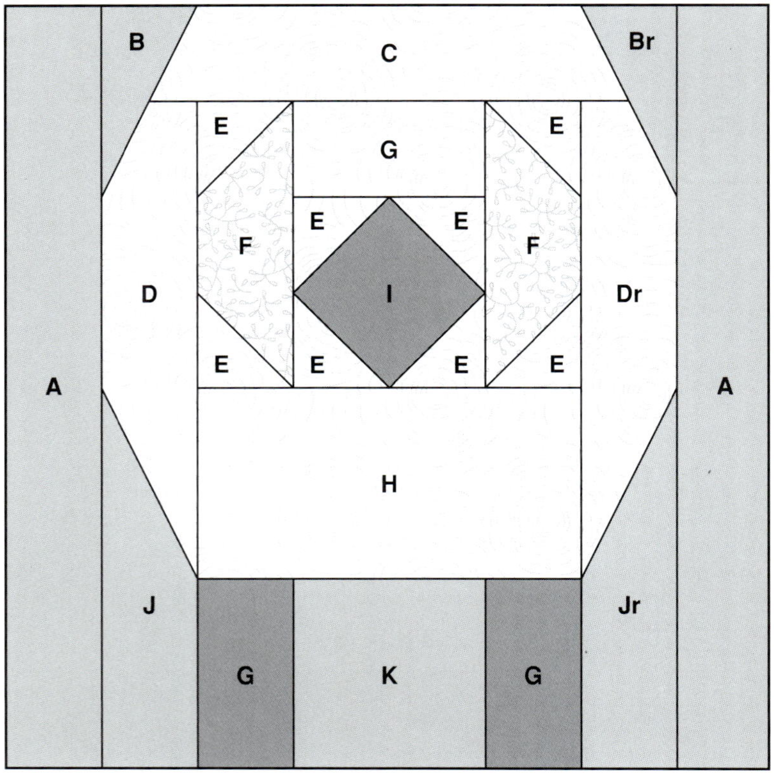

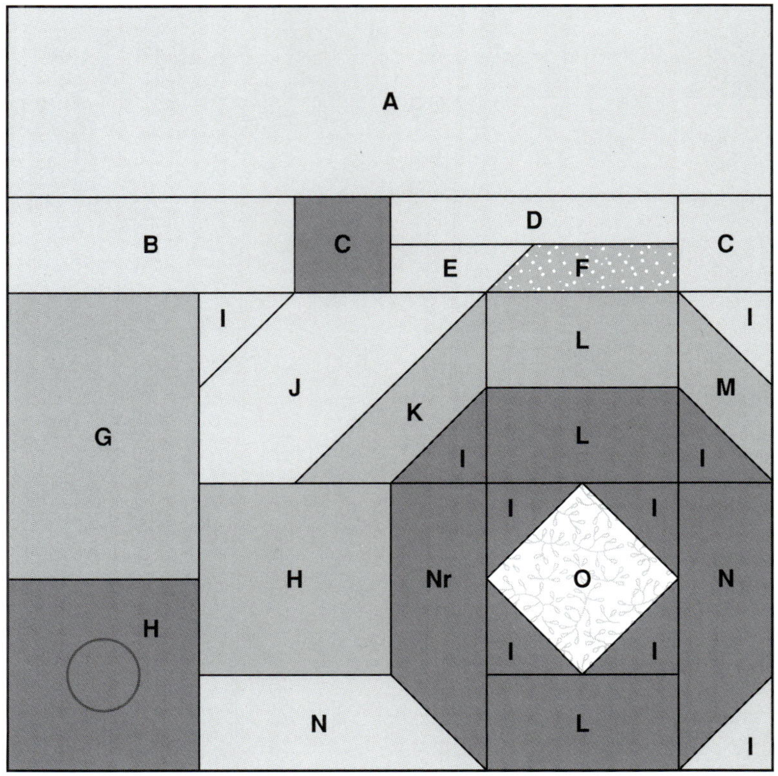

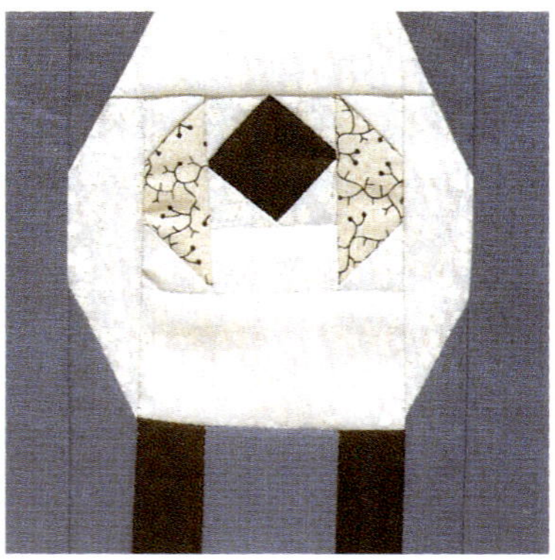

Schaf

F36 Beginnen Sie im Zentrum. 4 E-Teile an alle Seiten von I nähen und G anfügen. EFE-Einheiten nähen (2mal), an die Seiten von IEG setzen und H unten anfügen. GKG-Einheit nähen und unten an das erste Segment anfügen. DJ- und DrJr-Einheiten nähen und an die Seite des Mittelteils setzen. C oben anfügen und B und Br an die Ecken nähen. Mit je 1 A-Streifen an den Seiten ist der Block komplett.

Traktor

F37 4 I-Teile an alle Seiten von O nähen. 2 L-Teile oben und eins unten anfügen. IMI- und NI-Einheiten nähen, zusammensetzen und an das erste Segment rechts anfügen. IJKI Einheit nähen. N und Nr mit einer Y-Naht an H nähen, mit der IJKI-Einheit verbinden und links an das erste Segment anfügen, ebenso GH-Einheit nähen und anfügen. E und F verbinden, D anfügen; rechts und links 1 C ansetzen und ganz links 1 B. Diese Einheit an das Hauptteil oben annähen. Mit 1 A-Teil, ganz oben angefügt, ist der Block fertig. Knopf auf das Vorderrad setzen und die Lenkradstange sticken.

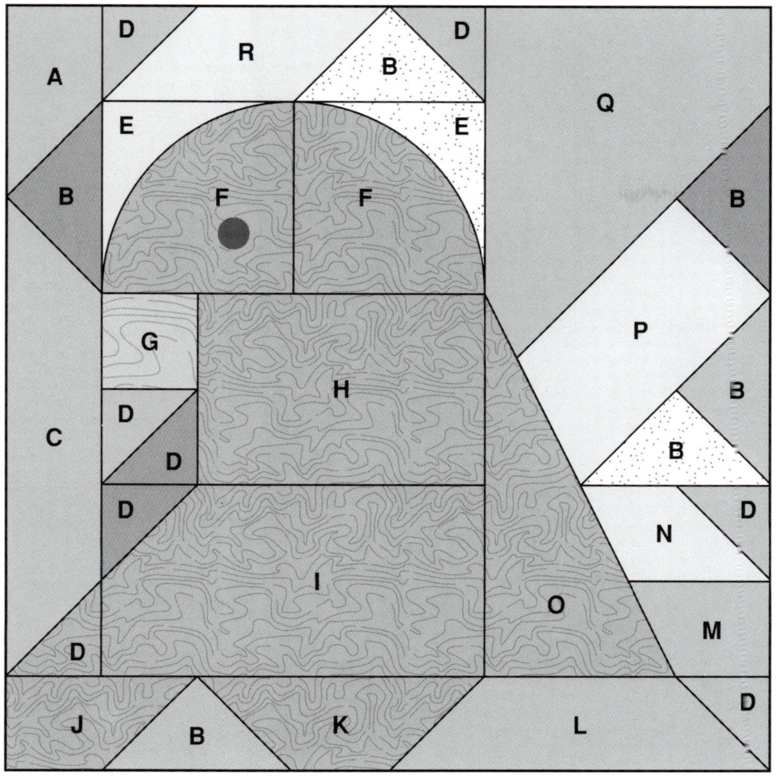

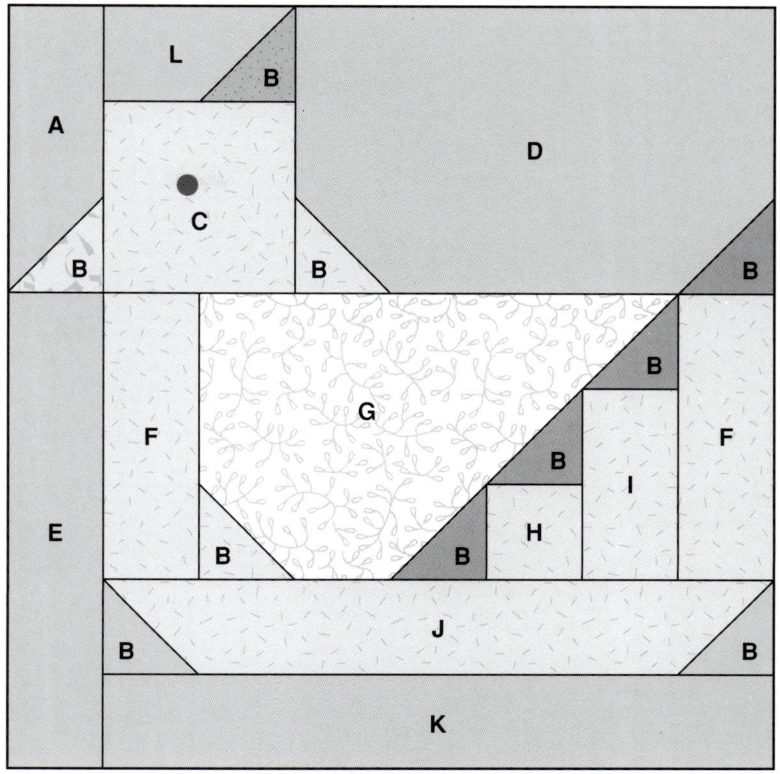

Hahn

F38 PB-, BB- und ND-Einheiten nähen und zusammensetzen. Q und M anfügen, gefolgt von O. DRBD-Einheit nähen. EF-Einheit nähen (2mal, Anleitung für Kurvennähte siehe Seite 309), zusammensetzen und an DRBD anfügen. DD-Einheit nähen, G anfügen, dann H, und an das obere Segment nähen. D an I nähen und ebenfalls an das obere Segment nähen. Beide Segmente aneinanderfügen. ABCD-Einheit nähen und links an das Ganze anfügen. JBKLD-Einheit nähen und unten ansetzen. Knopf oder Perle als Auge benutzen.

Henne

F39 LB-Einheit nähen und an C setzen. BDB-Einheit nähen und mit der LBC-Einheit verbinden. BH- und BI-Einheit nähen und zusammen mit B und F an G setzen. B an G nähen und F anfügen. BJB-Einheit nähen und K anfügen. Die beiden Segmente zusammensetzen. ABE-Einheit nähen und an die linke Seite des Blocks anfügen. Perle oder Knopfauge annähen.

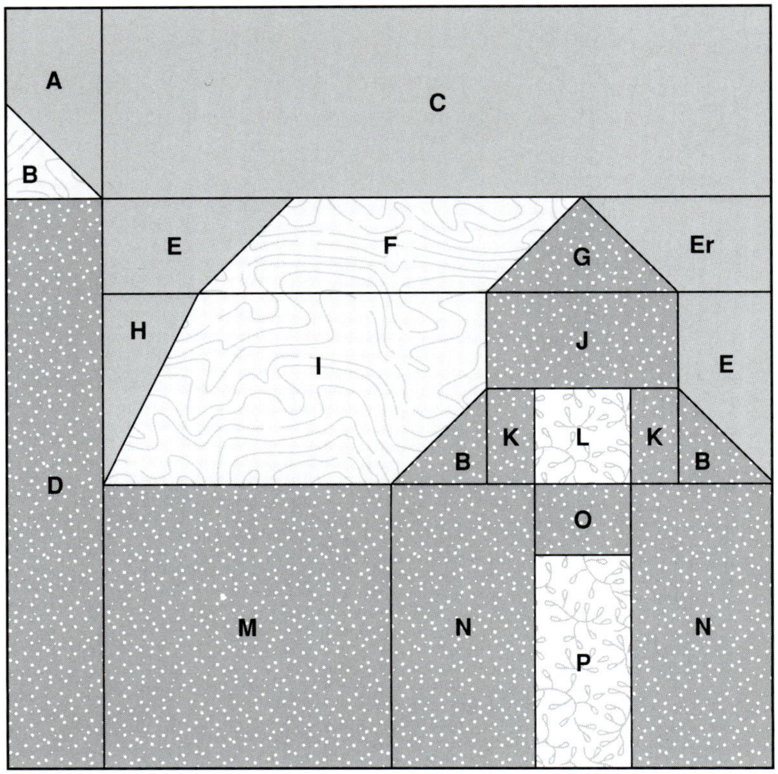

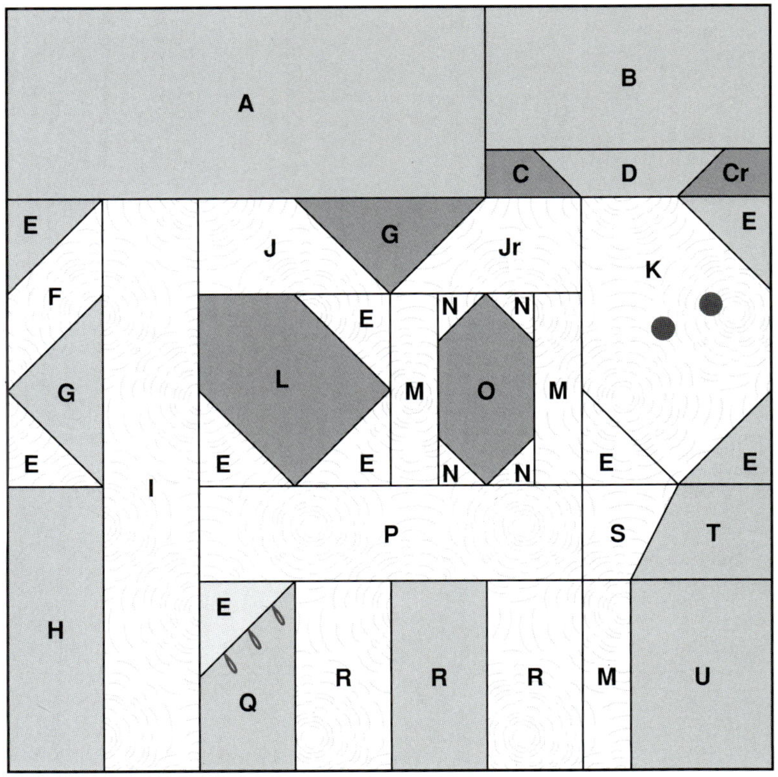

Stall

F40 O und P zusammensetzen, N rechts annähen, N und M links. KLK-Einheit nähen und J anfügen. EB- und HIB-Einheiten nähen, an JKL setzen und an das untere Teil anfügen. EFGEr-Einheit nähen und an das untere Segment setzen, C oben annähen. ABD-Einheit nähen und an die linke Blockseite setzen.

Kuh

F41 EQ-Einheit nähen und mit R, R, R, M und U die untere Reihe bilden. ST-Einheit nähen, P anfügen und an die untere Reihe setzen. LEEE-Einheit und NNNNO-Einheit nähen und mit 2 M-Teilen verbinden. JGJr-Einheit nähen und an die LEMNO-Einheit setzen. KEEE-Einheit nähen und an die rechte Seite des vorigen Segments anfügen. Das Ganze an das untere Teil setzen. EFGEH-Einheit nähen, I anfügen und an die linke Seite setzen. CDCr-Einheit nähen und B, dann A anfügen. Das Ganze an den unteren Bereich nähen. Das Euter mit einzelnen Margeritenstichen gestalten und 2 Perlen als Augen aufsetzen.

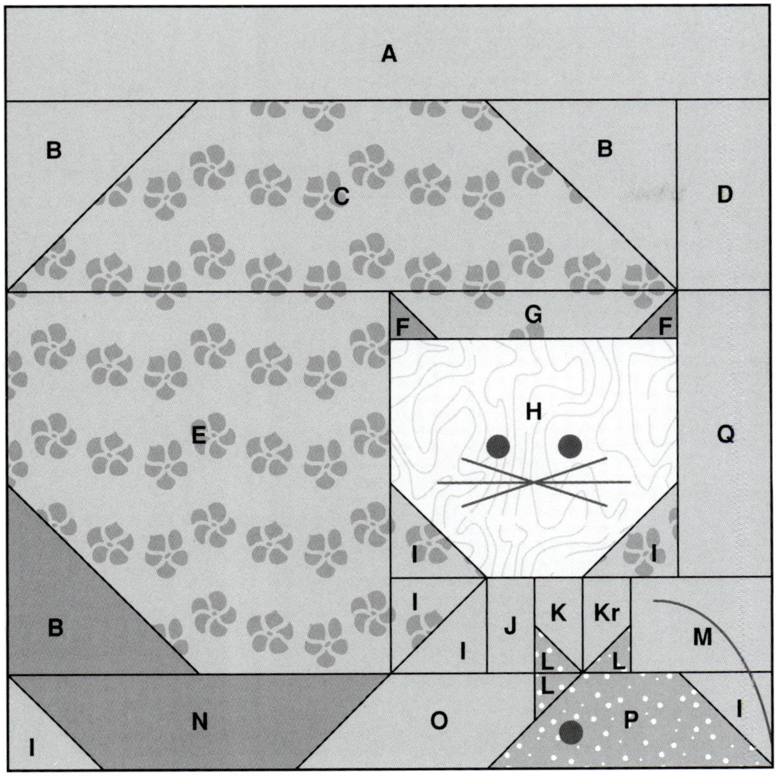

Katze und Maus

F42 INOL- und PI-Einheit nähen und zusammenfügen. II, J, KL, KrL und M-Einheiten nähen und zusammenfügen; dann Q ansetzen. Dieses Teil mit dem IJKLM-Segment verbinden. B an E nähen und an den vorigen Abschnitt setzen. Das Ganze mit der unteren Reihe verbinden. BCBD-Einheit nähen, an das untere Segment anfügen und 1 A als oberen Abschluß ansetzen. Mäuseschwanz und Katzenschnurrhaare mit Stielstich arbeiten, Knötchenstich oder kleine Perlen als Augen.

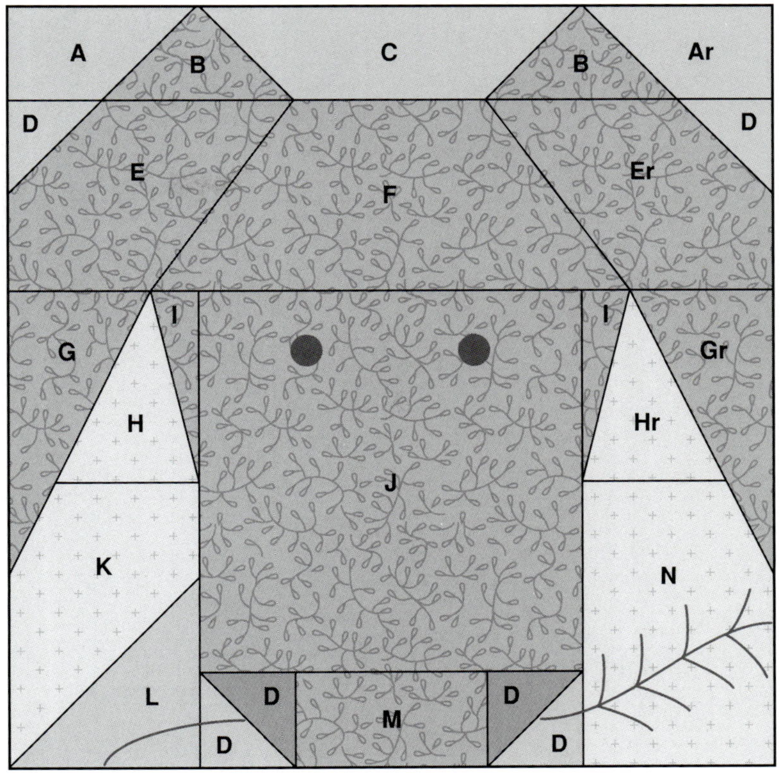

Esel

F43 DD-Einheiten nähen (2mal) und mit M zusammensetzen; J anfügen. HrN-Einheit nähen, Gr anfügen und an die rechte Seite des Mittelteils nähen. IHKL-Einheit nähen, G anfügen und an die linke Seite ansetzen. DEFErD-Einheiten nähen und mit dem ersten Abschnitt verbinden. ABCBAr-Einheit nähen und an das bisherige Teil oben anfügen. Das Heu mit Stielstichen sticken und Knöpfe oder Perlen als Augen aufsetzen.

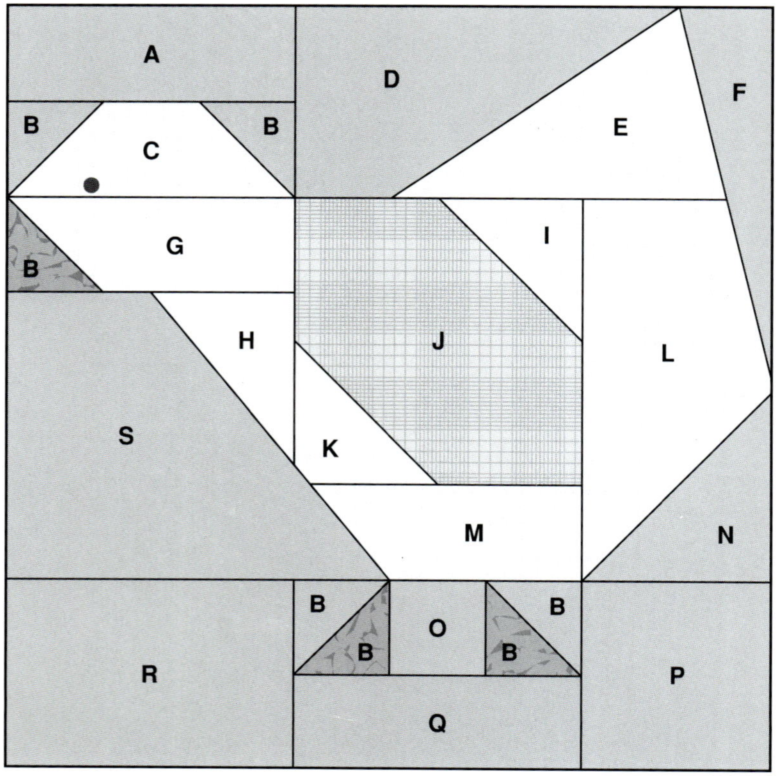

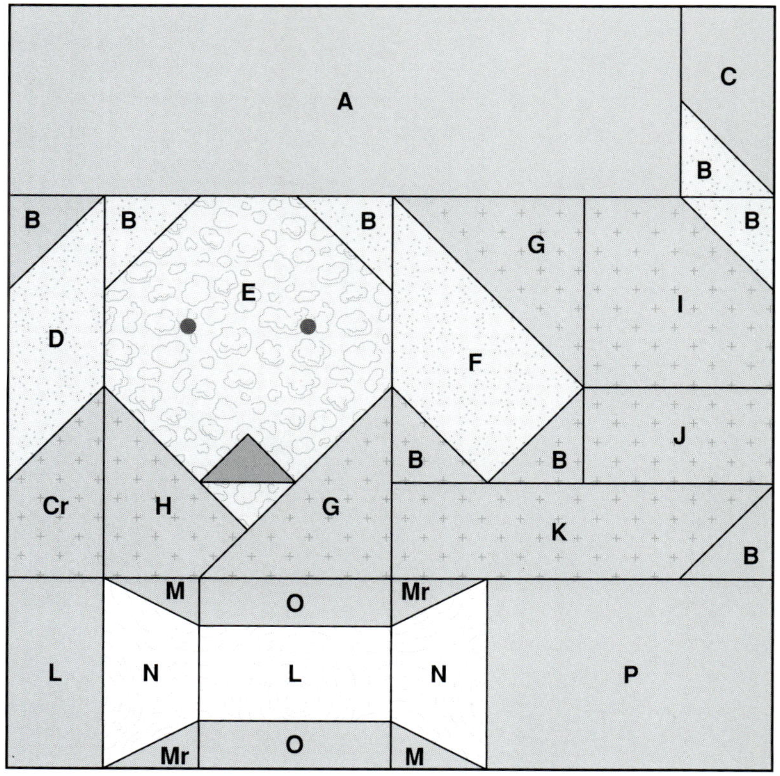

Ente

F44 BCB- und BG-Einheiten nähen, zusammensetzen und 1 A oben sowie das H unten anfügen. IJK-Einheit nähen, M anfügen. LN-Einheit nähen und an IJKM setzen. ED-Einheit nähen und an das vorige Segment ansetzen, dann F anfügen und mit dem ersten Teil verbinden. Teil S mit einer Y-Naht einsetzen (Tips zum Nähen von Y-Nähten finden Sie auf Seite 309). BB-Einheiten nähen (2mal), mit O zusammenfügen und Q ansetzen. R links und P rechts von BOQ annähen und an das Hauptteil setzen. Knötchenstich oder Perle als Auge aufnähen.

Hund und Knochen

F45 MNMr-Einheiten (2mal) und OLO-Einheit nähen, aneinandersetzen und L links, P rechts davon anfügen. GFBB-Einheit nähen. B und I zusammensetzen, J anfügen und dieses Segment an GFBB nähen. Dann KB-Einheit nähen und unten anfügen. HEBB-Einheit nähen und G anfügen. Dies an die linke Seite des vorigen Abschnitts nähen. BDCr-Einheit nähen, an den vorigen Abschnitt anfügen und das Ganze mit dem unteren Segment verbinden. CB-Einheit nähen und an A setzen. Diese Reihe oben an den Block nähen. Schnauze applizieren und Perlen als Augen befestigen.

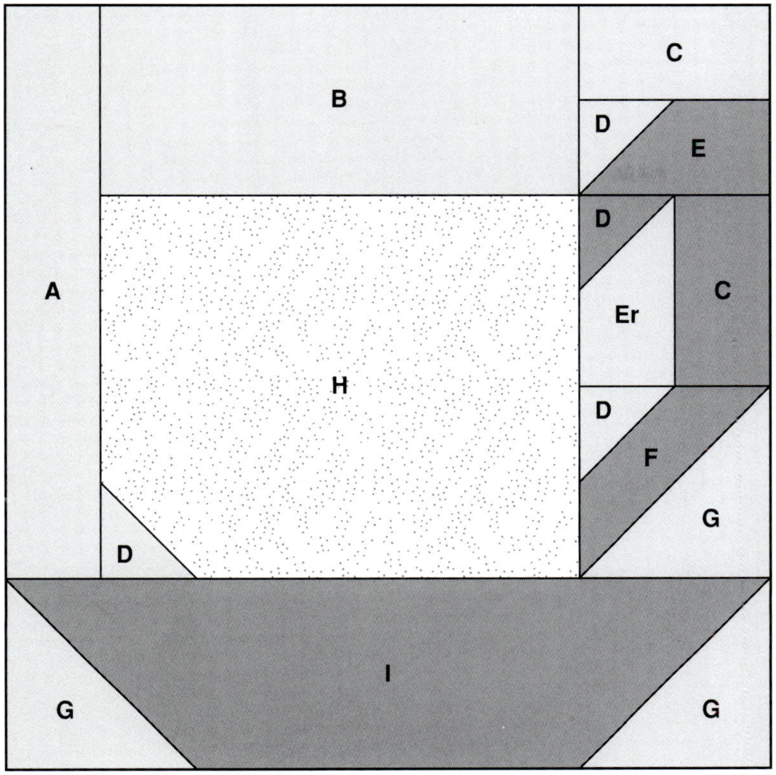

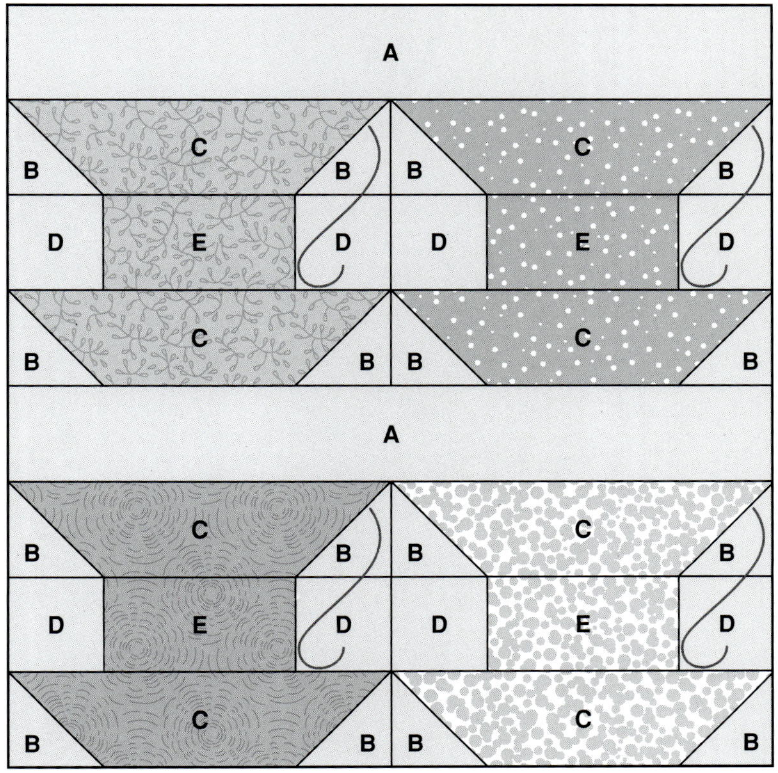

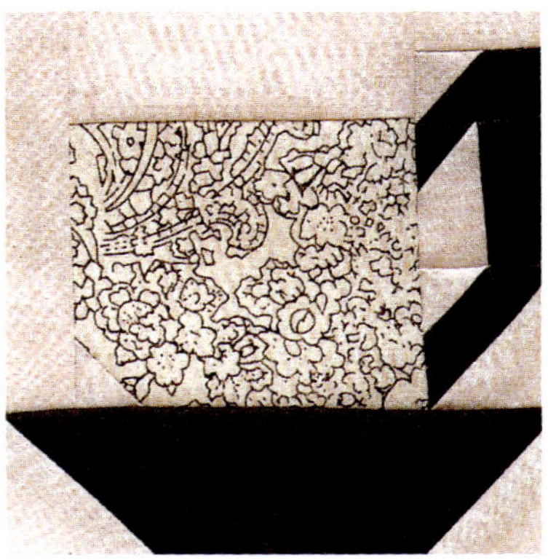

G1 DE-Einheit nähen, C anfügen und an B setzen. DErC-und DFG-Einheiten nähen, zusammensetzen und H anfügen. D an H nähen und das Ganze an das obere Segment anfügen, danach Teil A an die linke Seite. GIG-Einheit nähen und unten an den Block anfügen.

Teetasse

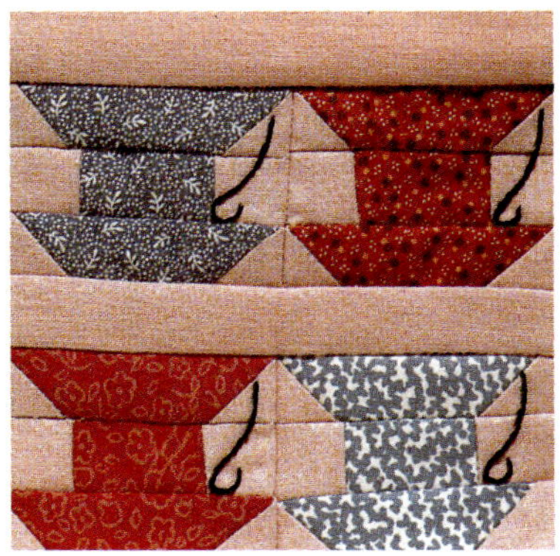

G2 BCB-Einheiten (8mal) und DED-Einheiten (4mal) nähen. BCB, DED und BCB zu Teetassen zusammensetzen (4mal). 2 der Teetassen nebeneinandernähen (2mal) und beide Reihen mit 1 A-Teil zusammenfügen. 1 weiteres A, oben angenäht, vervollständigt den Block. Die Tassenhenkel mit Stielstich sticken.

Service für vier

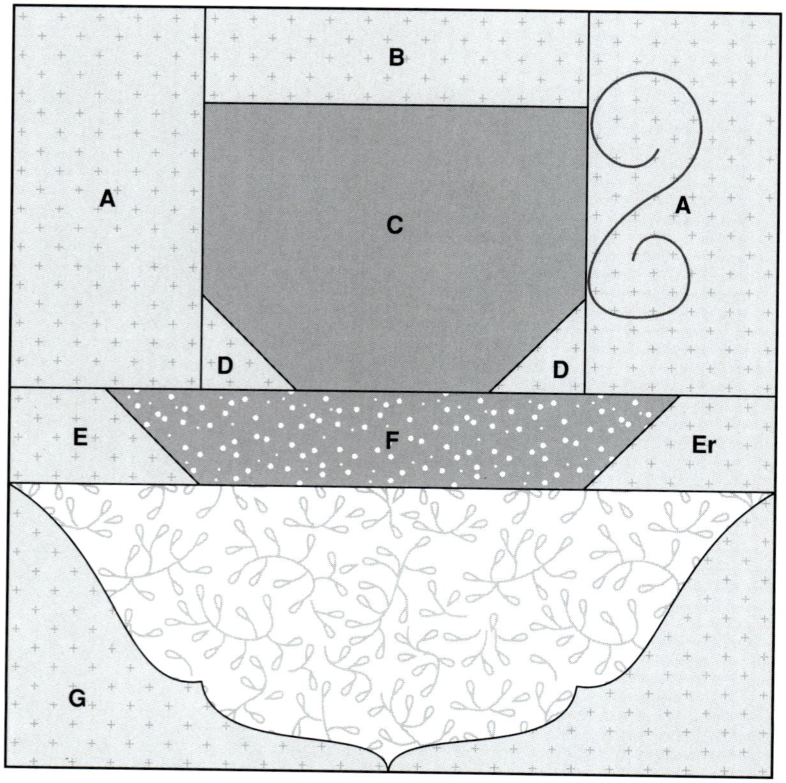

Großmutters Sammeltasse

G3 DCD-Einheit nähen, B oben anfügen und die A-Teile an den Seiten. EFEr-Einheit nähen und an das obere Segment ansetzen. Applizieren Sie die Serviette auf G und nähen Sie dieses anschließend an den oberen Teil. Henkel mit Stielstich sticken.

Teekanne

G4 4 in (10 cm) großes Quadrat aus Hintergrundstoff schneiden (plus Nahtzugabe). Applizieren Sie darauf die Teekanne (lesen Sie auf Seite 308 über das Applizieren).

Moderne Teekanne

G5 4 in (10 cm) großes Quadrat aus Hintergrundstoff schneiden (plus Nahtzugabe). Applizieren Sie darauf die Teekanne.

Chinesische Teekanne

G6 4 in (10 cm) großes Quadrat aus Hintergrundstoff schneiden (plus Nahtzugabe). Applizieren Sie darauf die Teekanne.

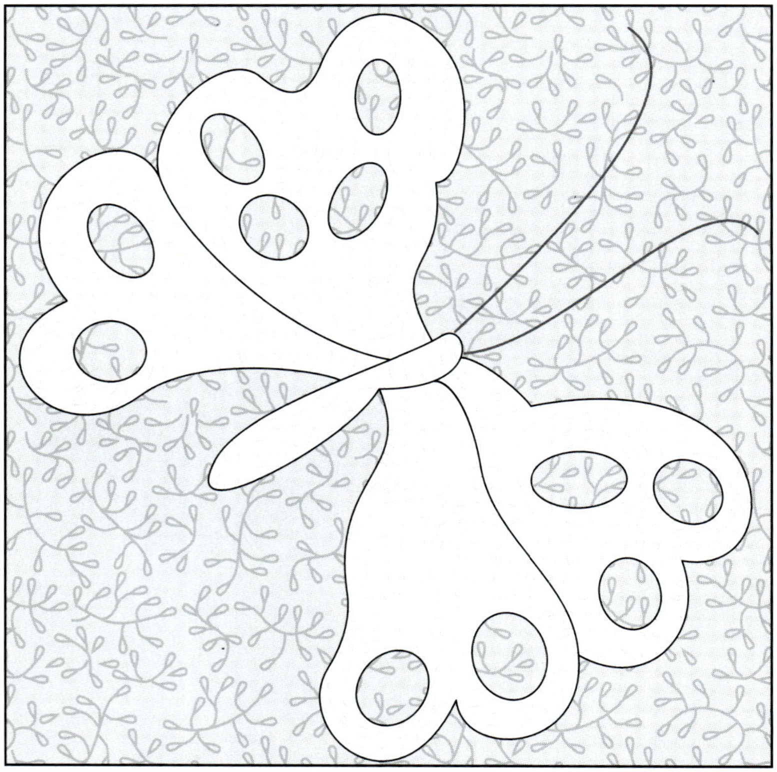

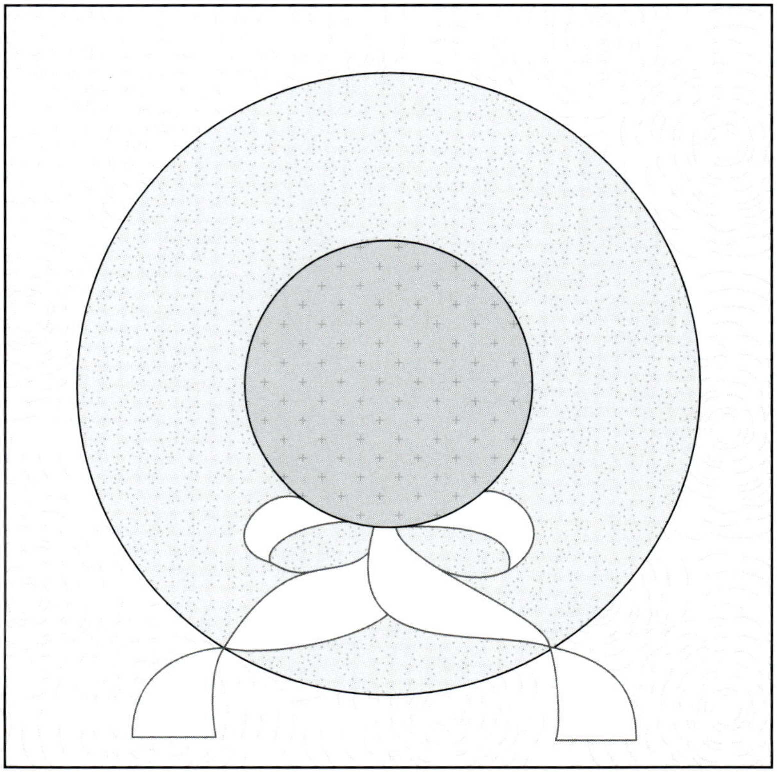

Spitzen-Schmetterling

G7 4 in (10 cm) großes Quadrat aus Hintergrundstoff schneiden (plus Nahtzugabe). Der Schmetterling ist appliziert und bestickt. Arbeiten Sie die Fühler mit Stielstich (lesen Sie auf Seite 308 über das Applizieren).

Sommerhut

G8 4 in (10 cm) großes Quadrat aus Hintergrundstoff schneiden (plus Nahtzugabe). Den sommerlichen Strohhut applizieren und ein Band als Schleife aufnähen.

G9 Der Hintergrund-Block ist zusammengesetzt (B-Teile an alle 4 Ecken von A), das Profil ist appliziert. Alle Details sind gestickt. Wir haben das Collier mit einem hübschen Knopf dekoriert.

Kamee

G10 4 in (10 cm) großes Quadrat aus Hintergrundstoff schneiden (plus Nahtzugabe). Den Handschuh auf den Hintergrundstoff applizieren und die Details sticken.

Handschuh

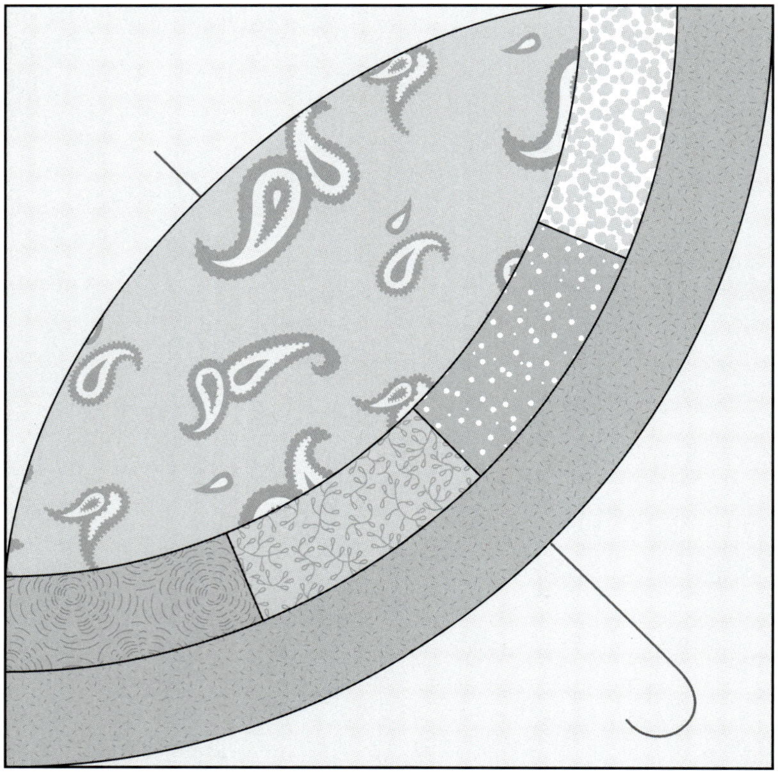

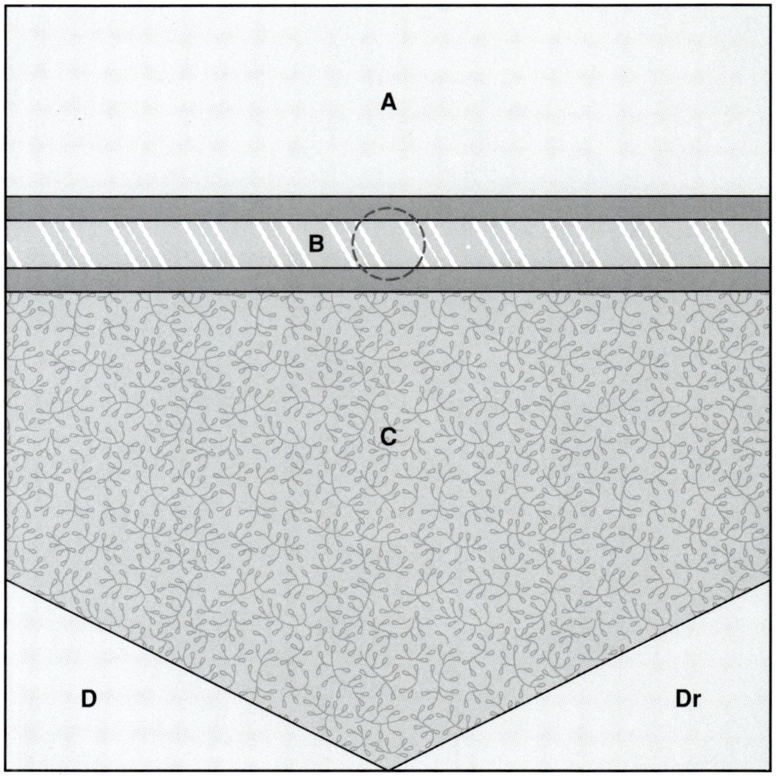

Schirm

G11 4 in (10 cm) großes Quadrat aus Hintergrundstoff schneiden (plus Nahtzugabe). Den Schirm auf den Hintergrund applizieren und die Details sticken.

Blusentasche

G12 DCDr-Abschnitt nähen und B anfügen. Das Taschentuch auf A applizieren und beide Segmente zusammensetzen. Ein aufgenähter Knopf macht das Motiv zusätzlich interessant.

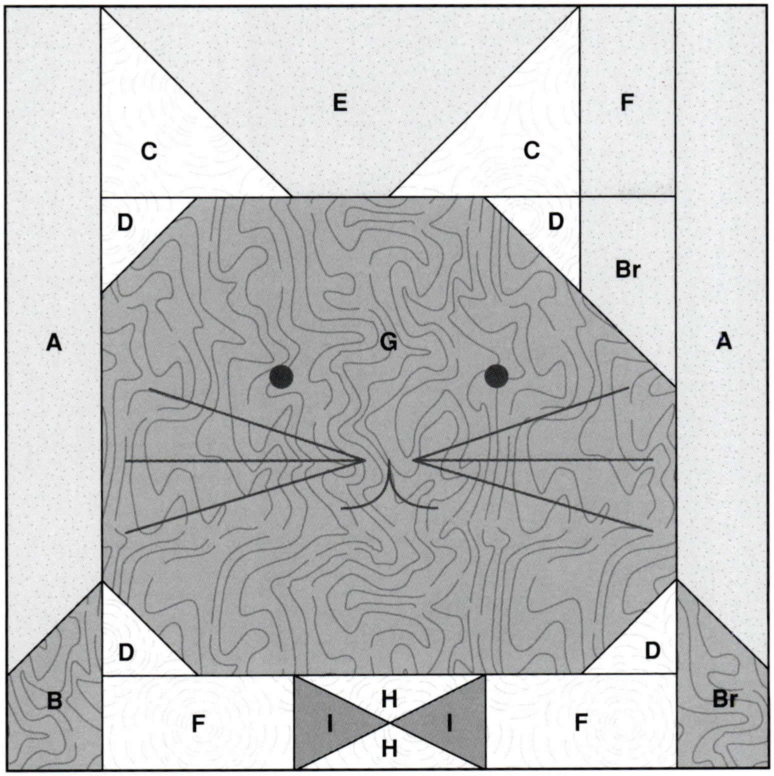

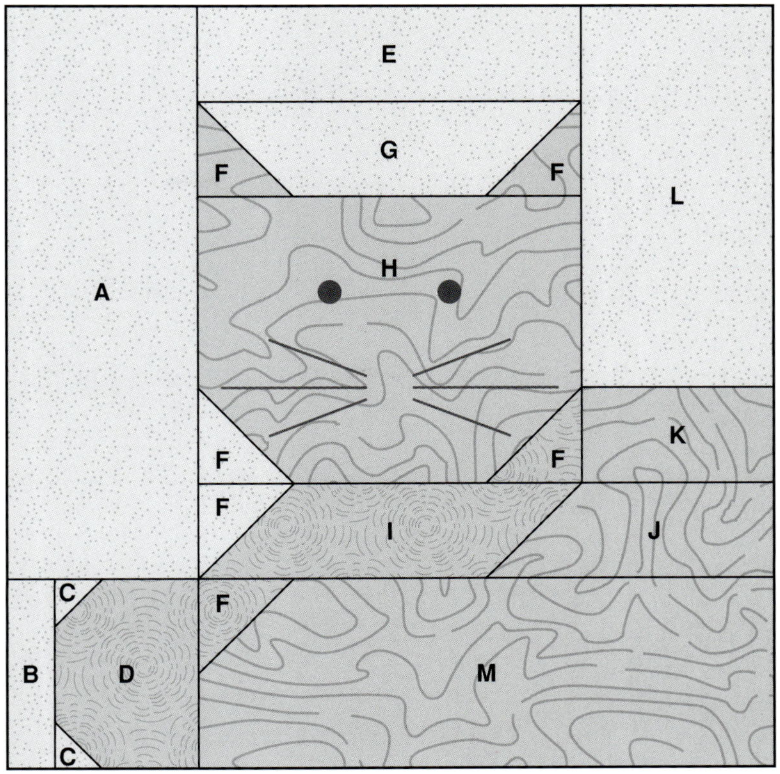

Kater „Flash“

G13 CEC-Einheit nähen und F rechts anfügen. DBr Einheit nähen und an G ansetzen, ebenso 3 weitere D. An das obere Segment anfügen. HI-Einheiten nähen (2mal) zusammensetzen und an jedes Ende 1 F nähen. Diese Reihe an das obere Segment anfügen. AB- und ABr-Einheiten nähen und an die Seiten des Mittelteils setzen. Schnauze und Schnurrhaare sticken und Perlen als Augen aufsetzen.

Katze „Sally“

G14 FGF-Einheit nähen und E oben ansetzen. 2 F-Teile an H nähen und an das obere Segment anfügen. LK-Einheit nähen und rechts an den ersten Abschnitt setzen. FIJ- und FM-Einheiten nähen, untereinandersetzen und an das erste Segment nähen. CDC-Einheit nähen, B links anfügen und A oben. Das Ganze an die linke Seite des Blocks nähen. Schnurrhaare sticken, Knötchenstich oder Perlen als Augen verwenden.

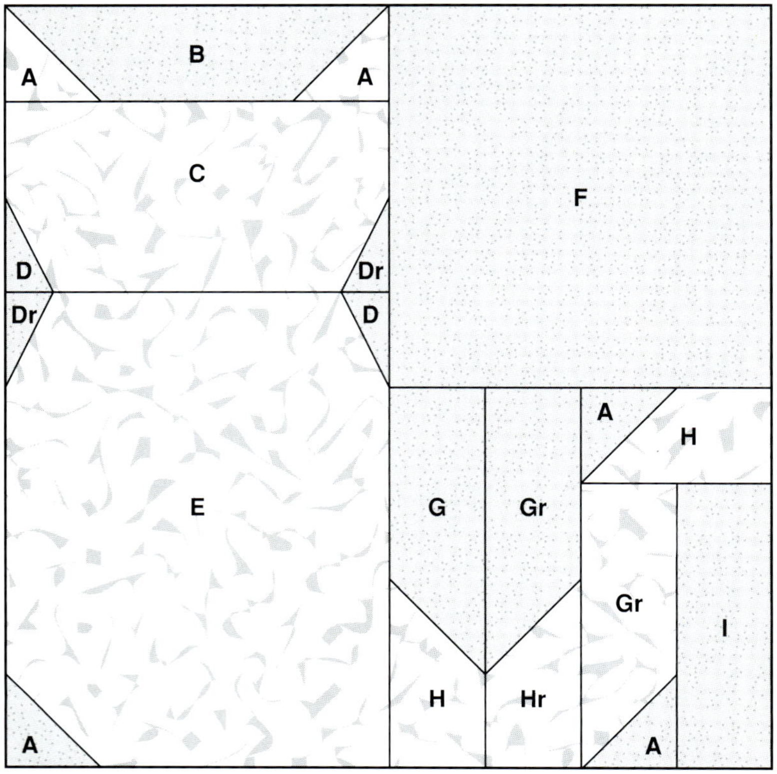

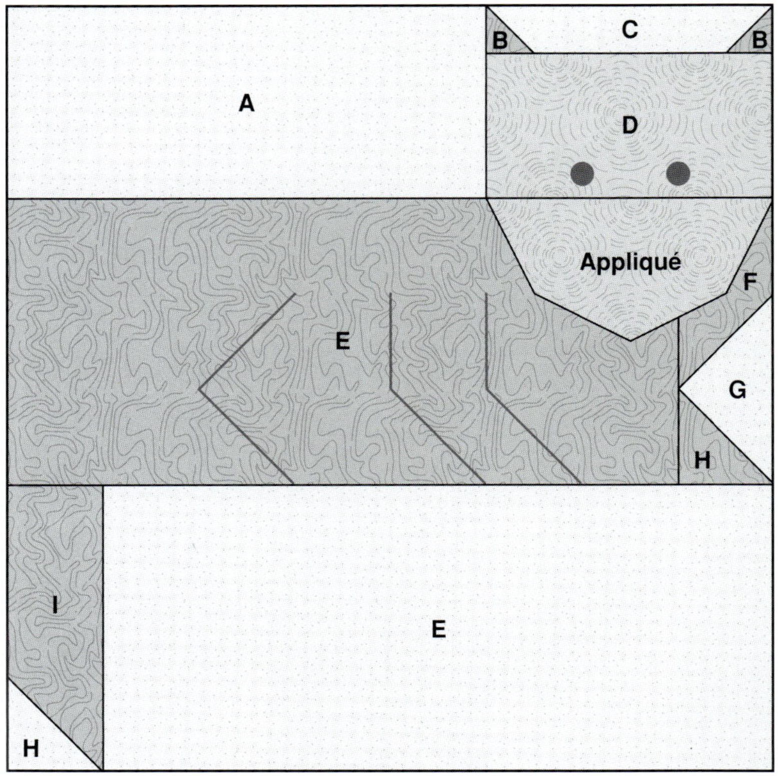

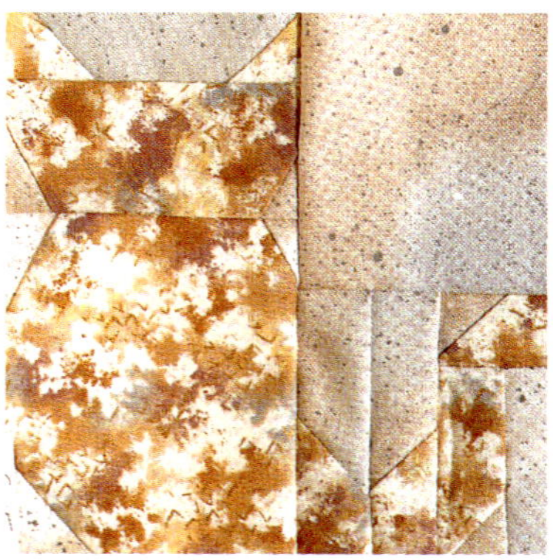

Kater „Killer“

G15 ABA-, DCDr- und DrEDA-Einheiten nähen und als linke Seite des Blocks untereinandersetzen. GrA-Einheit nähen und I anfügen. AH-Einheit nähen und an GrAI setzen. GH-Einheit und GrHr-Einheit nähen, zusammensetzen und an die AHGrAI-Einheit nähen. F oben anfügen. Rechte und linke Seite des Blocks zusammensetzen.

Kater „Sam“

G16 BCB-Einheit nähen, D anfügen, gefolgt von A. FHG-Einheit nähen und E anfügen. Die untere Hälfte des Katzenkopfes applizieren (lesen Sie auf Seite 308 über das Applizieren). Beide Segmente zusammensetzen. HI-Einheit nähen, E anfügen und an das obere Teil ansetzen. Die Linien entlang der Beine mit Stielstich betonen. Die Augen sind Knötchenstiche oder Perlen.

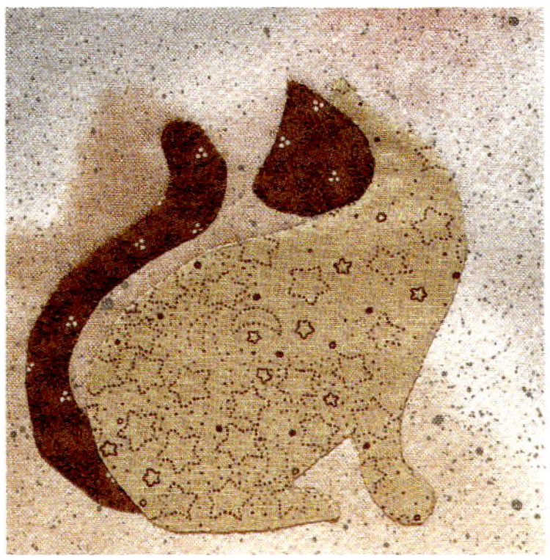

Kater „Marvin“

G17 4 in (10 cm) großes Quadrat aus Hintergrundstoff schneiden (plus Nahtzugabe). Katze applizieren (lesen Sie auf Seite 308 über das Applizieren).

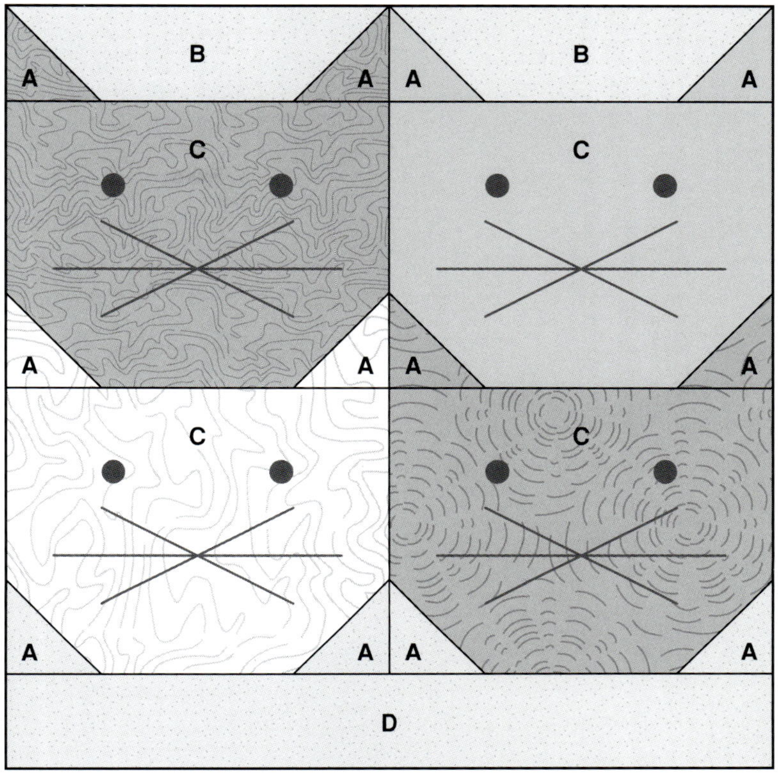

Vier Katzen

G18 ABA-Einheiten (2mal) und ACA-Einheiten nähen (4mal). Die Einheiten zu Reihen zusammensetzen, dann die Reihen untereinanderfügen und Teil D unten anbringen. Schnurrhaare sticken und Knötchenstich oder Perlen als Augen verwenden.

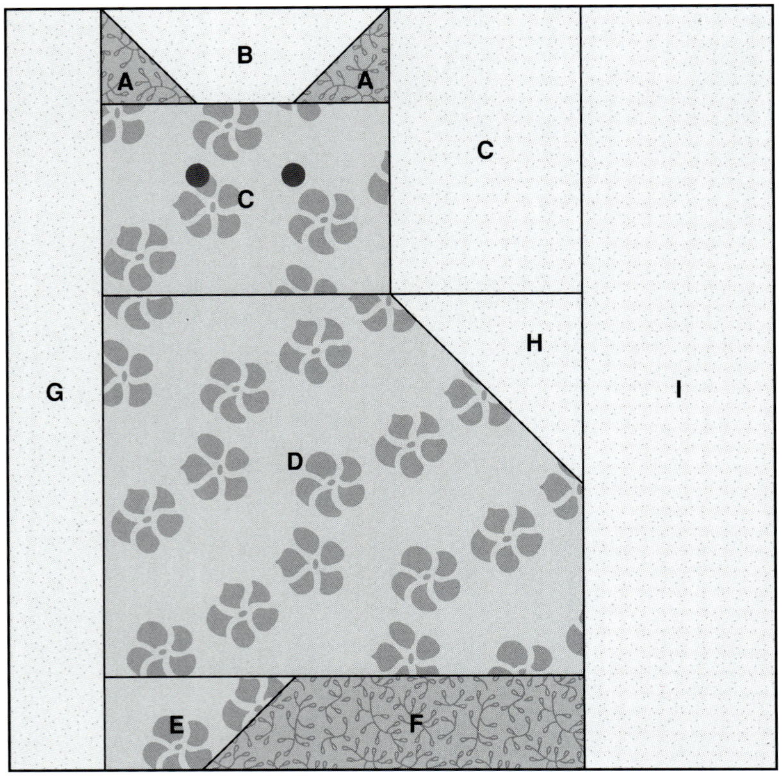

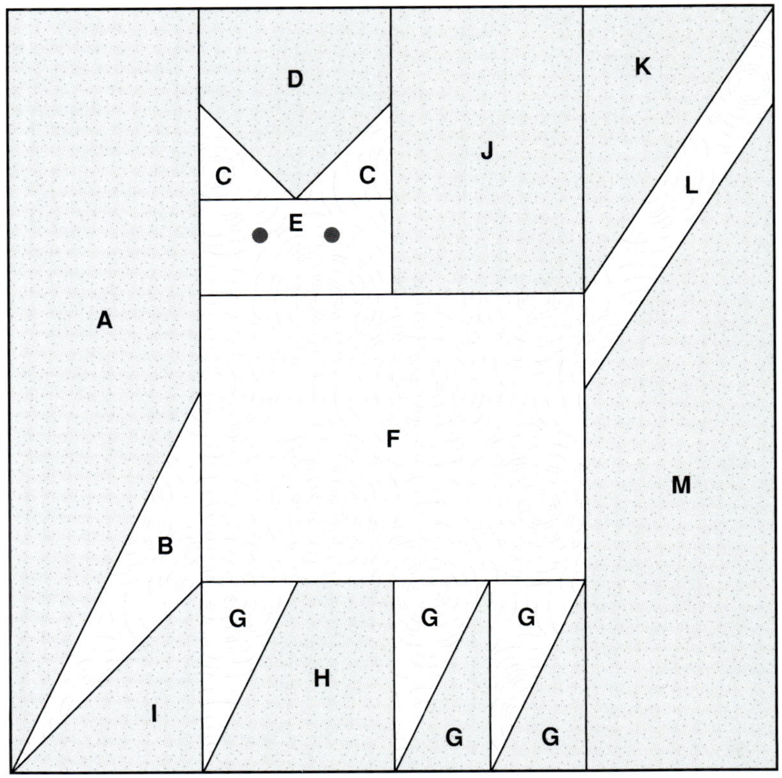

G19 ABA-Einheit nähen, C unten anfügen und 1 weiteres C rechts. DH-Einheit nähen und an das obere Segment anfügen. EF-Einheit nähen und unten anfügen. G und I an beide Seiten nähen, und die Katze ist fertig. Kleine Knöpfe, Perlen oder Knötchenstich werden zur Gestaltung der Augen benutzt.

Katze „Agatha“

G20 CDC-Einheit nähen, E anfügen, dann J. Darunter F nähen. GH-Einheit und GG-Einheiten nähen (2mal), diese Einheiten in Reihe nebeneinandersetzen und an das obere Segment anfügen. KLM-Einheit nähen und rechts ansetzen; ABI-Einheit nähen und links ansetzen. Die Augen sind aus Knötchenstich oder Perlen.

Katze „Samantha“

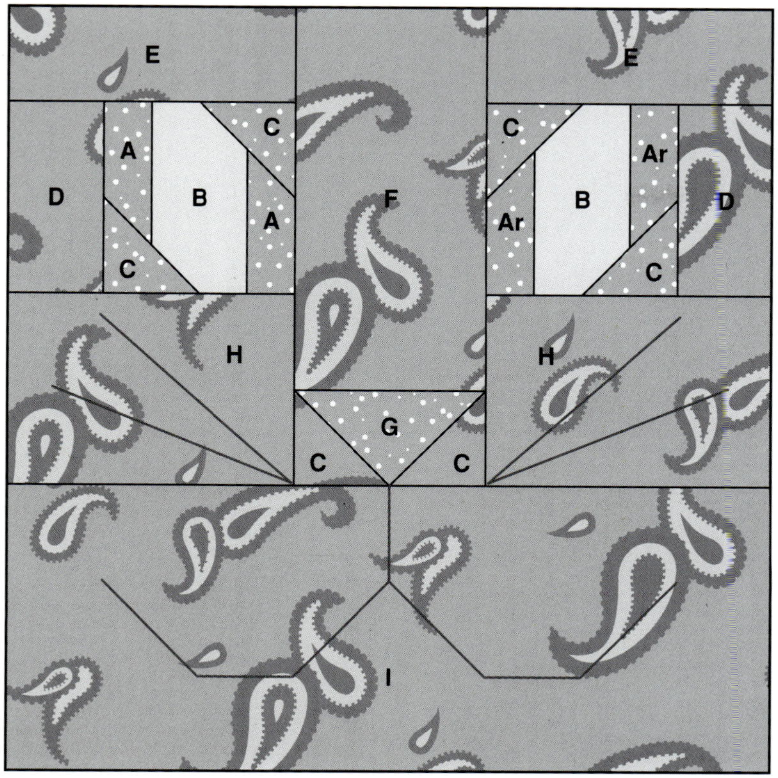

Katze „Bastet“

G21 ABA-Einheit und ArBrAr-Einheit nähen, jeweils 2 C anfügen und jeweils ein D. H-Teile unten und E-Teile oben an die ABCD-Einheiten annähen (je 2mal). CGC-Einheiten nähen und F anfügen. Die 3 oberen Segmente verbinden. I unten anfügen. Schnauze und Schnurrhaare sticken.

Kater „Louie“

G22 4 in (10 cm) großes Quadrat aus Hintergrundstoff schneiden (plus Nahtzugabe). Die Katze auf den Block applizieren (lesen Sie auf Seite 308 über das Applizieren).

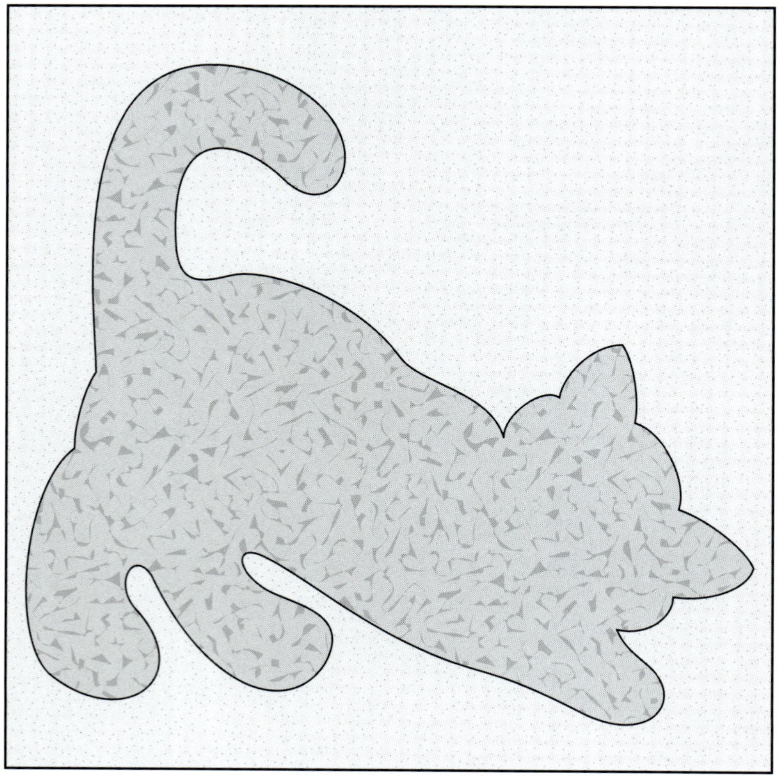

Kater „Socks“

G23 4 in (10 cm) großes Quadrat aus Hintergrundstoff schneiden (plus Nahtzugabe). Die Katze auf den Block applizieren.

Katze „Molly“

G24 4 in (10 cm) großes Quadrat aus Hintergrundstoff schneiden (plus Nahtzugabe) und die Katze auf den Block applizieren. Das Gesicht mit geraden Stichen und Stielstich besticken und die Augen mit Knötchenstich gestalten oder Perlen aufnähen.

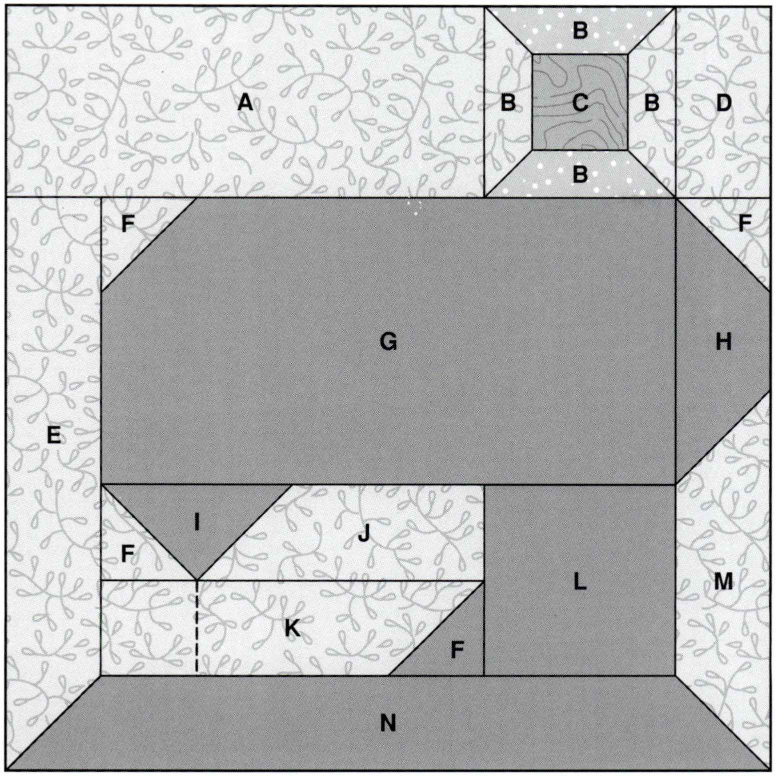

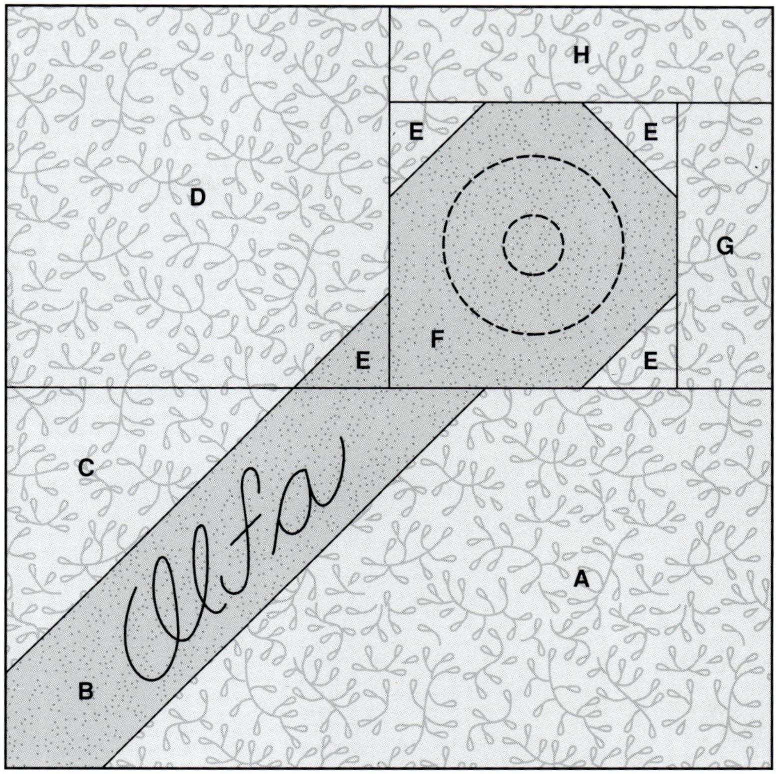

Nähmaschine

G25 B-Teile an 2 gegenüberliegende Seiten von C nähen, dann 2 B an die restlichen Seiten. Die B-Nähte diagonal schließen (Tips zum Nähen von Y-Nähten finden Sie auf Seite 309). A an die linke Seite von BC setzen, D an die rechte. FIJ- und KF-Einheiten nähen, zusammensetzen und L anfügen. F an G nähen und an die FIJKFL-Einheit setzen. FHM nähen und rechts an diese Einheit anfügen, E an die gegenüberliegende Seite. N unten mit 2 Y-Nähten einsetzen. Oberes und unteres Segment zum fertigen Block verbinden. Nähnadel sticken.

Rollschneider

G26 EEEF-Einheit nähen, dann G ansetzen, gefolgt von H. E an D nähen und an die erste Einheit anfügen. A an B an C nähen und mit dem oberen Teil verbinden. Den Firmennamen „Olfa" auf den Griff sticken. Ein rundes Stoffteil auf F applizieren und darauf einen durchsichtigen Knopf nähen.

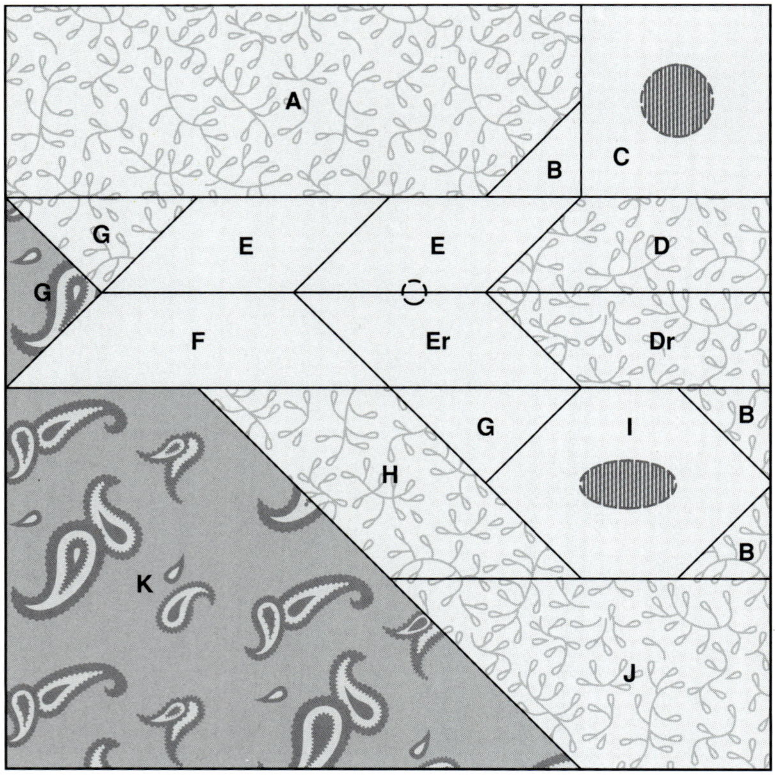

Schere

G27 B an A nähen und C anfügen, als obere Reihe. EED- und FErDr-Einheiten nähen und zusammensetzen. GG-Einheit nähen und an die EF-Kante setzen. Das Ganze an die obere Reihe nähen. GIBB-Einheit nähen, H anfügen, gefolgt von J. An K ansetzen und an das obere Segment anfügen. Die Grifflöcher mit Satinstich arbeiten und an die Stelle der Schraube einen kleinen Knopf aufnähen.

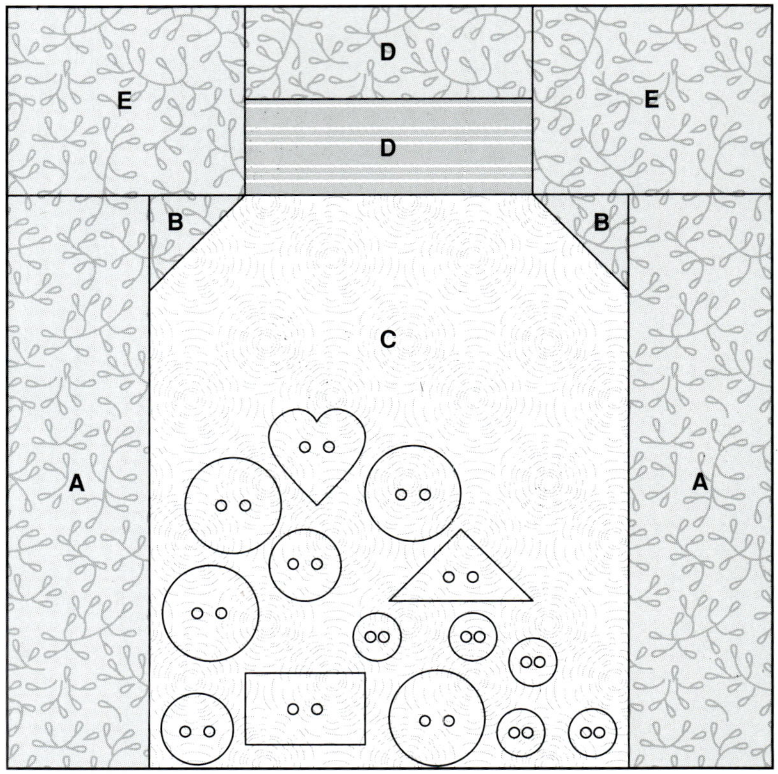

Knopfglas

G28 DD-Einheit nähen (entweder einen gestreiften Stoff verwenden oder später Linien auf den Deckel sticken). An beide Seiten von DD je 1 E ansetzen. B-Teile an C nähen und an beide Seiten 1 A anfügen. Beide Abschnitte zusammensetzen und auf C Knöpfe aufnähen.

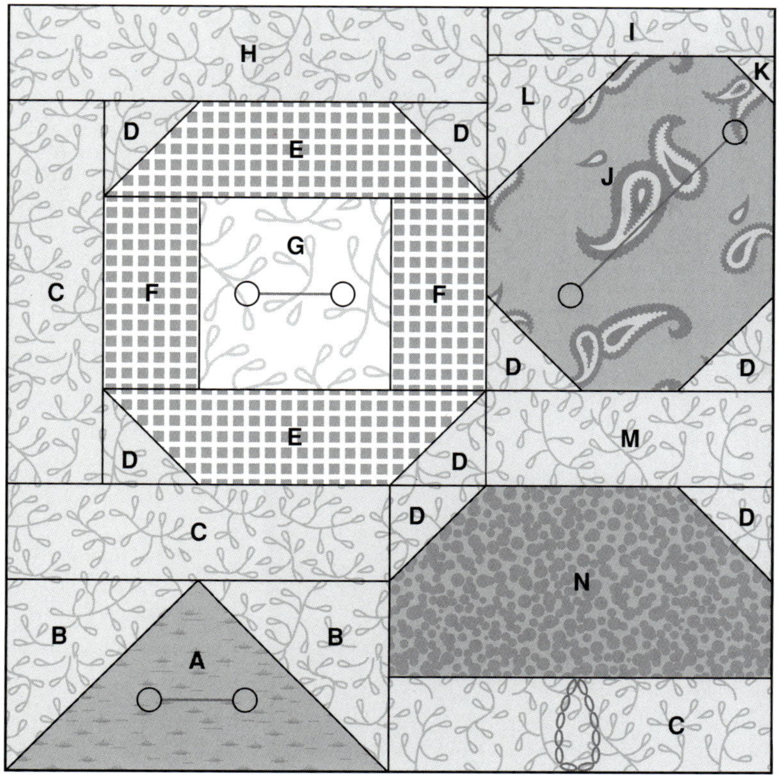

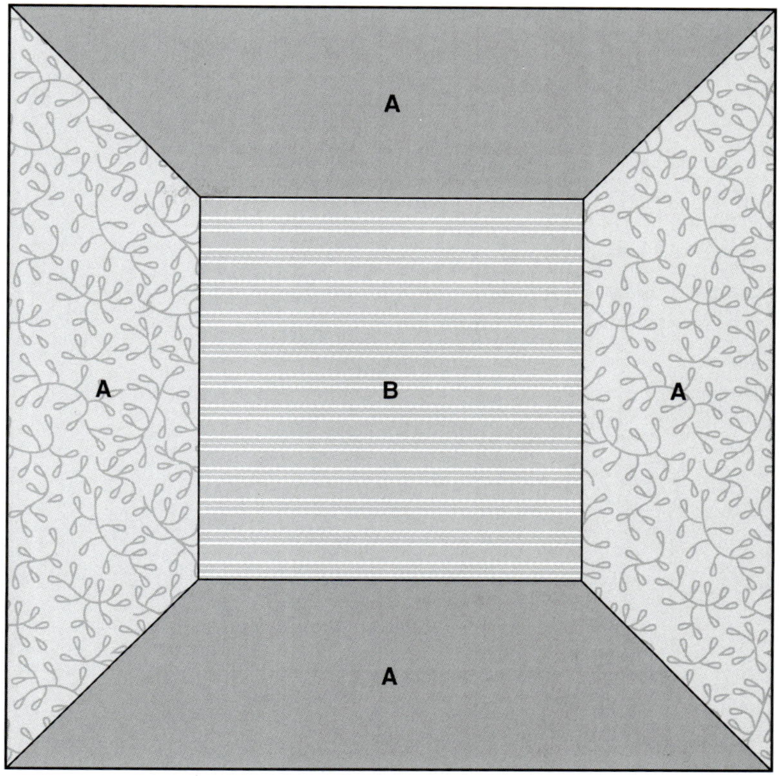

Knöpfe

G29 FGF-Einheit nähen. DED-Einheit nähen (2mal) und oben und unten an FGF anfügen. Dann C annähen, gefolgt von H. Die JKLDD-Einheit nähen, das I oben und das M unten ansetzen. Mit dem ersten Segment zum oberen Blockteil verbinden. ABA-Einheit nähen und oben C anfügen. DND-Einheit nähen, unten 1 C anfügen und an die ABBC-Einheit annähen. Beide Einheiten zusammensetzen und an den oberen Teil anfügen. Mit Stickerei und kleinen Knöpfen ausschmücken.

Spule

G30 A an 2 gegenüberliegende Seiten von B nähen, dann an die beiden restlichen Seiten. Die AA-Nähte diagonal schließen (Tips zum Nähen von Y-Nähten finden Sie auf Seite 309). Wenn Sie einen feinen Streifenstoff als B verwenden, so haben Sie gleich den Faden aufgewickelt. Schmücken Sie die Fadenspule mit einem Knopf und einer echten Nadel oder sticken Sie eine Nadel darauf.

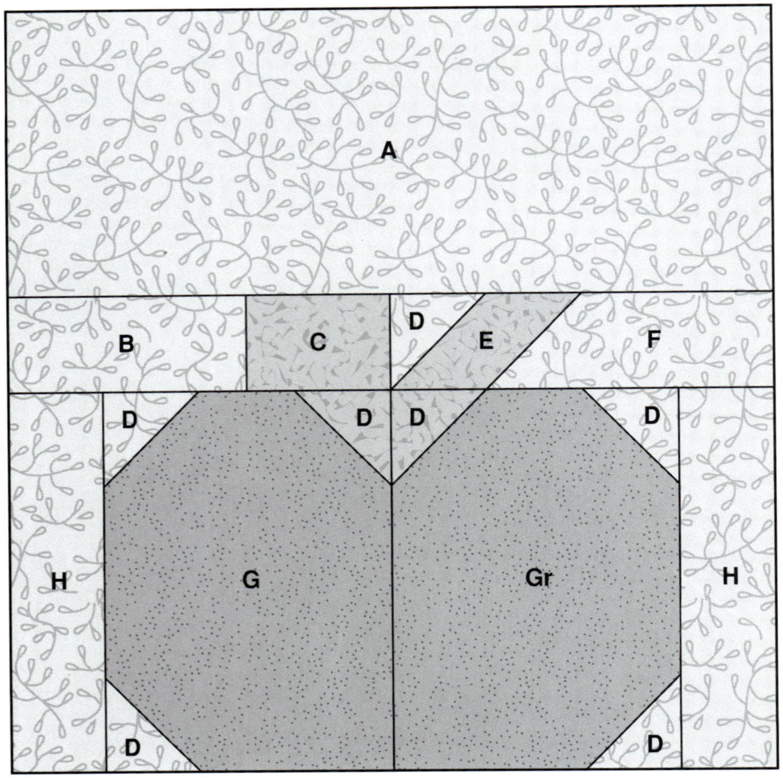

Nadelkissen

G31 DDDG- und DDDGr-Einheiten nähen und jeweils 1 H außen anfügen. BC-Einheit nähen und oben an die DDDGH-Einheit setzen. DEF-Einheit nähen und oben an die DDDGrH-Einheit setzen. Beide Segmente zusammenfügen und mit Teil A den Block beenden. Mit Stecknadeln und Nähnadeln besticken.

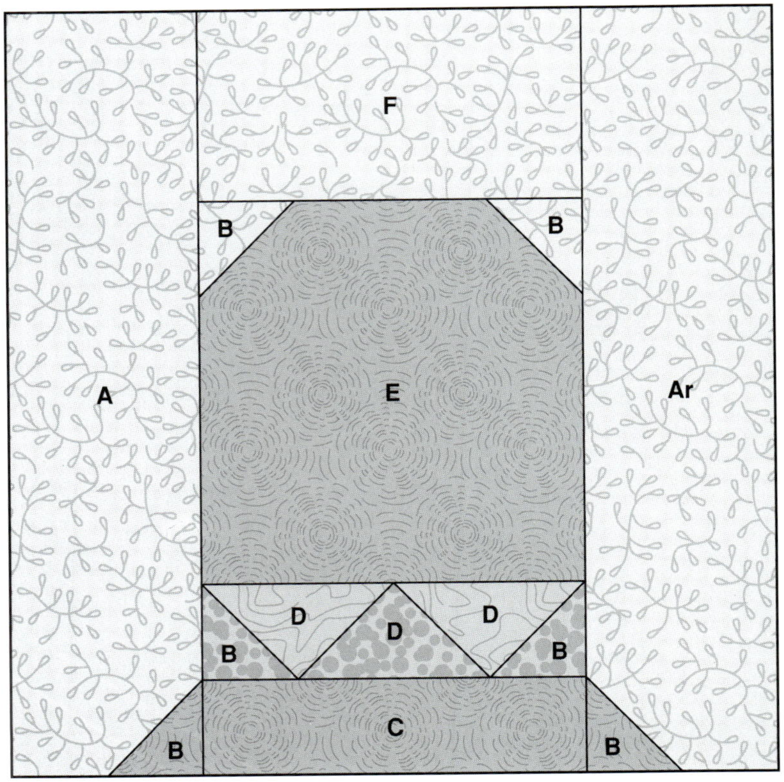

Fingerhut

G32 BBE-Einheit und BDDDB-Einheit nähen, zusammensetzen und das C unten sowie das F anfügen. AB- und ArB-Einheiten nähen und rechts und links an das Mittelteil setzen.

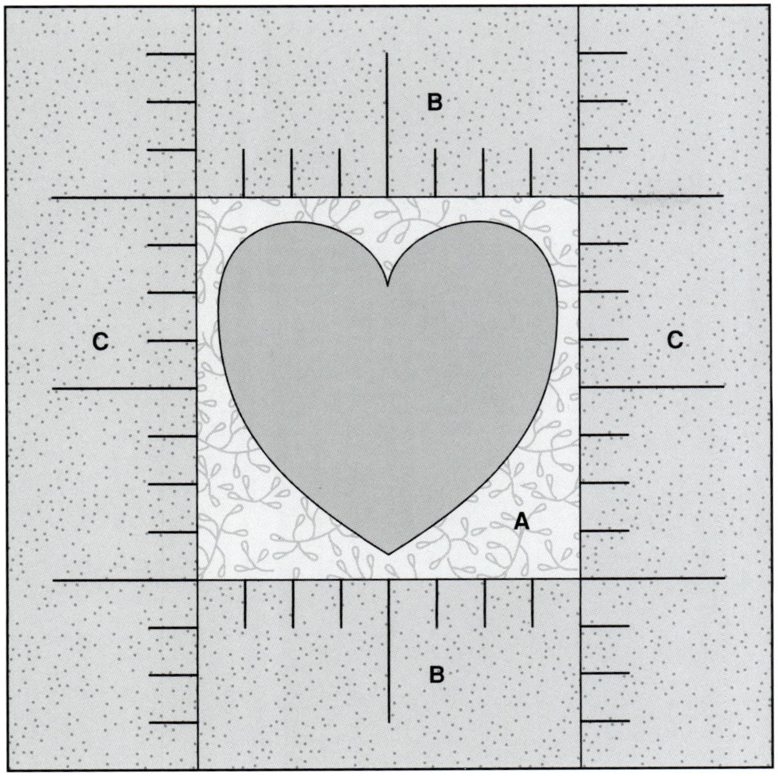

Lineal

G33 B-Teile an 2 gegenüberliegende Seiten von A setzen, dann die C-Teile an die beiden restlichen Seiten. Applizieren Sie das Herz auf A. Sticken Sie die Inch-Einteilung mit schwarzem Garn auf die B- und C-Teile.

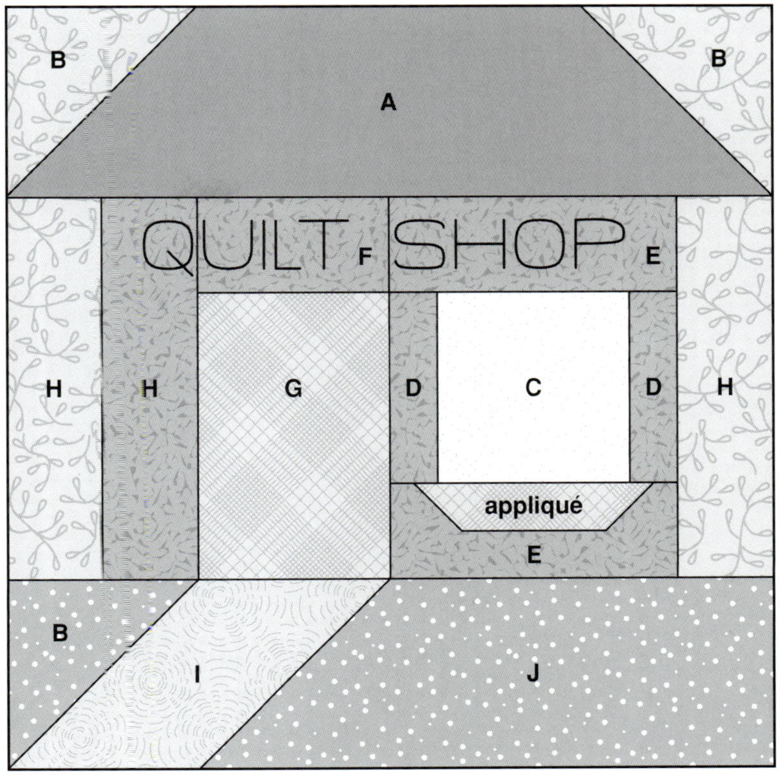

Quilt-Shop

G34 BAB-Einheit nähen. DCD-Einheit nähen und das Fensterbrett auf E applizieren. Dann die E-Teile oben und unten an DCD setzen sowie 1 H an die rechte Seite. FG-Einheit nähen, 2 H-Teile links anfügen und mit der CDEH-Einheit zusammensetzen. Das Ganze an die obere Reihe nähen. BIJ-Einheit nähen und unten anfügen. Sticken Sie den Namen Ihres Lieblingsgeschäftes auf den Block.

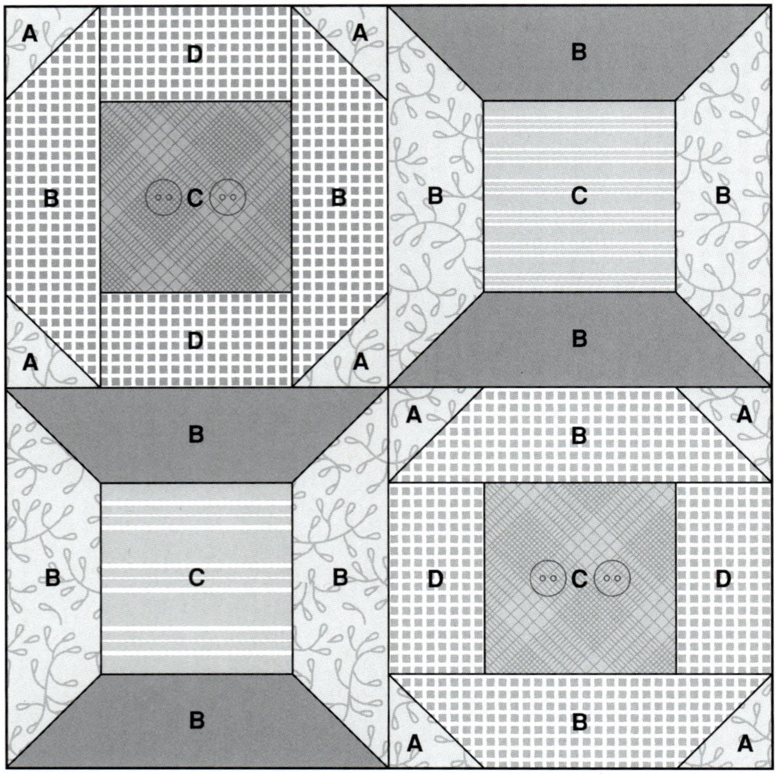

Spulen und Knöpfe

G35 ABA-Einheiten (4mal) und DCD-Einheiten (2mal) nähen. ABA an 2 Seiten von DCD nähen (2mal). B-Teile an 2 gegenüberliegende Seite von C nähen, dann an die beiden restlichen Seiten, schließen Sie die BB-Nähte diagonal (Tips zum Nähen von Y-Nähten finden Sie auf Seite 309). 2 Segmente zur Reihe aneinandernähen (2mal) und dann die Reihen zum Block verbinden. Kleine Knöpfe aufnähen, wie abgebildet.

Storchenschere

G36 4 in (10 cm) großes Quadrat aus Hintergrundstoff schneiden (plus Nahtzugabe). Die Linien auf dem Flügelteil sticken, ebenso das Auge, für das Sie auch einen kleinen Knopf oder eine Perle benutzen können.

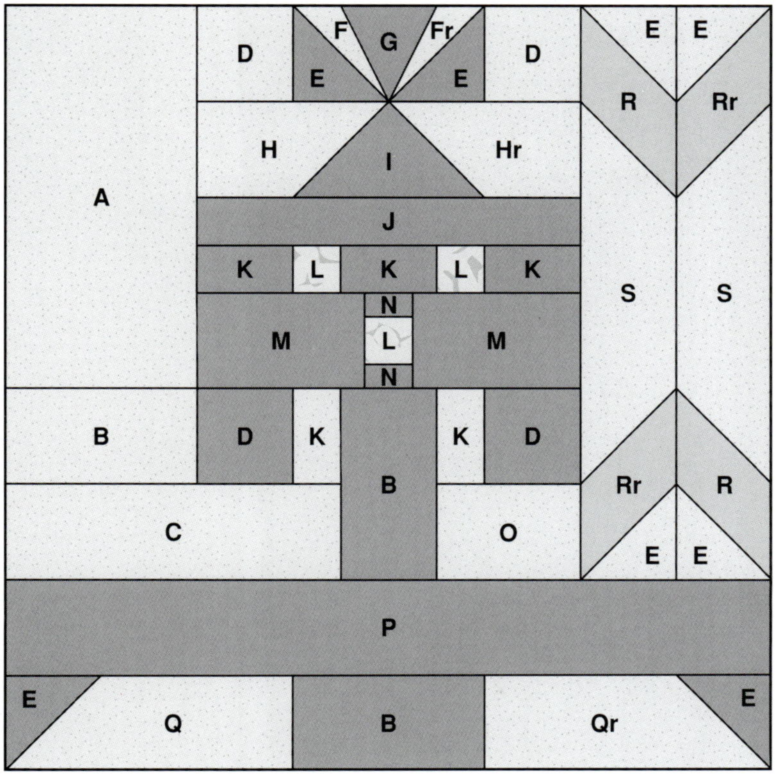

Kachina-Puppe

G37 FE- und FrE-Einheiten nähen, mit G zusammensetzen. D hinzufügen. HIHr-Einheit nähen, an das obere Segment anfügen, dann J. KLKLK-Einheit nähen, an die J-Kante setzen. NLN-Einheit nähen, mit M an jeder Seite und oben anfügen. A links davon ansetzen. DK-Einheiten nähen (2mal). B an die linke Seite anfügen, C unten. O an die andere DK-Einheit nähen; B ansetzen, mit der BCDK-Einheit verbinden und an das obere Segment anfügen. ERSRrE 2mal nähen. Einheiten verbinden und rechts an das Hauptteil setzen, dann P unten. EQ- und QrE-Einheiten nähen, mit B verbinden und als letzte Reihe anfügen.

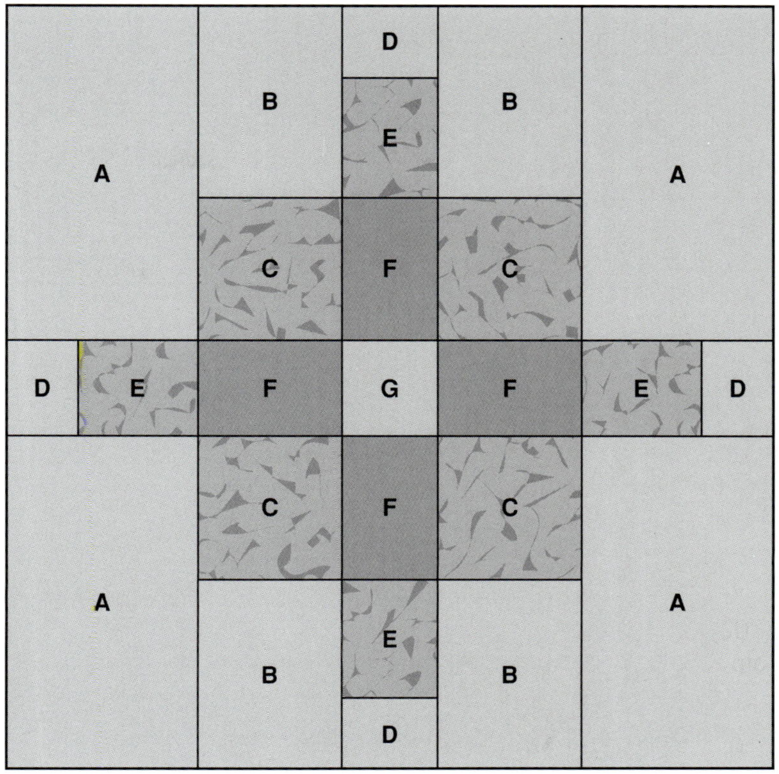

Geometrisch 1

G38 Wie in der Abbildung gezeigt die ABC-Einheiten nähen (4mal) und die DEF-Einheiten nähen (4mal). Beide Einheiten zu 2 Reihen anordnen: ABC/DEF/ABC. 1 DEF an beide Seiten von G nähen und diese Reihe zwischen obere und untere Reihe einfügen.

Dies und Das New Mexico

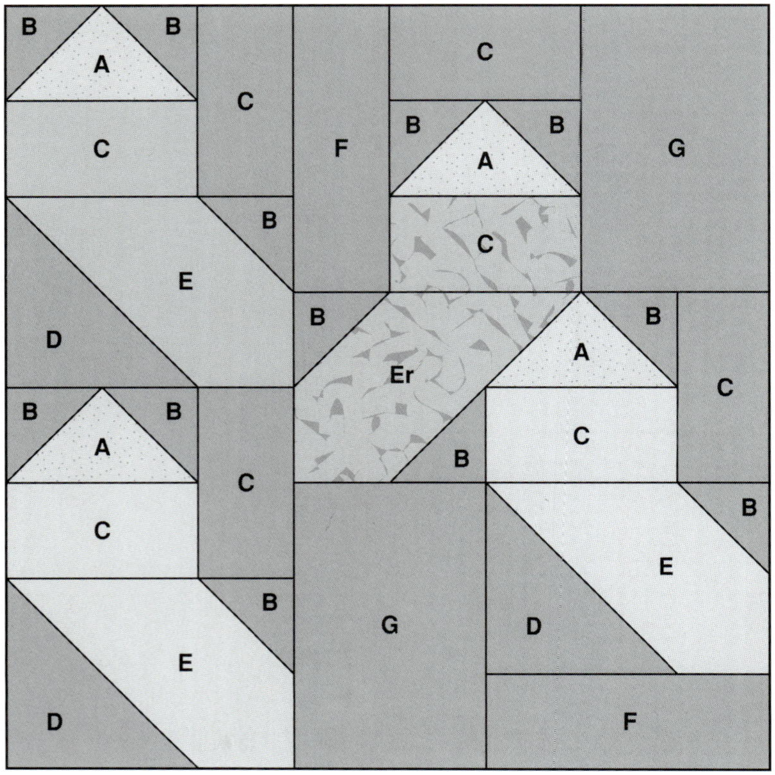

Chilischoten

G39 Linken Teil aus 2 Segmenten bilden. BAB-Einheit nähen und zuerst unten, dann seitlich 1 C anfügen. DEB-Einheit nähen und anfügen. Den zweiten Block identisch nähen und als linke Blockseite untereinandersetzen. BAB-Einheit nähen, C oben und unten anfügen sowie F und G an beiden Seiten. B an A und B an C nähen, zusammensetzen und C an die Seite nähen. BEr-Einheit nähen und an das ABBCC-Teil anfügen. Das Ganze an ABCFG. DEB-Einheit nähen, F unten und G seitlich anfügen. An das obere Segment nähen. Linken und rechten Abschnitt zum Block verbinden.

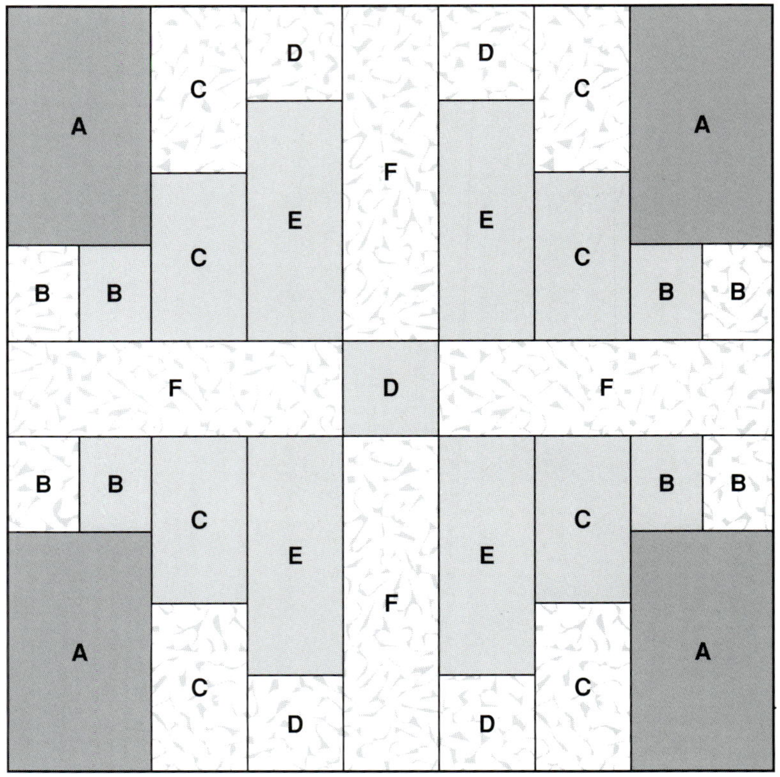

Geometrisch 2

G40 Wie in der Abbildung abgebildet die Einheiten ABB (4mal), CC (4mal) und DE (4mal) nähen. Die Einheiten zu 4 quadratischen Segmenten anordnen (Achtung, 2 Segmente sind revers!). 1 Segment und sein Revers-Gegenstück mit F zu einer Reihe nähen (2mal). FDF-Einheit nähen und zwischen obere und untere Reihe setzen.

Dies und Das New Mexico

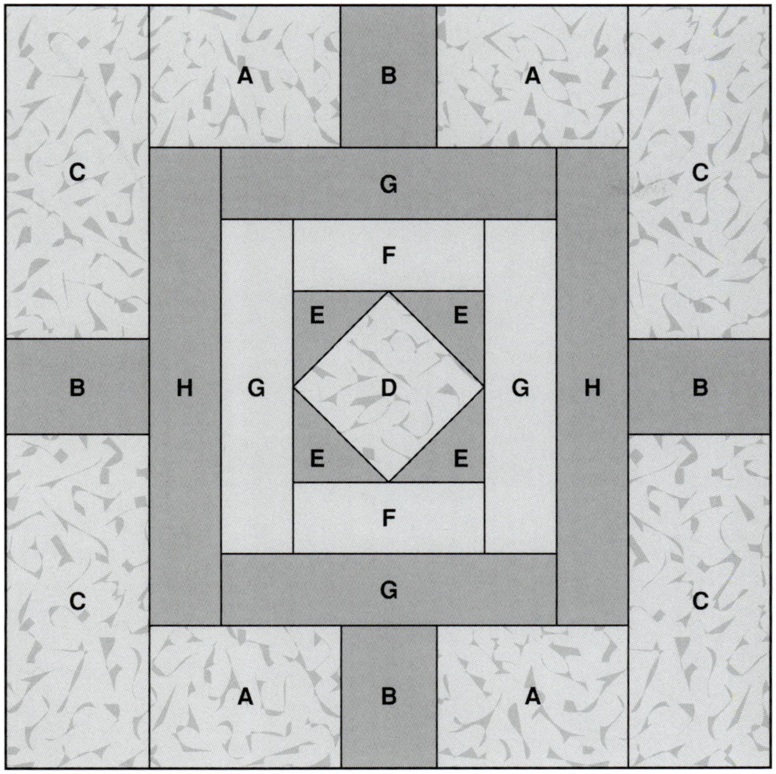

Geometrisch 3

G41 Im Zentrum beginnen. EE-EED-Einheit nähen und jeweils F an 2 gegenüberliegende Seiten anfügen, dann G an die beiden anderen Seiten. Je 1 G oben und unten ansetzen und H rechts und links. ABA-Einheit nähen (2mal) und oben und unten an das Mittelteil setzen. CDC-Einheiten nähen und an die Seiten anfügen.

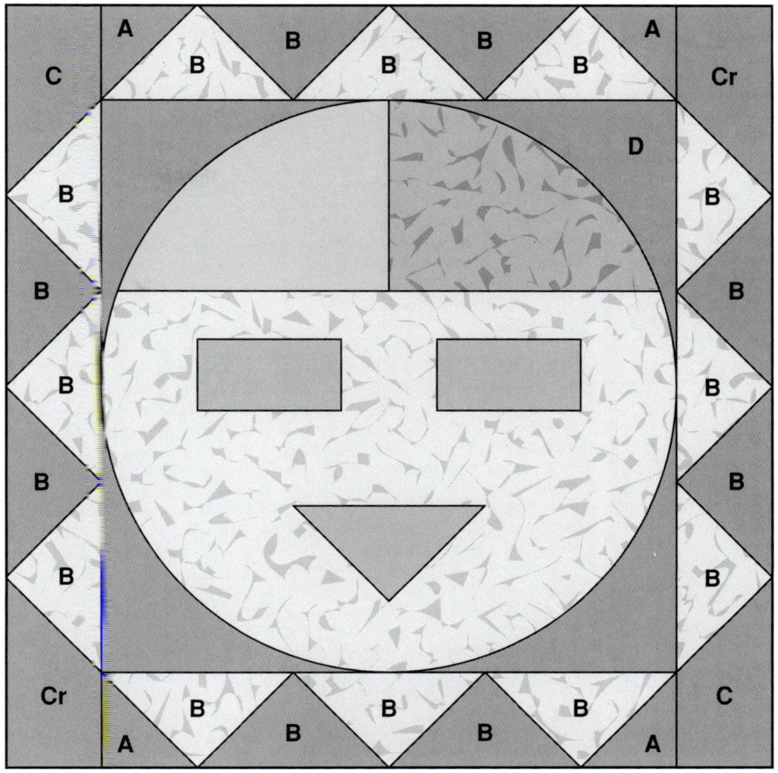

Sonne

G42 D als Mittelquadrat zuschneiden und die Stoffteile der Sonne applizieren (lesen Sie auf Seite 308 über das Applizieren). ABBBBBA-Einheiten (2mal) nähen und oben und unten anfügen. CBBBBBCr-Einheiten (2mal) nähen und an die Seiten der Sonne ansetzen.

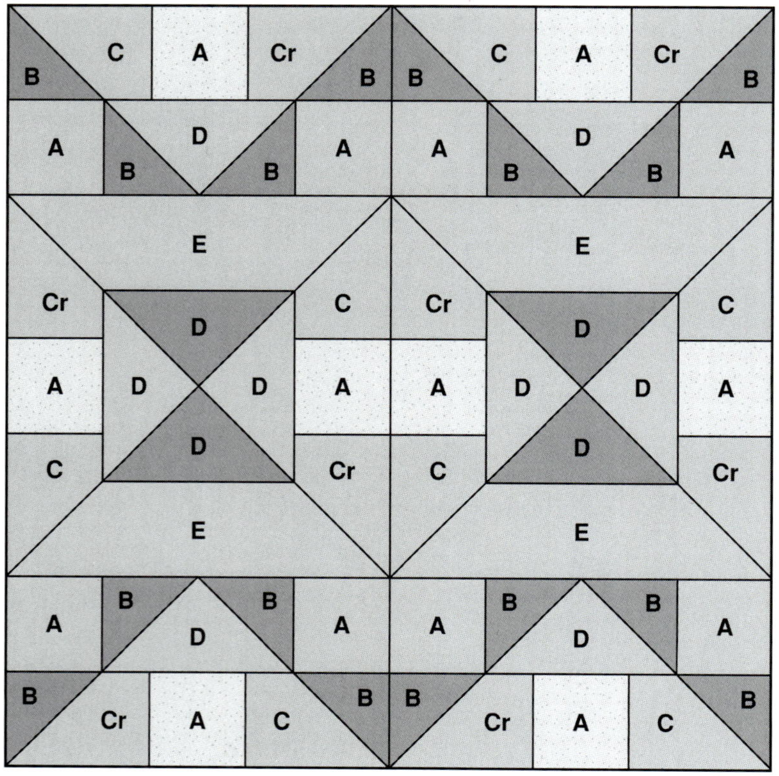

Navajo-Decke

G43 BAB-Einheiten (8mal) und CACr-Einheiten (8mal) nähen. D an CACr setzen (8mal). 2 BAB-Einheiten an die CD-Kanten setzen (4mal). ED-Einheiten nähen (4mal) und jeweils 2 davon mit 2 ACCrD-Einheiten zum Quadrat verbinden. Die ABCD-Segmente an 2 Seiten dieser Quadrate setzen (2mal). Beide Blockhälften zusammensetzen.

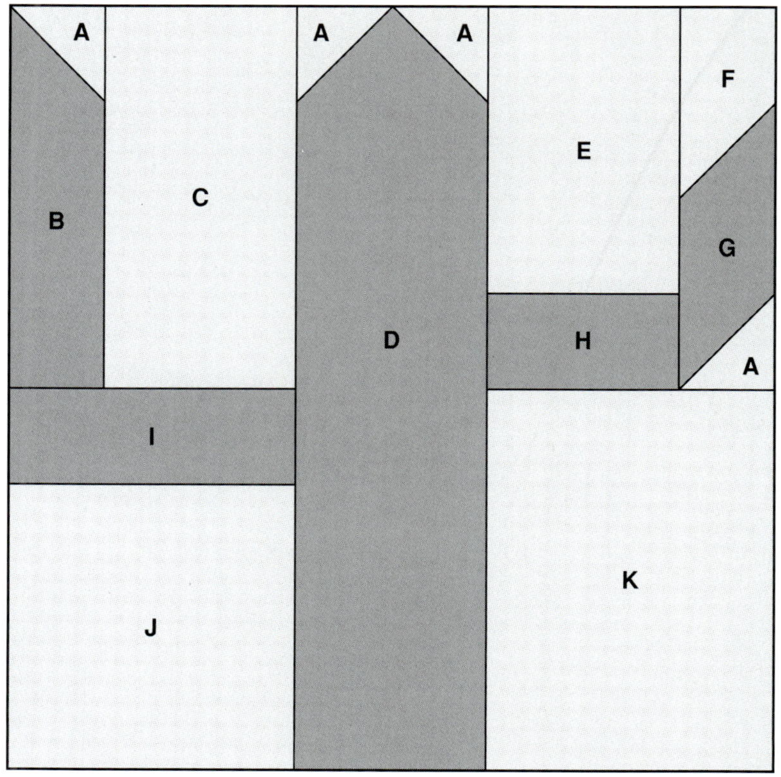

Kaktus 1

G44 AB-Einheit nähen und C rechts anfügen. I unten ansetzen, gefolgt von J. ADA-Einheit nähen und an das erste Segment anfügen. FGA- und EH-Einheiten nähen, zusammensetzen und K anfügen. Beide Segmente zum fertigen Block verbinden.

Dies und Das New Mexico

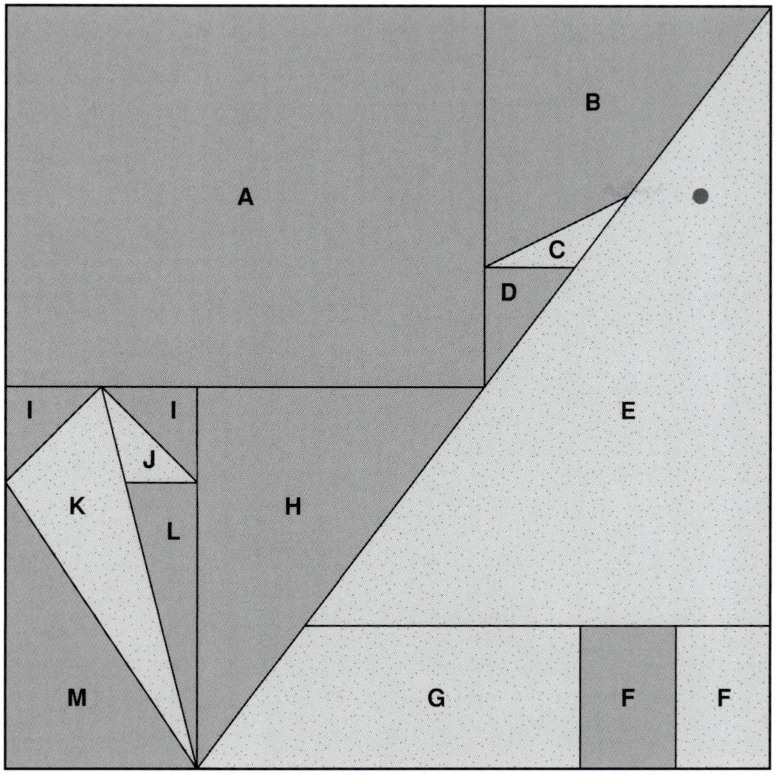

Kojote

G45 BCD-Einheiten nähen und an A setzen. IJL- und MKI-Einheiten nähen, zusammensetzen und H anfügen. Dieses Segment an die Unterkante von A nähen. GFF-Einheit nähen und an E anfügen. Die beiden Segmente diagonal zum Block verbinden. Das Auge sticken oder einen Knopf oder eine Perle annähen.

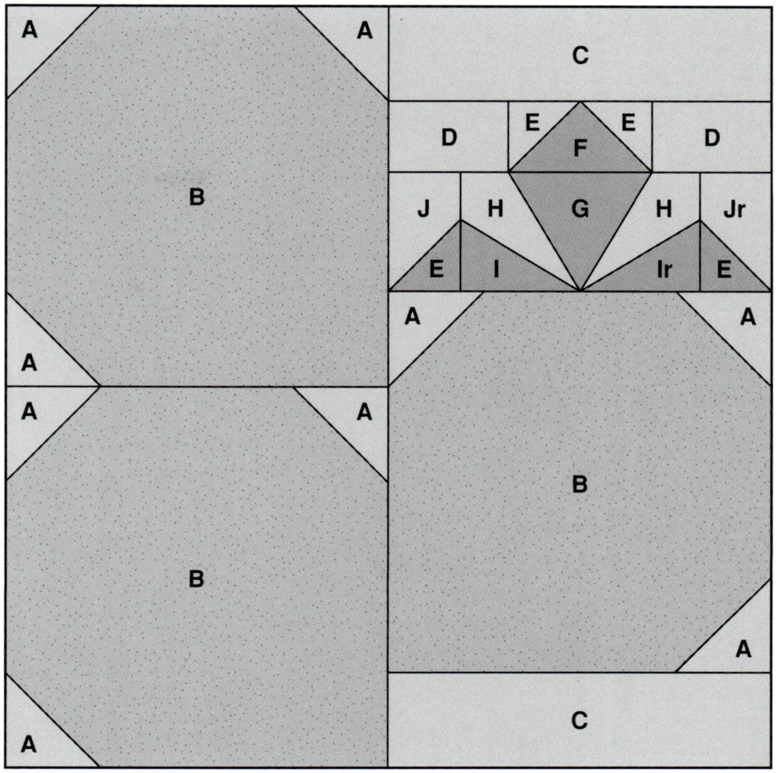

Kaktus 2

G46 AAAB-Einheiten nähen (3mal). 2 davon als linkes Segment verbinden. EFE-Einheit nähen, je 1 D an die Seiten und 1 C oben anfügen. HI- und HIr-Einheiten nähen und mit 1 G zusammensetzen. JE- und JrE-Einheiten nähen und an die Seiten der vorigen Einheit setzen. Dieses Segment an das obere anfügen. AAAB-Einheit nähen, ebenfalls 1 C ansetzen und mit dem oberen verbinden. Linken und rechten Teil zum fertigen Block zusammenfügen.

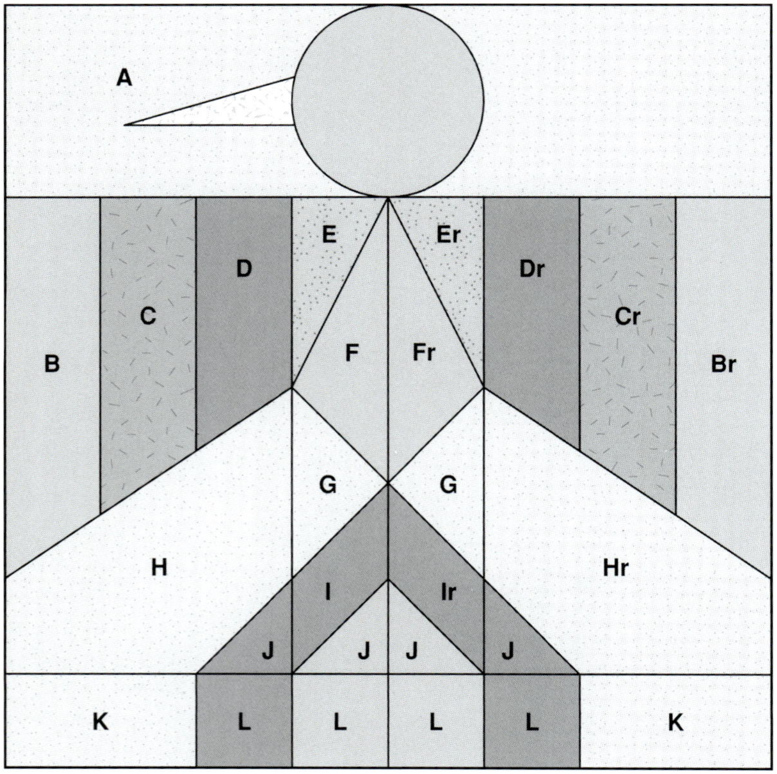

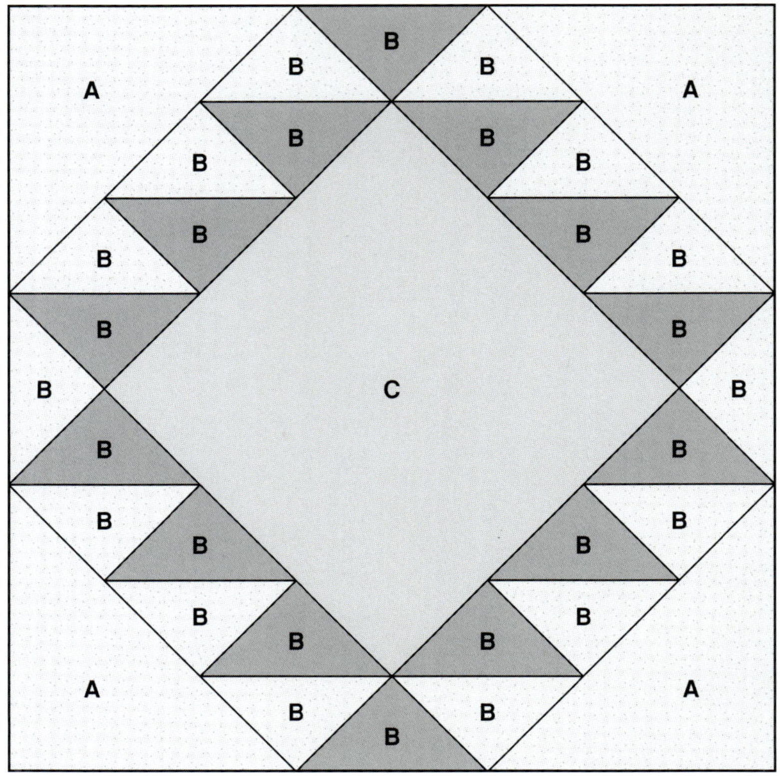

Donnervogel

G47 Kopf und Schnabel des Vogels auf A applizieren. BCD-Einheit nähen und H anfügen, dann J. DrCrBr-Einheit nähen und Hr anfügen, dann J. Die EFGIJ-Einheit und die ErFrGIrJ-Einheit nähen, zusammensetzen und die beiden vorigen Segmente rechts und links anfügen. An A ansetzen. KLLLLK-Einheit nähen und unten an den Block nähen.

Geometrisch 4

G48 Nähen Sie 12 quadratische BB-Einheiten und bilden Sie 4 Reihen zu je 3 BB-Einheiten. Nähen Sie 2 dieser Reihen an die gegenüberliegenden Seiten von C. B-Teile an die Enden der verbleibenden BB-Reihen nähen und diese an die beiden anderen Seiten von C anfügen. An alle 4 Ecken 1 A setzen.

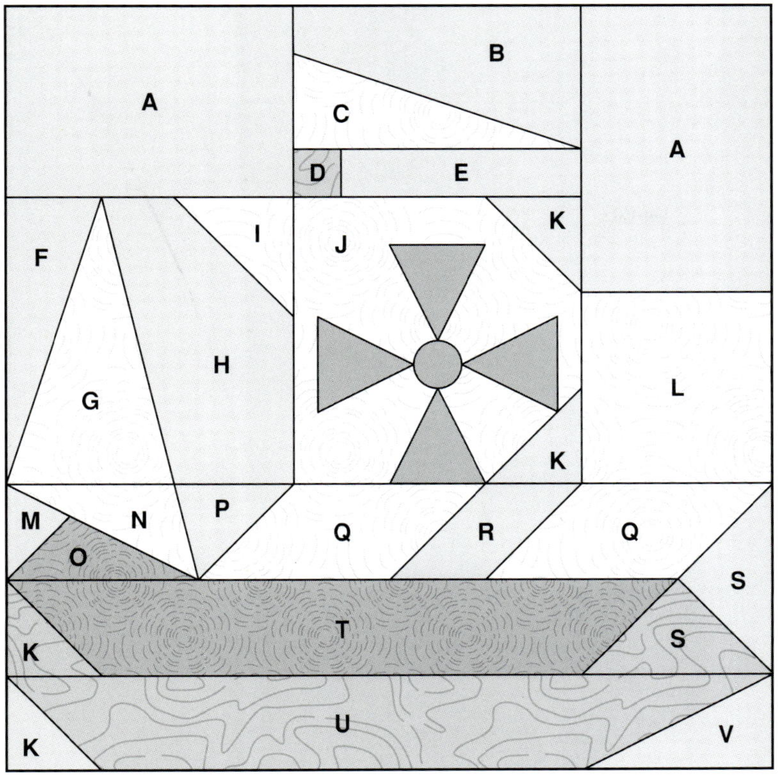

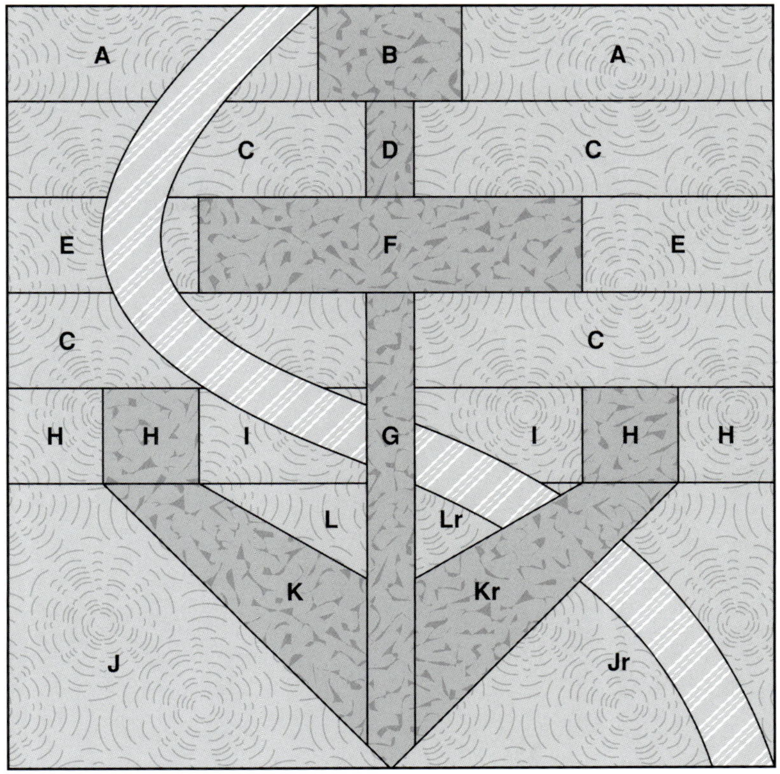

Santa Maria

G49 FGHI-Einheit nähen und A anfügen. DE- und CB-Einheiten nähen und zusammensetzen. 2 K an J nähen und mit BCDE verbinden. Das Ganze an AFGHI anfügen. A und L aneinandernähen und mit dem bisherigen Segment verbinden. M und O zusammennähen, N anfügen. PQRQ-Einheit nähen und mit MNO verbinden. K an T setzen und an Einheit MNOPQRQ nähen. 2 S zusammensetzen und an die TQ-Kante nähen. K und V an U nähen und an die KTS-Kante setzen. Oberen und unteren Teil zum fertigen Block verbinden. Das Kreuz auf das Segel applizieren.

Anker

G50 Oben beginnen und 3 horizontale Reihen arbeiten: ABA, CDC und EFE. HHI-Einheiten nähen (2mal) und jeweils oben 1 C ansetzen. JKL-Einheit nähen und an das linke Segment setzen. LrKrJr-Einheit nähen und an das rechte Segment setzen. Rechtes und linkes Segment mit Teil G verbinden. Oberen und unteren Teil zum kompletten Block vereinen. Das Tau arbeiten Sie aus einem Schrägstreifen, der aus gestreiftem Stoff zugeschnitten wurde (siehe Seite 308 über das Arbeiten mit schräggeschnittenen Schläuchen).

Dies und Das Kolumbus

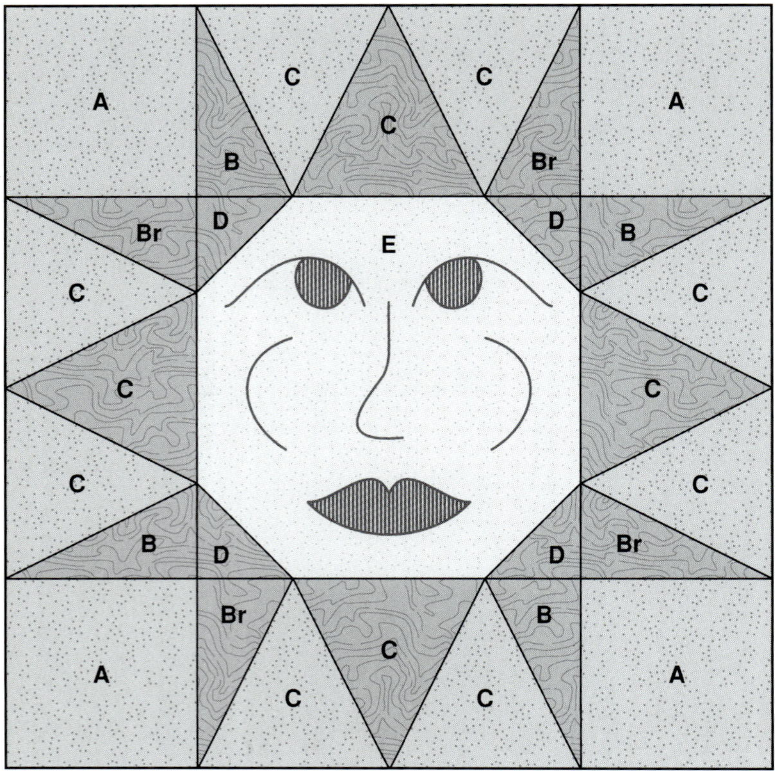

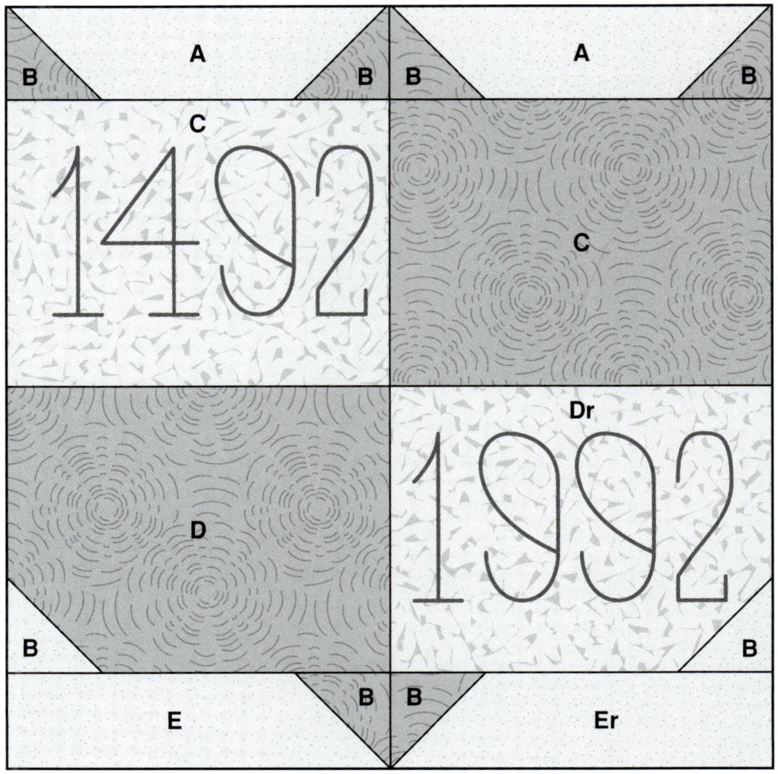

Sonne

G51 EDDDD-Einheit als Mitte zusammensetzen. BCCCBr-Einheiten nähen (4mal). 2 davon an die gegenüberliegenden Seiten des Mittelteils setzen. Je 1 A an die Enden der restlichen BCCCBr-Einheiten nähen und an die beiden anderen Seiten des Mittelteils anfügen. Das Gesicht mit Satinstich und Stielstich sticken.

Wappenschild

G52 BAB-Einheiten nähen (2mal) und an jede 1 C anfügen. BD-Einheit und DrB-Einheit nähen und jeweils an das C der vorigen Einheit anfügen. EB- und BEr-Einheiten nähen und an BD und DrB setzen. Linkes und rechtes Segment aneinandernähen. Die Jahreszahlen mit Stielstich aufsticken.

Dies und Das Kolumbus

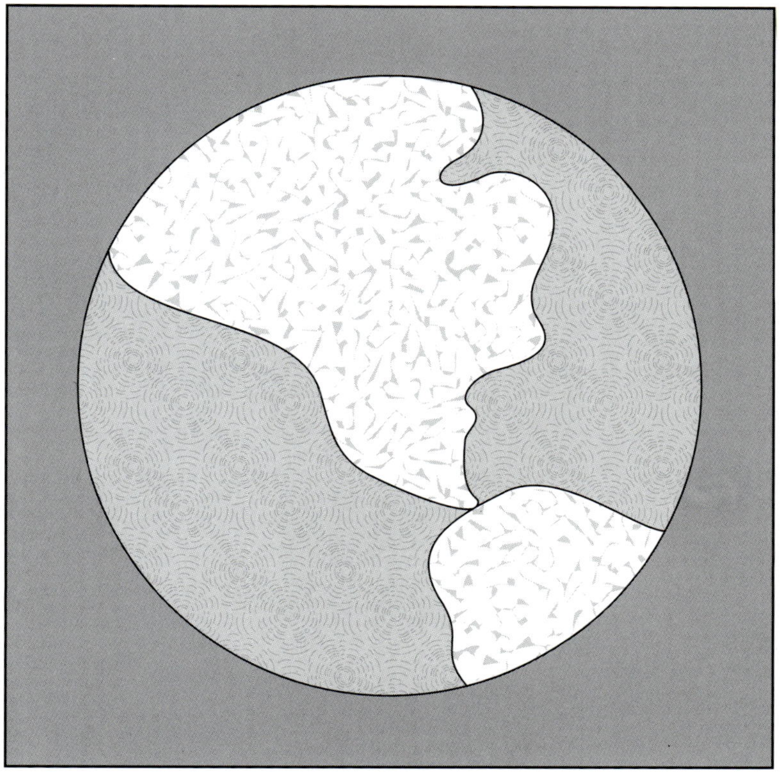

G53 4 2 in (5 cm) große Quadrate (plus Nahtzugabe) zuschneiden. Die Motive auf die einzelnen Blöcke applizieren und als Viererblock zusammensetzen (lesen Sie auf Seite 308 über das Applizieren und auf Seite 309 über das Nähen von Viererblöcken).

Fahne

G54 4 in (10 cm) großes Quadrat aus Hintergrundstoff schneiden (plus Nahtzugabe). Erde und Kontinente applizieren.

Weltkugel

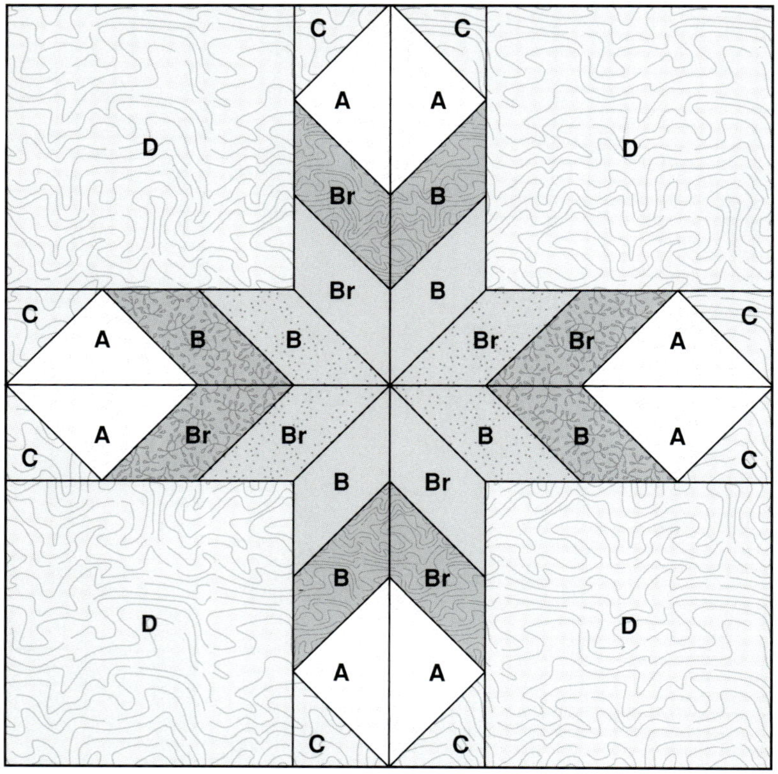

Federn

G55 CABB-Einheiten (4mal) und CABrBr-Einheiten (4mal) nähen. Teil D mit einer Y-Naht an je 2 dieser Einheiten ansetzen (4mal, Tips zum Nähen von Y-Nähten finden Sie auf Seite 309). Die 4 entstandenen Quadrate zum Viererblock verbinden (lesen Sie auf Seite 309 über das Nähen von Viererblöcken).

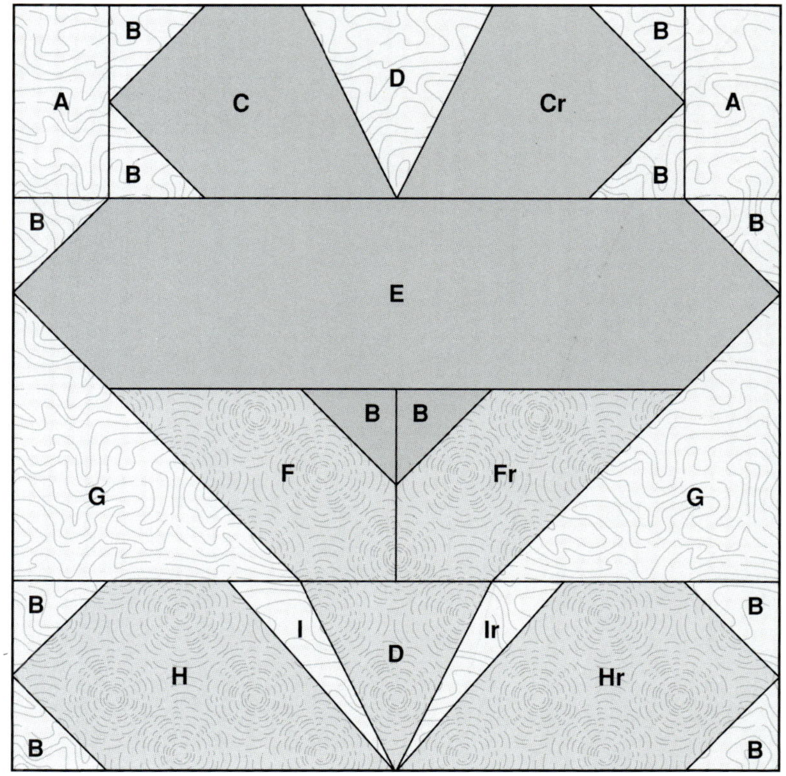

Stilisierte Rose

G56 B-Teile an C und Cr setzen, beide mit 1 D zusammennähen und A an jedem Ende anfügen. FB- und FrB-Einheiten nähen, an E anfügen und dann die beiden B-Teile und G-Teile ansetzen. Das Ganze mit dem oberen Segment verbinden. BBHI- und BBHrIr-Einheiten nähen, beide mit 1 D zusammensetzen und an das obere Segment nähen, um den Block zu vervollständigen.

Dies und Das Kolumbus

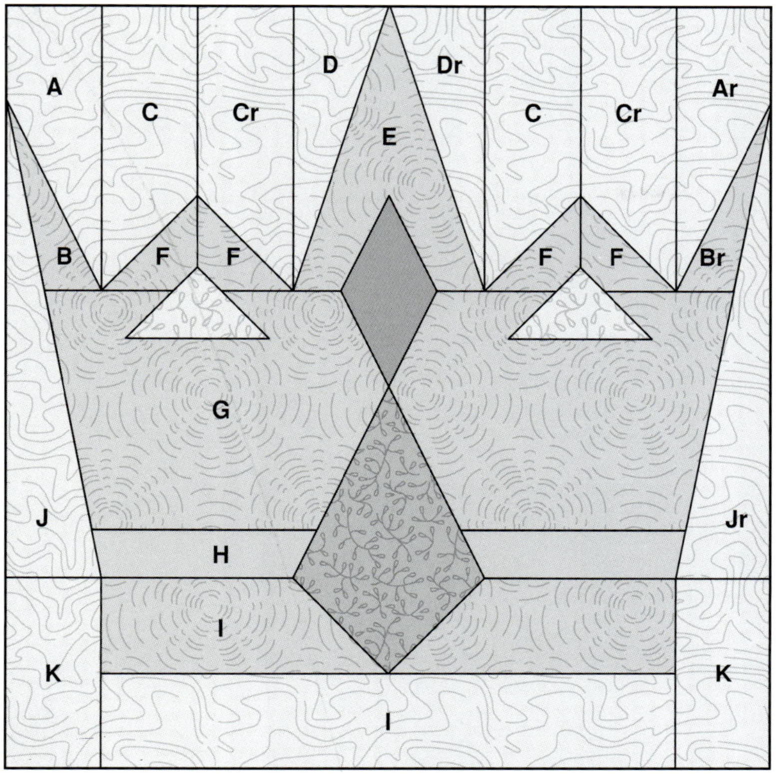

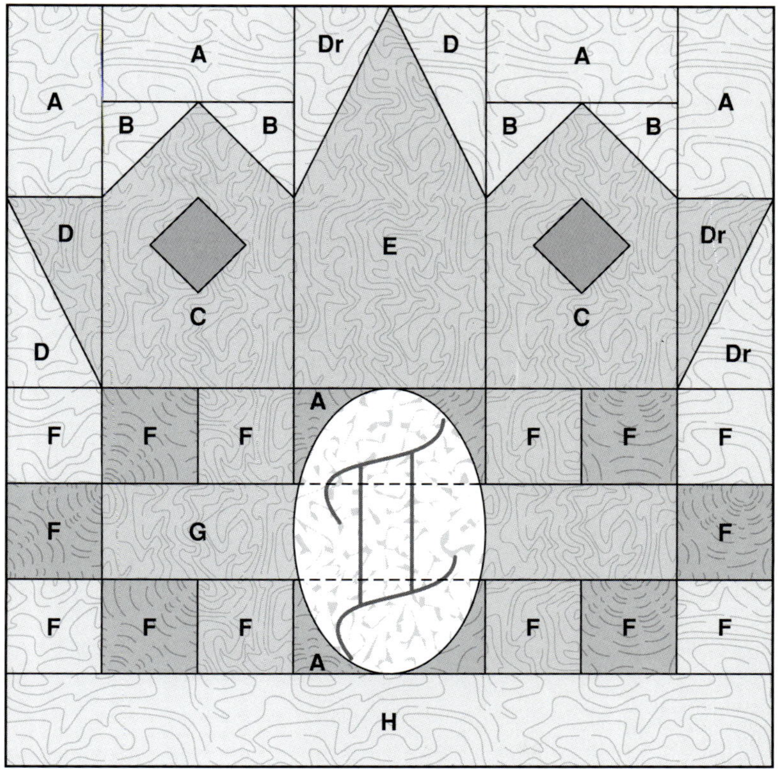

König Ferdinands Krone

G57 AB-, CF- (2mal) und CrF-Einheiten (2mal) nähen. DEDr- und ArBr-Einheiten nähen. Diese Einheiten in der abgebildeten Folge zur oberen Reihe verbinden. G und H an diese Reihe nähen und J und Jr an die Seiten. II-Einheit nähen, K an jede Seite und an das obere Segment anfügen. Applizieren Sie die „Juwelen" auf die Krone (lesen Sie auf Seite 308 über das Applizieren).

Königin Isabellas Krone

G58 ADD-, ABBC- (2mal), DrED- und ADrDr-Einheiten nähen und in der abgebildeten Folge zur oberen Reihe verbinden. FFFAFFF-Einheit (2mal) und FGF-Einheit nähen, zusammensetzen, H unten anfügen und das Ganze mit der oberen Reihe verbinden. Das ovale Medaillon und die „Juwelen" applizieren, die Zahl sticken.

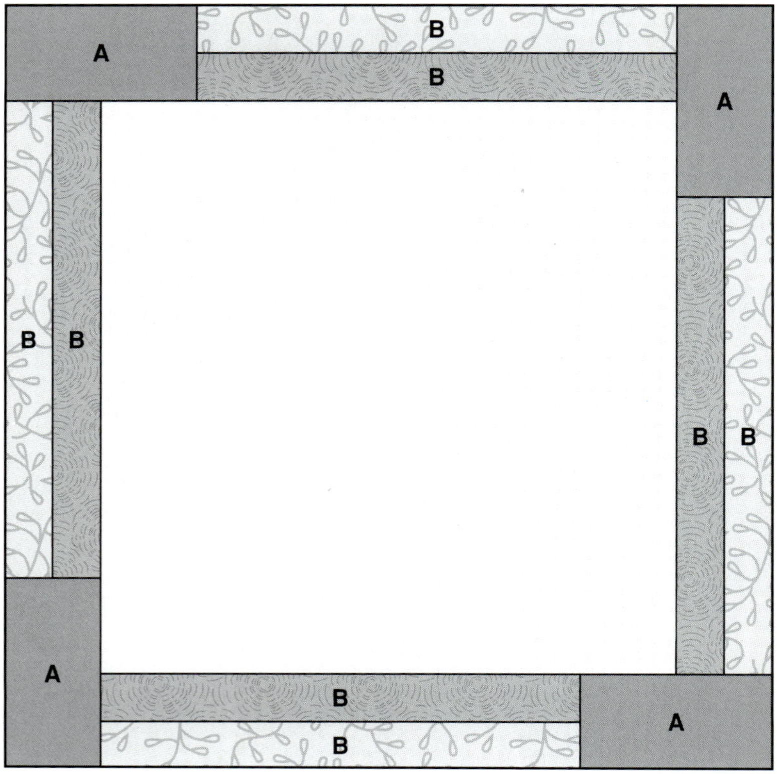

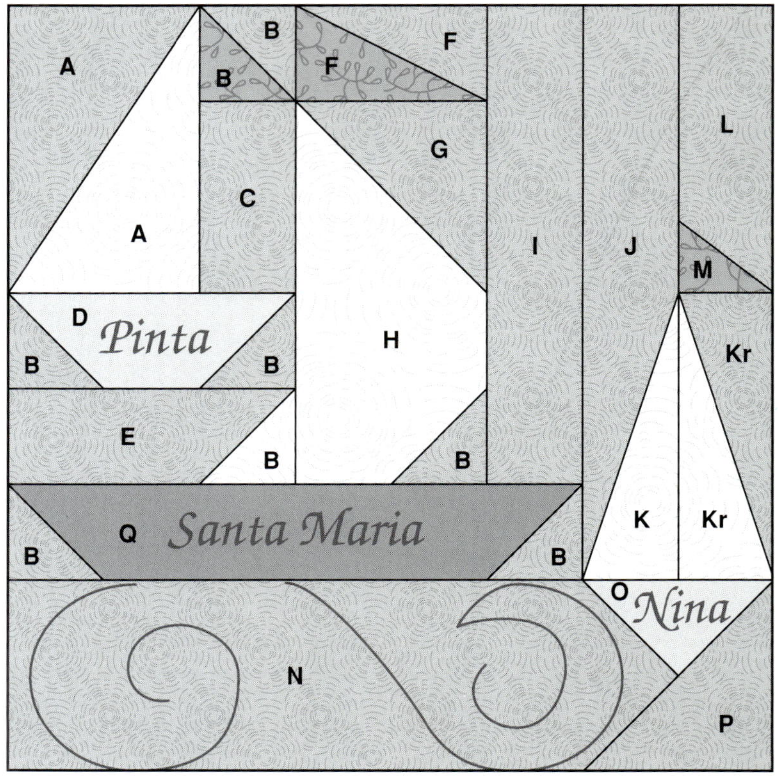

Flaggenrand

G59 Dieser Block ist geeignet, ein bestimmtes Stück Stoff besonders hervorzuheben, z. B. ein Andenken. BB-Einheiten nähen (4mal) und jeweils A anfügen. 1 ABB an die Seite des Mittelstoffes nähen, dann die 3 anderen Einheiten anfügen. Wenden Sie dabei die „Start-und-Stop"-Methode an (siehe Seite 309).

Pinta, Nina und Santa Maria

G60 BB-Einheit nähen und C anfügen. AA-Einheit nähen und an BBC setzen. BDB-Einheit nähen und an das erste Segment setzen. EB-Einheit nähen und an die BDB-Kante setzen. G und B an H nähen. FF-Einheit nähen und an BHG anfügen. Einheit BGHFF an das erste Segment nähen und rechts 1 I anfügen. B-Teile an Q nähen und an das erste Segment unten anfügen. KrKr- und LM-Einheit nähen und zusammensetzen. JK-Einheit nähen und an LMKrKr setzen. Dies Ganze rechts an das erste Segment nähen. O an N nähen, P anfügen und ebenfalls an das obere Segment annähen. Die Namen der Schiffe und die Welle auf dem Meer sind mit Stielstich gestickt.

Tips und Techniken

Alles, was Sie wissen müssen, um die Blöcke und Patchwork-Arbeiten in diesem Buch fertigstellen zu können.

Tips und Techniken

Hier finden Sie Methoden, um die Blöcke und Patchwork-Arbeiten in diesem Buch zu nähen, vom Material bis zu den Jo-Jos.

Sämtliche Blöcke in diesem Buch sind mit Hilfe von Schablonen entstanden. Wenn Sie gleiche Blöcke in größerer Anzahl nähen möchten, können Sie oft die Streifentechnik anwenden (Sie wissen aber schon, was wir davon halten, den gleichen Block wieder und wieder zu arbeiten). Im Hinblick auf Genauigkeit und Einfachheit empfehlen wir, grundsätzlich mit Schablonen zu arbeiten.

Die meisten Blöcke können auf der Nähmaschine genäht werden, doch einige verlangen nach Handnäharbeit und Stickerei: Anleitungen für Applikationen sind auf Seite 308, die nötigen Stickstiche auf den Seiten 311–312 zu finden.

Zubehör

Neben Nähmaschine, Stecknadeln und Faden sind folgende Hilfsmittel nötig oder zumindest sehr nützlich.

Schablonen-Plastikfolien

Verwenden Sie das milchigdurchscheinende Material. Man kann noch hindurchsehen, doch anders als bei den klaren, glänzenden Folien können Sie hier besser markieren. Auf aufgedruckte Raster verzichten Sie lieber. Verwenden Sie für die Schablonen keinen Karton, da er sich bei vielfacher Verwendung leicht abnutzt und ungenau wird.

Durchsichtiges Quilt-Lineal

Ein durchsichtiges Lineal ist zum Aufzeichnen der Nahtzugaben nötig. Wählen Sie eines mit 1/2-Inch-Einteilung (cm-Einteilung) mit feinen Linien. Manche Lineale sind nicht auf beiden Seiten gleich genau – verwenden Sie in diesem Fall immer dieselbe Seite.

Nahtzugaben-Lineal

Eine nützliche Alternative zum obengenannten Lineal ist das Nahtzugaben-Lineal (auch „Seam Quide 1/4 Inch"), ein handlicher Stab, einen 1/4 Inch breit. Sie können damit die Nahtzugaben um alle Nählinien aufzeichnen. Durch seine Höhe stören beim Markieren Ihre Fingerspitzen nicht. Treiben Sie ein rotes Nahtzugabenlineal auf, um so besser: Sie finden es auf Ihrem Arbeitstisch leichter wieder.

Verschließbare Plastiktüten

Solche Plastiktütchen sind in Haushalts- und Schreibwarengeschäften erhältlich, einfach zu beschriften und der ideale Aufbewahrungsplatz für die Schablonen eines Blocks.

Folienschreiber

Beschriften Sie Ihre Schablonen mit feinen Permanentmarkern. Wir verwenden „Lumocolor F oder SF" von Staedler, andere Folienschreiber sind auch gut.

Klebeband

Für eine immer gleich breite Nahtzugabe sorgt beim Maschinennähen ein im 1/4 in (6,5 mm) Abstand zur Nadel auf die Stichplatte geklebtes Klebeband (z. B. Tesaband) in 2–3 Schichten. Diese Kante bildet eine Führung für den Stoff.

Patchworkfuß nach Lynn Graves
Dies ist ein Spezial-Nähmaschinenfüßchen, das auf der einen Seite eine genaue 1/4-in-Nahtzugabe und auf der anderen eine genaue 1/4-in-Nahtzugabe-Führung hat. Das Füßchen wird von manchen amerikanischen Nähmaschinenfirmen angeboten.

Bleistift 2B
Markieren Sie die Schablonenumrisse und die zusätzlichen Nahtzugaben mit Bleistift. Druckbleistifte mit feinen Minen eignen sich besonders gut, da sie stets scharf bleiben, die Minen sind billig nachzukaufen.

Buntstifte
Bleistiftstriche sind auf dunklen Stoffen nicht zu erkennen, deshalb sind Farbstifte nützlich. In Quiltgeschäften finden Sie auch graue, silberne oder weiße Stifte. Es gibt sogar farbige Minen für Druckbleistifte.

Scheren
Sie benötigen eine Schere zum Stoffschneiden und eine zum Schneiden der Plastikschablonen. Schneiden Sie nichts anderes als Stoff mit der Stoffschere – lassen Sie auch andere Personen nichts anderes schneiden!

Stoff
Der Stoff, mit dem man am einfachsten arbeiten kann, ist reine Baumwolle von leichter Qualität. Man kann bügeln, ohne daß sie schmilzt, was einige Kunstfasern leider tun. Wollen Sie unbedingt einen Stoff anderer Qualität haben, so verwenden Sie ihn mit großer Vorsicht – oft geht es gut. Schwere Qualitäten wie Samt oder Cord sind für kleine Blöcke meist zu sperrig. Bei der Stoffwahl brauchen Sie sich nicht auf einfarbige oder kleinbedruckte Stoffe zu beschränken. Manche mittelgroße und große Motive wirken auf kleinen Stoffteilen sehr interessant.

Schmirgelpapier-Unterlage
Ein fester Karton mit aufgeklebtem, feinem Schmirgelpapier verhindert das Verrutschen des Stoffs beim Aufzeichnen der Schablonen.

Applikations-Nadeln
Wir verwenden spitze Nähnadeln Nr. 12. Wenn Sie noch längere und dünnere Nadeln lieben, nehmen Sie eine Hutmachernadel.

Applikations-Garn
Feines Garn eignet sich am besten für Applikationen. Eine gute Wahl ist „Coats Dual Duty Plus" für Maschinenstickerei. Auch ein einzelner Faden vom Sticktwist eignet sich gut.

Schablonen herstellen

Legen Sie das Schablonenplastik auf die Vorlagen in diesem Buch und pausen Sie mit Folienschreiber und Lineal das Muster durch.

Beschriften Sie jedes Teil mit seinem zugeordneten Buchstaben (siehe auch „Applizieren" Seite 308). Denken Sie daran, daß die Buchstaben nur für diesen einen Block gelten. Teil B des einen Blockes ist nicht gleich Teil B eines anderen Blockes.

Sie brauchen das Plastik während des Aufzeichnens nicht zu verschieben. Schneiden Sie zusammenhängende Teile am Schluß auseinander.

Beim Aufzeichnen sollten Sie sich merken, welche Linie am Blockrand liegt. Markieren Sie da den Fadenlauf mit einem Pfeil, damit Sie sich beim Stoffschneiden daran erinnern. So wird sich Ihr Block später nicht verziehen.

Nach dem Aufzeichnen der Schablonen für einen Block werden die Teile sorgfältig auseinandergeschnitten und bis zum Gebrauch beiseitegelegt (verwahren Sie sie in verschließbaren Plastiktütchen).

Stoff markieren

Bevor Sie Ihren Stoff markieren und ans Ausschneiden gehen, müssen Sie überlegen, ob der fertige Quilt jemals gewaschen werden wird. Wenn ja, waschen Sie Ihre Stoffe vor, denn sollte ein Stoff eingehen oder färben, sollte er das tun, bevor der Quilt genäht ist.

Legen Sie Ihren Stoff glatt vor sich, linke Seite nach oben. Versuchen Sie, Bereiche des Stoffmusters vorteilhaft einzuarbeiten, zum Beispiel durch das zentrierte Ausrichten einer Blüte oder eines Streifens.

Legen Sie die Schablone, Rückseite nach oben, auf den Stoff. Es hat sich bewährt, die Schablonen grundsätzlich mit der linken Seite nach oben auf den Stoff zu legen, auch wenn es oft keinen Unterschied macht. Es gibt nämlich Momente, in denen dies sehr wichtig ist, und durch eine solche systematische Arbeitsweise werden Fehler vermieden.

Zeichnen Sie um die Schablone. Dies ist die Linie, auf der Sie nähen werden.

Nun fügen Sie an allen Seiten 1/4 in (6,5 mm) Nahtzugabe zu, wofür Sie ein durchsichtiges Lineal oder ein Nahtzugabenlineal benutzen.

Markieren Sie die Stellen, an denen zwei Schablonen/Kanten zusammengenäht werden. Dann machen Sie auf der Nahtzugabe der Stoffe genau die gleichen Markierungen. So können Sie auch dann genau nähen, etwa wenn ein Dreieck zwei gleich lange Seiten hat.

Den Stoff für Applikationen markiert man auf der rechten Stoffseite. Die Nahtzugaben (1/8–1/4 in/ 3–6 mm) werden beim Ausschneiden zugefügt.

Schneiden Sie die Stoffteile aus, und denken Sie daran, entlang der Nahtzugabelinien zu schneiden. Eine sehr scharfe Schere ist dabei eine große Hilfe.

Nähen mit der Näh maschine

Kleine Blöcke und kleine Stoffteile verlangen kleine Stiche. Stellen Sie eine Stichlänge von 12–14 pro Inch ein (5–6 pro cm).

Obwohl Sie beim Zusammensetzen Nählinien folgen können, sind zusätzliche Führungshilfen nützlich. Wir haben bemerkt, daß verschiedene Nähmaschinenhersteller recht unterschiedliche Vorstellungen von einem 1/4 in (6,5 mm) haben.

Um eine Klebeband-Führungshilfe herzustellen: Zwei Linien im

Abstand von $^1/_4$ in (6,5 mm) auf Papier zeichnen. Entlang einer der Linien das Papier abschneiden. Die andere Linie genau unter die Nähmaschinennadel legen und ohne eingefädelten Faden ein paar Stiche entlang nähen, damit das Papier gerade in der Maschine liegt.

Dann kleben Sie ein Stück Klebeband exakt entlang der Papierkante auf die Stichplatte und lassen es gut 3–5 cm vor und hinter dem Nähmaschinenfüßchen hinausragen. Danach das Papier entfernen. Kleben Sie einen weiteren Streifen über den ersten, vielleicht sogar einen dritten. So haben Sie eine Kante aufgebaut, an welcher Sie den Stoff beim Nähen entlangführen können.

Zusammensetzen

Zu jedem Block nennen wir die Reihenfolge des Nähens und geben eine kurze Anleitung. Am Anfang einer Naht sind keine Rückstiche nötig, denn da Sie über die Nahtzugabe hinwegnähen, besteht keine Gefahr, daß die Stiche aufgehen. Außerdem (wir weisen nur ungern darauf hin) sind Nähte ohne Rückstiche leichter aufzutrennen.

Sobald die Nähte geschlossen sind, werden überstehende Spitzen von Nahtzugaben abgeschnitten. Manche Nahtzugaben, die in der nächsten Naht nicht mitgefaßt werden sollen, können ebenfalls zurückgeschnitten werden.

Wir haben zum Spaß die abgeschnittenen Eckchen der Nahtzugaben in einem Glas gesammelt, Sie sehen es auf dem Foto von Seite 305.

Applikation

Es gibt verschiedene Applikationsmethoden. Wir schlagen die Kanten der Stoffstücke während des Festnähens mit der Nadelspitze unter. Man kann auch die Nahtzugaben vorab umheften. Dabei niemals farbigen Faden zum Heften verwenden, denn kontrastfarbener Faden kann winzige sichtbare Pünktchen hinterlassen.

Übertragen Sie das komplette Muster auf Schablonenplastik, wie im Abschnitt „Stoff markieren" beschrieben. Numerieren Sie die Teile des Musters und die entsprechende Schablone mit der gleichen Zahl. Dann erst schneiden Sie die Schablonenteile aus.

Zeichnen Sie den Umriß der Schablone auf die rechte Stoffseite, auch die Schablone liegt mit der rechten Seite nach oben. Bereiche, die unter eine andere Form zu liegen kommen, werden mit einer gepunkteten Linie markiert. Das Beispiel A1 unten zeigt, wie Teil 2 entlang der gemeinsamen Mittelnaht unter Teil 3 zu liegen kommt. Die gepunktete Linie zeigt an, daß man diese Kante nicht umheften soll.

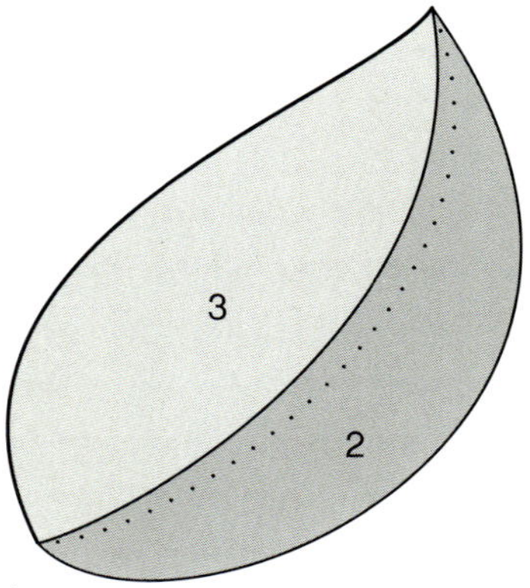

A1

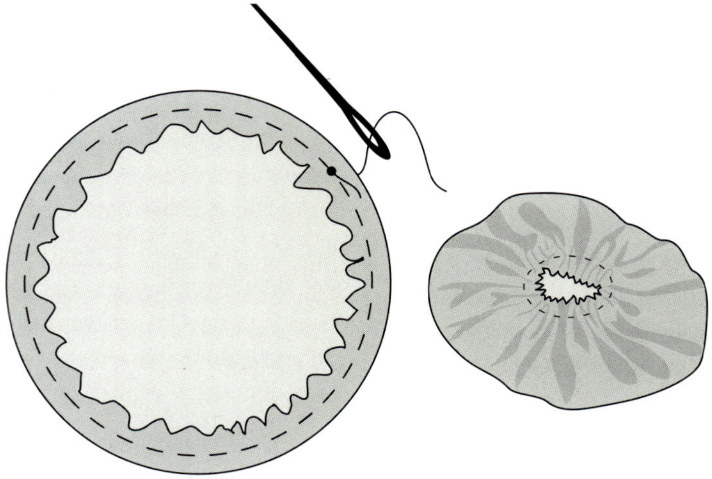
JJ-1

Innenkurven (Konkavkurven) sollten vor dem Heften eingeschnitten werden. Nur bis $^1/_{16}$ in (1,5 mm) an die Nählinie heranschneiden, denn wenn Sie bis an die Nählinie schneiden, erhalten Sie kleine, unerwünschte Spitzen entlang der Kurven.

Um den Stoff umzuheften, rollen Sie die Kante entlang der aufgezeichneten Linie unter. Kanten, die unter andere Teile zu liegen kommen, nicht heften, weil sich sonst unschöne Ränder durchdrücken.

Unsere Methode ist, möglichst viele Teile des Musters auf die anderen zu applizieren, bevor sie auf den Hintergrundstoff genäht werden. Dadurch bleibt die Arbeit handlich, und Sie können auf der Rückseite Stoff zurückschneiden, der unter Umständen auf die Oberseite durchschimmern kann.

Das Applizieren eines Stoffteils auf das andere geschieht mit Blindstich. Mit Faden, in der gleichen Farbe wie die Applikation, stechen Sie die Nadel zur Oberfläche, wobei Sie ein paar Fäden der umgeschlagenen Kante fassen. Den Faden durchziehen. Stechen Sie nun die Nadel wieder zurück, auf derselben Höhe wie der Ausstich, knapp unter der umgeschlagenen Kante. Auf der Rückseite, entlang des Musterumrisses ein Stück nach vorn gehen und wieder durch alle Lagen zur Oberseite stechen. Die Stiche sollten nicht mehr als 2 mm auseinanderliegen. Komplizierte Muster mit engeren Stichen arbeiten.

Sind alle Teile appliziert, entfernen sie die Heftfäden. Nun ist auch der richtige Zeitpunkt für eventuelle Stickerei gekommen.

Jo-Jos

Das Nähen von Jo-Jos zählt kaum zu den exakten Wissenschaften. Historisch gesehen waren sie eine Kinderarbeit. „Zuerst mußt du 12 Jo-Jos nähen, bevor du spielen darfst!"

Um die Zuschneidegröße des Jo-Jo-Stücks zu ermitteln, müssen Sie den Durchmesser der Endgröße verdoppeln. Also: für ein 1 in (2,5 cm) großes Jo-Jo einen 2 in (5 cm) großen Stoffkreis schneiden und dann $^1/_8$–$^1/_4$ in (3-6,5 mm) Nahtzugabe zufügen.

Für viele Jo-Jos derselben Größe benötigen Sie eine Plastikschablone. Sie können mehrere Lagen Stoff auf einmal schneiden, indem Sie nur auf den obersten Stoff aufzeichnen und mit einer sehr scharfen Schere alle Lagen gleichzeitig schneiden.

Zum Nähen der Jo-Jos verwenden Sie Quiltgarn, machen einen Knoten ans Fadenende, schlagen die Stoffkante um etwa 1/4 in (6,5 mm) um (siehe Abbildung JJ-1 auf der gegenüberliegenden Seite).

Ist der Kreis umstochen, wird der Faden vorsichtig angezogen, bis sich das Jo-Jo formt. Fadenenden mit einigen Stichen sichern.

Jo-Jos nicht mit zu engen Stichen reihen, damit sie nicht zu viele Falten bekommen und zu dick werden. Ein weiterer Hinweis: sehr nahe der umgeschlagenen Kante nähen, das vermeidet eine unschöne Beule im Zentrum des fertigen Jo-Jos.

Verzeichnis der Techniken und Spezialbegriffe

Manche Begriffe und Techniken tauchen in diesem Buch immer wieder auf. Hier erklären wir die verwendeten Begriffe und lehren Sie die Methoden, die sie können müssen.

Revers

In den Vorlagen sehen Sie oft Teile, die mit einem Buchstaben und dem kleinen „r" (z. B. B und Br) bezeichnet sind. Das bedeutet, daß Sie die Schablone B revers (also umgedreht) auflegen müssen und dann markieren und ausschneiden. Sie brauchen keine zwei Schablonen. Verwenden Sie nur Schablone B von der Rückseite aus.

Wiederholungen

Die Anleitungen sagen auch, wie oft Sie eine Anweisung ausführen müssen, wie z. B. (4mal). Das heißt, Sie nähen die beschriebene Einheit viermal.

Viererblock

Ein Viererblock besteht aus vier kleineren Quadraten, die wie folgt zusammengesetzt werden: zuerst je zwei aneinandernähen und dann die beiden Paare zum Quadrat zusammenfügen.

Neunerblock

Ein Neunerblock besteht aus neun kleineren Quadraten, drei Reihen zu je drei Quadraten. Sie werden wie folgt zusammengesetzt: 3mal je drei Quadrate zur Reihe nähen und dann die drei Reihen zum größeren Quadrat verbinden.

Y-Naht

Diese Technik nennt man auch „diagonale Naht". Manche Blöcke, wie z. B. der Achtzackige Stern, haben Teile, die mit einer Y-Naht eingesetzt werden müssen. Das Wichtigste dabei ist: Dort nicht über die Nahtzugabe hinausnähen, wo das letzte Teil eingesetzt wird!

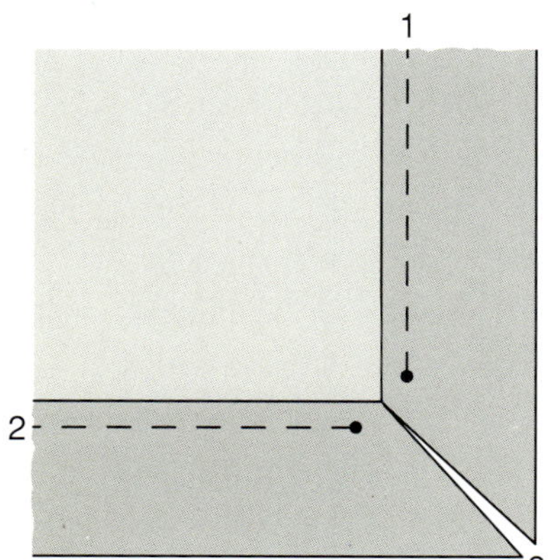

Y-1

Zuerst nähen Sie die zwei Teile mit Naht 1 zusammen. Haben Sie das Ende der Nählinien erreicht (vor der Nahtzugabe), halten Sie an und machen ein paar Rückstiche zur Fadensicherung. Wie in Abbildung Y-1 gezeigt, schließen Sie Naht 2 und nähen von außen her bis zu dem Punkt, an dem die erste Naht endet. Rückstiche machen, das Teil aus der Nähmaschine nehmen und Fäden abschneiden. Die dritte Naht wird genauso genäht, wieder von außen nach innen.

Start-und-Stop-Naht

Vielleicht gibt es auch einen anderen Ausdruck dafür, doch wir nennen diese Methode so. Man benötigt sie für Muster, bei denen eine Naht keinen Anfang und keine Ende hat, wie z. B. bei G59 (Seite 304), bei dem der Flaggenrand rund um das Mittelteil verläuft, doch kein richtiger Anfangspunkt zu finden ist.

Die Abbildung unten (SSN-1) zeigt, wie Teil B1 an A genäht wird. B1 schließt mit A in gleicher Höhe ab, dort wo das nächste Teil folgen wird. Die Naht endet jedoch ca. 1 1/2 in (3 cm) vor dem anderen Ende der A-Kante.

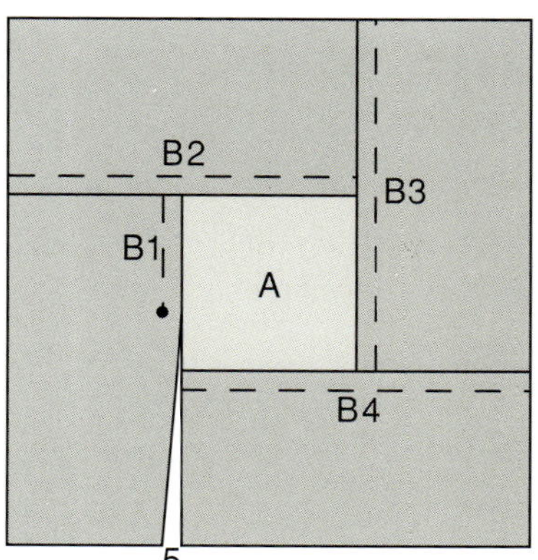

SSN-1

B1 bügeln und dann ganz normal B2, B3 und B4 anfügen, mit angeglichenen Kanten. Danach erst wird die erste Naht entlang A und B4 geschlossen.

Kurvennähte

Machen Sie Ihre Schablonen wie gewohnt, doch markieren Sie an beiden Teilen (dem Konkav-Teil und dem Konvex-Teil) die Mitte der Kurve. Legen Sie die Schablonen auf die linke Stoffseite, zeichnen Sie den Umriß und markieren Sie innerhalb der Nahtzugaben auch hier die Mitten der Kurven.

Mit kleinen Schnitten die Nahtzugabe des Konkav-Teils (Innenkurve) einschneiden, jedoch nicht bis an die Nählinie.

Beide Teile zusammenstecken, die Endpunkte und die Mitte aufeinanderpassend. Kurve nähen und dabei den Stoff etwas einhalten.

Schrägstreifenschlauch

Damit können Sie gebogene Teile ganz einfach und ohne Schablone formen, z. B. bei Applikationsmotiven wie Blütenstengel.

Legen Sie die fertige Breite fest, hier z. B. 1/4 in (6,5 mm). Verdoppeln Sie das Maß und fügen Sie zweimal 1/4 in (6,5 cm) Nahtzugabe zu. Sie müssen also ein 1 in (2,5 cm) breites Stück zuschneiden.

Schrägstreifen schneiden, im 45°-Winkel zum Fadenlauf, 1 in (2,5 cm) breit und in ausreichender Länge (hier z. B. 3 in/7,5 cm).

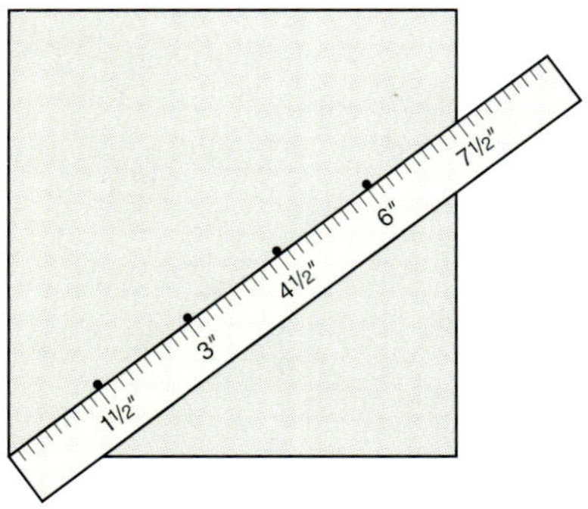

E-1

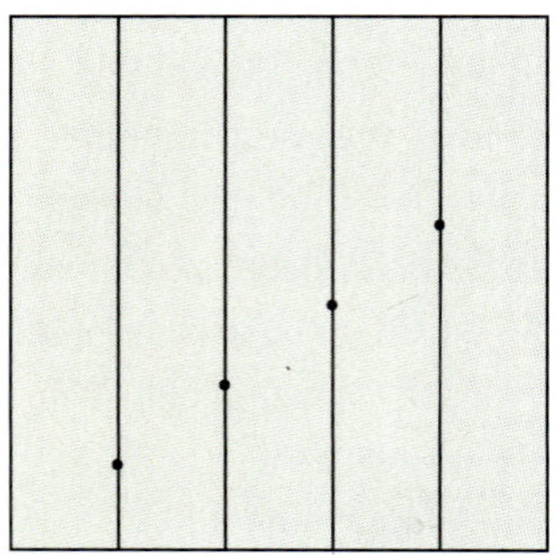

E-2

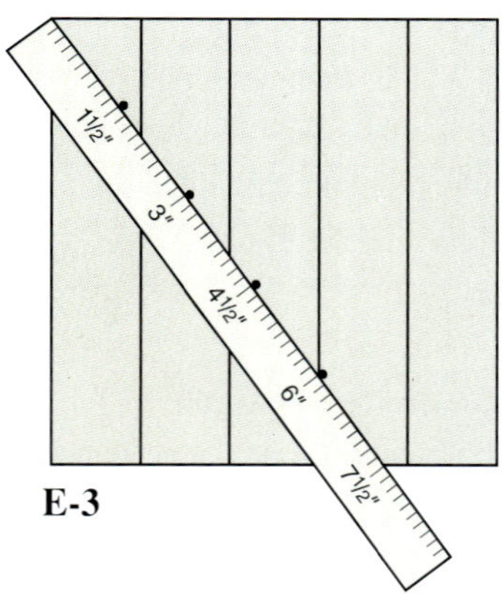

E-3

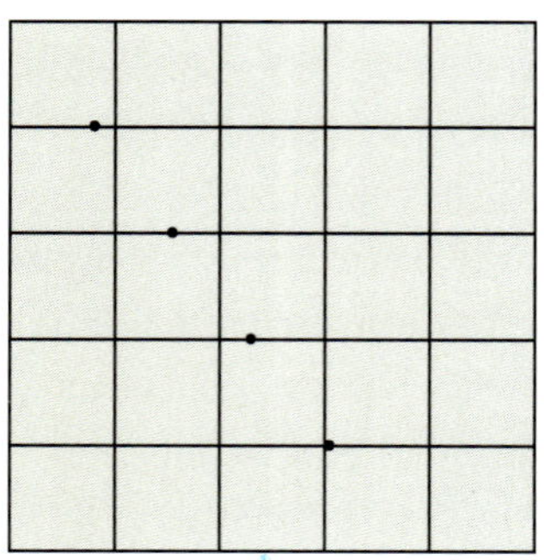

E-4

Den Streifen links auf links mit 1/4 in (6,5 mm) Nahtzugabe zum Schlauch nähen. Die Nahtzugabe auf 1/8 in (3 mm) zurückschneiden.

Schlauch so bügeln, daß die Naht in der Mitte der Rückseite verläuft. Es gibt kleine Plastikstäbchen, die diese Arbeit erleichtern.

Nun applizieren Sie die eine Kante des gebügelten Schlauchs fest (Naht unten) und dann die andere Kante.

Vergrößern und Verkleinern

Wenn Sie gerade in kreativer Hochform sind, möchten Sie vielleicht die eine oder andere Vorlage in einer anderen Größe als 4 in (10 cm) arbeiten.

Zum Vergrößern (oder Verkleinern).

Stellen Sie zuerst fest, in welche Bausteine sich der Block zerlegen läßt. Ist er vielleicht ein Fünferblock? Gibt es fünf gleiche Unterteilungen längs und quer über den Block?

Viele Blöcke lassen sich ganz einfach nachzeichnen, indem man die Größe mit einem Faktor umrechnet, der sich aus dem Originalblock ergibt. Zum Beispiel der erwähnte Fünferblock: Die Unterteilungen von 2 in (5 cm) für den 10 in (25 cm) großen Fünferblock – ändern auf 1 1/2 in (4 cm) für einen 7 1/2 in (20 cm) großen Fünferblock.

Was aber, wenn Sie einen 6 in (15 cm) großen Block haben möchten?

Zeichnen Sie zuerst ein 6 in (15 cm) großes Quadrat. Legen Sie das Lineal darauf (Abbildung E-1). Dabei liegt die Null genau in der unteren, linken Ecke und die 7 1/2-in-(20-cm-)Marke auf der rechten, vertikalen Seite. Zeichnen Sie immer bei 1 1/2 in (4 cm) einen Punkt, wie abgebildet.

Als nächstes ziehen Sie vertikale Linien von Ober- zur Unterkante durch die Punkte (Abbildung E-2).

Nun wiederholen Sie den Vorgang, indem Sie das Lineal mit der Null in der oberen linken Ecke anlegen und die 7 1/2-in-(20-cm)-Marke an der unteren Kante. Wenn Sie auch diese Linien gezogen haben, sollten Sie ein Quadrat mit perfekter Fünferblockeinteilung haben. Diese Technik ist für sämtliche Blöcke anwendbar.

Natürlich ist die Versuchung groß, Vorlagen am Kopiergerät zu vergrößern, doch davor müssen wir warnen: Diese Methode ist ungenau – beim Vergrößern und Verkleinern ergeben sich Verzerrungen.

Applikationen vergrößern oder verkleinern

Eine Applikationsvorlage kann auf zweierlei Art vergrößert bzw. verkleinert werden. Die eine ist, ein Liniennetz auf die Vorlage zu zeichnen. Dann zeichnen Sie ein zweites Gitter in der neuen Größe und mit der gleichen Linienanzahl auf Papier und zeichnen die Vorlage Quadrat für Quadrat ab.

Die zweite Methode ist das Kopiergerät. Ja, gerade noch haben wir davon abgeraten, doch das galt nur für das Zusammensetzen, und hier geht es um die Applikation. Um die Verzerrung möglichst gering zu halten, empfehlen wir, die Vorlage zuerst quer einzulegen und von der Vergrößerung eine längs eingelegte Kopie zu ziehen.

Hexagon zeichnen

Dies ist eine der leichtesten Übungen der Geometrie und macht wirklich Spaß. Hätte man in der Schule den Geometrieunterricht mit Patchwork in Verbindung gebracht, wie viel interessanter wäre der Unterricht doch gewesen!

Schlagen Sie mit einem Zirkel einen Kreis in gewünschter Größe. Dann stechen Sie die Zirkelnadel, bei gleichem Radius, irgendwo in den Kreisumfang, schlagen einen Bogen und markieren den Schnittpunkt auf dem Kreis. Stechen Sie den Zirkel an diesem Schnittpunkt ein, und schlagen Sie den nächsten Bogen. Arbeiten Sie so um den ganzen Kreis, und Sie haben sechs gleich große Abschnitte markiert (Abbildung H-1 gegenüber). Verbinden Sie die Schnittpunkte zum Sechseck. Verblüffend einfach!

Achtzackigen Stern zeichnen

Beginnen Sie mit einem Quadrat in der gewünschten Größe und legen

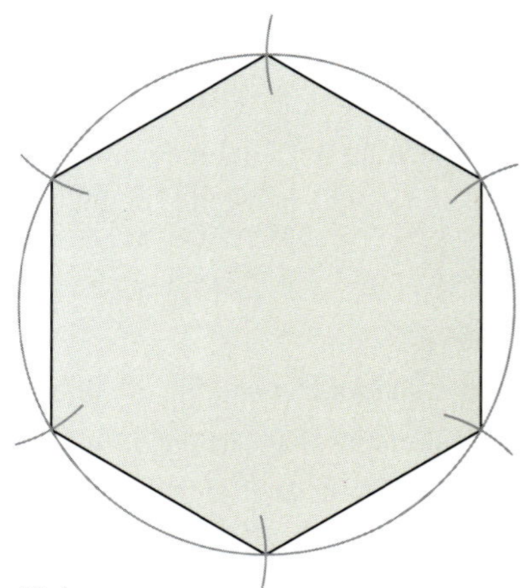

H-1

Sie mit zwei Diagonalen den Mittelpunkt fest. Stellen Sie den Zirkel so weit ein, daß der Radius von der Ecke des Quadrats bis zum Mittelpunkt reicht (Abbildung S-1). Schlagen Sie, von der Ecke ausgehend, einen Bogen von einer Kante zur anderen. Numerieren Sie die Schnittpunkte der Bogen an den Quadratseiten (Abbildung S-2).

Verbinden Sie die Schnittpunkte wie abgebildet (Abbildung S-3), und zeichnen Sie die für den Stern benötigten Linien (Abbildung S-4). Die dick markierten Linien eignen sich für den einfachen achtzackigen Stern. Die gestrichelten Konstruktionslinien geben Ihnen sicher Ideen, wie der Block noch interessanter gestaltet werden kann.

Stickerei

Manche unserer Blöcke sind mit Stickerei verziert. Oft sind nur wenige Stiche nötig, um Ihre Arbeit besonders zu betonen.

Die Abbildungen unten und auf der nächsten Seite zeigen, wie sie gemacht werden: Stielstich, Satinstich, Margeritenstich, Kettstich, Knötchenstich, Hexenstich und Federstich. Grundsätzlich arbeiten wir mit 2fädigem Sticktwist, doch können Sie im Einzelfall auch mehr Fäden verwenden, etwa wenn Sie dickere Knötchen erzielen möchten oder einen festeren Kettstich oder andere dekorative Stickerei bevorzugen.

Bügeln

Das richtige Bügeln ist beim Fertigstellen eines Blocks sehr wichtig. Haben Sie von Hand genäht, bügeln Sie den Block erst, nachdem er vollkommen fertig ist. Beim Maschinennähen bügeln Sie nach jeder Naht. Man bügelt die

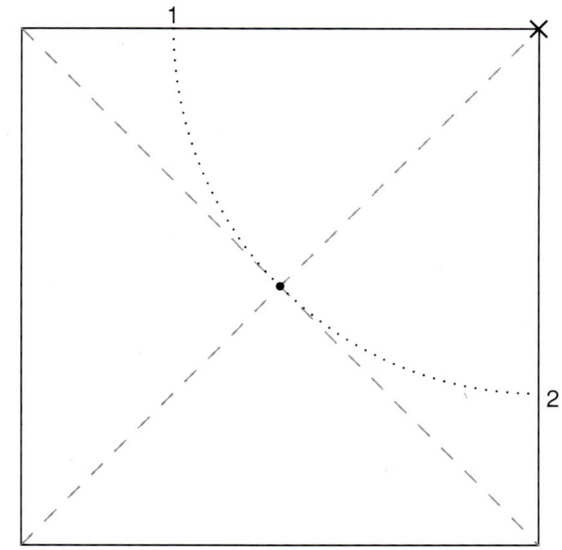

S-1

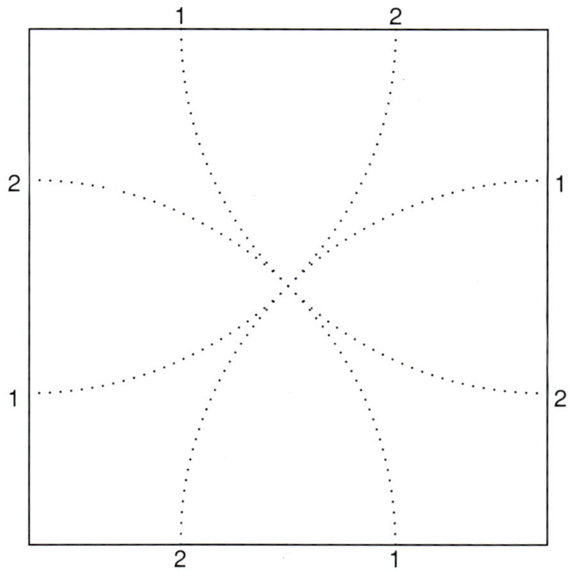

S-2

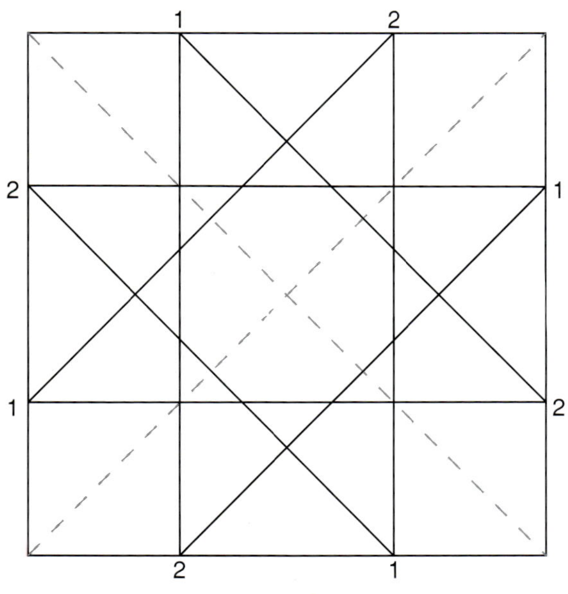

S-3

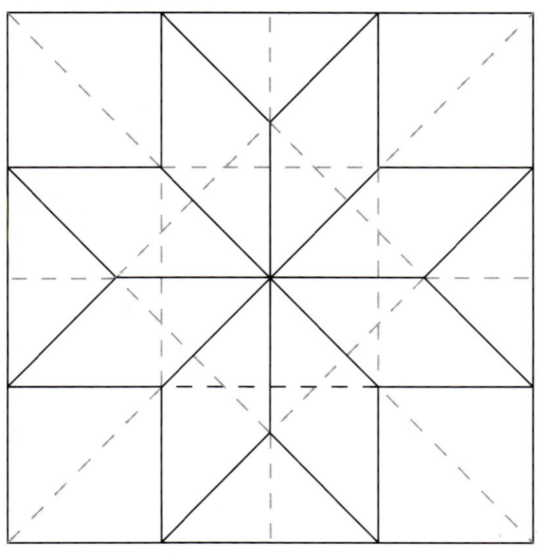

S-4

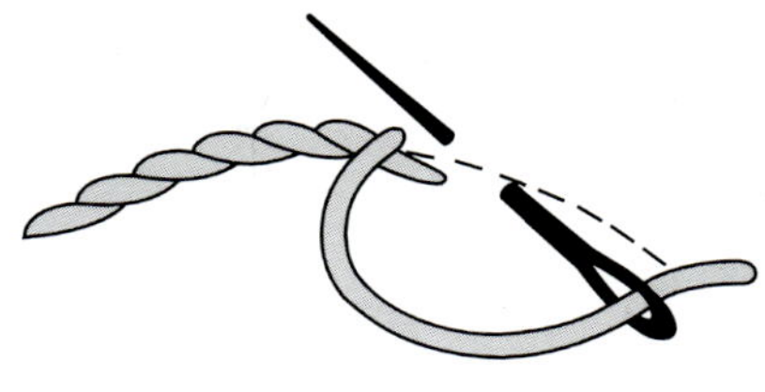

Stielstich

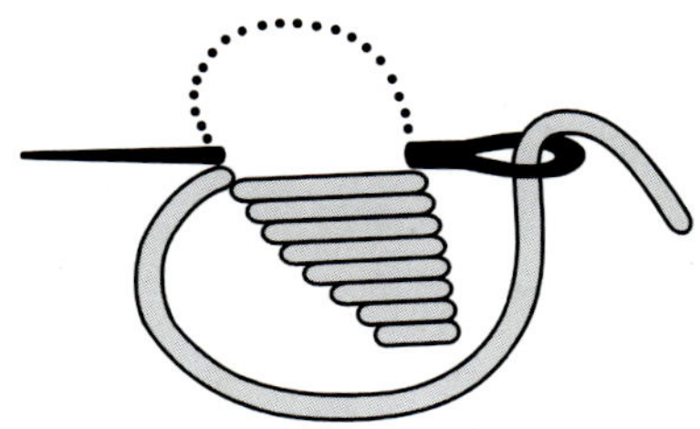

Satinstich

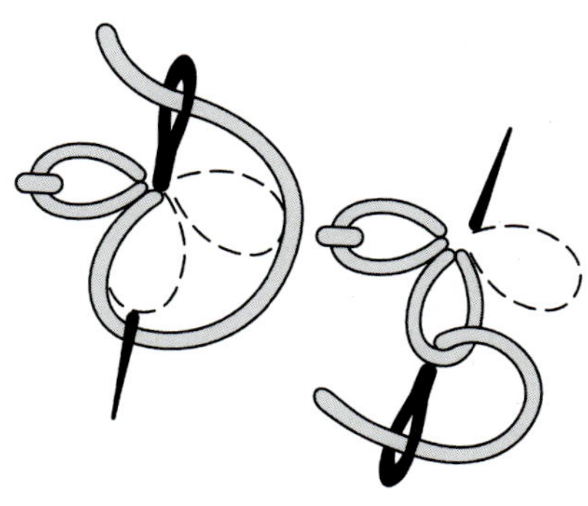

Margeritenstich

Kettstich

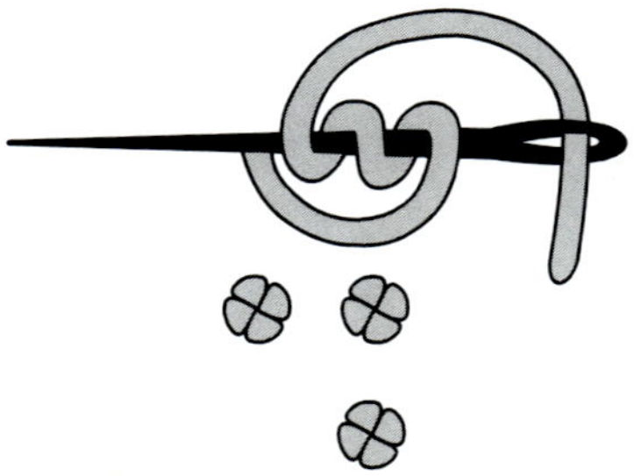

Knötchenstich

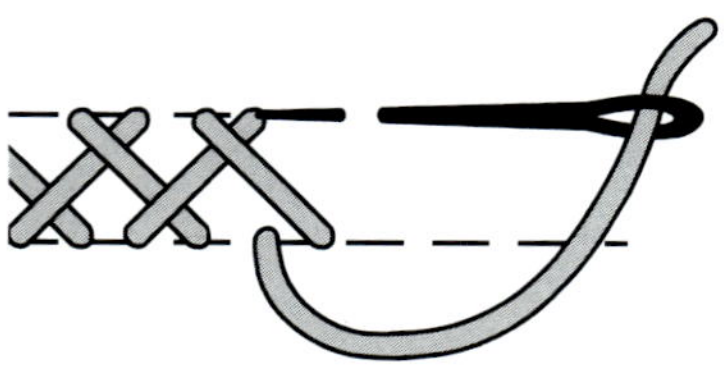

Hexenstich

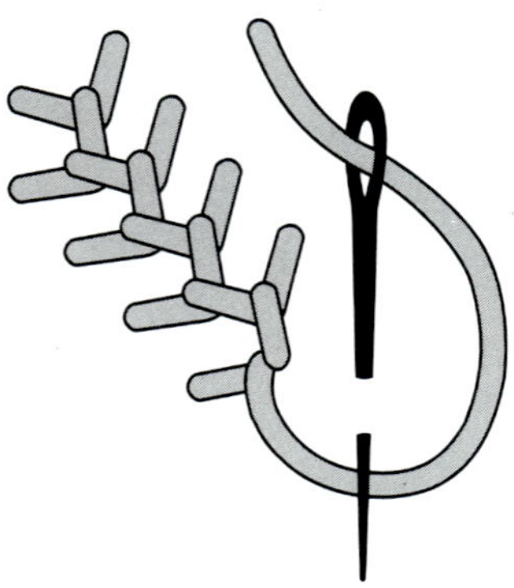

Federstich

Nahtzugaben immer entweder zur einen oder zur anderen Seite, was die Arbeit haltbarer macht, als wenn man sie auseinanderbügelt. Oft kann man das Bügeln vorausplanen, so daß eine Reihe von Nahtzugaben in die eine Richtung weist, die der nächsten Reihe in die andere Richtung. Auf diese Weise kann man die Reihen leichter zusammensetzen, da die Nähte an den Nahtzugaben leicht „einrasten".

Hinweis: Blöcke mit Applikation werden von links gebügelt!

Bügeln Sie die Nähte flach, doch nicht so kräftig darüberstreichen, daß sich die Kanten verziehen.

Nach dem Bügeln messen Sie den Block. Er sollte genau 4 $^1/_2$ in (11,2 cm) im Quadrat groß sein. Weicht das Maß um mehr als $^1/_8$ in (3 mm) ab, so wird er nicht zu den anderen passen. Eine Abweichung von $^1/_8$ in (3 mm) läßt sich meist noch angleichen. Wenn Ihr Block keine 4 $^1/_2$ in (11,2 cm) im Quadrat mißt, so prüfen Sie, ob Sie genau auf den Nählinien genäht haben. Sie haben viele Teile zusammengesetzt, und selbst leichte Abweichungen summieren sich merklich.

Rückseite und Einfassung

Den für die Rückseite vorgesehenen Stoff schneiden Sie einige Inch (mehrere Zentimeter) größer als die Oberseite. Je größer der Quilt und je mehr Quiltarbeit, desto mehr Spielraum benötigen Sie. Im Einzelfall müssen Sie den Rückseitenstoff auf die richtige Größe zusammensetzen.

Legen Sie Oberseite, Wattierung und Rückseite übereinander, die linke Stoffseite weist jeweils zur Wattierung. Heften Sie die Lagen und quilten Sie nach Belieben.

Je nach Quiltgröße haben wir zwei verschiedene Einfassungen verwendet, die beide gleich genäht werden, lediglich ihre Breite und die Nahtzugaben unterscheiden sich. Es bildet sich eine schöne, diagonale Ecke auf Vorder- und Rückseite.

Viertel-Inch-Einfassung
Einfaßstreifenbreite ist 2 in (5 cm), die Nahtzugabe beträgt $^1/_4$ in (6,5 mm).

Halb-Inch-Einfassung
Einfaßstreifenbreite ist 3 in (7,5 cm), die Nahtzugabe beträgt $^1/_2$ in (12 mm).

Einfassen des Quilts
Entscheiden Sie sich für die passende Breite und schneiden Sie einen Streifen, so lang wie der Umfang des Quilts, plus etwas Reserve. Den Streifen bis zur erforderlichen Länge zusammensetzen und die Nahtzugaben auseinanderbügeln.

Den Streifen links auf links der Länge nach falten und bügeln.

Wattierung und Rückseite des Quilts bis zur Kante der Oberseite zurückschneiden. Den Einfaßstreifen entlang der offenen Quiltkante anlegen und den Anfang umschlagen (Abbildung BB-1). Nähen Sie mit der richtigen Nahtzugabenbreite entlang.

Eine Nahtzugabenbreite vor dem Ende der Quiltkante anhalten, Rückstiche machen und Faden abschneiden. Einfassung nach oben schlagen (Abbildung BB-2) und dann nach unten legen (Abbildung BB-3). Nächste Naht

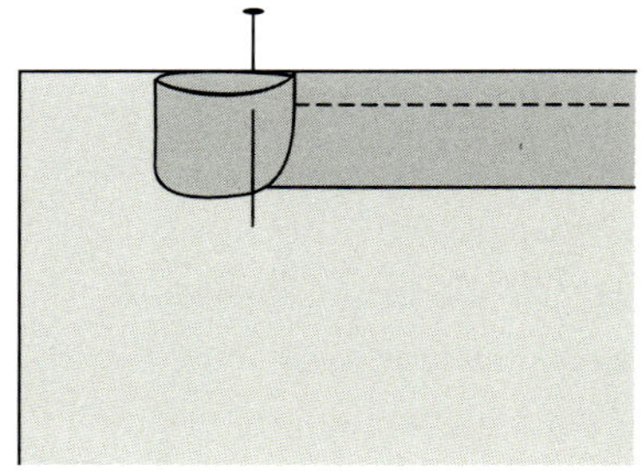

BB-1

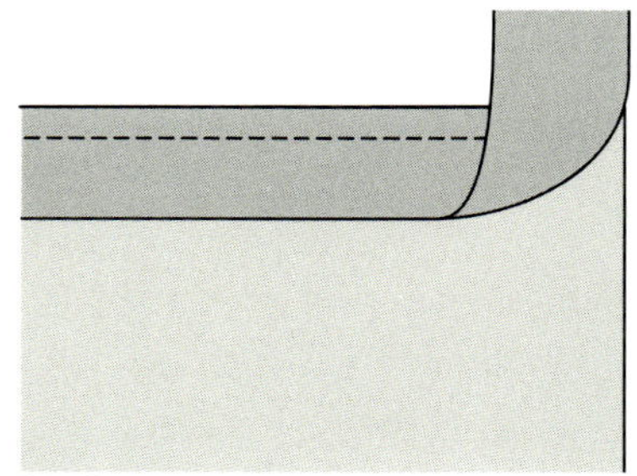

BB-2

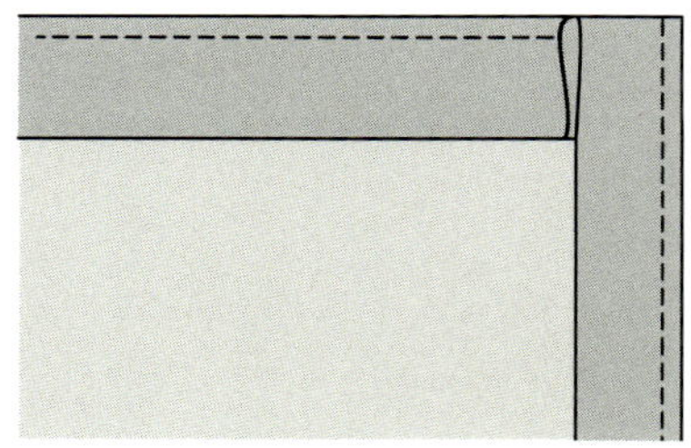

BB-3

ganz an der Kante beginnen. Wiederholen Sie dies an allen Ecken.

Schlagen Sie die Einfassung um die Kante herum zur Quilt-Rückseite und formen Sie an den Ecken diagonal verlaufende Falten. Befestigen Sie die Einfassung mit Handstichen auf der Rückseite und achten Sie darauf, nicht bis zur Quilt-Oberseite durchzustechen.

Inhalt

Die Themen, Techniken und Blockmuster in Stichworten

Themen

Techniken

Blockmuster